21世纪普通高等院校系列规划教材

# 质量管理案例与实训

Zhiliang Guanli Anli yu Shixun

主　编　邓学芬
副主编　杨小杰　赵平飞　朱广财

西南财经大学出版社

**图书在版编目(CIP)数据**

质量管理案例与实训/邓学芬主编. —成都:西南财经大学出版社,2014.1

ISBN 978-7-5504-1308-5

Ⅰ.①质… Ⅱ.①邓… Ⅲ.①企业管理—质量管理—案例—世界 Ⅳ.①F279.1

中国版本图书馆 CIP 数据核字(2013)第 304076 号

### 质量管理案例与实训

主　编:邓学芬
副主编:杨小杰　赵平飞　朱广财

责任编辑:王　利
封面设计:杨红鹰
责任印制:封俊川

| 出版发行 | 西南财经大学出版社(四川省成都市光华村街55号) |
|---|---|
| 网　　址 | http://www.bookcj.com |
| 电子邮件 | bookcj@foxmail.com |
| 邮政编码 | 610074 |
| 电　　话 | 028-87353785　87352368 |
| 照　　排 | 四川胜翔数码印务设计有限公司 |
| 印　　刷 | 四川森林印务有限责任公司 |
| 成品尺寸 | 185mm×260mm |
| 印　　张 | 20 |
| 字　　数 | 460 千字 |
| 版　　次 | 2014 年 1 月第 1 版 |
| 印　　次 | 2014 年 1 月第 1 次印刷 |
| 印　　数 | 1—2000 册 |
| 书　　号 | ISBN 978-7-5504-1308-5 |
| 定　　价 | 38.00 元 |

1. 版权所有,翻印必究。
2. 如有印刷、装订等差错,可向本社营销部调换。
3. 本书封底无本社数码防伪标志,不得销售。

# 前言

《中共中央、国务院关于进一步加强人才工作的决定》指出，人才资源能力建设是人才培养的核心。我国急需一支层次齐全、素质精良、规模宏大、能力过硬的质量人才队伍，充实生产、服务、技术、管理第一线和工作现场，应用质量管理理论和技术解决实际问题，落实质量改进方法、建设质量管理体系、营造质量文化等工作。为此，我们编写了《质量管理案例与实训》一书，配合工商管理专业的核心课程"质量管理学"的教学配套和应用型人才培养之需。因为目前与"质量管理学"的教学实践环节配套的资料还较缺乏，基本上是在教材每章末附带一点案例、思考题和练习，专门的、系统的案例、思考题、练习、实训更少。

本书可作为工商管理专业"质量管理学"课程理论教学的辅助实践、实用配套教材，也可作为工商管理硕士研究生和相关人员实践应用的参考资料，突出应用型人才培养的"实际、实用、实践"特征。

全书由5篇构成。第一篇质量管理案例，第二篇质量管理实训，第三篇质量管理习题，第四篇质量管理各类考试样题精选，附录质量管理有关参考文件名目。全书以目前国内大多数质量管理教材所涉及的核心内容（质量管理概论；质量管理体系；全面质量管理及质量管理常用技术；顾客需求管理；设计过程质量管理；统计过程控制；抽样检验；质量经济分析；六西格玛管理即 $6\sigma$）为主线，达到与相关质量管理教材配套，以辅助教学和学习的目的，即不论你选择什么质量管理教材，本书都可以作为辅助教材来使用和参考。

第一篇质量管理案例部分由9章构成，每章设计了4~6个案例，每个案例都突出了教材对应的知识点和难点，并注重启发性内容，增强教材的可读性；激发学生的学习兴趣、热情和创新思维能力；增强学生对质量管理实践活动的适应能力和开发创造能力；培养学生运用质量管理的原理和方法解决生产、服务领域中质量实务问题的能力，必将使学生生动地体验到时代气息和质量工作与时俱进的步伐，促进学生以创新精神投入质量管理实践活动。

第二篇质量管理实训部分，突出"应知"与"应会"，有明确实训目的，对实训组织进行了精心设计，并对实训内容与要求做了明确的规定。当然实训操作成效，需密切配合现场调研、现场教学、案例教学、教学视频等灵活多样的教学方法，才能收到良好效果。

第三篇质量管理习题部分，分章设计内容，包括选择、填空、判断、问答题等题型，在强化理论知识的同时，突出实践应用。

第四篇质量管理各类考试样题精选和附录质量管理有关参考文件名目，让读者对质量管理实践有更多的了解，为职业生涯规划打下一定的基础。

本书由邓学芬教授担任主编，负责全书的总体结构设计。杨小杰、赵平飞、朱广财担任副主编。邓学芬、杨小杰、赵平飞、朱广财、陈昌华、陈竞雄、徐明、杜靖、邓静莹、寇耀丹、彭超君参加编写。第1~2章由杨小杰编写，第3~4章由朱广财编写，第5~6章由赵平飞编写，第7~8章由杨小杰、寇耀丹编写，第9~11章由赵平飞编写，第12~14章由陈竞雄编写，第15~18章由寇耀丹、徐明编写，第19~23章由邓学芬编写，第24~27章由杜靖、邓学芬编写，第4篇和附录由彭超君和杜靖编写。

在本书的编写过程中，我们借鉴和参考了国内外专家学者的研究成果，查阅了大量的网络资料，在此我们表示衷心感谢！由于水平有限，书中难免存在不妥、疏漏甚至不完善之处，恳请广大读者批评指正。

本教材是西华大学工商管理校级特色专业建设成果，四川省重点学科企业管理建设成果（szd0801-09-1）。

编者

2013年12月于西华大学

（本书的编者赵平飞系四川旅游学院教师，其余均为西华大学教师或在读研究生）

# 目 录

## 第一篇 质量管理案例

### 第一章 质量管理概论 (3)
【案例一】有你就有肯德基——以客户为中心 (3)
【案例二】三洋制冷企业的质量管理——"零缺陷"质量管理 (4)
【案例三】微软——持续的质量改进 (6)
【案例四】某汽车机电企业质量管理——质量检验 (8)
【案例五】保诚资源管理公司踏向全面质量管理之路——全面质量管理 (10)

### 第二章 质量管理体系 (13)
【案例一】任务繁重的质量经理 (13)
【案例二】海南省海洋与渔业厅 ISO9001 质量体系 (17)
【案例三】海尔的崛起之路 (19)
【案例四】茅台的质量神话 (23)

### 第三章 全面质量管理及质量管理常用技术 (26)
【案例一】以质量管理牵头,引领公司业绩 (26)
【案例二】深入推进质量管理,走质量效益之路 (28)
【案例三】应用质量管理工具技法,提升门(急)诊综合满意度 (33)

### 第四章 顾客需求管理 (40)
【案例一】预订座位真的有效吗 (40)
【案例二】客户的要求是我们的工作重点 (42)
【案例三】泰国东方饭店客户管理经典案例 (43)
【案例四】约翰逊控股公司与其关键客户 (46)

## 第五章　设计过程质量管理 ……………………………………………………… (50)

　　【案例一】全友获"2012绿色设计国际贡献奖"，创全球家具行业先河 …… (50)
　　【案例二】奇瑞QQ的设计理念 …………………………………………… (52)
　　【案例三】海尔冰箱可靠性实验成为博客热点 …………………………… (54)
　　【案例四】双环喜获质量管理创新大奖 …………………………………… (56)

## 第六章　统计过程控制 ……………………………………………………………… (58)

　　【案例一】应用SPC软件工具有效监控食品质量安全 …………………… (58)
　　【案例二】加强企业自检自测，保证产品质量 …………………………… (60)
　　【案例三】关注产品质量，增强企业竞争力 ……………………………… (62)
　　【案例四】轮胎企业重视质量管理，加强自检 …………………………… (66)

## 第七章　抽样检验 …………………………………………………………………… (68)

　　【案例一】标准实业有限公司来料检验方案作业指导书 ………………… (68)
　　【案例二】ABC电器制造有限公司测量系统分析（MSA）控制程序 ……… (71)
　　【案例三】深圳市乐声扬电子有限公司抽样检验作业指导书 …………… (78)
　　【案例四】天极数码有限公司硒鼓抽样作业指导书 ……………………… (79)

## 第八章　质量经济分析 ……………………………………………………………… (83)

　　【案例一】美国某服装制造厂年度质量成本报表 ………………………… (83)
　　【案例二】某公司2012年1月质量成本分析 ……………………………… (85)
　　【案例三】某兵器厂质量成本分析报告 …………………………………… (87)
　　【案例四】某交通通信公司11月份质量成本分析报告 …………………… (91)

## 第九章　六西格玛管理 ……………………………………………………………… (95)

　　【案例一】摩托罗拉的TCS ………………………………………………… (95)
　　【案例二】六西格玛实施案例：降低仪表板表面褶皱缺陷率 …………… (98)
　　【案例三】金宝电子：步伐稳健地行走于六西格玛之路上 ……………… (106)
　　【案例四】GE实施六西格玛管理体系的成功经验 ……………………… (109)

# 第二篇　质量管理实训

## 第十章　质量管理概论 ……………………………………………………… (115)

## 第十一章　质量管理体系 …………………………………………………… (116)
对 ISO9001：2000 标准的实施要点的理解 ………………………………… (116)
模拟质量认证程序 …………………………………………………………… (116)

## 第十二章　全面质量管理及质量管理常用技术 …………………………… (117)
全面质量管理的重要性 ……………………………………………………… (117)
质量管理、改进工具的运用 ………………………………………………… (117)

## 第十三章　顾客需求管理 …………………………………………………… (119)
以顾客为关注焦点 …………………………………………………………… (119)
服务质量调查 ………………………………………………………………… (119)

## 第十四章　设计过程质量管理 ……………………………………………… (121)
质量功能展开 ………………………………………………………………… (121)
容差设计 ……………………………………………………………………… (122)

## 第十五章　统计过程控制 …………………………………………………… (123)
运用 Excel 绘制产品质量的过程控制图 …………………………………… (123)
过程能力指数分析 …………………………………………………………… (125)

## 第十六章　抽样检验 ………………………………………………………… (126)

## 第十七章　质量经济分析 …………………………………………………… (132)

## 第十八章　六西格玛管理 …………………………………………………… (133)

# 第三篇　质量管理习题

## 第十九章　质量管理概论习题 ……………………………………（137）

## 第二十章　质量管理体系习题 ……………………………………（141）

## 第二十一章　全面质量管理及质量管理常用技术习题 …………（145）

## 第二十二章　设计过程质量管理习题 ……………………………（150）

## 第二十三章　统计过程控制习题 …………………………………（154）

## 第二十四章　抽样检验习题 ………………………………………（158）

## 第二十五章　质量经济分析习题 …………………………………（162）

## 第二十六章　六西格玛管理习题 …………………………………（166）

## 第二十七章　习题参考答案 ………………………………………（170）
　　质量管理概论 ………………………………………………（170）
　　质量管理体系 ………………………………………………（173）
　　全面质量管理及质量管理常用技术 ………………………（177）
　　设计过程质量管理 …………………………………………（181）
　　统计过程控制 ………………………………………………（184）
　　抽样检验 ……………………………………………………（187）
　　质量经济分析 ………………………………………………（190）
　　六西格玛管理 ………………………………………………（194）

# 第四篇　质量管理各类考试样题精选

## 第二十八章　质量管理体系国家注册审核员考试 (201)
### 试卷1　质量管理体系国家注册审核员培训班试题 (202)
### 试卷1 参考答案 (205)
### 试卷2　质量管理体系国家注册审核员培训班试题（审核部分） (207)
### 试卷2 参考答案 (211)
### 试卷3　质量管理体系国家注册审核员培训班试题（标准部分） (213)
### 试卷3 参考答案 (217)
### 试卷4　2008年质量管理体系国家注册审核员考试试卷 (220)
### 试卷4 参考答案 (226)

## 第二十九章　全国质量专业技术人员职业资格（质量工程师）考试 (230)
### 试卷1　2008年全国质量专业技术人员职业资格考试试卷 (231)
### 试卷1 参考答案 (241)
### 试卷2　2008年度全国质量专业技术人员职业资格考试试卷 (243)
### 试卷2 参考答案 (253)
### 试卷3　2008年全国质量专业技术人员职业资格考试试卷 (255)
### 试卷3 参考答案 (266)
### 试卷4　2008年全国质量专业技术人员职业资格考试试卷 (267)
### 试卷4 参考答案 (279)

## 第三十章　中国质量协会注册六西格玛考试 (281)
### 试卷1　2010年中国质量协会注册六西格玛黑带考试样题 (282)
### 试卷1 参考答案 (300)
### 试卷2　中国质量协会注册六西格玛绿带考试样题 (302)
### 试卷2 参考答案 (307)

## 附录　质量管理有关参考文件名目 (308)

# 第一篇
# 质量管理案例

# 第一章　质量管理概论

**本章学习目标**

了解质量管理的基本原理及思想；
领会质量管理对企业发展的重要性。

## 【案例一】　有你就有肯德基——以客户为中心

肯德基是世界最大的炸鸡快餐连锁企业，在全球拥有上万家餐厅。肯德基的名字"KFC"是英文 Kentucky Fried Chichen 的缩写。肯德基创始于 1930 年，创始人哈兰·桑德斯经过学习和研究，创造了由 11 种香料和特有烹饪技术合成的炸鸡秘方，在家乡美国肯塔基州开了一家餐厅，其独特的口味深受顾客欢迎。1935 年，肯塔基州为表彰他对肯塔基州餐饮事业的贡献，特授他为肯德基上校。现在，满头白发、长着山羊胡子的上校形象已成为肯德基最著名的国际品牌的象征。1987 年肯德基进入中国，在北京开设了第一家餐厅，现在除西藏自治区之外，肯德基已遍布中国 30 个省、市、区的 170 多个城市，总数已超过 1 000 家。

肯德基的使命是成为世界上最受欢迎的餐饮品牌；肯德基的期望是给予每一位顾客绝佳风味的食品、愉悦的用餐体验和再次光临的价值。肯德基的客户对象面向社会和家庭的各类层次，有少年儿童、青年男女、康乐老人、学生和白领工薪阶层等，十分广泛。但其定位重心是永远充满朝气和勇于挑战的年轻人，肯德基认定社会中最活跃的成员能带领肯德基飞跃。

肯德基的主要广告语有三条"有了肯德基，生活好滋味！""立足中国，融入生活！""有你就有肯德基！"它们充分显现了肯德基的广告营销策略。因此，肯德基电视广告的内容和场景既丰富又多彩，极其贴近顾客群的生活，亲和力极强！肯德基的广告极力揣摩并迎合顾客的消费心理。例如迎合顾客喜爱美食的心理，推出各种新鲜的甚至有异国情趣的美食如泰国风味小吃、韩国泡菜猪肉卷、墨西哥鸡肉卷、新奥尔良烤鸡腿堡、葡式蛋糕等，宣扬美食天下全在肯德基。又如迎合顾客需要健康生活、均衡营养的心理，推出名为《均衡生活》的两则广告。其中一则针对工作紧张、进餐匆促的上班族，形象夸张地问为什么把肚皮带在身上跑，从而推出肯德基的均衡美食；另一则面对一个活泼可爱、吵着"要吃鸡翅"的小女孩，肯德基的一位员工姐姐笑容可掬地对她说："小妹妹，肉好吃，蔬菜也要多吃噢！"广告非常亲切动人。同时这两个题材，还充分展现了肯德基员工为顾客着想的服务精神，拉近了员工与顾客的关系。

为了立足中国，肯德基的广告极力营造适合中国国情和人文环境的经营氛围。譬如春节广告里，肯德基上校也穿唐装，推出"来肯德基点新年套餐，将'哆啦A梦'，(Dola Amon，一个会说'恭喜发财'的录音智能玩偶）带回家"活动。为了争夺更多客源，肯德基还融入中国菜肴，推出标准化的中国传统名菜，有"正宗粤味，一卷上瘾"的咕咾鸡肉卷、老北京鸡肉卷、川香辣子鸡、寒稻香蘑饭、香菇鸡肉粥、海鲜蔬菜汤等。

肯德基广告还积极宣传肯德基的社会贡献，其中有一则广告主题是肯德基的曙光奖学金帮助一个来自贫困山区的女孩圆了大学梦，后来又使她进入肯德基这个给人以精神动力的大家庭。

[资料来源] http：//wenwen.soso.com/z/q253404309.htm.

**【思考题】**

1. 什么是质量？
2. 该案例中，肯德基是怎样理解质量的？

**参考答案要点：**

1. 什么是质量？

质量即"一组固有特性满足要求的程度"。"固有"也就是事物中本来就有的；"要求"包括"明示的"和"隐含的"需求和期望，也就是合同中规定或客户明确提出的要求，组织顾客和其他相关方的管理或一般做法所考虑的需求和期望。

20世纪末，质量仍然被定义为"产品或服务满足规定或者潜在需要的特性的总和"。随着人们对质量认识的提高，质量被重新定义为"一组固有特性满足要求的程度"，这一定义反映了以客户为关注点的要求。

2. 该案例中，肯德基是怎样理解质量的？

质量是一组固有特性满足需求的程度，这一概念反映了以客户为关注焦点的要求。

肯德基在不同国家扩张中，针对不同国家的饮食习惯，肯德基推出了泰国风味小吃、韩国泡菜猪肉卷、墨西哥鸡肉卷、新奥尔良烤鸡腿堡、葡式蛋糕等产品；针对顾客需要健康生活、均衡营养的心理，推出名为《均衡生活》的两则广告；为迎合中国客户的需求推出了标准化的中国传统名菜，如"正宗粤味，一卷上瘾"的咕咾鸡肉卷、老北京鸡肉卷、川香辣子鸡、寒稻香蘑饭、香菇鸡肉粥、海鲜蔬菜汤等。由此可见肯德基对质量的理解体现了以客户为中心的思想。

## 【案例二】 三洋制冷企业的质量管理——"零缺陷"质量管理

在三洋制冷企业（简称"三洋制冷"）的生产现场，根本看不到在其他企业内常见的手持检测仪器进行质量检查的检查员的身影，但是三洋制冷的溴化锂吸收式制冷机的产品质量却遥遥领先于国内同行业厂家而高居榜首，这正是三洋制冷在全公司内推行"零缺陷"质量管理的结果。

没有检查员，一旦加工出不合格品怎么办？绝大多数到三洋制冷参观访问的人都不无疑惑地问。这时，三洋制冷的每一位员工，都会充满自信地告诉你，三洋制冷在用最先进的检测仪器检测产品的最终质量的同时，采用了和绝大多数企业完全相反的质量管理方法，取消工序检查员，把"质量三确认原则"作为质量管理的最基本原则，即每一位员工，都要"确认上道工序零部件的加工质量，确认本工序的加工技术质量要求，确认交付给下道工序的产品质量"，从而在上下工序间创造出一种类似于"买卖"关系的三洋制冷特有的管理现象。

上道工序是市场经济中的"卖方"，下道工序是"买方"，是上道工序的"用户"，如果"卖方"质量存在问题，则"买方"可拒绝购买，不合格品就无法继续"流通"下去。三洋制冷正是通过这种"买卖化"的独特的质量管理方式，形成了没有专职检查员，但每个员工都是检查员的人人严把质量关的局面，从而保证了"不合格品流转为零"的目标得以实现，确保最终生产出近乎完美的零缺陷产品。这种质量确认法，与传统质量管理的"互检"法比较相似，不同的关键点在于，传统的"互检"只是挑出别人的毛病，与己无关。而这种确认法则讲求确认者的责任，要求本工序的操作人员必须同时承担起上道工序的责任，一环扣一环，环环相扣，使质量责任制真正落实到每个操作者肩上，通过相应的考核，真正实现责任与利益的统一。转入加工的确认点是连带责任的开始，也是对自我确认的肯定。就其实质来讲，它是国有企业自检、互检经验的再发展，是员工主人翁精神的再体现，是工艺纪律松懈教训的再纠正。这些看似简单，真正做起来并形成良好的质量意识和习惯却是一个很长的培育和实践过程。

三洋制冷企业的确认办法，变单纯的事后控制为事前预防、事中控制、事后总结提高的管理模式，以员工工作质量的提高使产品质量得到有效保证和改善，使员工做到了集生产者与检查者于一身，它能预防和控制不良品的发生和流转，强调第一次就要把事情做好，追求零缺陷，用自身的努力最大限度地降低损失，从而实现了"三不"的工序质量控制目标，即不接受不良品、不生产不良品、不转交不良品，达到了"不良品流转率为零"的工序质量控制目标。

三洋制冷的每个员工都了解这样一个道理，即产品质量是制造出来的，而不是检查出来的。检查只能起到事后把关的作用，而此时损失已经造成。因此，三洋制冷在实行"质量三确认原则"的同时，员工们每天都要填写关键工序的质量检查表和质量反馈单，使各种质量数据及时反馈到品质保证部门，对生产过程的质量进行监督控制，检查各环节关键工序关键项目。品质保证部门通过对数据的分析处理，再发出各种作业指示，来进行质量控制，并作为改善质量工作的指导。品质保证部门早已不是国有企业的质量检查部门，它更注重事先预防的管理，强化生产过程的质量宏观控制，与员工的关系不是检查与被检查的关系，而是质量共同的保证者。他们掌握并控制生产过程中关键工序、关键部件、关键指标的完成，并加以保证确认，他们针对生产过程中出现的质量问题，进行综合分析、查找原因、制定措施，指导员工加以改善和提高，并不断对实施过程和结果进行指导和再监督。同时，各质量管理小组也针对发生的质量问题，寻找原因并拟订出解决对策，避免相同或类似问题的再发生。正是由于全体员工的共同参加和努力，才使"一切以预防为主"、"一切用数据说话"和"一切使用户满意"的质量管理理论，在三洋制冷得以确实实行，并取得丰硕的成果，在全面质量管理的基础上走出了一条创新的路子。

三洋制冷早在1996年就在行业内率先通过了ISO9002国际质量管理体系认证，但是他们仅把认证作为质量管理的一个最起码的工作，而以"零缺陷"作为质量工作的最高目标，并且坚持不懈地进行持续改进。"零缺陷"的质量管理思想，不仅在质量管理方面，而且在三洋制冷经营管理的方方面面均得到推行，进而发展成"零缺陷自我改善运动"，逐步形成了一整套基于"零缺陷"的管理思想，并成为三洋制冷"自我改善"的企业文化的重要组成部分。

［资料来源］卢显林．质量管理新动力——零缺陷管理［M］．北京：中国商业出版社，2006.

**【思考题】**

1. 案例中三洋制冷企业是如何对产品质量进行控制的？
2. 案例中体现了"零缺陷"管理的哪几个原则？

**参考答案要点：**

1. 案例中三洋制冷企业是如何对产品质量进行控制的？

三洋制冷企业对产品的质量管理以"零缺陷"管理思想为指导，在全面质量管理的基础上走了一条创新之路。具体的做法是：首先取消传统质量管理的"互检"，改为在上下工序之间创造一种类似于市场经济的买卖关系的管理现象，将每个员工都转变成为检查员，从而形成人人把关的质量管理局面。其次将质量管理责任具体地落实到工人头上，与绩效结合，与利益相关，变事后控制为事前预防、事中控制、事后总结的管理。最后品质保证部门对员工们每天填写的质量检查表和反馈单进行数据分析，寻找原因，制定措施，以此改进质量管理工作。

2. 案例中体现了"零缺陷"管理的哪几个原则？

原则一：质量的定义是符合顾客要求，而不是好。案例中三洋制冷将产品的质量实际化，根据顾客要求给出了具体的参考指标，从而在生产过程中有标准可依，形成了"三不"的工序质量控制目标。

原则二：产生质量的系统是预防，而不是检查。三洋制冷取消了传统中的互检，而采用市场经济形式的买卖上下工序，将对质量管理的事后控制转变为事前预防、事中控制、事后总结的管理模式，实现了预防产生质量。

原则三：工作的最高目标是"零缺陷"，而不是"差不多就好"。三洋制冷在质量管理上取得了好的成绩，但是并没有就此止步，而是将ISO9002的国际质量管理体系认证作为一个基本的工作，以"零缺陷"作为质量管理的最高目标，并坚持不懈地进行持续改进。

# 【案例三】 微软——持续的质量改进

微软公司于1975年4月4日由威廉·H. 盖茨和保罗·艾伦合伙成立，并于1981

年 6 月 25 日正式重组为公司制企业。公司创立初期以销售 BASIC 解码器为主。当时的计算机爱好者也常常自行开发小型的 BASIC 解码器，并免费分发。然而，由于微软是少数几个 BASIC 解码器的商业生产商，很多家庭计算机生产商在其系统中采用微软的 BASIC 解码器。随着微软 BASIC 解码器的快速成长，制造商开始采用微软 BASIC 的语法以及其他功能以确保与现有的微软产品兼容。正是由于这种循环，微软 BASIC 逐渐成为公认的市场标准，公司也逐渐占领了整个市场。此后，他们曾经（不太成功地）试图以设计 MSX 家庭计算机标准来进入家用计算机市场。

1983 年，微软与 IBM 签订合同，为 IBM PC 提供 BASIC 解码器，之后微软又向 IBM 的机器提供操作系统。微软之后购买了 Tim Patterson 的 QDOS 使用权，在进行部分改写后通过 IBM 向市场发售，将其命名为 Microsoft DOS。MS-DOS 获得了巨大的成功。操作系统程序设计语言的编码器以及解码器文字处理器、数据表等办公软件互联网客户程序，例如网页浏览器和电邮客户端等这些产品中有些十分成功，有些则不太成功。从中人们发现了一个规律：虽然微软的产品的早期版本往往漏洞百出，功能匮乏，并且要比其竞争对手的产品差，但之后的版本却会快速进步，并且广受欢迎。今天，微软公司的很多产品在其不同的领域主宰市场。

2002 年，微软的多项网络以及互联网相关产品多次出现安全漏洞。一些恶意的程序员不断利用微软软件的安全漏洞搞破坏，例如通过互联网创造及发布能够消耗系统资源或破坏数据的蠕虫、病毒以及特洛伊木马。这些破坏行为一般的目标是微软的 Outlook 以及 Outlook Express 电邮客户程序，Internet Information Server（IIS）网页服务器，以及 SQL Server 数据库服务器软件。微软辩解说，由于其在互联网软件市场上的领导地位，自然而然的，微软的产品会遭到更多的攻击，因为这些微软产品被广泛使用。而有人则反驳说这些攻击也对准那些微软并不占优势的产品，表明微软的产品要比其竞争对手的产品在安全性上要低人一等。

盖茨启动了可信赖计算计划（Trustworthy Computing Initiative）。他将其形容为一个长期的、全公司性的计划，以寻找并修正微软产品中的安全以及泄漏隐私方面的漏洞。在该计划下，公司会重新评估和设计原先的一些规范及过程，也延迟了 Microsoft Windows Server 2003 的上市时间。对可信赖计算计划的反应各不相同，有观察家表扬了微软对安全问题的重视，但也提醒公司还有很多工作要做。

［资料来源］http://baike.baidu.com.

**【思考题】**

1. 什么是可持续的质量改进？
2. 结合案例及日常知识分析微软怎么样实现可持续的质量改进。

**参考答案要点：**

1. 什么是可持续的质量改进？

持续改进是增强满足要求能力的循环活动。质量改进不是一次性的工作，任何组织不管其如何完善，总存在进一步改进的余地，这就要求组织不断制定改进目标并寻求改进机会。持续改进强调持续的、全程的质量管理，在注重末端质量的同时，注重过程管理、环节控制。

朱兰的"螺旋曲线"、桑德霍姆的"质量循环"、戴明的"PDCA"循环，都要求根据组织的现状与客户的要求进行循环改进，体现了持续改进的思想。

2. 结合案例及日常知识分析微软怎么样实现可持续的质量改进。

朱兰认为质量产生的过程包括市场研究、开发、设计、制定产品规格、制定工艺、采购、仪器仪表及设备装置、生产、工序控制、检验、测试、销售和服务十三个环节。

微软主要从事软件开发，其质量改进的持续性包括新产品的开发与原有产品的维护两部分。微软新产品开发包含朱兰模型中的市场研究、开发、设计等全部环节，在开发的DOS系统在主宰市场的情况下，微软并未止步，而是通过市场研究，进一步推出了界面更友好、使用更方便的视窗系统，并取得了巨大的成功。之后，围绕客户需求，微软进行了持续的改进，从windows最早的版本逐步升级到现在的win8，从而逐步形成了市场垄断。在不断推出客户需要的新产品的同时，围绕客户对产品安全的需求，微软还推出了可信赖计算计划，对所有的规范及过程进行重新评估和设计，并对产品进行持续的改进与免费升级，减少产品漏洞，提高产品质量。

## 【案例四】 某汽车机电企业质量管理——质量检验

某汽车机电有限公司成立于1995年，是一家从事以车用零部件经营为主的加工制造型企业。经过十余年的不懈努力，公司现已具备年产300万套电喷节气门体生产能力，并与大陆公司、德尔福、长安汽车、东安三菱等多家知名公司建立了长期稳定的配套合作关系，是目前国内最大的机械式电喷节气门体生产企业，市场占有率多年来一直位居国内同行业第一。

为适应不断变化的市场形势，公司坚持自主创新，大力推进产品研发和产品结构的升级换代，现已形成一支具备较高研发能力的专业团队，年均研发新产品数十种，能够较好地满足各大主机厂和系统商的产品更新需求。公司目前正致力于电子节气门体的技术研发，力争用最短时间实现公司主导产品由机械式节气门体向电子节气门体成功转型，促进公司核心竞争力的全面提升。

2009年初，该公司成功完成了重组改制工作。这一公司发展史上的重大举措，不仅为公司创造了更加有利的发展条件，更为公司下一步的持续快速发展注入了新的强大动力。

该公司的质量控制采用质量检验控制方式，各车间建立了相对独立的自检、巡检和抽检体系，由一线工人在部件生产过程中进行自检，车间专职质检人员在生产过程中对产品进行巡检，最后由质监部门对产品进行抽检。然而，由于设备生产能力、人员素质等方面的问题，尽管采取了上述三种检验相结合的模式，某公司仍一度多次出现产品批量不合格的重大生产事故，给公司造成了重大经济损失，也影响了其品牌声誉。

近年来，公司意识到自身管理中存在的问题，努力通过流程再造、人员培训等方式，建立全面质量管理体系，以提升其生产管理与质量控制水平，保障其产品质量，提高产品声誉。

［资料来源］成都某公司内部文件。

**【思考题】**

1. 简述质量管理的发展历程。
2. 分析该公司质量管理中存在的问题。

**参考答案要点：**

1. 简述质量管理的发展历程。

质量管理的发展经历了质量检验、统计过程控制和全面质量管理三个阶段。

质量检验阶段主要通过对产成品的质量检验来控制产品质量。这种以检验为主的质量管理方法主要存在三个方面的局限性：在出现质量问题时，由于不能明确责任，而无法改进；由于是事后检验而不是过程控制，发现问题时为时已晚；在不能全部检验时，抽样检验方法会存在"大批严，小批宽"的问题。

第二次世界大战结束后，抽样统计过程控制的质量管理方法得到了广泛的应用。抽样统计过程控制是应用统计技术对过程中的各个阶段进行评估和监控，建立并保持过程处于可接受的并且稳定的水平，从而保证产品与服务符合规定的要求的一种质量管理技术。由于过分强调依赖数理统计方法，忽视了质量控制的组织管理，使人们误认为质量控制是专职工程师的事，挫伤了职工参与质量管理的积极性，从而影响了统计过程控制应有作用的发挥。

20世纪60年代，费根鲍姆提出了全面质量管理的概念，认为："全面质量管理是为了能够在最经济的水平上，在充分满足客户要求的条件下，进行市场研究、设计、生产和服务，把企业各部门的研制质量、维持质量和提高质量的活动结合在一起，成为一个有效系统。"全面质量管理可概括为"三全一多样"，即全员、全过程、全方位的质量管理，多样性质量管理方法与工具。

2. 分析该公司质量管理中存在的问题。

该公司采用的"自检、巡检与抽检相结合"的质量检验模式，是通过质量检验进行质量管理的模式，即质量管理仍然停留在质量检验阶段。

案例中该公司出现的产品出现批量不合格的现象，从表面上看是出了设备生产能力不足、人员素质不高、责任心不强等诸多原因造成的，实际上，质量管理方式本身的原因更为重要。这种采用质检方式控制产品质量的方式，使得员工对于产品质量控制的认识不足，认为质量管理是质检人员的事情；质检人员巡检具有随机性，仅仅是对少数产品的检查，不能发现产品缺陷亦在情理之中；当抽检人员发现产品质量出现问题时，已经生产了大批不合格产品，此时损失已经形成。

要避免上述事件发生，就要采用全面质量管理模式，即通过员工培训，提高全体员工的质量意识与参与意识；对市场研究、产品开发、设计等全过程进行质量控制；调动公司各部门资源，进行全方位的质量管理；同时采用多种质量管理工具与方法，进行持续改进，不断提高产品质量。

# 【案例五】 保诚资源管理公司踏向全面质量管理之路
## ——全面质量管理

总部在纽约的 Prudential Rasources Management（保诚资源管理公司）是 The Prudential Insurance Co. of America（美国保诚保险公司）的分部。它于 1991 年开始，正式踏上全面质量管理之路。然而，当公司于 1993 年修改了使命，并将使命同公司顾客至上、赢取成功、值得信赖和相互尊重等核心价值联系到一起时，这条路转了个大弯，目标更为集中。因为公司朝质量管理的目标行进，其企业文化改变了。但人力资源及公司的管理体制，没有改变。作为人力资源顾问公司，它该宣扬什么就干什么。

公司修改后的任务就是既要取得令人满意的回报，又要在为全球个人和机构提供搬迁、房地产、人力资源和相关的咨询服务方面成为世界级的领先者。保诚保险把目标固定在加强全面质量管理上后，公司董事长兼行政总监 Matthew M. Luca（马修）和总裁兼运营总监 T. Stephen Gross（格罗斯）批准由一个正在进行人事关系评估项目的团队来负责确保公司所有的人事关系体制直接服务于公司修改后的任务、目标和价值观。

"我们意识到，要成功就得确保我们的人事关系体系与公司的任务、目标和全面质量管理原则相一致。"员工福利部主任兼评估小组主要督办人 Maria Stolfi（玛莉亚）解释说。他们开始问自己这样一些问题：人事关系系统是否支持公司的不断改善和全面质量管理？员工是否依照我们的任务和价值观得到回报和重用？他们的业绩表现是否依照个体基础来管理？在很多情况下，回答是否定的。显然，该采取行动了。

### 审查现状

公司从不同级别的同事中抽出 10 人组成跨职能小组，其中包括了高级副总裁到较低级别的员工。该小组先查看了公司向员工提供的人力资源服务，发现人力资源有六大人事关系体系或服务：业绩管理、奖励和表彰、人事政策、报酬和福利、交流和事业发展。

### 体系重新设计

"我们制定了一系列目标并将在这 10 个目标嵌入人事关系体系。"评估项目小组成员 Thomas Jago（托马斯）这样说道。这 10 个人力资源目标包括鼓励公开交流及以身作则等方面。它承认了公司要不断获得成功，有赖人力资源对个人独有个性及才华的了解和尊重。评估项目小组认为，依照这 10 个目标形成的工作环境能给每位员工机会，使他们的潜能得到最大限度地发挥并因此直接为公司目标做出贡献。

### 重新结合

评估小组制定了 10 项人力资源目标后，必须找出使用什么标准来将公司的工作业绩管理制度与目标结合起来。该小组从获奖公司那里收集最佳实施办法，并向主要专家咨询。他们通过一个员工调查，了解到这个业绩管理系统并未一以贯之地得到实施，没能强调持续的、多层面的反馈，而且也没有考虑团队业绩的因素。"通过对全面质量管理的调研，我们设想了人力资源系统在与所有目标结合在一起之后，在员工行为方面会是什么样子，"玛莉亚解释说，"于是，我们检查了所有数据，得出一个共同的评价系统，然后在全公司的管理人员和非管理人员中召开了12个座谈会。"该小组的调研使他们认识到，员工希望有一种更正式的途径，以便了解他们的日常工作是如何帮助公司实现使命和质量目标的。

新的计划

人事关系评估小组的研究表明，第一个需要与公司新目标重新结合的是公司的业绩管理体制。这种体制没有明确地将个人目标与公司目标联系到一起，并且缺乏明确的评估标准。于是，一项由四部分组成的改进计划产生了，新的计划提倡以下几点：

（1）体制改进：现在，每个人都依照一个360度的反馈系统进行评估。同时，经理也要定期为他的直属人员提供辅导和帮助。

（2）培养技能：在过去几个月里，公司1 000名员工中有700人接受了如何为他们自己确定目标或为下属确定目标的培训。了解业务流程以及公司的期望：员工都要接受培训，掌握如何在公司的基础之上制定自己的工作目标。

（3）流程的管理：设立跨职能小组，确保流程得到持续改善，并按月或按季度衡量流程的进展。公司新旧体制最大的区别在于，业绩管理不再被视为由上而下的单方面责任，而是一种大家共同承担的责任。

下一个目标

保诚资源管理公司的人事关系评估小组已经开始研究如何改进清单中的下一个体制：奖励和表彰，这一体制的重新结合过程与业绩管理体制的过程一致。为配合该项目，公司高级管理人员展开讨论，谈谈他们认为当今的人力资源应是怎样的，并请公司顾问来评价公司在实现全面质量管理目标方面做得怎样。

首先，从公司的奖励和表彰体制着手很好。"公司要员工把他们认为激励自己的因素排个队，于是，我们就利用该信息来决定是否把钱花在员工认为合理的地方。"玛莉亚说道。

高级副总裁Jack Navarro（拉法洛）补充道："我们将更加重视我们的客户，并且正在建立一种衡量体系，用来收集客户和同事的满意度，现在我们必须重视这些方面人的问题。"

公司计划在余下的所有人力资源体制上下手，直到全部得到改进。但工作不会就此结束，因为第一个体制都设有跨职能小组做监督员，会接着修修补补下去。这就是全面质量管理的方法。

对决意踏上全面质量管理之路的机构来说，成效快而且显著。保诚资源管理公司的情况就是如此。公司将1993年底的成果与开始走上全面质量管理之路的1991年比较，发现客户数量几乎翻了一番；客户综合满意度上升10%；同事生产率提高5%，利润增加20%。

"我们推动质量管理成功的要诀在于让员工参与，并深知其贡献对机构的影响，"托马斯说道，"去年我们通过提高效率获得260多万美元的利润。正因为采取了这种计划和重点，我们才做到了这点。"

如今，通过遍布全公司为数众多的合作者以及65个以上的跨职能计划和改善小组，全面质量管理已与公司融为一体。将所宣传的付诸实践并不容易，而且可能会认为道路将鲜有人走。然而，这最终极有可能成为一条最有效益的路。

［资料来源］http：//www.ceconline.com/hr/ma/8800021733/01/.

**【思考题】**

1. 什么是全面质量管理？
2. 保诚公司是怎样实现全面质量管理的？

**参考答案要点：**

1. 什么是全面质量管理？

20世纪50年代，费根鲍姆和朱兰提出了"全面质量管理"（Total Quality Management，TQM）的概念，认为"全面质量管理是为了能够在最经济的水平上，并考虑到充分满足客户要求的条件下进行生产和提供服务，把企业各部门在研制质量、维持质量和提高质量的活动中构成为一体的一种有效体系"。60年代初，美国一些企业根据行为管理科学的理论，在企业的质量管理中开展了依靠职工"自我控制"的"零缺陷运动"（Zero Defects），日本在工业企业中开展质量管理小组（Q. C. Cycle）活动，使全面质量管理迅速发展起来。全面质量管理可概括为"三全一多样"，即全员、全过程、全方位的质量管理，多样性质量管理方法与工具。

全面质量管理的基本方法可概括为"一个过程，四个阶段，八个步骤，数理统计方法"，即企业管理是一个过程，企业在不同时间内应完成不同的工作任务，每一项生产经营活动都有一个生产、形成、实施和验证的过程；有效的质量管理需要通过"计划—执行—检查—处理"四个阶段的循环实现，即进行PDCA循环；PDCA循环的四个阶段可以分为发现问题、寻找原因、确定主因、提出措施、执行改进、检查效果、巩固成果和提出遗留问题八个步骤；在执行全面质量管理过程中，需要采用数理统计方法进行分析。

2. 保诚公司是怎样实现全面质量管理的？

它的做法是：

（1）公司成立了包括高级副总裁在内的跨职能小组，对公司质量管理的现状进行调查，制定改进方案。

（2）确立了公司客户至上的理念，进行全面改进。

（3）改进管理体系，制定有利于全员质量管理的激励机制、责任机制，让全体员工参与质量管理。

（4）成立跨职能小组，对确保流程得到持续改进。

（5）从客户满意调查到员工培训等各个方面，进行全方位的提升。

# 第二章　质量管理体系

**本章学习目标**

  了解 ISO9000 族标准产生的必然性；
  掌握质量认证的条件和程序；
  掌握质量体系有效运行的基础工作。

## 【案例一】　任务繁重的质量经理

  今天，新的质量部经理牛先牛已经到任一个月了，看来还是不行。虽然，我们在当初招聘他进来时就已意识到了这一点。一个月来，他的表现远远低于我们的预期。显然，我们希望一个工具性的临时质量经理的计划面临流产。是时候做出决定了。

  质量经理已经成为了公司的难题，牛经理是我们公司近一年内出现的第三个质量经理。但他很快也要成为前任质量经理，这真是令人遗憾。我们除了检讨人力资源的相关程序外，还需要检讨些什么呢？

  质量经理问题起源于公司的高速发展。公司年营业额由 2008 年刚成立时的 300 万元增加到了 2011 年的 6 000 万元，2012 年我们计划要完成 12 000 万元。前 5 个月的发展势头表明：我们计划的增长非常有可能实现。

  小公司的快速成长，必然会面临一个问题，那就是：初建时的管理团队、管理架构无法适应业务高速增长所带来的内部变化，其中包括人力资源、财务、生产计划与物料控制（PMC，Product Material Control）、市场、销售等。人员要调整、机构要重组、流程要再造。

  为减少内部管理滞后对发展形成的阻碍和控制内部管理滞后为公司带来的巨大风险，公司在 2011 年初就做出决定，要引进高级人才，重组架构。这个决定在某些领域进展得比较顺利，比如新任财务总监的到来，已经让我们基本相信：公司财务的合法化、报表设置合理性及准确及时性、现金流的安全性、赢利模式的稳定性、预算执行等方面都得到了有效控制。在 PMC 方面，我们也引进了一位高级人才，这位高材生将我们濒临瘫痪的 ERP 系统重新建立并正常运行起来了。这让我们的另外一个风险因素——准时交货率基本上得到了控制。我们的客户绝大部分是欧美企业，准确地讲，90%以上是欧美企业。如果我们不能保证稳定、准确的交货期，那无异于自杀！

  同理，如果我们不能保证我们出口的产品都具有稳定、可靠的质量，那也无异于自杀。因此，质量也是公司经营面临的一个现实且长期的风险。为控制这个风险，一个高素质的质量经理的需求就应运而生。不幸的是，这个问题居然在一年多的时间里都没有得到有效解决。那么，公司的质量现状到底有多糟糕呢？老实讲，还不算太糟。

到目前为止，我们还没有接到批量退货，也没有接到客户的大规模投诉和抱怨。在生产过程中，由于质量失控所造成的不良品成本也不高。另外，公司一直都能通过国外先进标准的审核，也能通过 UL、CC、VDE[①] 等其他认证机构的工厂审核。不过，这绝不是说我们的质量体系就没有问题，绝不是说我们已经排除了潜在的质量风险。诸多迹象表明：我们的质量体系运作得并不畅顺，质量控制并不深入。

在 BSI 的例行审查中，我们的观察项正在大量增加，但我见不到任何纠正预防措施单，或者即使有纠正预防措施，却有实例证明，这些措施并没有被落实。我有理由怀疑：BSI 其实是对我们手下留情了。如果我是 BSI 的审查员，我决不会让公司通过例行审查。

还有一点让人感到不妙的是，牛经理的前任——杨经理，在公司的例行周会中居然报出我们的 ICT（Internal Circuit Test，内部电路测试）测试不良率高达 37%。更意外的是，面对这样的质量数据，他竟然没有采取任何紧急纠正预防行动。这迫使我们终止周会，下令立即停产，并开始现场调查，进行原因分析。在调查中，一个令人尴尬的事实摆在我们面前：杨经理报告的质量数据居然是错误的！ICT 测试不良率应该是 15% 而不是杨经理报告的 37%。当然，即便是 15%，也已远远高于我们所设置的 2% 的警戒控制线。但是，不能准确地统计过程监控点的质量数据却真是让人大吃一惊。这说明，我们的质量控制还缺乏深度，还只停留在 IQC（Incomming Quality Control，进料品质控制）和 OQC（Output Quality Control，出货品质控制）的监控层面上。

客户的例行退货记录也印证了上述判断。半年来，客户的退货率虽然在控制线以内，却明显地呈现出上升趋势。由于客户退货有滞后，这些被退回来的产品实质上是一年前生产的。也就是说，在这一年多的时间里，公司的质量控制能力在退化。因此，质量风险在增大，我们必须在失控前恢复控制。我可不想产品运到芝加哥后，客户请我到美国去处理质量问题！

显然，杨经理并没有意识到问题的严重性，因此，他必须得走了。

牛经理的到来，实在是万般无奈之举。我们希望他至少能来公司救急，因为杨经理已经走了，另外一个质量主管也自动离职了，质量部就剩下一个空架子了。而生产过程中的质量问题却还在不断地涌现，所以，必须得有一个人来顶一下。牛经理在当时是我们视野内较合适的人选。尽管，在面试之初，我们就意识到他基本上不可能建立起一个稳定运行的可靠体系。不过，他或许可以帮助我们建立起一个及时、准确的质量数据采集和反馈体系。按照 ISO9000 标准，这属于表格文件，是最底层的基础文

---

[①] UL：美国保险商试验所（Underwriter Laboratories Inc.）的简写。UL 安全试验所是美国最权威的，也是世界上从事安全试验和鉴定的较大的民间机构。它是一个独立的、非营利性的、为公共安全做试验的专业机构。它采用科学测试方法来研究确定各种材料、装置、产品、设备、建筑等对生命、财产有无危害及危害的程度；确定、编写、发行相应的标准和有助于减少及防止造成生命财产受到损失的资料，同时开展实情调研业务。UL 认证相当于中国的 3C 强制认证。CC：通用标准（Common Criteria）是一组国际准则和规范说明，用以评估信息安全产品，特别是保证这些产品符合政府部署商定的安全标准，或叫"信息技术安全评估通用标准"。VDE：德国电气工程师协会（Verband Deutscher Elektrotechniker，简称 VDE）所属的研究所，成立于 1920 年，是欧洲最有经验的在世界上享有很高声誉的认证机构之一。在许多国家，VDE 认证标志甚至比本国的认证标志更加出名，尤其被进出口商认可和看重。

件。看来，现在，我们也只好从基础做起了。当然，另外一种情况也是我们可以接受的。那就是牛经理只是单纯地救火，"头痛医头、脚痛医脚"，让这个残缺的质量体系发挥出它最大的效能。

令人失望的是，上述两点，牛经理都未做到。过程控制的数据依旧不准确。过程中的不良率报警，永远都不是质量部报告出来的。救火的功能也没有发挥，因为我完全看不到任何纠正预防行动单出现。而按照我拍脑袋的直觉，就公司质量体系运行的现状，每天有几份纠正预防行动单，是非常正常的。没有纠正预防行动单，反而奇怪。更让我绝望的是，昨天他竟然向我提议，要求工程部严格限制签发让步接收单。我问他为什么，他说："有客户邮件提醒我们的市场人员，说最近的让步申请明显增多，要注意。因此，我们应该严格限制签发让步接收单。"我提醒他："除此以外，你还有什么要答复客户？"他回答："没有了。"

严格禁止签发让步接收单只是一个治标的措施。这可能带来三个方面的问题：①我们报废的损失；②降低准时交货率（同样影响公司信誉）；③由于我们无法准时交货，连带影响到客户也无法准时交货，给客户造成经济损失和信誉损失。

我们向客户提出让步接收申请，是现状下的合理措施。我们希望客户权衡一下我们糟糕的质量控制给他带来的损失，以便他和我们一起做出合理的取舍。当然，我们也不傻，客户也不傻，我们不会将客户完全不能接受的重大质量问题提出来，那样客户也不可能让步接收。所以，我们的让步申请总能得到对方同意。这说明，我们在特定状态下的判断，与客户基本上是一致的。

客户为什么又提请我们注意让步接收单数量太多呢？这说明我们的客户是聪明的客户。他通过让步接收单数量的变化，已经发现了我们的质量体系在恶化。他其实是在委婉地提醒我们：要通过管理评审或者内审来回顾一下我们的质量体系了，要有一系列的改善质量体系的行动。

因此，我们要消除客户的疑虑，就需要给客户一个放心的答案，告诉客户，我们正在着手进行质量体系的改善，并且告诉他如何可以看到明显的效果。而按照牛经理的回答，只能徒增客户的忧虑，降低我公司的信誉评级。因此，我只好决定，牛经理暂时不要就质量问题与客户直接沟通。

看来，牛经理在公司待的最长时间记录应该不会超过三个月。那么，新的质量经理又该如何去找呢？上网招聘、登报、熟人推荐、猎头？或者同时进行？需要在什么时间到位呢？我们高层管理者在这个问题上又该怎么反思呢？不管怎样，新的质量经理7月底前必须就位。

［资料来源］http://leimeng-333.blog.163.com/blog/static/23898063200899238582/.

【思考题】

1. 是什么导致公司一年换三个质量经理？
2. 该公司应如何走出目前的产品质量困境？

**参考答案要点：**

1. 是什么导致公司一年换三个质量经理？

一年换三个质量经理，表面上是质量经理无作为，实质上是其不能作为。本案例的困境之源是：本该由"一把手"负责的质量工程让质量经理来承担，而且没有相应的质量管理职责授权。

对企业经营而言，没有了客户，企业就无法生存。站在客户的角度，他们关注的重点是产品交货期（按时、足量）、产品质量和价格。若交货期不能满足客户要求，我们可以增加设备、人员，从而使得情况改观；如若价格不能满足客户要求，我们可以降低成本（低于社会平均成本即可），情况也可以得到改观。但是，如果是产品质量问题，就不单单是增加设备和人员那么简单了。产品质量是企业综合能力的积淀，是企业实施全面质量管理的结果。

将企业的产品质量放到质量经理的作为上，显然背离了全面质量管理的原则。企业虽然获得了 ISO9000 质量体系认证，但也仅仅相当于质量管理刚及格；虽然产品获得 CC、UL 和 VDE 认证，但也只能表明产品符合安全要求，这是市场对产品的基本要求。仅仅拥有这些认证，不能说该企业的产品质量就能够满足变化的市场和客户。

全面质量管理的八项原则中的第一条是：以顾客为中心，顾客的需求就是企业改善的出发点。第二条是：领导的作用，对组织而言就是最高管理者的作用，也就是最高管理者要对产品质量负总责。第三条是：全员参与，就是说每个员工的工作效果均影响产品质量。这三条做不好，其他五条做得再好，也没有意义。

本案例中，公司如是理解顾客的提醒（让步申请明显增多）："禁止签发让步接收单可能带来三个问题：①我们报废的损失；②降低准时交货率（同样影响公司信誉）；③由于我们无法准时交货，连带影响到客户也无法准时交货，给客户造成经济损失和信誉损失。我们向客户提出让步接收申请，是现状下的合理措施。就是让客户能权衡我们糟糕的质量控制给他带来的损失，以便他和我们一起做出合理的取舍。"

很显然，这是只顾眼前不顾长远的经营思路，把顾客的容忍当成顾客的需求。一年换三个质量经理，表面上是质量经理无作为，实质上是其不能作为。关于这一点，看看职责定位就清楚了："（如果）牛经理只是单纯地救火，'头痛医头、脚痛医脚'，让这个残缺的质量体系发挥出最大的效能，那还可以接受。"这就是一个总经理的质量意识。他完全没有尽到领导的职责！另外，ICT 测试数据不准、工程部无限制地发出让步申请，说明该公司完全没有做到全员参与质量管理。

2. 该公司应如何走出目前的产品质量困境？

对于目前的困境，公司应该尽快建立一个质量管理体系，完善全面质量管理。具体的实施办法如下：

首先，总经理亲自挂帅，成立质量攻关小组，解决以下问题：立即组织与客户沟通，让质量部门、设计部门、工艺部门和生产部门负责人聆听客户的需求和抱怨，通过质量计划予以解决。

其次，检讨 ISO9001 质量体系的有效性，评价指标有：

（1）公司质量方针和质量目标是否符合顾客的期望，如不符合，请立即改进；

（2）从设计开发到售后服务全过程，各职能部门的工作目标是否围绕质量方针和目标展开，如若不是，请立即完善；

（3）与产品质量有关的人员，其工作目标是否反映企业的质量目标，如若不是，请立即增加；

（4）程序文件规定的流程是否保证公司质量方针目标、部门目标和岗位目标达成。

再次，检讨各部门对质量体系的执行情况，评价指标有：

（1）各部门负责人掌握质量体系要求的现状。对缺乏意识和不执行文件规定的负责人进行脱产培训，若培训后仍不执行文件，请对其调岗/降级。

（2）各部门质量主管/体系维护员掌握质量体系要求的现状。对缺乏意识和不执行文件规定的人员进行封闭式培训，如培训后仍不执行文件，请对其调岗/降级。

（3）直接影响产品质量的人员掌握质量体系作业文件要求的现状。对不能准确执行文件规定的人员进行强化培训/操作培训，若培训后仍不能正确操作，请对其作调岗处理。

（4）组织与供应商定期沟通，将质量体系延伸至供应商。

最后，反馈信息到品质保证部，进行下一轮的循环。

## 【案例二】 海南省海洋与渔业厅 ISO9001 质量体系

服务好不好，服务对象说了算。

临高中天渔港开发实业有限公司向海南省海洋与渔业厅提交海域使用权转让申请后仅5天，就拿到了海域使用转让金。该公司总经理董兴法说："没想到这么快就办妥了，海洋与渔业厅的高效服务令我们感动。"

这是海南省海洋与渔业厅导入 ISO9000 质量管理体系带来的新气象。2010年底，该厅获得中国质量认证中心和国际认证联盟颁发的 ISO9001：2008 质量管理体系认证证书，成为海南省首家通过该认证的省级政府机关。近日，海南省海洋与渔业厅委托第三方对该厅进行社会评议调查，社会各界对该厅9项行政服务进行打分评议。调查结果显示，总体评价86.1分，满意率达87.6%。

海洋与渔业厅开海南省 ISO9000 从企业进入政府的先河，标志着其行政管理体制改革——迈向服务型政府转型的新探索获得了成功。

"按 PDCA 模式，这项工作还可以怎么改进……""根据作业指导书，这份文件的审批流程是不是还可缩短……"这是当下在海南省海洋与渔业厅的内网上最常见的帖子。不仅在网络上，就是在厅工作人员日常的交流中，"标准""PDCA""作业指导书""关注服务对象"这些词汇也频频进出，成为当下厅内热词，这些都源于 ISO9000 质量管理标准体系的导入。

为什么将一个企业通行的标准体系引入政府部门？政府机关能够从 ISO9000 中得到什么？海洋与渔业厅流行词汇的变化也许可以部分地回答这些问题，它们反映出人们思维方式和行政管理方式正在发生深刻的变化。

转型需求推动引入国际通行标准。

不得不说，海洋与渔业厅引入ISO9000质量管理标准体系有机缘巧合的成分。2008年年底，世界银行中蒙局项目经理张春霖博士来到海南，海南省海洋与渔业厅主要负责人与其就政府转型、绩效管理等话题进行了深入交流。此后，省厅机关于2009年申请了世界银行"中国经济改革实施技术援助项目"子项目"海南省海洋与渔业厅年度重点工作绩效评估"，并在世界银行帮助下导入国际通行的ISO9000体系推行绩效管理，作为项目建设的重要内容之一。

"我们当时正在政府角色转型和政府行政管理体制改革的课题上苦苦探索。"海南省海洋与渔业厅厅长赵中社说，将政府角色从管理型转向建设法制型、服务型政府是加快行政管理体制改革的大方向，但在实践中人们发现，虽然宏观层面上已经有了很大的变化，但在微观层面即管理方式、运转方式、服务方式上没有相适应的变化，仍然停留在传统的轨道上。

"形势逼人啊！"海洋与渔业厅副厅长黄良赞表示，一边是快速发展的海洋产业，一边是"海洋面积大省"和"海洋经济小省"并存的现实，已经不允许海洋主管部门再像过去一样工作，加快转型、建设高效机关已经成为海洋与渔业厅的强烈冲动。

"ISO9000更是一次对我们灵魂深处的洗礼，一次文化上的涤新。"海洋与渔业厅一位基层公务员在学习心得中发出这样的感叹。更多的人在心得中表示，导入ISO9000对他们触动最大的不仅是流程、标准，更是理念。理念在变，行为在变，归根结底是文化在变。

这样的变化让厅领导喜在心里，建设先进的行政文化是导入ISO9000行为更深处的出发点。在国际上，部分西方国家的各级政府从20世纪80年代开始就逐步建立ISO9000质量管理标准体系；在国内，目前也已有大连等城市政府部门引入ISO9000，为其与中国行政管理体制改革相适应做了初步探索。其经验显示，导入ISO9000不仅是通过一个认证，建立一个标准，更是建设一种文化，引领行政者自觉提供质量可靠的公共服务。

省海洋与渔业厅引入ISO9000，适时地站在了这股建设行政文化的潮头上。曾对这些经验进行了系统考察的黄良赞告诉记者，最深的体会就是"以结果为导向的过程管理"。他表示，政府和企业很大的不同点在于，行政行为的过程和结果是同时产生的，如果过程未加控制，一旦产生结果错误将无法弥补。而ISO9000质量管理标准体系的理念是立足于过程，对过程进行严格监控，结果必然是合格的。

省海洋与渔业厅经过全员培训，编制体系文件，试运行等近一年的建设过程，通过了第三方机构——中国质量认证中心的严格审查。厅内的办公墙上从此多了两张证书：《中国质量证书》和《国际质量认证联盟证书》，这意味着该厅正式通过了ISO9001质量管理标准认证，建立起了符合自身特点和流程的质量管理标准体系。

有趣的是，这根本性的变化掩藏在一片平静的表象下。"从外面来看，我们厅和以前没什么不同，做的工作还是一样的。但对厅里的人来说，这些工作的内涵和流程完全不同了。"发展计划处处长潘骏说。

其实他的话并不全对。作为该厅的服务对象，海南蔚蓝海洋食品有限公司副总经理杨华颖也深深感受到了这种变化："以前办一件审批，因为官员不同，标准和要求就不一样，行政有很大的随意性；现在就是换了人，流程和标准还是一样的。"

"打个比方，ISO9000 质量管理标准体系就像一把尺子，可以衡量政府提供的公共服务的质量。而过去，我们是没有这把尺子的，也就没有质量的高低或合格不合格之分。"潘骏形象地说，"导入 ISO9000 不是荣誉，也不是成绩，就是一件工具、一个平台，解决了政府行政的工作质量标准问题。"

"服务好不好，服务对象说了算！"省海洋与渔业厅厅长赵中社说，导入 ISO9000 质量管理体系，目的是规范行政管理和服务，提升行政效能，把厅机关建成规范、标准、高效的服务型机关，实现从管理型向服务型转变，更好地改进我们的工作。

[资料来源] http://hnrb.hinews.cn/html/2011-09/06/content_ 395757.htm.
http://www.hq.xinhuanet.com/news/2010-12/14/content_ 216215861.htm.

【思考题】

1. 请查阅资料，分析 ISO9000 质量管理体系在哪些方面提高了海洋与渔业厅的行政效能？

2. 你认为 ISO9000 质量管理体系与海洋与渔业厅的各项管理法规之间是什么关系？

**参考答案要点：**

1. 请查阅资料，分析 ISO9000 质量管理体系在哪些方面提高了海洋与渔业厅的行政效能？

主要从行政审批手续简易程度、业务指导、干部素质、办事效率、服务态度等几个方面提高行政效能。

2. 你认为 ISO9000 质量管理体系与海洋与渔业厅的各项管理法规之间是什么关系？

行政管理法规的特点是国家行政主管机关对被管辖对象从设立、生产或服务过程到过程结果，从战略高度和整体利益出发，对其应具备的条件、应采取的措施和应达到及满足的结果提出的一种硬性要求和强制性的规定。它体现的是来自外部的硬性要求和制约机制。从管理的角度，这种外部的监督是必不可少的。但作为一个社会的组织机构，最终实现满足社会要求的结果，仅靠外部力量是不够的。而 ISO9000 质量管理体系正是着眼并作用于组织机构内部积极、主动、严密的管理系统，焕发组织机构内部自我的追求和实现。而且在 ISO9000 质量管理体系中，把满足国家法律法规的要求作为体系追求和评价的目标之一（见体系 5.1 标准条款）。

所以说，实施 ISO9000 质量管理体系是对国家管理法规的补充、完善和延伸，是实现法规要求的有力辅助武器。

## 【案例三】 海尔的崛起之路

海尔集团原本是一个生产电动葫芦的集体小企业，通过争取才获得我国最后一个生产冰箱的定点资格。经过 12 年的裂变，到 1996 年底，生产电冰箱 168 万台，洗衣机 104 万台，空调器 48 万台，冰柜 34 万台，产品均名列前茅，形成了七大门类 3 000 多个规格的产品系列，并已把发展范伸向金融和生物工程。1984 年，海尔亏损 147 万元，到1996年，企业销售收入达61.2亿元，税利4.7亿元，成为拥有职工21.2万人、101个下属企业的大型集团，其品牌价值77.36亿元，仅次于红塔山集团和长虹集团，如今在中国更是家喻户晓。那么，海尔集团成功崛起的主要原因是什么？回答是肯定的，那就是完善的质量管理。

每一个企业都盼着兴旺，至于靠什么兴旺，各有各的高招，各有各的秘密武器。但千招万式不能离开一条，就是质量。海尔集团清楚地意识到质量对于企业发展的意义，从创业开始，就紧紧地抓住质量这个纲，以质量立厂，以质量兴厂。但是，质量从何而来？海尔人懂得：科学技术是第一生产力。一流的产品需要一流的先进科技作为基础，否则质量就会成为无源之水、无本之木。海尔人创业10多年来，紧紧盯住世界高科技领域的最新目标，把握世界家电高科技发展的趋势，始终把重视科技发展作为企业的重大经营方针之一，在一切企业行为中，把科技当成头等大事来抓。海尔正是依靠高科技作为基础和后盾，使得层出不穷的新产品、新技术推动了市场。一个个具有世界水平的填补国内空白的高科技产品不断在海尔问世，来源于科技人员的无穷的智慧和辛勤的付出。一批批高技术人才纷纷涌向海尔，在海尔这块天地里实现着自己的人生价值。

海尔之所以能创出中国的名牌，除了得益于雄厚的高新技术实力和以高科技新产品创造市场的经营理念作为坚实的基础外，还得益于海尔严格的质量管理。

海尔领导层在生产经营中始终向职工反复强调一个基本观念：用户是企业的衣食父母。在生产制造过程中，他们始终坚持"精细化，零缺陷"，让每个员工都明白"下道工序就是用户"。这些思想被职工自觉落实到行动上，每个员工将质量隐患消除在本岗位上，从而创造出了海尔产品的"零缺陷"。海尔空调从未发生过一起质量事故，产品开箱合格率始终保持在100%，社会总返修率不超过4‰，大大低于国家的规定标准。许多久居海外的华人使用海尔空调后激动万分：中国人制造的家电产品是一流的。

而这种成绩的取得，正是海尔严格进行质量管理的结果。海尔洗衣机生产车间里曾经发生过这样一件事情：一天，一名员工在下班前的每日清扫时，发现多了一枚螺丝钉。他惊呆了，因为他知道，多了一枚螺丝钉就意味着有一台洗衣机少了一枚螺丝钉。这关系到产品的质量，维系着企业的信誉。因此，他立即报告了分厂厂长，分厂厂长当即下令：当天生产的1 000余台洗衣机全部复检。而复检的结果是成品机没有什么问题。可原因出在哪里呢？已经很晚了，员工们谁也没走，又用了两个多小时，才查出原来是发货时多放了一枚螺丝钉。

产品质量是创造名牌的基石。海尔为了抓好产品质量管理，制订了一套易于操作的以"价值券"为中心的量化质量考核体系，行使"质量否决权"。简单地说，如果干一件得一分钱的活，干坏了一件则罚一元钱，即干坏一件等于白干了100件，并即时兑现。"质量否决权"的管理方式在每一位员工心里深植了"质量第一"的观念。生产中，职工把每一道工序都想象成用户，产品依次流转，质量层层把关，环环紧扣，保证了出厂的都是全优的产品。在电视机、电冰箱、洗衣机等极为抢手的第一次家电消费浪潮中，不少企业日夜加班向市场倾销产品，"萝卜快了不洗泥"，而海尔集团总裁张瑞敏却领着工人砸了76台质量有问题的冰箱。

正是这种"零缺陷"的质量管理，使得海尔产品的消费"投诉率为零"。海尔人虽然不在产量上争第一，却人人都在质量上争第一。海尔空调在5年间，几乎囊括了国家在空调器上所设立的全部奖项。

高质量的产品，还必须有完善的服务，才能使企业立于不败之地，永葆活力，才能创立出真正的世界名牌。尤其是现代管理中，完善的服务更是成为产品质量的重要组成部分。可以说，没有好的服务，就谈不上有好的产品质量。海尔人正是基于这种认识，在同行业中首家推出海尔国际星级"一条龙"服务，为消费者提供与其质量和信誉相符的服务。如果想购买一台海尔冰箱，或者老冰箱更新，只需打一个电话，从型号选择、现场功能演示，直到送货上门、跟踪服务，海尔实行"一条龙"全过程星级服务。如果购买一台海尔空调，压缩机包修五年，比国家规定高出两年，终身保证服务；即买即安，24小时服务到位；定期回访用户，实行全国质量跟踪；提供热情详尽的技术咨询服务，保证一试就会；免费送货，免费安装，免收材料费。购买海尔洗衣机，能享受到真诚的售前、售中、售后服务。

海尔用圆满的服务，带走用户的烦恼，留下海尔的真诚。不久前，当美国优质服务科学协会在全球范围内搜集用户对海尔产品的不满意见时，最终结果竟然是零。美国人不禁惊呼：海尔人的服务意识将为全球服务行业树立起典范。海尔集团成为亚洲第一家也是目前唯一一家荣获国际星级服务顶级荣誉——五星钻石奖的家电企业，张瑞敏总裁也因此成为美国优质服务科学协会有史以来第一个被授予"五星钻石个人终身荣誉奖"的中国人。

海尔产品以"零缺陷"的质量、优秀的服务，最大限度地占领了国内市场。在全国35个大中城市109家有代表性大商场的销售统计，海尔空调和电冰箱的市场占有率遥遥领先，洗衣机和冷柜也名列前茅。但是，一种优秀的产品，仅仅占领国内市场还不够，还要走向世界市场，到世界市场上去检验产品的质量。

基于上述认识，海尔把企业现代化、经营规模化、市场全球化作为向国际化迈进的目标。国际化是企业发展的必由之路。海尔人以昂扬的精神，提出了"创海尔最佳信誉，挑战国际名牌"的口号，并提出了市场国际化的"三个1/3"战略，即国内生产国内销售1/3、国内生产国外销售1/3、国外生产国外销售1/3。这种战略的提出，体现了海尔以世界市场为出发点的远见卓识。在北京国际家电博览会上、在上海国际制冷设备展览会上、在第80届广州交易会上，海尔家电响彻九州，名扬海外。在德国科隆举办的家电博览会上，中国展台的1/2是海尔产品，许多欧洲经销商纷纷要求经销海尔产品，莱茵河畔涌起了一股海尔潮。

振兴民族工业，挺进国际市场，海尔产品依靠卓越的质量为创国际名牌打下了基础。从1990年开始，海尔先后通过ISO9001国际质量保证体系认证和美国UL、德国GS等一系列产品安全认证，在102个国家、地区注册商标406本。海尔冷柜在1996年10月率先通过了由世界著名认证机构DNV组织的ISO9001国际认证，取得了通向国际市场的通行证，成为世界的合格供应商。海尔产品信誉已蜚声海内外，号称"家电王国"的日本市场也已经注意到了海尔产品，海尔将在近期内实现系列家电产品出口1/3的目标。海尔产品的"零缺陷"质量已经得到并将继续得到国际市场的验证。海尔将在未来的国际化进程中，给中国民族企业交出一份满意的答卷，给世界家电工业开辟出更为广阔的前景。

虽然海尔距世界500强的路可能还很远，但只要找对路，就不怕路远。海尔将克服国内市场国际化竞争日益激烈、国际经济环境恶化、全球金融危机等不利因素，依靠其良好的经营战略、先进的技术、准确的市场定位、优质的售后服务以及自身的品牌力量、品牌优势和国内国际市场的美誉度迈进世界500强，相信海尔定会早日圆世界名牌之梦。

［资料来源］虞祖尧，潘承烈．在质量中求生存，求发展——海尔的质量管理［OL］．http://www.6sq.net/thread-72626-1-1.html.

**【思考题】**

1. 海尔是如何执行质量管理体系的？
2. 试分析名牌与质量的关系。

**参考答案要点：**

1. 海尔是如何执行质量管理体系的？

案例中海尔的质量管理主要有以下几点：

（1）将高科技开发作为产品质量的基础。海尔人明白科学技术的重要性，一流的产品需要一流的科技作为支撑，因此海尔人在创业之初就狠抓科技发展。

（2）严格的经营管理作为产品质量的保证。海尔人始终坚持的"精细化，零缺陷"的质量管理，让海尔在中国赢得了无与伦比的声誉。

（3）完善的星级服务是海尔产品质量的根本。海尔将完善的服务作为了企业立于不败之地的根本，是组成产品质量的关键部分，将售前、售中、售后服务做到了极致。

（4）将开拓国际市场作为对产品质量的检验。相对来说，国外的家电企业大抵比国内的优秀，海尔在完成了国内领头羊的目标后，再次将目光投向了国外，以国外顾客的眼光来检验海尔的产品，已达到国际标准。

2. 试分析名牌与质量的关系。

总的来说，质量是一个名牌的基础，名牌依附产品，产品命系质量，名牌最重要、最根本的问题就是质量。名牌质量是一个全方位的概念，它包括产品质量、广告宣传质量、售后服务质量、认证机构质量和动态消费质量。名牌与质量的具体关系表现为：

（1）质量是成就名牌的基本保证，它是名牌的灵魂和生命。企业要创立名牌，就必须有全面、超前的质量意识。打造名牌所应具备的要素很多，如鲜明的个性、深厚的文化内涵等，而这些要素构建的基础是该品牌能够为消费者提供优质的产品，满足消费者的购买需求，它是消费者购买产品的基本目的。如果一个品牌不能够满足消费者的基本需求，那么就谈不上它所塑造的个性和文化了。所以要打造名牌产品，首当其冲的就是狠抓质量，包括提供一流的售后服务、随时了解和满足消费者的需求、积极参加质量认证工作、按照国际质量标准保证产品质量，并重视研发投入，以保证产品质量稳步提高。

（2）名牌可以为产品带来优质效应；这种优质效应反映在了名牌的深度扩张和广度扩张上。深度上，一种产品或企业一旦成为名牌，那么它的质量信誉就会得到提升，消费者会下意识地给名牌赋予优质的属性，这样一来就会吸引更多的潜在顾客，培养更多的忠诚顾客。

广度上,名牌扩张可以带来原来销售市场的扩大,扩大企业品牌知名度。

(3) 名牌与质量亦如一根绳子上的蚂蚱,一荣俱荣,一损俱损。一方面名牌可以为产品质量带来相应的晕轮效应,同时产品质量也对名牌起到了重要作用,当产品质量出现问题时,其产生的负面影响会祸及整个品牌,它可以使名牌一夜间一文不名;而另一方面,一个名牌的衰落也会给消费者带来一种"质量不行了"的感觉。因此,想要打造一个名牌产品,最首要的任务是保证其产品的质量。

## 【案例四】 茅台的质量神话

2012年4月,世界知名品牌调查公司华通明略公布了2012年全球品牌价值100强名单,贵州茅台名列第69位,位列中国知名企业第9位。它不仅是全球酒业仅有的两家入选企业之一,也是中国西部唯一入选的品牌企业。

茅台,以质量诚信获得了国际认同。

茅台"质量是生命"的企业文化理念,通过长期的积淀、提炼与实践,逐步形成了"以人为本、以质求存、恪守诚信、继承创新"的核心价值观,"崇本守道、坚守工艺、贮足陈酿、不卖新酒"的质量观和"三不准、四服从、十二个坚定不移"的行为准则,在任何时候均严格按照《中华人民共和国食品安全法》等法律法规进行生产经营活动。2003年和2011年,公司两次荣膺国内质量管理的最高奖——全国质量管理奖。

用贵州茅台集团董事长、茅台酒股份公司董事长袁仁国的话来说,企业形象的塑造依靠的是过硬的产品品质和对社会的恒久责任,只有当责任意识成为企业烙印时,企业才会被公众认可。正是因为长期坚持"以质量为生命",坚持全面、全员、全过程的质量管理,才使贵州茅台成为了中国酒类企业的佼佼者。

作为中国具有自主知识产权和独特文化魅力的民族品牌,贵州茅台酒是中国白酒行业唯一集绿色食品、有机食品、国家地理标志保护产品、国家非物质文化遗产于一身的健康食品。特殊的环境、独特的工艺、卓越的品质、厚重的历史、深厚的文化、突出的贡献,使之成为了中华"文化酒"的典型代表,成为消费者心目中当之无愧的中国"国酒"。

茅台酒的酿造一年一个生产周期,经过两次投料、九次蒸煮、八次发酵、七次取酒,具有高温制曲、高温堆积、高温馏酒、长期贮存的特点。由勾兑师将不同轮次、不同香型、不同酒度、不同酒龄的100余个基酒样品精心勾兑组合。在整个勾兑过程中完全采用酒勾兑酒方式,不添加任何外加物质。茅台酒的工艺是世界蒸馏酒中最复杂、最独特的工艺。

"即使在当前茅台酒市场供不应求的情况下,我们仍然坚守'贮足陈酿、不卖新酒'的质量观,坚持一瓶普通茅台酒从原料进厂到产品出厂至少需要5年的时间。"茅台酒厂总工程师王莉说。

茅台人对于茅台酒质量的苛求,表现在整个生产的全过程。例如对粮耗与产酒的比例,始终不渝地坚守"5千克粮食生产1千克酒"的铁律。茅台酒生产的粮耗之高,在中国白酒企业中是首屈一指的,这也是茅台酒香醇的重要原因之一。因为,粮耗过低,产量过高,虽然酒的成本降低了,但其质量也受到了极大的影响。根据这一高标准的工艺要求,茅台酒厂在厂与车间班组签订的经济责任制合同中,不设超产奖,只设质量奖。这就是人们已了解的国酒茅台"产量服从质量、成本服从质量、速度服从质量、效益服从质量"的"质量第一"价值观。

据王莉介绍,茅台公司自1994年以来先后通过了质量管理体系、环境管理体系、职业健康安全管理体系、计量检测管理体系、食品安全管理体系和有机加工质量管理体系认证,并对六大管理体系进行整合运行,共建立了包括18类322个管理标准在内的严苛管理标准体系、包含14类167个技术标准在内的技术标准体系,涵盖了从原料进厂到产品出厂的整个过程,有力地保障了产品质量和食品安全。公司对原辅料、器具和产品的技术标准比国家标准要求更严苛,范围也更宽。目前公司对产品卫生指标的检测要求远远高于国家白酒卫生标准。例如对酒中重金属的检测,国家标准仅要求铅和锰两种,而茅台公司对酒中重金属元素的监控指标达到35种,几乎涵盖了所有的重金属元素;国家并没有针对塑化剂的标准,但茅台公司将10项塑化剂指标纳入了出厂产品监控体系。目前茅台公司拥有国内白酒行业第一家国家认定企业技术中心、行业第一家CNAS认证白酒检测实验室,拥有30台(套)国际先进水平的检测设备,拥有近200名专职质检人员和科研人员。

面向中国白酒业机遇与挑战并存的未来,茅台人一如既往,坚守传统,用高质量的美酒回应质疑,巩固和提升"世界蒸馏酒第一品牌"的地位。

2001年,国酒茅台成为中国食品行业中唯一通过认证的有机白酒食品。所谓有机食品,是指来自于有机农业生产体系的产品,是根据有机农业生产要求和相应的标准生产加工的,主要特点为在生产加工过程中不使用任何基因技术,不施用任何农药、化肥、食品添加剂及防腐剂等化学物质。

有机食品认证,被经济界权威人士称为"世界的通行证",因为此项认证规格高,要求极其苛刻,它包括"有机食品加工认证"和"有机农场转换认证"两个方面。认证组的专家们深入茅台酒原料基地进行实地考察,并对茅台酒的配制环境、酒的酿造工艺及产品反复检验,结果发现,茅台人比他们了解的更为"挑剔"。作为茅台酒的主要原料的高粱,并不是一般的高粱,它是产于当地的糯高粱。这种糯高粱长于红壤,粒小皮薄,耐蒸煮,淀粉含量高,比一般高粱更适宜酿酒。同样,小麦也必须是当地原产。

水孕育了万物。茅台酒酿造对水的质量的选择也极其讲究,采用了没有任何污染、无色透明、微甜爽口、溶解物少、酸碱适度、钙镁离子含量和硬度均符合优质饮用水标准,且不浑浊,煮沸后无沉淀的赤水河的水……

国酒茅台始终认为,自己在质量方面取得的成果和业绩,只说明过去,决定企业明天和未来的依然是对产品质量最虔诚的责任和使命。作为中国的国酒,"贵州茅台"绝不因过去的成就沾沾自喜,而是要借国内食品行业出现的安全问题时时敲响"质量意识"、"责任意识"和"危机意识"的警钟,绝不轻视安全生产过程中任何极其微小的隐患。

反思问题似乎并不简单。企业的生存和发展诚然需要以稳定不变的高质量来赢得市场和消费者，但企业产品要实现高质量的永恒却不能故步自封。在这个追求企业产品质量永远保持生命力的进程中，只有起点，没有终点，创新是企业获得产品高质量创造力的源泉。茅台酒从 2 000 多年前的枸酱酒走上今天中国"国酒"的至高无上地位，始终如一坚守的就是"质量第一"的责任和使命，并在这个极其漫长的里程中，以最执着的信念、最真诚的付出创造了中国传统名优白酒品牌——贵州茅台酒的"质量神话"。

［资料来源］芮杰. 贵州茅台酒的"质量神话"［N］. 重庆日报，2013-01-14.

**【思考题】**

1. 茅台在质量保证方面做了哪些努力？
2. 结合茅台的案例，分析如何建立一个相对完善的质量管理体系。

**参考答案要点：**

1. 茅台在质量保证方面做了哪些努力？

茅台为保证质量，在以下几个方面做出了努力：

（1）企业高层重视。企业决策层相当看重质量，并在其上起到了领导作用。如董事长袁仁国提出了"以质量为生命"的企业发展方针，总工程师王莉坚持的"产量服从质量、成本服从质量、速度服从质量、效益服从质量"的价值观。

（2）全员参与。茅台的质量神话不仅是因为企业决策层做出了高度重视质量的决策以及领导作用，更重要的是企业全体员工的参与。茅台在采购、加工、生产、销售方面都建立了完善的质量管理体系，员工根据体系标准完成质量要求。

（3）完善的管理系统方法。在茅台酒厂，没有超产奖，只有质量奖，质量重于一切。

（4）持续改进。在茅台取得今天的成绩的同时，其没有故步自封而是积极地反思，取得持续改进。将通过的各种质量管理认证作为其基本的标准，在此基础上不断地前行。

2. 结合茅台的案例，分析如何建立一个相对完善的质量管理体系。

一个质量管理体系的建立，需做到：首先组织各级员工，尤其是各管理层认真学习现今的质量管理体系的核心标准，为将来的质量管理全员参与工作做好准备；企业领导层根据组织的宗旨，按发展方向确定质量方针以及质量目标；组织根据制定的质量方针、质量目标完成对组织应建立的质量管理体系进行策划，并保证质量管理体系的策划满足质量目标要求；组织在策划结果的基础上确定职责与职权；将以上内容编制成质量管理体系文件，收取多方面的意见进行改进；对质量管理体系文件进行发布与学习。整个质量管理体系的运行，主要注意两个方面：一是组织所有质量活动都要依据文件要求实施。二是组织所有质量活动都要提供证实。组织在质量管理体系运行一段时间后，应征求人员进行审核以及反馈，组织决策层再利用反馈来的信息对体系进行合理的调整。

# 第三章 全面质量管理及质量管理常用技术

**本章学习目标**

领会全面质量管理及"三全一多"的含义；
掌握质量管理基本工具，能够运用质量管理工具找出产生质量问题的原因；
掌握一些质量管理方法，并能运用于预防和解决质量问题。

## 【案例一】 以质量管理牵头，引领公司业绩

CNC 精密仪器制造公司成立于 1982 年，由当时的 3 个人发展成为现在拥有员工 170 多人的小型企业，主营精密金属元件薄板、电子机械零件及定制产品，主要涉及办公设备、医疗设备等。2010 年其年收入总计为 1 950 万元。该公司已将质量改进作为其最基本的经营计划，以实现 5 个主要业务驱动方面的长期与短期目标：顾客满意、员工满意、股东价值、运营业绩及供应商伙伴关系。

从 2000 年到 2009 年，该公司的员工流动率从 45% 直降到 3%，缺陷率也大幅度下降，而且该公司对定制产品提供了全面的质量保证，按时交货率从 2000 年的 85% 上升到 2010 年的 99%。资产利润率持续超过同行业平均水平。顾客满意度也呈逐步上升趋势。在 2010 年时，公司的领导制定了如下的愿景：

在 CNC 成长的过程中，我们每个人共同分担责任，同步成长，共同分享利益。作为一个团队，我们如何实现这个目标呢？质量！质量并非公司内部某一部门的质量，而是全面质量，它包含在我们说的每一句话、做的每一件事之中。作为一个坚不可摧的团队，我们每个人都朝着同一方向努力。显然，我们会成为我们的顾客、行业以及社会所期望的领军人。

[资料来源] 百度文库. 全面质量管理案例分析题 [OL]. http://wenku.baidu.com.

**【思考题】**

1. 结合上述案例谈谈全面质量管理是否只适合于大型企业。
2. 简述全面质量管理的含义及其特点。

**参考答案要点：**

1. 结合上述案例谈谈全面质量管理是否只适合于大型企业。

全面质量管理绝不是只适合于大型企业。全面质量管理是一种理念，是注重质量

的持续改进，让顾客满意。全面质量管理要求企业进行全员质量管理、全过程质量管理、全方位质量管理、多种多样的工具或方法，与企业本身的规模无关。

案例中，CNC公司从一个只有三人组成的微型公司起家，在生产过程中一直关注着产品质量的改进，在市场中获得了较好的口碑，创造了让客户信得过的产品，才能让公司的规模逐渐地扩大。这也恰好说明了，全面质量管理的有效运用是企业取得良好业绩的基础，是扩大规模的必要条件，而并不是由企业规模来决定是否适合进行全面质量管理。

2. 简述全面质量管理的含义及其特点。

全面质量管理是在最经济的水平上、在充分满足用户要求的条件下，进行市场研究、设计、生产和服务，把生产产品有关的各部门的研制质量、维护质量和提高质量的活动结合在一起，成为一个有效体系。

全面质量管理即全员质量管理、全过程质量管理、全方位质量管理、多种多样的质量管理工具或方法，即"三全一多样"。概括起来，全面质量管理有以下特点：

（1）持续改进。持续改进就是追求投入产出过程中的所有因素都持续不断地得到改善。投入产出过程中的因素包括人员、机器设备、原辅材料、方法、测量和环境，即5M1E。

（2）树立标杆。树立标杆就是把在某一方面做得最好的组织作为本组织的榜样，学习其经验以提高自己的经营管理水平。

（3）授权给员工。让一线员工承担一定的质量改进责任，并赋予其为完成质量改进任务采取必要行动的权力。

（4）发扬团队精神。在组织内部不但要倡导全员质量管理，而且要最大限度地保持目标和行动的一致，即发挥团队精神。

（5）基于事实决策。管理的任务之一就是收集和分析数据与资料，并依此做出决策。这里要强调指出的是，为了实现有效的质量管理，在做出决策时，需要依据事实而不是个人主观判断。

（6）活学活用质量管理工具或方法。对组织的成员尤其是管理人员进行质量管理技术培训。在质量管理实践中，运用科学的质量管理技术。进一步，结合本组织的实际，对已有质量管理工具加以改进。

（7）供应商的质量保证。质量管理必须向前延伸到供应商，即选择那些实行了质量保证制度，并努力实现质量改进的组织作为本组织的供应商，以确保其生产过程能够及时制造出满足本组织要求的零部件或原材料。

（8）强化"源头质量"观念。要让组织的每一位成员都忠于职守：一方面，把工作做好；另一方面，如果出现偏差，能够及时发现并主动纠正。事实上，组织的每个成员都是自己工作的质量检查员。当所完成的工作成果传递到下一个环节，或者作为整个过程的最后一步传递到最终用户时，必须保证其达到质量标准。

# 【案例二】 深入推进质量管理，走质量效益之路

某机床行业的重点大型骨干企业，几年来，屡屡被国家、省、市及各级主管部门授予各种荣誉称号。该企业不断深入推行质量管理，走质量效益之路，取得了不俗的业绩。其具体做法是：

## 一、强化质量职能，提高全员质量意识

一是明确了质量与市场的关系。企业由计划经济、有计划的商品经济逐步走上了社会主义市场经济的轨道。在激烈的市场竞争中，产品质量是企业生存的关键，是企业的生命。产品质量不好，就难以打开销路和占领市场。可以说，市场竞争是残酷无情的。而质量是参与竞争的必要条件和获得成功的首要因素，是产品占领国内外市场、攻克技术壁垒、走向世界的通行证。正如一位前国家领导人所说，"考验质量首先靠市场的竞争，企业生产要以市场为导向，根据市场需要来生产，靠市场竞争压力逼迫企业改善它的质量"。企业只有靠质量，才能适应市场需求，在竞争激烈、瞬息万变的市场中立于不败之地。否则，企业终归要淹没于市场经济的海洋之中。

二是明确了质量与速度的关系。近两年，机床市场由冷变热，产品出现了供不应求的局面。面对这一喜人的形势，一方面要增加生产数量，加快速度；另一方面必须破除"皇帝女儿不愁嫁"的思想，在产品畅销之时想到滞销，居安思危，想方设法确保和提高产品质量。质量与数量是辩证统一关系，质量是数量的前提，没有质量根本谈不上数量，这个数量就会等于零；而只讲求质量，不讲数量、不讲速度，生产也就失去了意义。领导同志并没有抛开其他，只谈速度。他实际上提醒我们追求有效益有质量的速度。当质量与数量发生矛盾时，必须按各级人员质量责任制履行手续，坚决做到"五不准"，对下道工序、对用户高度负责。质量是企业永恒的主题，要永远保持工厂的质量信誉。

三是明确了质量与效益的关系。质量是效益的基础，质量是效益的前提，效益是质量的结果。企业要获得效益，从内部来讲是提高质量，降低成本，降低消耗，减少不良产品、废品损失等；从外部来讲要开辟"两个市场"。前面已讲过，开辟市场靠的是质量。没有好的质量就没有市场，就没有销售，也就没有经济效益。举个例子：该厂生产的小机床，售价仅七万余元，如果在广东或福建发生了质量问题，仅售后服务人员的往返差旅费就达万元以上。显而易见，一台机床的质量外修费用要吃掉起码2台以上小机床的利润，效益从何而来？另外，该厂的名优立车，要比同行业厂家贵很多，但用户为何仍要买呢？就是因为质量好！再如，某客户在同行业的其他厂家中订购一台专机，已交了几十万元的预付款，后来听说该厂也能生产，宁可扔掉几十万的预付款而到该厂来重新订货。实践证明，质量对效益的作用是无法估量的。

四是明确了科技与质量的关系。只有依靠科技进步，努力提高产品水平，提高产品质量，企业才能有市场、有速度、有效益。质量的保证和提高，必须依靠科技进步。没有技术引进、技术改造和质量投入，没有新技术、新工艺、新材料、新设备的应用，

保证和提高产品质量就是一句空话。我们都知道，科技进步泛指产品技术水平的提高、制造技术及装备水平的提高、管理水平的提高、人员素质的提高四个方面。这四个方面的提高，导致了产品质量的提高和经济效益的提高。只有如此，才能形成科技进步→产品质量→经济效益→科技进步的良性循环，进而走上科技质量效益型的道路。

明确了上述四个关系后，该厂采取了一系列切实有效的措施。

第一，充实和加强了对质量与质量管理工作的领导。厂长亲自抓全面质量管理处（下称"全质处"），对全质工作全面抓、负全责，并给予质量管理部门组织、协调、监督、考核、奖惩的实权；厂级副手分兵把关配合，形成了总工程师抓质量保证，总经济师抓质量立法与质量经济政策，总会计师抓质量成本管理，生产副厂长抓现场生产质量管理，人事副厂长抓全方位的质量教育，各系统齐抓共管的新格局。

第二，继续坚持召开由全质处处长主持的每两周一次的全质例会，每周一次的生产例会、技术主任例会、技术准备例会也都以质量管理为主。持之以恒的例会，一是使厂长能直接了解掌握第一手材料，变虚抓为实抓；二是可以实现厂长、全质处长、基层单位"一把手"三位一体、目标一致、重点突出、工作到位；三是使全厂各单位统筹协调、行动有序、各不撞车、有机高效；四是使质量工作有布置、有检查、有总结、有奖惩，避免了"走过场"和"口头重视、行动无实"，进而使全面质量管理工作得以深入持久、扎扎实实地开展和强化。

第三，在聘用干部问题上实行质量否决。要生产质量优良的产品，人的因素至关重要，而干部又是更重要的因素。为此，厂长责成干部处和全质处严格考核各单位领导，特别是行政"一把手"的质量意识及其所在单位全面质量管理工作开展情况，并定期汇报。厂长在工厂的各种会议上反复强调，企业的领导干部不抓质量就是失职，质量意识不强、质量管理水平不高的人坚决不能聘为"一把手"。

第四，该厂根据产品质量的形成过程，全方位多层次地完善落实了质量职能，使质量工作有章可循、有法可依、人人有责。全面质量管理处按职能进行考核并实施奖惩，通过全面的质量教育和培训，使全员树立了强烈的质量意识，同时采取科学的管理和行政加经济手段的考核，为企业产品质量的稳定和提高，奠定了坚实的基础并提供了可靠的保证。

## 二、强化质量体系，提高质量管理水平

第一，在宣传贯彻 ISO9000 系列标准的基础上，修订和完善了《质量职能手册》、《质量信息手册》、《现场管理手册》和《质量管理标准》，并着手编制了工厂总的《质量手册》。并根据企业经营机制转换的要求对质量职能进行了重新分配，把产品开发、设计、售后服务等八大质量职能分解为 24 个质量体系要素，分配到 30 个主要处室、分厂和车间，从而使各部门、各类人员的质量职能更趋于协调合理。

第二，在产品的质量可靠性方面，成立了可靠性工作领导小组，厂长亲自担任组长。制定了产品可靠性工程技术措施计划，包括可靠性管理、强化产品可靠性设计、强化外购件继电器配套件的质量检测、使用维修可靠性管理和自检验收等六方面对策措施。由全质处牵头，完善了可靠性管理体系和可靠性质量保证体系，确立了适用的可靠性考核指标，形成了以质量为核心、以可靠性为重点的产品质量管理体系。到目

前为止，该计划所列项目已完成了 39 项，措施实现率达到了 67%。

第三，加快了采用国际标准的速度，以适应国际市场竞争的需求。在引进技术、合作生产的过程中，坚持按国际标准和高于国际标准的内控标准进行生产，使产品在国际市场上具备了竞争力。近年来，该厂制定了 735 个产品设计标准、1 088 个工艺标准、703 个其他标准。其主要产品和出口产品全面贯彻了国际标准和六项基础精度标准；合作生产的产品采用了国外先进标准，如德国的 DS 标准等；近期出产的新产品还贯彻了 GB9061—88《金属切削机床通用技术条件》等标准。由于贯彻了新标准，提高了产品质量水平，该厂生产的 C518A\C5112A\C5116A 等名优立式车床，经国家机床产品质量监督检测中心和国家商检局联合鉴定，获得了出口质量许可证。

第四，进一步加大了质量奖惩力度，确保质量体系运转的有效性。在加强质量教育的同时，还加大了经济手段力度，实行质量否决权和重奖重罚，使两者相辅相成。实践证明，这是调动职工提高产品质量积极性的一种行之有效的措施。1992 年年初，该厂制定了《提高产品质量的二十条决定》，对质量奖惩、质量否决权等政策措施做出了进一步的补充和完善。又以提高出口产品、数控产品及 C、D 类产品（全新产品和合作生产产品）质量为重点，突出了提高实物质量，加强了从技术准备开始到售后服务为止的全过程质量考核。一是在质量系数 K 值否决权方面（所谓 K 值即厂计划质量指标与实际指标之比，然后与生产奖金指标相乘，即为该单位实得奖金），变 K 值由部分否定为全部否定生产奖；如果完成工厂下达的质量指标，可得全部生产奖；如完不成则按 K 值比例扣发生产奖，如 K 值低于 0.5，则扣发全部奖金。1993 年决定将 K 值与工资挂钩，不仅是扣发奖金。二是对质量指标完成较好、降低内外部损失成效突出的，给予质量经济倾斜。1992 年，工厂拿出了近 16 万元来进行奖励。三是工厂拿出全年奖金的 6%，对现场管理进行考核奖罚。此项考核由全质处牵头，组织生产、安装、设备、工具、计量、工艺等 14 个部门分 14 条线进行考核并实施奖惩。四是扩大了质量推进奖的范围和金额，对全质工作进行全方位的考核与奖惩。1993 年，工厂拿出几十万元作为质量推进奖，由质量管理部门按规定进行考核与奖惩。

在上述四项质量考核与奖惩的基础上，厂里还增设了"用户贡献奖"，奖励将厂外信息引入厂内、促进工厂质量改进、促进产品质量提高的用户单位及个人，即花钱买意见。如云南曲靖机械厂针对立车工作台内铸造筋壁容易产生裂纹一事提出意见，该厂立即进行了质量改进，随即给该厂有关部门邮去 100 元作为贡献奖。对此事，相关媒体还进行了专题报道。随后厂里又增设了"质量堤坝奖"，全厂职工凡在产品图样或技术文件下发至形成质量损失之前，如发现产品有内在质量差错，则按比例给予奖励，发动全体职工为产品设计挑毛病，形成全厂共筑质量大堤的良好局面。此外，他们还为 300 多名质量管理骨干、"质量信得过"工人、对全质工作有贡献的干部晋升了半级工资。各种形式的质量经济政策，极大地激发了全厂干部职工提高产品质量的积极性，从而使工厂的质量管理水平不断提高。

### 三、强化科技手段，提高质量保证能力

一是大力开发新产品。该厂采用技贸结合的方式，先后引进了德国济根公司、多列士公司和意大利茵塞公司的数控重车、数控立车和数控深孔钻镗床的设计制造技术，

发展了一批具有国际先进水平和当代国际水平的国家化产品。如 CCK61200X140 数控重车、CR5116D 柔性加工单元等，国际化率达 95%以上，所生产的数控重车和数控立车迅速占领了国内外市场。

二是加速企业的技术改造。没有先进的测试仪器和把关设备，保证产品质量就无从谈起，就难以赢得国内外客商和用户的信赖。该厂于"十一五"期间投资 5 394 万元，采用更新与改造精华相结合的方针，在引进先进技术的同时，先后进口了具有世界一流水平的德国科堡公司 2m×10m 导轨磨床、沙曼公司的疏通镗铣床加工中心以及齿轮磨床、蜗杆磨床等高精度把关设备。进口激光干涉仪、齿轮测量机、电子水平仪、数显高度规、光亮计等关键测试仪器。购置了一批国产设备和仪器，增添了年产 4 000t 铸件能力的树脂砂生产线，建成了恒温机加工、装配车架，解决了机床基础加工、箱件加工、齿轮加工和主轴加工以及精密装配基地等技术难关，为提高产品质量奠定了坚实的基础。

三是积极采用新技术、新工艺和新材料，进而不断提高产品质量和生产制造水平。在产品上努力应用了数控技术、数显技术、静压技术、滚珠丝杠等先进技术和结构；在设计手段上开展了计算机辅助设计、机床有限元设计和模块化设计，从而提高了产品水平、加工精密度和可靠性，延长了产品使用寿命，扩大了工艺范围。

四是针对新产品生产技术上的关键问题，开展了科研实验和技术攻关。2009 年和 2010 年，分别提出了静压蜗母牙条的试制、打孔测量装置的研究等 9 项重大攻关课题，由厂工会、科技处牵头实行厂内公开招标、协作攻关，并对攻关有成果的人员实行重奖，从而有效地加快了科研实验和攻关速度，并保证了新产品的质量。

## 四、强化现场管理，提高产品实物质量

现场管理是全面质量管理的核心和落脚点，是确保产品质量的关键所在。在强化现场管理方面，重点抓了以下四个环节：

（1）以新产品和出口产品为重点，实行"单机全过程质量控制"，运用各种质量控制工具，以预防为主，来确保产品质量。在设计部门重点开展了可靠性设计和目标成本设计；在工艺部门重点开展了消灭过渡工艺和二次工艺评审工作；在主要生产车间开展了"关键工序一次投入产出合格、干保险活"活动；针对原材料质量不稳定的现状，供应部门在采购前对供货厂家进行质量保证能力审查，建立质量保证能力认定档案，强化原材料、机电配套件入厂的检验工序等，从而保证了原材料和机电配套件的质量。

（2）广泛开展群众性质量管理活动。近年来，在全厂范围内开展了"一点两组"、"党团员身边无废品"、"一线工人大练基本功"、"个人、机台、班组质量信得过"等多种形式的竞赛活动。今年，围绕工厂方针目标中的质量形成全过程的技术、管理、质量、服务等开展活动并努力攻关，为质量改进和提高起到了积极的作用。通过这一系列活动的蓬勃开展，形成了一个人人都为提高产品质量争做贡献的良好局面。

（3）继续开展质量稽查活动，强化质量监督。由全质处牵头，检查处、销售处参加组成的质量稽查队，模拟用户在厂内实行质量监督。除对整机、零部件进行重点抽查外，还根据用户反馈的意见进行产品质量审核。质量稽查队在抽查中，全质处有权按当月重大事故处理，并取消责任单位的全部奖金。这种做法一方面对检查部门和

制造部门进行双重监督考核；另一方面，通过检查、审核，找出技术和管理上存在的问题，为质量改进提供依据。

（4）以定置管理为主线，贯穿生产、工艺、工具、设备、计量等14条线，由全质处牵头，对现场进行双重管理和考核。其每条线都有具体考核办法，并进行日常考核，由全质处进行监督考核，各生产车间又以此为依据，结合本单位实际，制定了现场管理规定和考核细则，做到了层层分解、层层落实、层层负责。通过上述办法，逐步实现质量管理、工艺管理、生产管理、定置管理的4个最佳目标，从而为稳定提高产品质量创造有利条件。

由于该厂在取得成绩后不停步，进一步加强了全面质量管理，近几年，产品质量稳中有升，一等品率等主要质量指标名列国内同行业之首。3年来，有19个产品接受了各级质量监督部门的反复抽查，均被评为优等品或一等品。各项质量指标达到了历史最好水平。2009年仅降低废品损失就达55万元，这是一笔实实在在的效益，直接体现在利润上。通过减少废品损失、开展目标成本控制等一系列措施，2009年创质量经济效益达300万元。该厂生产的名优立式车床和国产化重车已稳固地占领了国内市场，并打入国际市场：4m双柱立式车床出口日本、2.4m数控重车经美商出口智利，从而使重型机床高档产品对发达国家的出口实现了零的突破。

［资料来源］李志东. 深入推进质量管理，走质量效益之路［J］. 质量春秋，1993(8). 引用时有修改。

**【思考题】**

1. 结合案例谈谈全员质量管理的重要性。
2. 你从案例中企业追求高标准、高质量的行为中得到了什么启发？

**参考答案要点：**

1. 结合案例谈谈全员质量管理的重要性。

全员质量管理的含义就是企业中每个员工都要参与到质量管理活动中去。企业中每个员工，上至执行总裁，下至一线工人，都处于不同的质量环中，每个人的工作都会影响产品或服务质量。特别地，企业最高领导者应对质量管理做出承诺，确定质量方针和目标，营造全员重视质量管理的环境。

为保证全员参与质量管理，应做好以下两项工作：

（1）实施质量教育和培训。只有通过培训和教育，才能让员工深刻认识到质量管理的重要性，提高质量意识；同时，只有不断进行教育和培训，员工才能掌握必要的质量管理知识和技能。

（2）开展群众性质量管理活动。如开展形式多种多样的QC小组活动，充分调动员工参与质量管理的积极性。

2. 你从案例中企业追求高标准、高质量的行为中得到了什么启发？

该企业明确并处理好了质量与市场、质量与速度、质量与效益、科技与质量的关系，采取了一系列具体可行的措施，如在质量标准方面，坚持按国际标准和高于国际标准的内控标准进行生产，提升产品在国际市场的竞争力；全厂上下围绕质量形成全过程的技术、管理、质量、服务等开展活动，形成人人都为提高产品质量争做贡献的良好局面；积极采用新技术、新工艺和新材料，为提高产品质量和制造水平提供了基础，为出口产品提供了保障；制定了奖惩分明、实施有效的奖惩制度，全方位落实质量职能，使质量工作有章可循、有法可依、人人有责；强化"源头质量"观念。最终实现了科技进步→产品质量→经济效益→科技进步的良性循环，进而走上科技质量效益型的道路。

## 【案例三】 应用质量管理工具技法，提升门（急）诊综合满意度

天津市环湖医院市场部 QC 小组响应天津市人民政府和医院领导提出的"必须加强人文性服务以满足不同患者的需求"的号召，于 2011 年 2 月至 2012 年 6 月，历时一年半时间，开展了 QC 小组活动，取得了显著的效果。小组活动成果在天津市和全国 QC 小组成果发布会上发表，得到了很好的评价。该小组成果在 10 个活动程序中灵活应用质量管理的工具技法，尤其是对非数字资料的技法应用得较多。以下摘录其部分内容，供质量管理实践活动参考。

一、选题理由（见图 3.1）

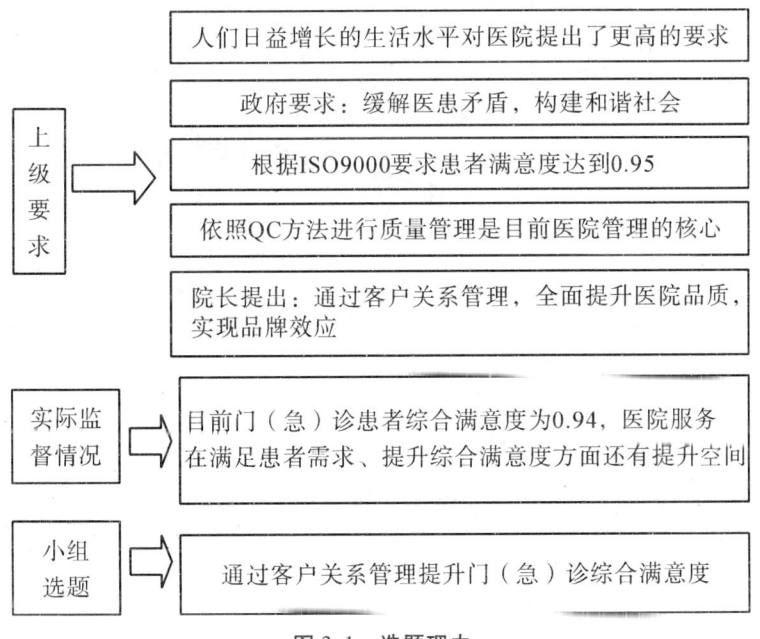

```
                ┌─────────────────────────────────────────┐
                │ 人们日益增长的生活水平对医院提出了更高的要求 │
                ├─────────────────────────────────────────┤
                │ 政府要求：缓解医患矛盾，构建和谐社会       │
    ┌─────┐    ├─────────────────────────────────────────┤
    │上级 │ ⇒  │ 根据ISO9000要求患者满意度达到0.95         │
    │要求 │    ├─────────────────────────────────────────┤
    └─────┘    │ 依照QC方法进行质量管理是目前医院管理的核心 │
                ├─────────────────────────────────────────┤
                │ 院长提出：通过客户关系管理，全面提升医院品质，│
                │ 实现品牌效应                             │
                └─────────────────────────────────────────┘

    ┌─────┐    ┌─────────────────────────────────────────┐
    │实际监│ ⇒ │ 目前门（急）诊患者综合满意度为0.94，医院服务│
    │督情况│    │ 在满足患者需求、提升综合满意度方面还有提升空间│
    └─────┘    └─────────────────────────────────────────┘

    ┌─────┐    ┌─────────────────────────────────────────┐
    │小组 │ ⇒  │ 通过客户关系管理提升门（急）诊综合满意度   │
    │选题 │    │                                           │
    └─────┘    └─────────────────────────────────────────┘
```

图 3.1 选题理由

二、现状调查

根据统计，2010 年环湖医院门（急）诊患者综合满意度平均为 0.94（参见表

3.1），影响满意度的问题有6项，参见图3.2和表3.1。

表3.1　　　　　2010年1—12月，门（急）诊病人综合满意度统计表

| 项目<br>月份 | 人文服务 | 医疗质量 | 护理质量 | 就医时间 | 医疗环境 | 综合满意度 |
|---|---|---|---|---|---|---|
| 1月 | 0.90 | 0.91 | 0.86 | 0.91 | 0.92 | 0.90 |
| 2月 | 0.91 | 0.90 | 0.89 | 0.90 | 0.92 | 0.90 |
| 3月 | 0.91 | 0.91 | 0.90 | 0.91 | 0.92 | 0.91 |
| 4月 | 0.92 | 0.92 | 0.93 | 0.91 | 0.94 | 0.92 |
| 5月 | 0.92 | 0.91 | 0.94 | 0.91 | 0.94 | 0.92 |
| 6月 | 0.93 | 0.93 | 0.95 | 0.93 | 0.96 | 0.94 |
| 7月 | 0.94 | 0.93 | 0.96 | 0.94 | 0.96 | 0.95 |
| 8月 | 0.94 | 0.95 | 0.96 | 0.96 | 0.96 | 0.95 |
| 9月 | 0.96 | 0.98 | 0.97 | 0.97 | 0.97 | 0.97 |
| 10月 | 0.96 | 0.98 | 0.97 | 0.97 | 0.97 | 0.97 |
| 11月 | 0.95 | 0.98 | 0.98 | 0.98 | 0.97 | 0.97 |
| 12月 | 0.96 | 0.99 | 0.98 | 0.98 | 0.99 | 0.98 |
| 平均值 | 0.93 | 0.94 | 0.94 | 0.94 | 0.95 | 0.94 |

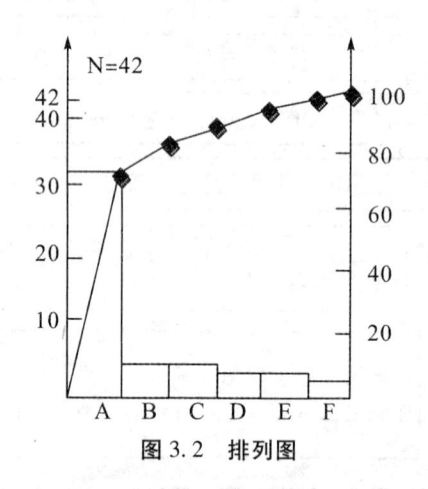

图3.2　排列图

表 3.2　　　　　　　　　　影响满意度的问题及统计

| 序号 | 项目 | 频数（次） | 累计频数（次） | 累计频率（%） |
|---|---|---|---|---|
| A | 人文服务 | 31 | 31 | 73.82 |
| B | 医疗质量 | 3 | 34 | 80.95 |
| C | 护理质量 | 3 | 37 | 88.14 |
| D | 就医时间 | 2 | 39 | 92.83 |
| E | 医疗环境 | 2 | 41 | 97.67 |
| F | 其他 | 1 | 42 | 100.00 |

从图 3.2 和表 3.2 可看出，影响门（急）诊综合满意度的主要问题是人文性服务，占 73.82%。

### 三、确定目标（亲和图）

确定目标的亲和图如图 3.3 所示。

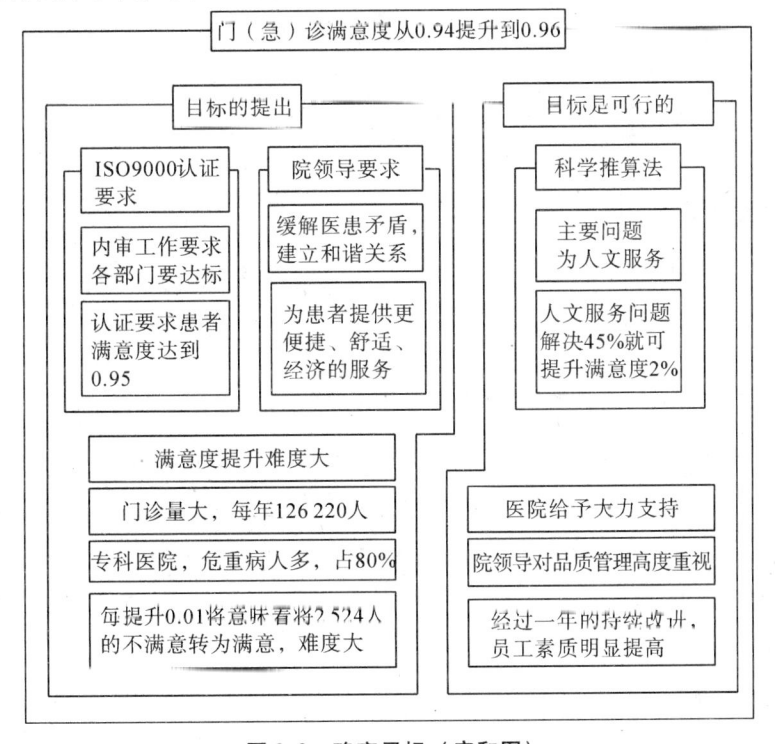

图 3.3　确定目标（亲和图）

### 四、分析原因（因果图）

分析原因的因果图如图 3.4 所示。

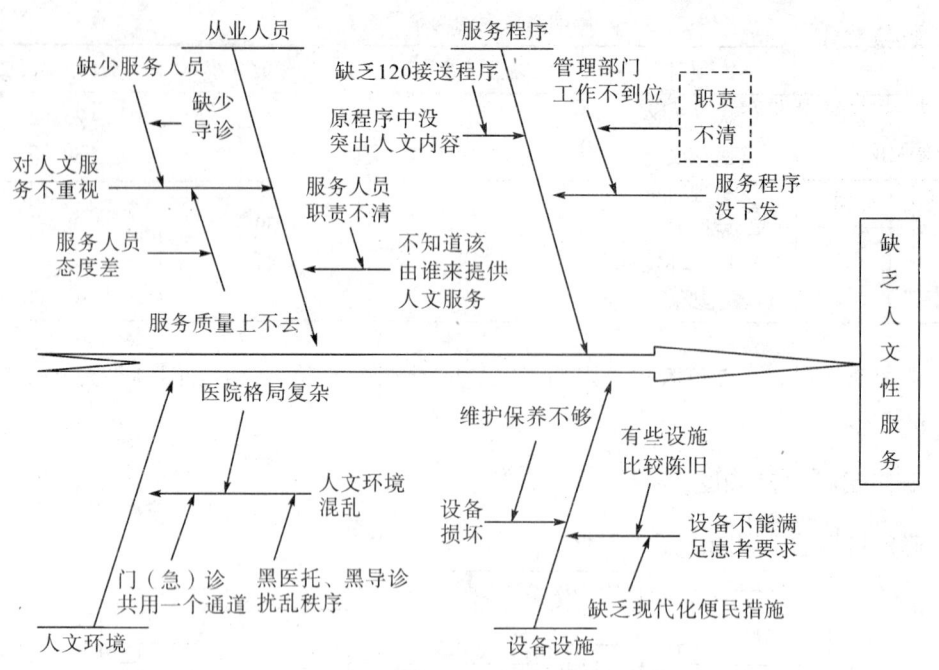

图 3.4 分析原因（因果图）

## 五、确定要因（矩阵图）

我们对列举的末端因素逐一加以确认，本着尊重客观事实的理念进行现场验证，并通过矩阵图确定要因，如表 3.3 所示。

表 3.3　　　　　　　　　　　　确定要因

| 末端因素 | 患者 | | 患者家属 | | 本小组成员 | | 领导 | | 是否为要因 |
|---|---|---|---|---|---|---|---|---|---|
| 缺乏高效导诊队伍 | 43% | ○ | 82% | ⊕ | 92% | ⊕ | 78% | ⊕ | 是 |
| 服务人员态度差 | 67% | ⊕ | 77% | ⊕ | 68% | ⊕ | 63% | ⊕ | 是 |
| 服务人员职责不清 | | | | | 39% | ○ | 23% | △ | 否 |
| 缺乏120接送程序 | 97% | ⊕ | 100% | ⊕ | 92% | ⊕ | | | 是 |
| 管理部门职责不清 | | | | | 46% | ○ | 49% | ○ | 否 |
| 设施比较陈旧 | | | | | 36% | ○ | | | 否 |
| 缺乏现代化便民措施 | 56% | ⊕ | | | 73% | ⊕ | | | 是 |
| 设备维护保养不够 | | | | | 45% | ○ | | | 否 |
| 医院格局复杂 | | | 47% | ○ | 32% | ○ | 41% | ○ | 否 |
| 黑医托、黑导诊扰乱秩序 | 65% | ⊕ | 76% | ⊕ | 88% | ⊕ | 78% | ⊕ | 是 |
| 门（急）诊共用一个通道 | | | 22% | △ | 47% | ○ | 32% | ○ | 否 |

注：图中⊕表示密切相关，○表示有一定关系，△表示未必相关，空格表示不知道。

评估效果：我们通过对患者、患者家属、本小组成员、领导进行问卷调查，将认为密切相关超过三项的末端因素确定为要因。

## 六、对策拟定

拟定的对策如表 3.4 所示。

表 3.4 拟定的对策

| 序号 | 要因 | 对策 | 目标 | 措施 | 地点 | 负责人 | 完成时间 |
|---|---|---|---|---|---|---|---|
| 1 | 缺乏高效导诊 | 加强导诊，重视对患者的帮助 | 增加导诊人员12名 | 1. 维持相应区域的秩序。<br>2. 使用平车、轮椅服务。<br>3. 疏导好区域人流 | 门诊1、2楼 | 严利<br>姜亚莉 | 2011.02—2012.06 |
| 2 | 服务人员态度差 | 加强对服务人员的素质培训 | 加强服务人员培训，至少每月1次 | 1. 对全体员工、团干部、青年突击手进行"全程温馨服务"的礼仪培训。<br>2. 实施酒店式礼仪服务。 | 门诊大厅及所有诊室 | 张海<br>严利<br>肖慧霞<br>姜亚莉 | 2011.02—2012.06 |
| 3 | 黑医托、黑导诊扰乱秩序 | 加强对黑医托、黑导诊的管理 | 将黑医托、黑导诊发生率降到0 | 1. 加强对医院的治安管理。<br>2. 督促导诊人员，做好相关解释工作。<br>3. 张贴警示标志。 | 门诊大厅及所有楼层 | 张海<br>严利<br>肖慧霞<br>时红 | 2011.03—2011.07 |
| 4 | 缺乏120接送程序 | 建立120急救接送程序 | 缩短急救接送时间50% | 1. 增加急诊协诊人员。<br>2. 及时、主动接送120急救患者 | 急诊 | 张海<br>泰洁<br>李淑兰 | 2011.04—2012.03 |
| 5 | 缺少现代化便民措施 | 增加现代化便民措施 | 增加至少3项现代化便民措施 | 1. 增加饮水罐、手机充电设备。<br>2. 增加液晶显示系统。 | 门诊楼、电梯处 | 张海<br>严利<br>赵玉荣 | 2011.06—2011.12 |

急诊协诊服务标准流程图如图 3.5 所示。

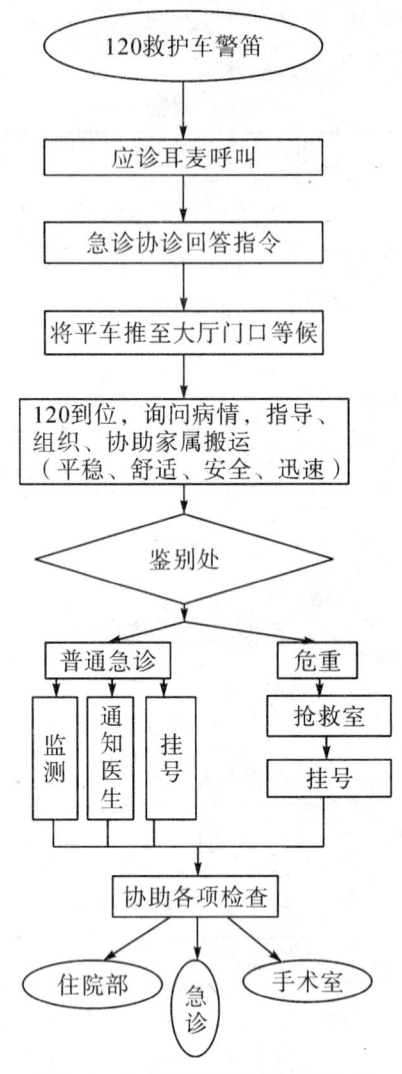

```
120救护车警笛
    ↓
应诊耳麦呼叫
    ↓
急诊协诊回答指令
    ↓
将平车推至大厅门口等候
    ↓
120到位，询问病情，指导、
组织、协助家属搬运
（平稳、舒适、安全、迅速）
    ↓
  鉴别处
  ↙    ↘
普通急诊   危重
 │        │
监测 通知医生 挂号   抢救室
                    ↓
                    挂号
    ↓
协助各项检查
 ↙  ↓  ↘
住院部 急诊 手术室
```

图 3.5　急诊协诊服务标准流程图

［资料来源］董文尧. 质量管理学［M］. 北京：清华大学出版社，2006. 引用时有修改。

**【思考题】**

1. 认真阅读材料，简述亲和图的含义及使用方法。
2. 你从案例中得到了什么启发？

**参考答案要点：**

1. 认真阅读材料，简述亲和图的含义及使用方法。

亲和图法也叫 KJ 法，是指将收集到的大量有关某一主题的意见、观点、想法，按照它们之间的亲和性（Affinity）加以归类、汇总的一种方法。亲和图主要用于以下几个方面：认识新事物（新问题、新办法）；整理归纳想法创意；从现实出发，采取措施，打破现状；提出新理论，进行根本改造，"脱胎换骨"；统一思想，促进协调。

2. 你从案例中得到了什么启发？

质量管理发展到现在，已经成为一门成熟的应用性学科，它借鉴了其他学科的可行的原理和方法，也有自己独特的方法和工具供实践采用。导致质量问题的原因很多，解决质量问题是一项繁琐、复杂的系统工程，关键是怎样熟练、灵活地应用质量管理的方法和工具，去发现问题、分析问题和解决问题。本案例就为我们树立了一个好的榜样。

# 第四章　顾客需求管理

**本章学习目标**

掌握顾客需求的含义，以理解顾客需求在质量管理中的重要性；

掌握顾客需求信息的调查方法，能够运用方法来取得顾客需求信息；

了解顾客关系管理系统，能够运用相关理论对不同顾客做出最佳应对措施；

掌握顾客满意度的含义及测评方法，能运用方法来了解企业的服务质量管理是否到位。

## 【案例一】　预订座位真的有效吗

马克、丹娜和他们的孩子与另一个家庭一起按照传统习惯出席在市区一家大饭店的复活节午宴。今年和以往一样，丹娜在复活节前三周就打电话预订了座位。由于他们中有一半是小孩子，所以他们比预约的时间11：30提前了20分钟到达，以便早些得到座位。然而当他们到达时，女服务员在看了预订座位的记录后，说他们没有预订座位，并解释说客人们有时会遇到这种情况，她一会儿应该能为他们找到一张桌子。马克和丹娜非常担心，并坚持说他们已经预订了座位，并希望能及时找到座位。女服务员告诉他们说："虽然我相信你们预订了座位，但是现在我这里没有你们预订座位的记录，因此，在所有其他预订座位的人都得到座位之前，我无法安排你们就座。"当马克提出要见经理时，女服务员回答说"我就是经理"，然后就去处理别的事情了。他们最后于11：45才得到座位。

第二天，马克给这家酒店的经理写了封信，向他讲述了事情的全过程。马克用这样的话结束他的信："我们在一家饭店遇到经理做出这样的事情，我有理由怀疑你们的服务质量。"大约一周后他收到回信如下：

收到我们尊贵的客人的来信我们很高兴，但是希望你在我们的饭店已经感受到我们正在努力实现的服务水平。我们饭店的经理收到您的信，要求我作为全面质量管理的负责人回复您的信。

经过复查之后，我们的确没有找到您的家庭预订当天座位的记录。但是，我已经将您的意见向相关的部门领导做了反映，以使其他人不会再遭遇跟您一样的麻烦。

再次感谢您将您的想法告诉我们。我们坚守的原则是"持续改进"，通过您提出的这类反馈意见，我们能够不断改进为客人提供的服务。

[资料来源] 百度文库. 全面质量管理案例分析题 [OL]. http://wenku.baidu.com.

【思考题】

1. 怎样看待女服务员的做法？她应该怎样做？
2. 你对马克收到的回信有何感想？你怎样用质量管理的理论对服务质量管理部门的回信进行评价？
3. 你认为饭店经理有必要亲自回答顾客的来信吗？为什么？

**参考答案要点：**

1. 怎样看待女服务员的做法？她应该怎样做？

女服务员的做法不恰当。女服务员查看了预订座位记录，而没有找到马克夫妇的预订座位记录，站在她的立场上也许认为马克夫妇并没有预订座位，当然应该在其他预订了座位的客人得到座位后再给他们安排座位。她本身的出发点没有错，但是处理方式有失妥当。

既然顾客愿意到这家饭店就餐，说明这是一个可以满足他们需求的饭店，在他们心目中是一个信得过的就餐场所。可是顾客来到饭店却发现自己没有获得预订的座位，没有得到期望中的服务，自己的基本型需求已经不可能从饭店得到满足，本身就会对饭店的印象大打折扣。加上服务员采取冷淡的处理方式，让顾客产生心理落差，表现出极度的不满意，从而对饭店的服务质量产生质疑。

其实在这种情况下，女服务员应该千方百计地留住客人，以维持饭店在客人心目中的良好形象，并且要努力地去证明饭店虽然现在短时间内没有办法替客人找到座位，但是从长期来看，仍然是一个可以满足顾客基本型需求，甚至连兴奋型需求都能够得到满足的地方。

所以，她不应该对客人进行冷淡处理。即便是客人真没有预订座位，但是毕竟已来这家饭店就餐。没有座位提供给客人，不能为客人进行周到的服务，就应该向客人道歉。并说明此时情况特殊，会尽最大努力为客人找到可以就餐的座位。同时赠送客人一些其他的小服务，例如提供免费的饮料等。借用这些服务来弥补客人等座位的损失，也可以提升饭店在客人心目中的服务印象，满足一些客人的兴奋型需求。

2. 你对马克收到的回信有何感想？你怎样用质量管理的理论对服务质量管理部门的回信进行评价？

马克收到了回信，可以得到某种程度的慰藉。因为自己对饭店提出的意见，终归还是被受理了，并不是像女服务员那样被冷处理。马克可以相信自己对于饭店来说还是很重要的，自己提出的意见也是很宝贵的，受到了相当程度的重视。从这封回信中，马克可以得到一些心理满足。

这封回信是一封针对顾客投诉的回信。它不仅对挽回一个即将失去的顾客有着至关重要的作用，还对重塑自己良好的服务形象有着非凡的意义。

顾客在对所使用或者接受的服务不满意时会产生抱怨。当出现严重情况时，就会产生投诉。无论企业多么努力，其产品或服务如何完美，顾客抱怨总是不可避免的。如果顾客抱怨没有得到有效解决，不但会影响当事人的满意度和忠诚度，还会通过口碑传播，影响其他顾客的满意度和忠诚度。事实上，如果企业切实站在顾客的角度解

决顾客抱怨,不但会取得顾客的谅解,还能增强顾客的满意度或忠诚度。对顾客抱怨的处理原则是:

(1) 承认顾客抱怨的事实,并表示同情和歉意;
(2) 感谢顾客的批评指正;
(3) 快速采取行动,补偿顾客的损失;
(4) 评估补偿顾客抱怨的具体措施的实施效果。

从这个角度上讲,这封回信及时、妥善地解决了顾客抱怨。

3. 你认为饭店经理有必要亲自回答顾客的来信吗?为什么?

饭店经理很有必要亲自回答顾客的来信。因为顾客的来信中所提出的意见反映了这时期饭店的饭菜质量和服务质量中存在的问题,也就是说饭店是否满足了顾客的基本型需求、期望型需求以及兴奋型需求。及时处理这些来信,是饭店顾客关系管理中的一个重要环节,经理当然应该亲自阅读这些来信,以便在第一时间获取顾客需求信息,及时采取应对这些需求的措施。

而在顾客看来,收到经理的回信,会认为自己为饭店提出了一个很宝贵的意见,对饭店有相当的价值。这种受到重视的感觉,会培养顾客对饭店的认同感,提升顾客对饭店的满意度。所以饭店经理有必要且应该亲自去阅读顾客的来信,并及时给他们回信,增强饭店与顾客之间的互动性,达到真正实现"持续改进"的目的。

# 【案例二】 客户的要求是我们的工作重点

陕西陕焦化工有限公司创始于1969年,是集炼焦、化工回收、洗煤、发电、玻璃制造等于一体的大型炼焦企业。

有一次,公司生产的二级冶金焦炭销往某客户,该客户对公司提出质量异议,要求公司派人前往处理。公司业务人员及质检人员赶到后,才知道客户提出了焦炭反应性及反应后强度不合格的质量异议,要求退货。而通常情况下,客户只是对二级焦炭的灰分、硫分、挥发分、机械强度等指标有要求,而对热反应性及反应后强度没有要求。出现此情况后,公司只得将这批产品收回。

以往,客户通常对冶金二级焦炭没有热反应性方面的要求,而该客户却提出热反应性指标不合格要求退货的要求。经公司询问调查后发现,该客户原来的熔炉小,对焦炭反应性及反应后指标没有要求。现在他们对原有设备进行了技术改造,已改成大熔炉,所以就对焦炭的热反应强度指标提出了要求。公司又做了广泛的客户调查,发现其他客户也有改造设备的趋势。

为此,公司发现了未来市场的发展趋势,积极采取了应对措施,马上购回了焦炭反应性及反应后强度试验设备,并投入使用。对客户要求有焦炭反应性指标的采取先进行试验,再发出,热反应性及反应后强度指标完全达到了客户的要求,再也没有类似的情况发生,有效预防了焦炭反应性质量异议的发生,从而取得了良好的信誉。

[资料来源] 高阳. 质量管理案例分析 [M]. 北京:中国标准出版社,2007.

**【思考题】**

1. 结合案例，谈谈顾客需求调查的意义。
2. 请谈谈顾客需求调查与顾客关系管理之间的关系。
3. 这篇案例给我们的启示是什么？

**参考答案要点：**

1. 结合案例，谈谈顾客需求调查的意义。

本案例中，陕西陕焦化工有限公司在得知客户提出了质量异议后，马上采取了应对措施，并积极地找寻二级焦炭产生质量异议的原因，了解到因为顾客使用二级焦炭的方式发生了改变，从而致使公司按原来生产模式生产出来的二级焦炭已经无法满足现在顾客的需求。公司调查到了顾客的需求后，以满足顾客的需求为目标，积极改进自身的生产工艺和产品。通过这个案例，我们可以看到，顾客需求调查有着很重要的意义。

顾客的需求是对顾客有用、具有一定价值的需要。当企业未能满足顾客的某种需求时，顾客对企业的满意度、忠诚度即会下滑。顾客需求调查架起了顾客与企业之间的一座信息交换桥梁。企业必须通过顾客需求调查才能发现未来市场发展趋势以及目前自己产品的不足，才能够采取各种有针对性的应对措施来弥补产品之不足，满足顾客的需求，做到真正的"持续改进"。

2. 请谈谈顾客需求调查与顾客关系管理之间的关系。

它们之间是辩证统一的关系。顾客需求调查是顾客关系管理的一个方面，而顾客关系管理的目的是更好地满足顾客的需求，从而达到或超过顾客满意。

在日趋激烈的市场竞争推动下，在日新月异的信息技术支持下，顾客关系管理得到了长足发展。归纳起来，顾客关系管理就是管理理念与管理方法的集成。满足顾客需求的管理理念是顾客关系管理的出发点，以信息技术为平台的管理方法构成了顾客关系管理的基础——顾客关系管理系统，达到甚至超过顾客满意是顾客关系管理的归宿。

3. 这篇案例给我们的启示是什么？

顾客满意度调查及对调查信息的处理，一直以来未被许多企业重视。随着全球经济一体化进程的发展，此项工作的重要性逐步凸显。该案例属于通过对顾客满意度信息的有效处理，从而取得良好效果的个案。我们从中应该学习到，要在市场中取得先机，就必须持续改善产品质量。而建立健全的顾客关系管理系统，拥有丰富的顾客需求调查方法，是持续改善产品质量的一个重要基础。

## 【案例三】 泰国东方饭店客户管理经典案例

泰国的东方饭店堪称亚洲饭店之最，几乎天天客满，不提前一个月预定是很难有入住机会的，而且客人大都来自西方发达国家。泰国在亚洲算不上特别发达，但为什么会有如此诱人的饭店呢？大家往往以为泰国是一个旅游国家，而且又有世界上独有的人妖表演，是不是他们在这方面下了功夫。错了，他们靠的是真功夫，是非同寻常的客户服务，也就是现在经常提到的客户关系管理。

他们的客户服务到底好到什么程度呢？我们不妨通过一个实例来看一下。

一位朋友因公务经常出差泰国，并下榻在东方饭店。第一次入住时，良好的饭店环境和服务就给他留下了深刻的印象。当他第二次入住时，几个细节更使他对饭店的好感迅速升级。

那天早上，在他走出房门准备去餐厅的时候，楼层服务生恭敬地问道："于先生是要用早餐吗？"于先生觉得很奇怪，反问："你怎么知道我姓于？"服务生说："我们饭店规定，晚上要背熟所有客人的姓名。"这令于先生大吃一惊，因为他频繁往返于世界各地，入住过无数高级酒店，但这种情况还是第一次碰到。

于先生高兴地乘电梯下到餐厅所在的楼层，刚刚走出电梯门，餐厅的服务生就说："于先生，里面请。"于先生更加疑惑，因为服务生并没有看到他的房卡，就问："你知道我姓于？"服务生答："上面的电话刚刚下来，说您已经下楼了。"如此高的效率让于先生再次大吃一惊。

于先生刚走进餐厅，服务小姐微笑着问："于先生还要老位子吗？"于先生的惊讶再次升级，心想尽管我不是第一次在这里吃饭，但最近的一次也有一年多了，难道这里的服务小姐记忆力那么好？看到于先生惊讶的目光，服务小姐主动解释说："我刚刚查过电脑记录，您在去年的6月8日在靠近第二个窗口的位子上用过早餐。"于先生听后兴奋地说："老位子！老位子！"服务小姐接着问："老菜单？一个三明治，一杯咖啡，一个鸡蛋？"现在于先生已经不再惊讶了："老菜单，就要老菜单！"于先生已经兴奋到了极点。

上餐时餐厅赠送了于先生一碟小菜，由于是第一次看到这种小菜，于先生就问："这是什么？"服务生后退两步说："这是我们特有的某某小菜。"服务生为什么要先后退两步再说话呢？原来他是怕自己说话时口水不小心落在客人的食品上。这种细致的服务，不要说在一般的酒店，就是在美国最好的饭店里，于先生都没有见过。这一次早餐给于先生留下了终生难忘的印象。

后来，由于业务调整的原因，于先生有三年的时间没有再到泰国去。但在于先生生日的时候，他收到了一封东方饭店发来的生日贺卡，里面还附了一封短信，内容是：亲爱的于先生，您已经有三年没有来过我们这里了，我们全体人员都非常想念您，希望能再次见到您。今天是您的生日，祝您生日愉快。下面是饭店总经理的亲笔签名。于先生当时激动得热泪盈眶，发誓如果再去泰国，绝对不会到任何其他的饭店，一定要住在东方饭店，而且要说服所有的朋友也像他一样选择。于先生看了一下信封，上面贴着一枚六元的邮票。六块钱就这样买到了一颗心，这就是客户关系管理的魔力。

东方饭店非常重视培养忠实的客户，并且建立了一套完善的客户关系管理体系，使客户入住后可以得到无微不至的人性化服务。迄今为止，世界各国的约20万人曾经入住过那里。用他们饭店的话说，只要每年有十分之一的老顾客光顾，饭店就会永远客满。这就是东方饭店成功的秘诀。

现在客户关系管理的观念已经被普遍接受，而且相当一部分企业已经建立起了自己的客户关系管理系统,但真正能做到东方饭店这样的却并不多见,关键是很多企业还只是处在客户关系管理的初始阶段,仅仅是上马一套软件系统,并没有在内心深处去思考如何贯彻执行,所以大都浮于表面,难见实效。客户关系管理并不只是一套软件系统,而是以全员服务意识为核心贯穿于所有经营环节的一整套全面完善的服务理念和服务体系,是一种企业文化。在这方面,泰国东方饭店的做法值得我们很多企业去认真地学习和借鉴。

[资料来源] 百度文库．客户管理案例分析：泰国东方饭店客户管理经典案例[OL]．http：//wenku.baidu.com.

【思考题】

1. 请判断案例中东方饭店使用何种途径获取顾客信息。简述这种获取途径,并评价顾客信息获取的价值。

2. 谈谈你对顾客关系管理的认识。

3. 请简述关键顾客的含义,并结合案例和关键顾客相关理论谈谈东方饭店对于先生的服务。

**参考答案要点:**

1. 请判断案例中东方饭店使用何种途径获取顾客信息。简述这种获取途径,并评价顾客信息获取的价值。

东方饭店是从顾客档案中获取顾客信息的。东方饭店通过建立一套完整的顾客信息档案,对顾客资料做了一个全面的统计,以便对顾客进行最有针对性的服务。

企业顾客档案记录有顾客的姓名、类型、采购记录、信用、支付方式等。企业顾客档案的一部分信息来自企业所组织的顾客信息调查活动。企业通过会员证、有奖登记卡、折扣券等活动来采集顾客信息。对自愿登记的顾客进行适当奖励,以此在短时间内收集大量的顾客信息。具体实现方式可以是现场登记,也可以是电子邮件或网站登记。

顾客信息的获取是顾客关系管理的基础,企业要进行有效的顾客关系管理离不开顾客信息的收集。有了畅通的顾客信息获取渠道,企业才能收集到有重要价值的顾客信息,然后才谈得上对其进行再加工,对顾客进行有针对性的服务。

2. 谈谈你对顾客关系管理的认识。

顾客关系管理,是指通过培养企业的最终客户、分销商和合作伙伴对企业及其产品更积极的偏爱和喜好,留住他们并以此提升企业业绩的一种营销策略。顾客关系管理,从广泛的意义上讲,是指企业在运营过程中不断累积客户信息,并使用获得的客户信息来制定市场战略,以满足客户的个性化需求。顾客关系管理意味着观念的转变,即以客户为中心。从定义可以看出,强调以客户为中心,强调顾客关系管理,不仅仅是能满足客户所有需要的技术。顾客关系管理不仅是一个系统、一个技术解决方案,更是一种管理思想。这种观念的转变终将影响到顾客关系管理实施的全过程。

顾客关系管理带来的个性化服务可以使企业在一个越来越复杂的市场中合理分配优化资源、找到最佳的服务和投资方向、获得最合适的收益—风险比。顾客关系管理的目的在于，促使企业从以一定的成本取得新顾客转变为想方设法留住现有顾客，从取得市场份额转变为取得顾客份额，从发展一种短期的交易转变为开发顾客的终生价值。

3. 简述关键顾客的含义，并结合案例和关键顾客相关理论谈谈东方饭店对于先生的服务。

一个生产或服务系统的顾客众多，既有内部的，又有外部的，既有直接的，又有间接的，有的以个人身份出现，有的则以组织形式出现。

这些顾客对组织的影响不同，对组织的业绩贡献不同。通常，企业80%的利润是由20%的顾客带来的，此即"少数关键，多数次要"原理。组织的一个重要任务是识别关键顾客，把有限的资源用于服务这些少数的关键顾客。

但是，一个顾客可能在当前是一般顾客，在将来就有可能会转变为关键顾客。我们从案例中可以看到，于先生在东方饭店中的消费，也许对于东方饭店来说还算不上一个关键顾客，但是由于他长期在泰国出差，不能排除他成为关键顾客的可能。

东方饭店利用各种高质量、高水平的服务，博得了于先生对东方饭店的良好评价，即便在于先生因工作调整，三年未到东方饭店入住的情况下，饭店仍然在于先生生日的时候，发来一封生日贺卡进行问候。

这样，于先生便成为了东方饭店最忠实的顾客。他如果再次来到泰国，首选入住的酒店无疑是东方饭店。

试想，如果于先生晋升为项目负责人，带领团队再次来到泰国处理业务时，会怎么样呢？那么他必然还是会要求入住东方饭店，而且这次带来的是一个团队，人数众多，且时间长，必然会为东方饭店带来一大笔的收入。

所以，我们在把大部分服务资源用于对关键顾客的服务的同时，也不能怠慢了一般顾客，因为在他们之中，也有以后能成为关键顾客的人。无论对于何种顾客，都尽最大可能地为他们提供优质服务，才能赢得消费者的普遍认同，获得良好口碑，在市场上具有竞争力。

## 【案例四】 约翰逊控股公司与其关键客户

约翰逊控股公司是由华伦·约翰逊教授在1885年建立的一个贸易范围非常广泛的公司，100多年来始终保持着极佳的业绩。约翰逊控股公司以"JCI"作为名称在纽约证券交易所上市。1999年，该公司创造的金融业绩包括161.1亿美元的销售额、连续52年的销售增长、连续23年的股息增长、连续8年的净收入增长，以及自1885年以来连续增长的奖金分红。1999年，约翰逊控股公司排名上升到全球500强的第126位，全世界内拥有近500家下属公司，员工超过了95 000人。约翰逊控股公司的总部设在美国威斯康星州东南部的港口城市——密尔沃基。同一年，公司总部被选为25个最理想的工作场所之一，并被美国环保署评为年度的"能源之星"建筑。

与绝大多数公司一样，约翰逊控股公司商业控制部门也将与客户建立良好的关系看成是客户经理或服务中心技术人员的职责。然而，在实施六西格玛管理过程中，一些非常重要的大客户却对约翰逊控股公司取得的改革成果提出了批评。因此，公司设计并实行了更加有效的客户关系管理方案。

约翰逊控股公司发现的第一个事实是，公司并没有关于"关键客户"的明确定义，而且这一观念与"有多少位客户是真正的关键客户"有很大的差异。这种现象是由于缺乏明确定义造成的，结果是使所有的客户享受到相同的待遇。但由于关键客户向来对公司更加苛求，对所有客户一样对待实际上非常危险。

一个由高级管理人员组成的小组逐步制定出了一套用于描述关键客户的标准。客户数据库应用了这套标准，确定并划分出"关键客户"。一些关键客户被邀请来帮助制订试验性的计划。约翰逊控股公司用于定义关键客户的标准包括（绝对的）消费收益、再购买的业务和消费份额。

首先，约翰逊控股公司的特定员工参加了一个为期半天的专题讨论会，学习如何设计并执行这样的计划。虽然客户经理是这一计划的负责人，但质量部门也给予了有力的支持。

计划执行过程中的第一个发现是，公司并不如想象的那么了解自己的客户。一家公司策划的方案要求，客户名单必须包括一名指定的客户，经查却发现这位客户早在两年前就去世了。

试验性计划的实行结果明显超过了期望值。客户因为公司把精力投入到执行这样的计划中而感到欣喜，约翰逊控股公司的客户小组也为更多地了解客户而兴奋。由此带来的利益很快反映到公司的收入变化中。因为试验取得了重大的成功，这项计划被逐渐扩展应用到了约翰逊控股公司在北美的所有业务区之中。

为了满足关键的OEM[①]客户（如某熔炼炉公司，它购买约翰逊控股公司的自动调温器等部件和产品，以加工生产出自己的产品）的要求，需要创建特殊的客户联系方式。客户公司中所有关键职位都与约翰逊控股公司控制商务部中的相应职位一一对应。通常情况下，公司至少每月互派一次小组，行政官之间的直接对话则每季度进行一次。这些OEM会议的作用是讨论产业的发展趋势以及约翰逊控股公司和OEM客户各自采取的经营策略。

由于约翰逊控股公司控制商务部执行了更加合理的客户关系计划，所有员工因此掌握了更多与客户相关的信息。在控制商务部中，确定具体的解决方案或直接处理问题的员工也是客户小组的一部分。有关客户实际需要的数据、客户满意度调查结果以及客户的评论，都能通过公司内部网络传输到每位员工手中，使这项提供便利、先进的新技术在公司得到了广泛应用，业务区办公室、办公区、地理划分、客户小组或其他统计工作也能通过这项技术有效地处理客户数据。实现这些改进的重要意义在于，公司不同层次的员工都能获取并利用来自客户的数据。

［资料来源］（美）厄尔诺曼，斯蒂文·H.霍廷顿.以客户为中心的六西格玛：联系客户、流程优化与财务结果的纽带［M］.王晓芹，徐秀荣，卢海琪，等，译.北京：机械工业出版社，2003.

---

[①] OEM，英文全称Original Equipment Manufacturer，原指由采购方提供设备和技术，由制造方提供人力和场地，采购方负责销售、制造方负责生产的一种现代流行的生产方式。现在大多采用由采购方提供品牌和授权，由制造方生产贴有该品牌的产品的方式。

【思考题】

1. 什么是"关键客户"?这一观念与"有多少位客户是真正的关键客户"有何本质上的差异?

2. 从案例中我们可以得到什么启示?

**参考答案要点:**

1. 什么是"关键客户"?这一观念与"有多少位客户是真正的关键客户"有何本质上的差异?

在绝大多数企业中都拥有一个定义明确的客户基础。而在这个客户基础之中,通常有些是很有价值的重要客户。这些客户通常能为企业带来大部分利润和收益。虽然他们的数量可能仅占客户总和的10%、20%或30%,但是他们却有可能创造70%、80%甚至90%的总收益。他们经常进行大批量的采购,在很多情况下,他们具有很多创新意识。他们与企业有一个共同的愿望:希望有更好的产品质量、服务质量,而且也希望获得更具竞争力的定价。这就是"关键客户"。

"有多少位客户是真正的关键客户"包括了两部分内容,一部分就是在基础客户中,已经成为关键客户的一小部分;另一部分是潜在的或将会成为关键客户的一部分。对于已经成为关键客户的一小部分,由于他们对一个企业的成功至关重要,我们要能梳理出来,区别对待,这是区别"有多少位客户是真正的关键客户"的根本目的;对于潜在的或将会成为关键客户的一部分,我们要看到其未来对公司业绩的影响,采取一些差异化的措施,引导(或培养)其成为关键客户,而不是对所有的客户采用相同的待遇,消耗掉公司资源。这就是"关键客户"与"有多少位客户是真正的关键客户"之间的实质差异。图4.1说明了"客户基础"、"有多少位客户是真正的关键客户"与"关键客户"的关系。

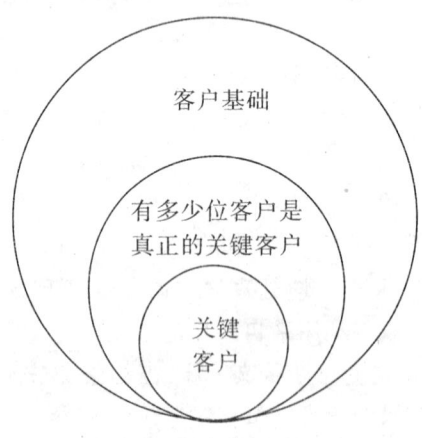

图4.1 客户关系图

2. 从案例中我们可以得到什么启示?

从案例中,我们可以得到如下启示:企业与关键客户建立联系是非常必要的。六西格玛中"满足顾客需求"占了很大的比重。只有提供了更好的产品质量、更好的服务质量和更具竞争力的价格,才能获得顾客更高的忠诚度、更高的满意度,从而为企业获得更高、更持久的收益。而这些是以"与关键客户建立联系"为基础的(见图4.2)。企业只有更加了解自己的客户,知道他们需要什么、不需要什么,做到知己知彼,才能走到行业的前沿。约翰逊控股公司不同层次的员工都能获取并熟知客户的信息资料,对关键客户与一般客户分别采用不同的接待方式,提高了工作效率,也提高了业务成交率。这些都是其他企业可以学习和借鉴的。

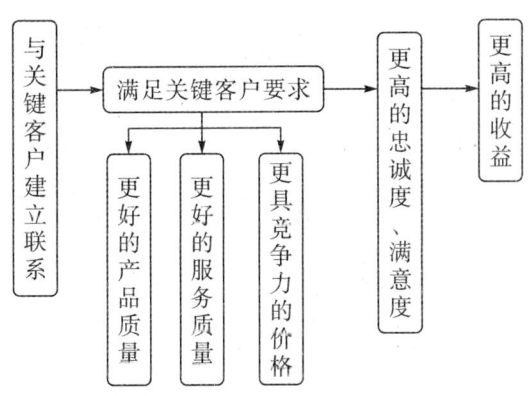

图4.2 建立关键客户联系

# 第五章　设计过程质量管理

**本章学习目标**

了解面向质量的产品设计思想与内容；

掌握质量功能展开的具体方法，通过运用此方法来设计和制造满足顾客需求的产品；

掌握可靠性及其度量，熟悉可靠性管理的内容，并且学会将其应用到产品的设计过程当中；

掌握服务设计方法与服务质量控制方法。

## 【案例一】　全友获"2012绿色设计国际贡献奖"，创全球家具行业先河

2012年10月12日，"第二届世界绿色设计论坛"在比利时布鲁塞尔举行，全友家具公司凭借其在绿色设计、生态环保、公益事业等方面做出的卓越贡献，荣膺"2012绿色设计国际贡献奖"，是全球家具领域内首家获得该奖项的企业。据全友家具公司相关负责人介绍，该奖项是全友家具公司2012年英国伦敦奥运会期间被授予"绿色先锋企业"称号之后的又一个绿色环保大奖，标志着全友家具公司向绿色家具的目标又迈出了极为重要的一步。

"绿色设计国际贡献奖"是世界绿色设计论坛设立的国际性、公益性奖项，旨在表彰以绿色设计为手段，推动绿色技术、绿色材料、绿色能源、绿色装备等的应用，致力于改善人类生存环境，做出了卓越贡献的专业人士和专业组织。

全友家具公司开创绿色产业链并且已经拥有了自己的速生林基地、E1级板材[①]生产厂、三胺板生产厂以及代表世界家具制造最高水平的生产设备，采用了最高环保标准的生产辅料，国际水平的绿色人性化卖场设计，完成了一个从家具材料源头到最终产品销售整个行业的绿色产业链。在26年的发展征程中，始终秉承"绿色全友，温馨世界"的理念，与国内、国际知名设计师深度合作，成立了跨国设计团队，在意大利米兰、中国成都及深圳设立了三个研发中心，汇聚全球顶级艺术智慧，吸取全球绿色设计潮流。

全友家具公司负责人始终认为，设计是制造环保家具的关键。于是，他们在设计

---

① E1级板材，即欧洲标准甲醛含量小于0.8mg/ML，而目前国家认可的板材甲醛释放达标标准为甲醛含量小于1.5mg/ML。

之初就考虑到消费者的健康利益。全友家具公司和国内、国际相关设计研发机构以及知名设计师深度合作，联合成立了由中国、意大利、德国、法国、西班牙顶尖设计师组成的跨国设计团队，从工艺设计上提倡高标准的环保指标；根据不同家具及不同的部位的功能，科学、合理地使用不同的材料，使各种材料扬其长避其短，保证家具在功能、环保、技术和艺术上的完美统一；全友产品在设计中，更多地使用三胺板、密度板等森林资源消耗性较少的材料，并全部使用环境友好型的油漆、可循环使用的包装材料。全友家具公司的产品生产线产生的废料废渣全部回收重复利用，不惜花费重金从丹麦引进全球最先进的粉尘吸收处理装置，最大限度地减少环境污染，提高废物利用率；生产线产生的废水全部经过污水处理，达标排放。

获得"2012绿色设计国际贡献奖"，是对全友家具公司绿色理念的一种认可，更是对全友家具公司不断坚持和践行绿色行动的一种鞭策。当然，全友家具公司的绿色行动远不止于此。我们相信全友家具公司的绿色之路会越走越宽，并将引领更多企业以绿色科技为手段，推动绿色技术、绿色材料、绿色能源、绿色装备等的应用，致力于改善人类生存环境，做出更大更多的贡献。

[资料来源] 搜狐家居家具频道. 全友获"2012绿色设计国际贡献奖"，创全球家具行业先河 [OL]. 2012-10-29. http://home.focus.cn/news/2012-10-29/321003.html.

**【思考题】**

1. 简述绿色设计的要求和基本内容。
2. 实现绿色设计，企业和社会（环境）可以得到哪些好处？
3. 结合全友家具公司的实例，谈谈电视机生产企业应如何实现产品的绿色设计？

**参考答案要点：**

1. 简述绿色设计的要求和基本内容。

（1）绿色设计的基本要求体现在以下四个方面：

①优良的环境友好性。要求产品在生产、使用、废弃、回收、处置的各个环节都是对环境无害的或危害最小化。

②最大限度地减少资源消耗。尽量减少材料使用量和种类，产品在其生命周期的各个阶段所消耗的能源最少。

③排放最小。通过各种技术或方法减少制造、使用过程中废弃物的排放量。

④最大化可回收利用。在材料的选择、产品结构、零件的可共用性等方面提高产品回收利用率。

（2）绿色设计包括以下主要内容：

①绿色设计材料的选择与管理；

②产品的可拆卸性与可回收性设计；

③绿色产品成本分析；

④绿色产品设计数据库与知识库管理。

2. 实现绿色设计，企业和社会（环境）可以得到哪些好处？

绿色设计着眼于人与自然的生态平衡关系，在设计过程的每一个决策中都充分考虑到环境效益，尽量减少对环境的破坏。绿色设计的节能性与生态性特别要求企业生产的产品注重资源的可持续利用以及对生态环境的保护。采用绿色设计的理念有助于避免因设计不当和选材失误而造成的环境污染与公害。在绿色设计思想中，一个重要的原则是减削、循环、再开发。减削即减少资源的使用或消除产品中的有害物质；循环即对废产品进行回收处理，循环利用；再开发即提升产品的潜在使用价值，变普通产品为"绿色产品"。

实现绿色设计，对企业而言，通过尽量减少物质和能源的消耗、减少有害物质的排放，使产品及零部件无公害，更能被消费者接受并喜爱，获得市场，提高市场占有率；为企业降低成本，提高经济效益；产品实现分类并方便回收、再生循环利用，也达到降低消耗，节约成本，提高经济效益的目标。就社会（环境）而言，它是在生存于不超过维持生态系统涵容能力的情况下，可持续地利用有限资源；在保持自然资源的质量和其所提供服务的前提下，使经济发展的净利益增加至最大限度；提倡更清洁更有效的技术，来最大限度地减少能源和其他自然资源的消耗，并减少废料和污染物的排放，极大地改善和提高人类的生活质量。

3. 结合全友家具公司的实例，谈谈电视机生产企业应如何实现产品的绿色设计？

电视机的绿色设计可以考虑：

材料——以可完全回收的聚碳酸酯类为主，配以木质外壳；因技术所限，部分有毒有害材料集成于模块之中。外包装为可再生纸，内衬泡沫塑料类防震物。

结构工艺——通过可拆卸、可回收的模块化设计，使整个产品成为可以拆卸的几个部分，方便装配、拆卸、维修、回收。

生产加工——注重生产过程的环境、资源属性，对木质材料浅加工。

运输与销售——提高运输效率，适度扩大生产网点；货到后立即拆去包装，可以运回再使用。

使用——杜绝辐射污染，采用新技术节能节点。

维修与服务——模块化生产零部件，再加上易拆卸结构，遍布网点，为消费者提供优秀的服务。

回收处理——优先重用回收零部件，尽量提高材料回收利用率，革新废弃物的处理工艺，减弱其对环境的影响。

另外考虑人体生理因素，可采用液晶等先进无辐射技术，保证人体健康；设定电视摆放高度、倾斜度、视距等参考值；遥控器、按键等按人机工程学设计，并保证较大自由度，方便抓握、使用。

# 【案例二】 奇瑞QQ的设计理念

轿车已越来越多地进入大众家庭，但由于地区经济发展不平衡及人们收入水平有差距，对汽车的需求走向了进一步的细分。由于微型车的品牌形象在汽车市场一向是低端的代名词，因此，只有把握消费者的心态，突出微型轿车年轻时尚的特征与轿车的高档配置，在众多的消费群体中进行细分，才能更有效地锁住目标客户，以全新的营销方式和优良的性能价格比吸引客户。在这种情况下，奇瑞汽车公司经过认真的市场调查，精心选择微型轿车打入市场。拟开发的新产品以微型客车的尺寸、轿车的配置、令人惊喜的外观和内饰、年轻人能承受的价格，锁定时尚男女，成为奇瑞公司占领微型轿车市场成功的关键。

奇瑞 QQ 的目标客户是收入不高但有知识有品位的年轻人；也兼顾有一定事业基础、心态年轻、追求时尚的中年人；潜在的客户有大学毕业两三年的白领。这些目标客户群体对新生事物感兴趣，富于想象力，崇尚个性，思维活跃，追求时尚。虽然由于资金的原因他们比较实际，对品牌的忠诚度较低，但是对汽车的性价比、外观和配置十分关注，是容易互相影响的消费群体。奇瑞把 QQ 定位为"年轻人的第一辆车"，人均月收入 2 000 元即可轻松拥有这款轿车。

在进行平面广告的同时，奇瑞公司邀请专业汽车杂志进行实车试驾，对奇瑞 QQ 的品质进行更深入的真实报道，在具备了较高知名度后进一步加深消费者的认知度，促进消费者理性购买。

由上述资料，我们可以得知，奇瑞公司在设计新产品时，以研究顾客需求作为起点，通过市场研究，将顾客对产品的需求和偏好定义下来并进行分类，然后通过分析所获得的信息结合企业自身的特点生产出了奇瑞 QQ，这一做法正是符合了质量功能展开（Quality Function Deployment，QFD）的设计理念。

［资料来源］北京大都会广告艺术公司．以文化的名义——上汽"奇瑞 QQ"营销方案［J］．广告人，2005（10）．

**【思考题】**

1. QFD 的内涵是什么？
2. 简述运用 QFD 开发家庭轿车的应用过程。
3. 你认为奇瑞 QQ 成功运用 QFD 的关键是什么？对你有什么启发？

**参考答案要点：**

1. QFD 的内涵是什么？

QFD 是面向顾客需求的产品设计方法，其内涵是在产品设计与开发中充分倾听顾客的声音。为此，首先利用各种技术了解顾客真正的需求是什么，然后再把顾客的需求转换为技术要求。

2. 简述运用 QFD 开发家庭轿车的应用过程。

运用 QFD 为顾客开发家庭轿车的应用过程主要分为 5 步：第 1 步，确定项目的要求"是什么"，即搞清楚客户需要什么样的轿车。第 2 步，将"是什么"转化成"怎么样"，即确定客户需要的产品或服务的特性。第 3 步，用关联关系矩阵确定"是什么"和"怎么样"之间的关联关系。第 4 步，确定产品或服务特性之间的相关关系。第 5 步，确定产品或服务的技术参数。这一步需要了解竞争对手产品的技术性能和拟开发产品的技术性能及技术参数；分析这些技术性能和技术参数与竞争对手产品的差异，以便在设计阶段就做到产品高性能、高技术含量，引领前沿。搞清楚以上几种关系后，项目小组需要在客户要求、产品特性及其相关关系矩阵的基础上，进一步确定产品具体的技术参数,也就是QFD矩阵下方"是多少"的问题。当客户需要的这种轿车的技术参数完全确定后,项目小组按照这些技术参数设计、生产出产品,就能从根本上真正满足客户的需求。

当然,一个产品的设计不能只顾及顾客的意见。根据客户需求,可以初步确定整车基本参数,使所设计的汽车满足现代汽车高水平的驾驶操作性、乘坐舒适性和居住性等要求,在后续的开发过程中基于这些要求,还必须充分考虑对市场、竞争对手的分析及企业制造能力分析来确定产品的市场定位,这样才能保证产品的成功开发。

3. 你认为奇瑞QQ成功运用QFD的关键是什么?对你有什么启发?

奇瑞QQ成功运用QFD的关键在于倾听顾客的意见,捕捉顾客的愿望,理解顾客的需求,并将顾客需求特性设计到产品中去,合理确定各种技术要求,为每一项工程技术特性确定定量的特性值。

给我们的启发:企业产品的设计,应该考虑顾客的需求,同时要注意结合企业的技术情况。质量功能展开过程要首先听取消费者意见,然后通过质量屋全面确定各种工程技术特性和间接工程技术特性的值。在质量屋每一项工程技术特性下加上对应的顾客测量值,根据顾客测量值来设计每项工程技术特性的理想值,即目标值。奇瑞QQ设计者通过市场调查,在众多的消费群体中进行细分,最终将产品的目标客户准确定位,然后利用各种技术了解顾客的真正需求是什么,根据顾客的需求设计产品,把顾客的需求转换为技术要求,以全新的营销方式和优良的性能价格比吸引客户,最后设计出的产品才会取得预期的效果。

## 【案例三】 海尔冰箱可靠性实验成为博客热点

将一台包装好的海尔冰箱缓缓提升到760毫米的高度,然后让其瞬间自由落体坠落,整台冰箱"嘭"的一声砸在钢板上,并且至少从6个角度重复10次跌落实验。全部实验完成后,如冰箱没有损坏,则意味着通过该环节测试,产品可以下线,否则需要重新设计,直到通过检测。2009年在新浪网上有关海尔冰箱可靠性实验的文章和图片,吸引了不少网民的关注,成为当时新浪博客的一大热点。

海尔冰箱的可靠性实验内容丰富,除了最基本的斜面冲击实验、模拟搬运实验、开关门寿命实验、跌落实验、模拟震动实验以及挤压受力实验等,还会在非常苛刻的条件下对冰箱进行长达3个月之久的"折磨",目的是使冰箱的性能更可靠,使用寿命更长,满足各种运输及使用环境的要求。

海尔冰箱的可靠性实验是对产品全部功能进行检测。在海尔中央研究院的监测中心设置了大量的实验室,来模拟一些特殊市场的使用环境,以检测产品质量。而这些模拟出来的使用环境往往是产品在实际使用过程中很难出现的"极限环境",于是,挑战极限也就成了海尔冰箱在可靠性实验中不断面对的主题。

目前,我国家电行业已越来越重视标准建设了。从表面上看,这些都是企业为自己制定的标准,背后却是为满足用户而进行的自我约束。据了解,海尔冰箱的可靠性实验标准已得到中国家用电器标准化技术委员会的授权,由海尔冰箱牵头,伊莱克斯、美的、新飞等多家企业参与制定的中国电冰箱行业可靠性实验标准项目已于 2007 年 4 月正式启动。这是继主导制定家用冰箱保鲜标准后，海尔又一次主导制定行业标准。

凭着"技术自律"，海尔冰箱不仅填补了国家标准的空缺，还因此加速了中国冰箱行业的标准升级。"如果说国家标准对冰箱性能要求指标是 1 的话，我们可靠性实验标准可以看成 2 或 3，是国家标准指标的 3 倍。"海尔冰箱相关负责人表示，国家标准作为一个行业的基础标准，因为具备很强的稳定性，导致修订相对滞后。海尔在国家标准之上增加可靠性标准，不仅是要弥补基础标准滞后的缺陷，更重要的是对消费者负责和对产品质量要求的自我提升。

市场是最公正的裁判，踏踏实实地以消费者为本，才是成就品牌的关键，而标准的意义则在于引领产业的发展方向，打造市场竞争力。海尔冰箱的可靠性实验表明，未来的市场竞争，不再是简单地为消费者提供传统意义上的产品，更多的是为消费者提供产品的品质保障，让消费者充分体验高品质产品所带来的享受。以海尔在欧洲市场推出的法式对开门冰箱为例，其营销理念是：不仅为消费者提供一台冰箱，更重要的是为消费者提供一种新的生活方式。

［资料来源］李远方. 海尔冰箱可靠性实验成博客热点［J］. 中国质量与可靠性工程信息库，2009（6）.

【思考题】

1. 如何理解可靠性的概念？
2. 海尔冰箱的可靠性实验对保证产品质量有什么作用？
3. 结合海尔的案例谈谈一个行业标准产生的意义。

**参考答案要点：**

1. 如何理解可靠性的概念？

可靠性是产品在规定条件下和规定时间内，完成规定功能的能力。可靠性高，意味着寿命长、故障少、维修费用低；可靠性低，意味着寿命短、故障多、维修费用高。为正确理解可靠性概念，应把握以下三个关系：①产品的可靠性与规定条件的关系。②产品的可靠性与规定时间的关系。③产品的可靠性与规定功能的关系。

2. 海尔冰箱的可靠性实验对保证产品质量有什么作用？

可靠性试验是对产品进行可靠性调查、分析和评价的一种手段。试验有如下几方面作用：①在研制阶段用以暴露试制产品各方面的缺陷，评价产品可靠性达到预定指标的情况；②在生产阶段为监控生产过程提供信息；③对定型产品进行可靠性鉴定或验收；④暴露和分析产品在不同环境和应力条件下的失效规律及有关的失效模式和失效机理；⑤为改进产品可靠性，制定和改进可靠性试验方案，为用户选用产品提供依据。

海尔冰箱的可靠性实验是对产品全部功能进行检测，其作用是为了使冰箱的性能更可靠，使用寿命更长，满足各种运输及使用环境的要求，同时也是为了树立企业良好的业界形象，获得消费者信任，争取更大的市场占有率。

3. 结合海尔的案例谈谈一个行业标准产生的意义。

标准是对重复性事物和概念所作的统一规定，它以科学技术实践经验的综合成果为基础，经过有关方面协商一致，由主管部门批准，以特定的形式发布，作为共同遵守的准则和依据。

标准的意义在于它是衡量行业产品质量、衡量企业管理好坏及行业成熟度的标志，它能有效地规范行业内企业的行为，维护正常的市场竞争秩序，并方便社会公众对业内行为规范进行识别和监督，引导行业健康发展。凭借"技术自律"，海尔冰箱不仅填补了国家标准的空缺，还因此加速了中国冰箱行业的标准升级。海尔以自身的行动在国家标准之上增加可靠性标准，不仅弥补了基础标准滞后的缺陷，更重要的是对消费者负责和对产品质量要求的自我提升，从而促进了整个行业的健康发展。

## 【案例四】 双环喜获质量管理创新大奖

2012年9月12日，浙江省质监局和财政厅联合召开了省质量管理创新项目成果发布暨质量管理研讨会，发布了2012年质量管理创新项目成果，首批有37个质量管理创新项目的承担单位受到表彰。其中，浙江双环传动机械股份有限公司"基于质量功能展开的#10147齿轮开发"被评为重大质量管理创新项目。

双环公司在2008年开始导入卓越绩效模式，将自身情况用卓越的标准进行比对。在实施该模式的过程中不断总结和提升，注重与先进的管理方法相结合，把质量管理的思想、理论、原则、方法渗透到公司各项管理工作中，形成了一套具有特色的行之有效的卓越绩效模式。

但在导入卓越绩效模式的过程中，公司发现产品质量管控总是朝着符合性质量的改进去做，却忽视了产品的适用性质量，且对于改进适用性质量的方法也知之甚少。客户在使用公司内结构复杂的盘类焊接件产品#10147时经常因其质量存在问题而投诉。经过与国外专家交流后发现，QFD对于改善产品的适用性质量可以起到关键作用，它可以将顾客需求转化为技术特性，之后进行生产工艺的展开，最后扩展至生产控制，形成控制文件。这种层级的关系思维缜密，将顾客需求层层展开，最终反映到生产中来，对于产品的适用性质量改进具有非常重要的现实意义。

基于以上情况，双环公司于2010年10月导入QFD，专门成立了项目小组。通过QFD建立相关顾客需求→技术特性→生产工艺→生产控制之间的映射传导关系，实现顾客需求向最终生产控制的转化。并通过一系列的技术手段和质量管理方法来改进各指标，导出技术特性目标值、生产工艺目标值以及生产控制措施，形成文件指导书，进一步提高质量，提高一次交检合格率，降低质量损失率和设备故障率，从而实现更好的经济效益。

该项目连续实施至2011年12月底，通过不断的改进，#10147齿轮的技术改进与制造取得了较大的成功，极大地满足了顾客需求，客户反应良好。同时在经济效益方面，也实现了单位利润的持续增长。

[资料来源] 浙江双环传动机械股份有限公司网站．双环喜获质量管理创新大奖[OL]．http://hudong.wlstock.com/002472/2013-9-13182-04232123013631.html．

【思考题】

1. 简述质量屋的概念以及建造质量屋的技术路线。
2. 浙江双环#10147 齿轮开发运用 QFD 的原因何在？

**参考答案要点：**

1. 简述质量屋的概念以及建造质量屋的技术路线。

（1）质量功能展开是在产品设计与开发中充分倾听顾客的声音。为此，首先利用各种技术了解顾客的真正需求是什么，然后把顾客的需求转换为技术要求。

（2）质量屋（House of Quality）是实施质量功能展开的一种非常有用的工具。其形状如房屋的图形，故称质量屋。为建造质量屋，可采取以下技术路线：调查顾客需求 $\bar{X}$-S，测评各项需求对顾客的重要度 $x_i$，把顾客需求转换为技术要求 σ，确定技术要求的满意度方向 σ，填写关系矩阵表 σ，计算技术重要度 σ，设计质量规格 σ，技术性评价 σ，市场竞争性评价 σ，最后确定相关矩阵。

2. 浙江双环#10147 齿轮开发运用 QFD 的原因何在？

由于公司产品质量管控总是朝着符合性质量的改进去做，却忽视了产品的适用性质量，且对于改进适用性质量的方法也知之甚少，导致客户经常因产品质量存在问题而投诉。而 QFD 对于改善产品的适用性质量可以起到关键作用，它可以将顾客需求转化为技术特性，之后进行生产工艺的展开，最后扩展至生产控制，形成控制文件，对于产品的适用性质量改进具有非常重要的现实意义。使用 QFD 有利于进一步提高质量，提高合格率，降低质量损失率和设备故障率，从而实现更好的经济效益，实现单位利润的持续增长，所以浙江双环#10147 齿轮运用 QFD 进行产品开发。

# 第六章 统计过程控制

**本章学习目标**

掌握统计过程控制的概念和分布特征；
掌握质量控制图的绘制方法及控制图的分析判断；
掌握工序能力指数的计算和工序能力等级判断及评价；
掌握提高工序能力的措施。

## 【案例一】 应用 SPC 软件工具有效监控食品质量安全

"对食品饮料企业而言，质量安全意味着一切。而正确的 SPC 软件工具，则是企业捍卫食品安全的重要武器。"盈飞无限国际有限公司中国区总经理王金萍女士在出席"中国食品饮料峰会（2012）"时对记者表示。

从三鹿集团牛奶中混入三聚氰胺，到伊利、蒙牛、光明等 22 家牛奶企业相继"沦陷"，中国奶业遭遇诞生以来最大的信任危机，人们的目光集中在了乳品企业上。但在我国，食品安全绝对不只是乳品企业的问题。如仅 2012 年就陆续爆出三全/思念速冻食品细菌门、立顿红茶农药残留超标、喜之郎果冻含防腐剂和"来伊份"垃圾蜜饯等诸多质量事件。"百毒不侵"已成了国人的自嘲用语，而食品安全问题也从未像今天这样受人瞩目。

食品安全，如果对消费者来说是"吃与不吃"，对政府来说是"管与不管"的问题，那么对每一个食品饮料企业而言，就是"做与不做"的问题。在经济下行[①]环境中，企业如何在完成利润增长硬指标的同时，保证产品质量安全？王金萍女士给了我们答案——使用正确的 SPC 软件工具[②]。

应用于食品饮料企业的 SPC 软件具备三大特点：

第一，能准确追溯质量安全源头和走向。在正确的 SPC 软件中，食品饮料企业的质量/安全工作人员可轻松掌握每种配料或成分进入生产过程的精确时间、被消耗的准确地点以及成品中所含任意成分的具体来源、批次、供应商等；同时能够追溯指定批

---

① 经济下行指衡量经济增长的各项指标都在不断地降低，比如 GDP、PPI、CPI 等，也就是经济从一个上升趋势变成一个下降趋势。

② SPC（Statistical Process Control，统计过程控制）软件是一种科学的、以数据为依据的质量分析与改进工具。它利用数理统计原理，通过对检测资料的收集和分析，可以达到"事前预防"的效果，从而有效地控制生产过程，不断改进品质。SPC 软件能为企业科学地区分生产过程中的正常波动与异常波动，及时地发现异常状况，以便采取措施消除异常，恢复过程的稳定，达到降低质量成本、提高产品质量的目的。

次或来源的成分、半成品、成品在产线和经销渠道中的流向。如盈飞无限 SPC 软件有强大的批次谱系功能，能自动保存所有产品的质量追溯记录，因此食品企业可实时进行双向追溯，迅速确定缺陷批次并第一时间对问题产品采取隔离、待定等措施，以避免产品流通后带来的潜在下架或召回风险；同时在最短时间内将质量安全问题造成的对企业和消费者的损失和伤害降到最低。

第二，能实现"从田间到餐桌"的全供应链协同管理。SPC 软件独有的强大供应链管理功能使用户可以随时查看、掌握供应商质量数据。在供应商发货之前，企业就可以发现质量隐患，从源头杜绝安全问题，一改以前食品生产企业对来料质量的把控完全依赖供应商提供的产品资质分析报告的被动局面。

第三，能帮助企业全面符合严苛的 FDA 等行业管理要求。在国家对食品安全的各项标准不断完善和提高当中，应用 SPC 软件严格的自动监控和强制性加严检验等功能设置，完全匹配 FDA 严苛的管理要求，有效帮助食品饮料企业更轻松自信地通过《危害分析与关键环节控制点》（HACCP）体系认证，帮助企业严格符合美国农业部（USDA）的卫生标准操作程序（SSOP）以及其他严格的行业管理要求，保证食品企业顺利通过各项认证的同时，轻松捍卫质量安全。

目前卡夫、玛氏、可口可乐、百事、雀巢、雅培等食品安全行业典范企业，均为正确 SPC 软件工具的受益者。并且，对于行业领军企业而言，符合行业管理规定无疑只是入了门槛。它们当前的质量安全管理已经提升到了应用 SPC 工具有效控制净含量等质量和经济指标的高度，在达到和超越行业标准的同时，悄无声息地为企业减少成本浪费，创造有形利润和经济价值，从而无需掺杂使假，仍然可以持续打造低价优势，保持行业竞争优势。这对食品饮料企业而言显然是未来生存和发展的正道。越来越多的国内食品饮料企业也将受益于此类先进质量管理工具，让国人摆脱"什么都不敢吃"的困扰。

据悉，国内最大的汽车冷成型异型件供应商——北京新光凯乐汽车冷成型件有限责任公司，通过使用 SPC 软件，在三年内，其不合格品处理费用降低了 60%，不合格品和返工率降低了 1.2%，平均每台机器每年为企业节省 13.6% 的生产成本，并从源头实现了关键产品"零缺陷"的生产目标。2010 年度全国质量奖得主——山东滨州渤海活塞有限公司，以其单条产品线为例，2009 年，其 102 线的废品率平均为 0.76%，在应用 SPC 软件一段时间后（2010 年 1—10 月），102 线的废品率下降为平均 0.56%，其中的 2010 年 6—10 月期间，102 线的废品率降至平均 0.44%。

［资料来源］正确 SPC 软件工具捍卫食品质量安全［OL］. 硅谷动力网，2012-12-22. 引用时有修改。

**【思考题】**

1. 简述统计过程控制的概念和质量变异的数字特征及其度量。
2. 从众多企业成功应用 SPC 软件的案例出发，谈谈 SPC 软件的作用。
3. 统计过程控制的关键是什么？

**参考答案要点：**

1. 简述统计过程控制的概念和质量变异的数字特征及其度量。

统计过程控制，是为了贯彻预防为主的原则，应用统计技术对过程中的各个阶段进行评估和监控，从而满足产品和满足服务要求的均匀性（质量的一致性）。统计过程控制是过程控制的一部分，从内容上来说有两个方面：一是利用控制图分析过程的稳定性，对过程中存在的异常因素进行预警；二是通过计算过程能力指数分析稳定的过程能力满足技术要求的程度，并对过程质量进行评价。

质量变异并非无规律可循，质量数据总是在一定范围内变化，数据的集中性和离散性是表征数据变异最典型的两个数字特征。数据围绕某一中心值而上下波动的趋势称为数据的集中性。通常可用平均数、中位数和众数来度量数据的集中性。在质量管理中，离散性是另外一种综合指标，表示了这批数据所代表的产品的相对分散程度。表征数据离散程度最常用的特征量有标准差和极差。

2. 从众多企业成功应用 SPC 软件的案例出发谈谈 SPC 软件的作用。

SPC 应用大量统计方法（不仅仅是控制图）来测量、分析、改进、控制过程，其作用具体表现为：①监控、分析和管理所有人、机、料、法、环等关联性因素，分析共同原因与特殊原因；②对改善的评估；③减少报表处理的工作量；④找出最大品质问题及其原因，以便工作更有绩效；⑤减少数据在人员传递过程中的变异；⑥分辨数据的真实性；⑦从宏观到微观全面真实地了解品质状况，使事后检验变为实时预控，提高效率，降低质量损失和风险；⑧建立起工程、品管、制造这三个与品质有直接关系部门的沟通平台与通道；⑨帮助企业符合客户及行业的合规管理要求。

3. 统计过程控制的关键是什么？

统计过程控制的关键是：①高层管理者的大力支持；②确定产品的品质特性和关键的工艺参数，明确需要进行 SPC 控制的关键点（各个工序的控制点、控制内容、数据类型及适用的控制图）；③适时收集数据并保证数据的真实性；④中层干部有能力分析各种 SPC 图形，在有良好的品质观念的基础上及时分析图形；⑤使用专业的 SPC 软件；⑥需要做出详尽、全面、系统的 SPC 系统规划。

## 【案例二】 加强企业自检自测，保证产品质量

奶粉，是一种干燥的粉末状乳制品，是在保留牛奶营养成分的同时除去乳中大量的水分，使牛奶由含水量 87% 的液体转变成含水量较低的粉末状态，便于保存，食用方便。在奶粉生产过程中，干燥过程是最后一个环节，对含水量的控制是非常重要的，它直接影响到奶粉的理化指标即产品的质量，水分过多则会出现脂肪氧化、变性、细菌繁殖。

某奶粉企业为了保证产品质量，在产品的生产全过程中严格按照标准对每一环节进行质量检验，表 6.1 给出了该企业连续 10 批脱脂奶粉的样本"水分含量百分比"的实验室分析结果。把一个样本的奶粉作为一批的代表，在实验室对其成分特性进行分

析测试，如脂肪、水分、酸度、溶解指数、沉淀物、细菌以及乳清蛋白。希望将该过程的产品水分含量控制在4%以下。由于发现单批内的抽样值变化较小，因此决定对每批只抽取一个观测值，并以连续各批的移动极差作为设置控制界限值的基础。

表6.1　　　　　　　　连续10个脱脂奶粉样本的水分含量百分比

| 批号 | 1 | 2 | 3 | 4 | 5 | 6 | 7 | 8 | 9 | 10 |
|---|---|---|---|---|---|---|---|---|---|---|
| 水分含量X（%） | 2.9 | 3.2 | 3.6 | 4.3 | 3.8 | 3.5 | 3.0 | 3.1 | 3.6 | 3.5 |

[资料来源]百度文库．统计过程控制案例分析［OL］．http：//wenku.baidu.com．

【思考题】

1. 根据资料试设计 $\bar{X}$-S 图，并对做出的质量控制图进行分析。
2. 简述 X-$R_s$ 控制图的适用场合。

**参考答案要点：**

1. 根据资料试设计 $\bar{X}$-S 图，并对做出的质量控制图进行分析。

首先，计算10个样本的移动极差，如表6.2所示，再计算均值和平均移动极差。

表6.2　　　　　　　　连续10个脱脂奶粉样本的水分含量百分比

| 批号 | 1 | 2 | 3 | 4 | 5 | 6 | 7 | 8 | 9 | 10 |
|---|---|---|---|---|---|---|---|---|---|---|
| 水分含量X（%） | 2.9 | 3.2 | 3.6 | 4.3 | 3.8 | 3.5 | 3.0 | 3.1 | 3.6 | 3.5 |
| 移动极差 $R_s$ | — | 0.3 | 0.4 | 0.7 | 0.5 | 0.3 | 0.5 | 0.1 | 0.5 | 0.1 |

$\bar{X} = 3.45\%$

$\bar{R}_s = \frac{1}{n-1} \sum_{i=1}^{i=n-1} R_{si} = 0.38$

作单值 X 控制图：

CL = $\bar{X}$ = 3.45

UCL = $\bar{X} + E_2\bar{R}_s$ = 3.45 + (2.66×0.38) = 4.46

LCL = $\bar{X} - E_2\bar{R}_s$ = 3.45 - (2.66×0.38) = 2.44

上式中，系数 $E_2$ 的值由计量控制图系数表中 n=2 时查得：

$E_2$ = 2.66

作移动极差（$R_s$）控制图：

CL = $\bar{R}_s$ = 0.38

UCL = $D_4\bar{R}_s$ = 3.267×0.38 = 1.24

LCL = $D_3\bar{R}_s$ = 0×0.38（因为 n 小于7，故不标出 LCL）

上式中，系数 $D_3$ 和 $D_4$ 的值由计量控制图系数表中按 n=2 时查得：

$D_3$ = 0，$D_4$ = 3.267

绘制单值 X 和移动极差 $R_s$ 控制图如图6.1所示。从该控制图可知，生产过程处于统计控制状态。样本点没有出界、没有明显的单侧分布、没有连续上升或下降等排列异常现象。

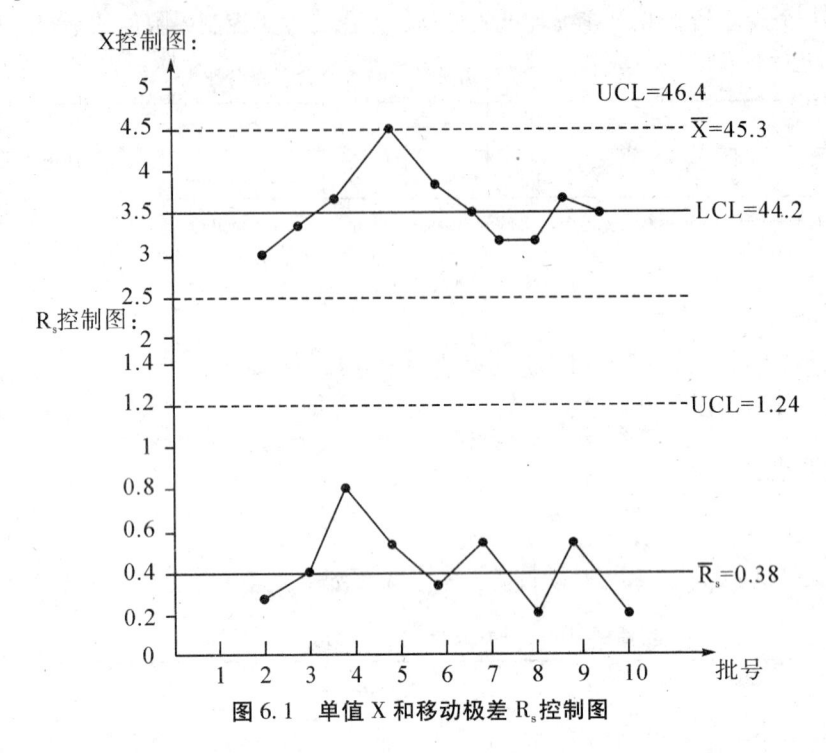

X控制图：

图6.1　单值X和移动极差$R_s$控制图

2. 简述X-$R_s$控制图的适用场合。

X-$R_s$控制图适用的场合，一是对每一个产品都进行检验，采用自动化检查和测量的场合；二是取样费时、昂贵的场合；三是化工等过程，样品均匀，多抽样也无太大意义的场合。本案例即为第三种情况。

# 【案例三】　关注产品质量，增强企业竞争力

起步于20世纪80年代的吴江七都镇电线电缆产业是吴江市七大支柱产业之一。吴江也被誉为"中国线缆之乡"，产品远销20多个国家和地区。然而与蓬勃发展的光缆、通信电缆、电力电缆等产品相比，同属电线电缆的吴江漆包线行业却面临竞争激烈、出口局面难以打开、产品利润率低等问题，特别是在当前全球市场普遍萧条、人民币升值、生产成本上涨的情况下，吴江漆包线出口形势更加不容乐观。

吴江漆包线企业面临出口困境，有一个重要的原因是无序竞争、恶性竞争、竞相压价，甚至出现产品虚标、以次充好、短斤少两的现象，不仅存在质量隐患，也导致产品出口诚信危机。为此，吴江漆包线厂想通过切实抓产品质量，以上乘的产品质量赢得广大用户的信赖。

漆包线产品结构和制造工序并不复杂，但这类产品有两个特点：一是大长度连续化操作，二是产品全部性能都要靠几分之一毫米甚至是几十分之一毫米厚度的那层薄

薄的漆膜来承担。这两个特点使漆包线产品成为一种对性能变化十分敏感的产品,导体上稍有一点缺陷,如凹坑、毛刺、斑疤、油污等;或漆膜上稍有一点缺陷,如针孔、偏心、铜粉、杂质等,缺陷处漆包线的各项性能就会成倍地下降。

为了进行有效的质量管理,吴江漆包线厂希望对产品进行质量控制。表6.3是近期该厂漆包线针孔数数据资料,生产过程质量控制要求每米长的漆包线平均针孔数≤4。

表6.3 　　　　　　　　　漆包线针孔数据表　　　　　　　　　单位:个

| 组号 | 样本 $\sigma$ | 针孔数 $\sigma$ |
| --- | --- | --- |
| 1 | 1.0 | 4 |
| 2 | 1.0 | 5 |
| 3 | 1.0 | 3 |
| 4 | 1.0 | 3 |
| 5 | 1.0 | 5 |
| 6 | 1.3 | 2 |
| 7 | 1.3 | 5 |
| 8 | 1.3 | 3 |
| 9 | 1.3 | 2 |
| 10 | 1.3 | 1 |
| 11 | 1.3 | 5 |
| 12 | 1.3 | 2 |
| 13 | 1.3 | 4 |
| 14 | 1.3 | 2 |
| 15 | 1.2 | 6 |
| 16 | 1.2 | 4 |
| 17 | 1.2 | 0 |
| 18 | 1.7 | 8 |
| 19 | 1.7 | 3 |
| 20 | 1.7 | 8 |
| 21 | 2.0 | 7 |
| 22 | 2.0 | 8 |
| 23 | 2.0 | 10 |
| 24 | 2.0 | 6 |
| 25 | 2.0 | 8 |
| 总 和 | 35.4 | 114 |
| 平均值 | 1.42 | |

[资料来源] 中国漆包线网.“中国线缆之乡”漆包线出口形势更加不容乐观［OL］.2012-09-27.

【思考题】

1. 根据表6.3数据做出单位缺陷数控制图（u控制图），并且对控制图结果进行分析。

2. 你认为可以采取什么措施来控制漆包线平均针孔数以提高产品质量？

**参考答案要点：**

1. 根据表6.3数据做出单位缺陷数控制图（u控制图），并且对控制图结果进行分析。

（1）计算样本中单位缺陷数：

$u_i = \dfrac{c_i}{n_i}$，i=1，2，…，k，列在表6.4中。

表6.4　　　　　　　　样本单位缺陷数计算表　　　　　　单位：个

| 组号 | $n_i$ | $c_i$ | $u_i$ |
| --- | --- | --- | --- |
| 1 | 1.0 | 4 | 4.0 |
| 2 | 1.0 | 5 | 5.0 |
| 3 | 1.0 | 3 | 3.0 |
| 4 | 1.0 | 3 | 3.0 |
| 5 | 1.0 | 5 | 5.0 |
| 6 | 1.3 | 2 | 1.5 |
| 7 | 1.3 | 5 | 3.8 |
| 8 | 1.3 | 3 | 2.3 |
| 9 | 1.3 | 2 | 1.5 |
| 10 | 1.3 | 1 | 0.8 |
| 11 | 1.3 | 5 | 3.8 |
| 12 | 1.3 | 2 | 1.5 |
| 13 | 1.3 | 4 | 3.1 |
| 14 | 1.3 | 2 | 1.5 |
| 15 | 1.2 | 6 | 5.0 |
| 16 | 1.2 | 4 | 3.3 |
| 17 | 1.2 | 0 | 0 |
| 18 | 1.7 | 8 | 4.7 |
| 19 | 1.7 | 3 | 1.8 |
| 20 | 1.7 | 8 | 4.7 |
| 21 | 2.0 | 7 | 3.5 |

表6.4(续)

| 组号 | $n_i$ | $c_i$ | $u_i$ |
|---|---|---|---|
| 22 | 2.0 | 8 | 4.0 |
| 23 | 2.0 | 10 | 5.0 |
| 24 | 2.0 | 6 | 3.0 |
| 25 | 2.0 | 8 | 4.0 |
| 总　和 | 35.4 | 114 | - |
| 平均值 | 1.42 | - | 3.22 |

(2) 求过程平均缺陷数：

$$\bar{u} = \frac{\sum c_i}{\sum n_i} = \frac{114}{35.4} = 3.22$$

(3) 计算控制限：$\bar{n} = 1.42$，诸样本大小 $n_i$ 满足最大的样本数量小于 $2\bar{n}$，最小的样本数量大于 $\bar{n}/2$。所以，可以用 $\bar{n}$ 代表 $n$ 进行计算，故控制界限为：

$CL = \bar{u} = 3.22$

$UCL = \bar{u} + 3\sqrt{\bar{u}/n_i} = \bar{u} + 3\sqrt{\bar{u}/\bar{n}} = 3.22 + 3\sqrt{3.22/1.42} = 7.74$

$LCL = \bar{u} - 3\sqrt{\bar{u}/n_i} = \bar{u} - 3\sqrt{\bar{u}/\bar{n}} = 3.22 - 3\sqrt{3.22/1.42} < 0$

(公式内代入数据!)

(4) 制作 u 控制图

以样本序号为横坐标，样本不合格品数为纵坐标，依据每个样本中的不合格品数在图上描点，做出 u 控制图，如图 6.2 所示。

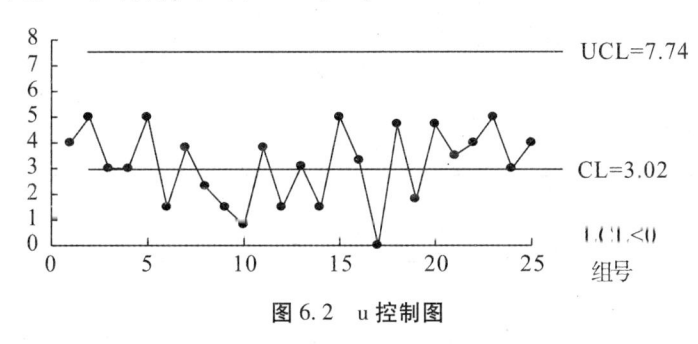

图 6.2　u 控制图

(5) 分析生产过程是否处于统计控制状态。

从图 6.2 可知，点的排列无异常，表明生产过程处于统计控制状态。

(6) 转化为控制用控制图

本例中 $\bar{u} = 3.22 < 4$，满足过程质量控制要求，且生产过程处于统计过程控制状态，故可以将上述分析转化为控制用控制图。

2. 你认为可以采取什么措施来控制漆包线平均针孔数以提高产品质量？

由于漆包线材料和生产工艺的原因，漆包线针孔不可能完全避免，或者说如果要完全避免质量问题的成本太高，没有必要，因此，企业该做的就是将漆包线平均针孔的数量控制在国家标准或者顾客可以接受的范围内。由以上分析我们可以知道，该厂的产品质量控制情况较好，但需继续加强对产品质量的控制与管理，进一步降低产品不良率，减少损失、降低生产成本；同时为了增强企业产品竞争力，提高企业效益，产品质量水平要能不断提高；加强设备维护和保养，淘汰落后产能，加快设备更新换代；积极研发新产品。

## 【案例四】 轮胎企业重视质量管理，加强自检

2011年中央电视台"3·15"晚会上，锦湖轮胎被揭露在轮胎制造过程中存在违规生产的问题，这些问题严重影响轮胎的质量，给采用其品牌轮胎的汽车带来了安全隐患。该事件最终以锦湖公司公开承认本次召回范围内的轮胎产品在生产过程中没有严格执行企业内部标准，过量使用返炼胶，可能导致轮胎质量性能下降，并承诺为消除对消费者可能造成的危害，公司将对召回范围内的轮胎进行免费更换而收场。

自锦湖轮胎出事以后，国内外轮胎行业便站上了风口浪尖。鉴于该事件的影响范围较广，社会反应强烈，国内各地主管部门和轮胎企业都给予了高度重视，轮胎企业也纷纷加大了产品自检力度。

在这样的背景下，某轮胎生产企业对自己的产品进行了抽检，具体方法是每半小时抽检15个轮胎，记录下总不合格数和单位产品不合格数，并得到了表6.5所列示的结果。

表6.5　　轮胎厂抽检结果汇总表（每个子组检查的单位产品数 n=15）

| 子组号 | 样本大小 n | 不合格品数 pn |
| --- | --- | --- |
| 1 | 15 | 4 |
| 2 | 15 | 5 |
| 3 | 15 | 3 |
| 4 | 15 | 6 |
| 5 | 15 | 2 |
| 6 | 15 | 1 |
| 7 | 15 | 5 |
| 8 | 15 | 2 |
| 9 | 15 | 2 |
| 10 | 15 | 4 |
| 11 | 15 | 11 |
| 12 | 15 | 5 |
| 13 | 15 | 2 |
| 14 | 15 | 3 |
| 总计 | 210 | 55 |

[资料来源] 中国商用汽车网. 轮胎企业重视质量管理，自检成风 [OL]. 2011-05-18.

**【思考题】**

1. 根据表 6.5 数据建立 pn 图（不合格品数控制图）来研究过程的控制状态。
2. 请对改进该厂轮胎质量管理给出你的建议。

**参考答案要点：**

1. 根据表 6.5 数据建立 pn 图（不合格品数控制图）来研究过程的控制状态。

计算 $\overline{pn}$：

$$\overline{pn} = \frac{\sum pn}{k} = \frac{55}{14} = 3.93$$

计算 $\overline{p}$：

$$\overline{p} = \frac{\sum pn}{\sum n} = \frac{55}{210} = 0.26$$

计算中心线和控制界限：

$CL = \overline{pn} = 3.93$

$UCL = \overline{pn} + 3\sqrt{\overline{pn}(1-\overline{p})} = 9.05$

$LCL = \overline{pn} - 3\sqrt{\overline{pn}(1-\overline{p})} < 0$

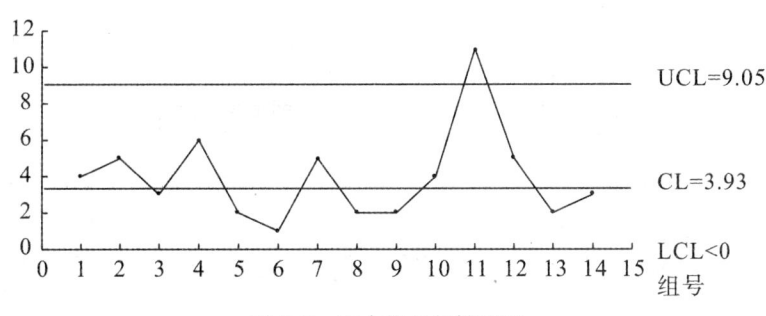

图 6.3 不合格品数控制图

图 6.3 中绘出了数据点和控制线。从图 6.3 可以看到，第 11 个点超过控制界限上界，这说明生产过程出现异常现象或处于失控状态，应该立即查明原因，采取措施，使生产过程尽快恢复受控状态，尽可能减少因过程失控所造成的质量损失。

2. 请对改进该厂轮胎质量管理给出你的建议。

从图 6.3 控制图可以看出，该厂抽检的轮胎中存在质量问题，为此，第一，必须查明该批轮胎是在哪一个检验环节不合格，然后针对这一环节出现的问题拿出解决方案；第二，追溯产生质量问题的真正原因；第三，我们发现抽检的批次中没有一批是全合格的，可见产品质量确实有待提高。建议该厂积极引进先进生产技术和设备，提高产品质量；严格按照国家和行业标准进行生产，经常控制测试产品质量，确保生产过程处于受控状态；加强轮胎及车轮产品质量监督管理工作。

# 第七章 抽样检验

**本章学习目标**

  掌握统计抽样的基本原理；
  掌握计数抽样方案的设计原理；
  掌握计数标准型一次抽样的步骤；
  熟悉计数调整型转移规则；
  掌握计量抽样方案的特点；
  掌握计量抽样方案的设计方法。

## 【案例一】 标准实业有限公司来料检验方案作业指导书

**标准实业有限公司来料检验方案作业指导书**

（采用 GB/T2828.1—2003/ISO2859—1：1999）

| 标准实业有限公司作业指导书 || 文件编号：WI/IQC/004 |
|---|---|---|
| 标题：品管部来料检验方案 | 版号：A/0 | 分发日期： |
| ^^ | 页码： | 分发编号： |
| 一、检验方案设计说明<br>1. ABS、PC 塑料等材料不采用 GB/T2828.1—2003 进行抽样检验。对这些材料，只抽取少量样品进行检验，根据检验结果做出判断。<br>2. 对某些材料，采用试做的方法进行检验。<br>3. 对连续供货、工艺条件成熟、产品质量稳定的供应商所提供的产品，用 GB/T2828.1 规定的抽样方案进行检验。<br>4. 检验项目及要求（略）。<br>二、检验方案设计<br>1. 塑料类材料检验方案<br>抽 1~5 包进行外观检查：[Ac，Re] = [0，1]。<br>通知注塑车间试做 1~5 包，抽 5 只进行检查：[Ac，Re] = [0，1]。<br>2. 铜枝类检验方案<br>2.1 抽 3~5 箱，每箱抽一枝，如有 1 枝不合格，则判整批不合格，即：[Ac，Re] = [0，1]。<br>2.2 如果来料是散装而非分箱包装，则每批抽 5 枝，如其中有 1 枝不合格，则判整批不合格，即：[Ac，Re] = [0，1]。<br>3. 冷板类材料检验方案<br>冷板类材料用试料的方法检查，通知冲压车间试用 1 小块，如不合格，则做整批退货处理。<br>4. 生产辅料检验方案<br>助焊剂、松香、焊锡、热熔胶等生产辅料用小量试做的方式进行检查，试做由 IQC 工程师（IQC：Incoming Quality Control，来料质量控制）、生产部协助进行，试做时不合格，则整批退货。<br>5. 电子类材料检验方案<br>5.1 检验方案设计说明<br>（1）来料数量 N≤50，采用 100%检验，合格者入仓，不合格者做退货处理； |||

来料数量 N≥51 时，采用 GB/T2828.1—2003 进行抽样检验。
（2）考虑到材料供应时断时续，所以只使用 GB/T2828.1—2003 中的正常检验一次抽样方案。
5.2　抽样方案设计因素
（1）检验项目及要求：（略）。
（2）不合格品分类：不合格品分类见表 7.1。
①严重不合格品
有一个或一个以上严重不合格，也可能还有轻微不合格的单位产品，称为严重不合格品。
②轻微不合格品
有一个或一个以上轻微不合格，但不包含严重不合格的单位产品，称为轻微不合格品。

表 7.1　电子类材料不合格品分类

| 严重不合格 | 轻微不合格 | 备注 |
|---|---|---|
| ☆参数、尺寸不符合要求；<br>☆功能失效；<br>☆氧化不能上锡；<br>☆开路、短路、无丝印、缺脚、严重破裂 | ☆零件标记、符号不清晰；<br>☆轻微脱色 | |

（3）检验方式：计件（不合格品百分数检验）。
（4）检验方法：（略）。
（5）批量范围：来料数量 N>35 000 时，可拆分成多批处理。要保证每批数量 N≤35 000。
（6）检验水平 IL：一般检验水平 Ⅱ。
（7）接收质量界限 AQL：
①严重不合格品 AQL=0.65；
②轻微不合格品 AQL=1.5。
抽样方案类型：正常检验一次抽样方案。
5.3　抽样检验方案
（1）抽样检验方案见表 7.2。
（2）表 7.2 中对批量 51≤N≤280 的情况做了特别处理。规定批量 51≤N≤280 时，抽取样本量 n=32，相应判断标准为：
严重不合格品：[Ac, Re] = [0, 1]；
轻微不合格品：[Ac, Re] = [1, 2]。

表 7.2　电子类材料进料检查抽样方案

| 批量范围（N） | 样本量（n） | 接收质量界限（AQL） ||||
|---|---|---|---|---|---|
| | | 严重不合格品 || 轻微不合格品 ||
| | | 0.65 || 1.5 ||
| | | Ac | Re | Ac | Re |
| 51-280 | 32 | 0 | 1 | 1 | 2 |
| 281-1 200 | 80 | 1 | 2 | 3 | 4 |
| 1 201-3 200 | 125 | 2 | 3 | 5 | 6 |
| 3 201-10 000 | 200 | 3 | 4 | 7 | 8 |
| 10 001-35 000 | 315 | 5 | 6 | 10 | 11 |

6. 其他材料检验方案
6.1　检验方案设计说明
（1）来料数量 N≤50，采用 100%检验，合格者入仓，不合格者做退货处理；来料数量 N≥51 时，采用 GB/T2828.1—2003 进行抽样检验。

(2) 考虑到材料供应时断时续，所以只使用 GB/T2828.1—2003 中的正常检验一次抽样方案。

6.2 抽样方案设计因素

(1) 检验项目及要求：（略）。
(2) 不合格品分类：不合格分类见表 7.3。
①严重不合格品
有一个或一个以上严重不合格，也可能还有轻微不合格的单位产品，称为严重不合格品。
②轻微不合格品
有一个或一个以上轻微不合格，但不包含严重不合格的单位产品，称为轻微不合格品。
(3) 检验方式：计件（不合格品百分数检验）。
(4) 检验方法：（略）。
(5) 批量范围：来料数量 N>35 000 时，可拆分成多批处理。要保证每批数量 N≤35 000。
(6) 检验水平 IL：一般检验水平Ⅱ。
(7) 接收质量界限 AQL：
①严重不合格品 AQL=1.0；
②轻微不合格品 AQL=2.5。
(8) 抽样方案类型：正常检验一次抽样方案。

表 7.3 其他类材料不合格品分类

| 物资类别 | 严重不合格 | 轻微不合格 | 备注 |
|---|---|---|---|
| 金属件 | ☆尺寸不符合图纸和样板要求；<br>☆尖锐刮手的披锋；<br>☆外层电镀、油漆剥落影响焊接（上锡不良）；<br>☆变形影响装配；<br>☆生锈情况在 60mm 距离外目测可见 | ☆轻微凹痕不造成尖角；<br>☆外层电镀、油漆剥落，不影响上锡及外观；<br>☆轻微生锈，在 30mm 距离外目测不易察觉 | |
| 塑料件 | ☆尺寸不符合图纸和样板要求；<br>☆缺丝印、错丝印和颜色；<br>☆丝印字体、符号不能清楚辨别；<br>☆破裂、损伤、塞孔、断柱、变形，影响外观和装配；<br>☆披锋、手触有尖锐刮手感觉，在 1m 距离外目测可见；<br>☆在 60mm 距离外目测可见到刮痕、缩水、发白、气纹 | ☆不影响装配及外观的轻微损裂；<br>☆在 30mm 距离外目测不易察觉的外观性问题 | |
| 机械组合件 | ☆参数、尺寸不符合要求；<br>☆功能失效；<br>☆缺零件和错零件；<br>☆零件变形，影响功能和外观；<br>☆金属件锈蚀 | ☆丝印不良但不影响外观；<br>☆轻微污迹但不影响功能 | |
| 包装材料 | ☆包装材料的字体、图案、颜色错误；<br>☆在离眼 30cm 距离处做外观检查，立即发现有外观缺陷，如文字、图案模糊，污迹，等等 | ☆在离眼 30cm 距离处做外观检查，4~5 秒才发现有外观缺陷，如文字、图案模糊，等等 | |
| …… | …… | …… | |

6.3 抽样检验方案

抽样检验方案见表 7.4。

表7.4中对批量51≤N≤150的情况作了特别处理。规定批量51≤N≤150时，抽取样本量n=20，相应判断标准为：
(1) 严重不合格品：[Ac, Re] = [0, 1]；
(2) 轻微不合格品：[Ac, Re] = [1, 2]。

表7.4 非电子类材料进料检验抽样方案

| 批量范围（N） | 样本量（n） | 接收质量界限（AQL） |||||
|---|---|---|---|---|---|
| | | 严重不合格品 1.0 || 轻微不合格品 2.5 ||
| | | Ac | Re | Ac | Re |
| 51-150 | 20 | 0 | 1 | 1 | 2 |
| 151-500 | 50 | 1 | 2 | 3 | 4 |
| 501-1 200 | 80 | 2 | 3 | 5 | 6 |
| 1 201-3 200 | 125 | 3 | 4 | 7 | 8 |
| 3 201-10 000 | 200 | 5 | 6 | 10 | 11 |
| 10 001-35 000 | 315 | 7 | 8 | 14 | 15 |

7. 特殊情况处理
在抽检不合格而生产又紧急的情况下，可按IQC主管的要求，由抽检转为100%检验。
8. 特殊的检验方案（略）

[资料来源] 陈晋美. 国内外企业常用抽样检验与测量技术 [M]. 北京：中国计量出版社，2006.

# 【案例二】 ABC电器制造有限公司测量系统分析（MSA）控制程序

**ABC电器制造有限公司测量系统分析（MSA）控制程序**

| ABC电器制造有限公司程序文件 | 文件编号：COP28 |
|---|---|
| 标题：测量系统分析（MSA）控制程序 | 版号：A/0 |
| | 页码： |
| 1. 目的 通过MSA（Measurement System Analysis），了解测量变差的来源，测量系统能否被接受，测量系统的主要问题在哪里，并针对问题适时采取纠正措施。 2. 适用范围 适用于公司产品质量控制计划中列出的测量系统。 3. 职责 3.1 品管部计量室负责编制MSA计划并组织实施。 3.2 各相关部门配合品管部计量室做好MSA工作。 4. 工作程序 4.1 测量系统分析（MSA）的时机 ||

4.1.1 初次分析应在试生产中且在正式提交 PPAP（Production Part Approval Process，生产件批准程序）之前进行。
4.1.2 一般每间隔一年要实施一次 MSA。
4.1.3 在出现以下情况时，应适当增加分析频次和重新分析：
（1）量具进行了较大的维修时；
（2）量具失准时；
（3）顾客需要时；
（4）重新提交 PPAP 时；
（5）测量系统发生变化时。
4.2 测量系统分析（MSA）的准备要求
4.2.1 制定 MSA 计划，包括以下内容：
（1）确定需分析的测量系统；
（2）确定用于分析的待测参数/尺寸或质量特性；
（3）确定分析方法：对计量型测量系统，可采用极差法和均值极差法；对计数型测量系统，可采用小样法；
（4）确定测试环境：应尽可能与测量系统实际使用的环境条件相一致；
（5）对于破坏性测量，由于不能进行重复测量，可采用模拟的方法并尽可能使其接近真实分析（如不可行，可不做 MSA 分析）；
（6）确定分析人员和测量人员；
（7）确定样品数量和重复读数次数。
4.2.2 量具准备
（1）应针对具体尺寸/特性选择有关作业指导书指定的量具，如有关作业指导书未明确规定某种编号的量具，则应根据实际情况对现场使用的一个或多个量具做 MSA 分析。
（2）确保要分析的量具是经校准合格的。
（3）仪器的分辨力 $i$ 一般应小于被测参数允许差 $T$ 的 $1/10$，即 $i<T/10$。在仪器读数中，如有可能，读数应取至最小刻度的一半。
4.2.3 测试操作人员和分析人员的选择
（1）在 MSA 分析时，测试操作人员和分析人员不能是同一个人，测试操作人员实施测量并读数，分析人员做记录并完成随后的分析工作。
（2）应优先选择通常情况下实际使用所选定的量具实施测试的操作工/检验员作为测试操作人员，以确保测试方法和测试结果与日后的正式生产或过程更改的实际情况相符。
（3）应选择熟悉测试和 MSA 分析方法的人员作为分析人员。
4.2.4 分析用样品的选择
（1）样品必须从实际生产或检验过程中选择，并考虑尽可能代表实际生产中存在的所有产品变差（可根据生产特点在一天或几天内生产出的产品中抽取）。
（2）如果一个量具适用于多个规格产品的尺寸/特性测量，在做该量具的 MSA 分析时，应选择其中一个过程变差最小的规格产品作为样品，以避免过大的零件变差造成分析结果不准确。
（3）给每个样品编号并加上标签，但要避免测试操作人员事先知道编号，以确保按随机顺序测量。
4.3 计量型测量系统分析——均值和极差法
当测试用零件多于 300 件且有足够的时间时，可采用均值和极差法对计量型测量系统进行分析。
4.3.1 数据的收集
采用表 7.5 收集数据，数据收集程序如下：
（1）取得包含 10 个零件的一个样本，代表过程变差的实际或预期范围。
（2）指定操作者 A、B 和 C，并按 1~10 给零件编号，但操作者不能看到这些数字。
（3）让操作者 A 以随机的顺序测量 10 个零件，并将结果记录在第 1 行。让操作者 B 和 C 测量这 10 个零件，并互相不看对方的数据，然后将结果分别填入第 6 行和第 11 行。
（4）使用不同的随机测量顺序重复上述操作过程，把数据填入第 2 行、7 行和 12 行，在适当的列记录数据。例如，第一个测量的零件是 7 号，则将测试结果记录在标有第 7 号零件的列内。如果需要试验 3 次，重复上述操作，将数据记录在第 3 行、8 行和 13 行。
（5）如果操作者在不同的班次，可以使用一个替换的方法。让操作者 A 测量 10 个零件，并将读数记录在第 1 行。然后，让操作者 A 按照不同的顺序重新测量，并把结果记录在第 2 行和第 3 行。操作者 B 和 C 也这样做。
4.3.2 收集数据后的计算
量具的重复性和再现性的计算如表 7.5 和表 7.6 所示。表 7.5 是数据表格，记录了所有待研究数据。

表7.6是报告表格，记录了所有识别信息和按规定公式进行的所有计算。
收集数据后的计算程序如下：
（1）从第1行、2行、3行中的最大值减去它们中的最小值；把结果记入第5行。在第6行、7行和8行，11行、12行和13行重复这一步骤，并将结果记录在第10行和第15行（表7.5）。
（2）把填入第5行、10行和15行的数据变为正数。
（3）将第5行的数据相加并除以零件数量，得到第一个操作者的测量平均极差$\bar{R}_a$。同样，对第10行和第15行的数据进行处理得到$\bar{R}_b$和$\bar{R}_c$（表7.5）。
（4）将第5行、10行和15行的数据（$\bar{R}_a$、$\bar{R}_b$、$\bar{R}_c$）转记到第17行，将它们相加并除以操作者数，将结果记为$\bar{R}$（所有极差的平均值）（表7.5）。
（5）将$\bar{R}$（平均值）记入第19行和20行，并与$D_3$和$D_4$相乘得到控制下限和上限。注意：如果进行2次试验，则$D_3$为零，$D_4$为3.27。单个极差的上限值（$UCL_R$）填入第19行。少于7次测量的控制下限值（$LCL_R$）等于零。
（6）对于极差大于计算的$UCL_R$的数据，应让同一操作者对原来所使用的零件重新进行测量，或剔除那些值并重新计算平均值。根据修改过的样本容量重新计算$\bar{R}$及界限值$UCL_R$。应对造成失控状态的特殊原因进行纠正。
（7）将行（第1行、2行、3行、6行、7行、8行、11行、12行和13行）中的值相加。把每行的和除以零件数并将结果填入表7.5中最右边标有"平均值"的列内。
（8）将第1行、2行和3行的平均值（排在最后一列）相加并除以试验次数，结果填入第4行的（$\bar{X}_a$）格内。对第6行、7行和8行，第11行、12行和13行重复这个过程，将结果分别填入第9行和第14行的（$\bar{X}_b$、$\bar{X}_c$）格内（表7.5）。
（9）将第4行、9行和14行的平均值（指$\bar{X}_a$、$\bar{X}_b$、$\bar{X}_c$）中的最大值和最小值填入第18行中适当的空格处。并确定它们的差值，将差值填入第18行标有$\bar{X}_{DIFF}$处的空格内（表7.5）。
（10）将每个零件每次测量值相加并除以总的测量次数（试验次数乘以操作者数）。将结果填入第16行零件均值$\bar{X}_P$的栏中（表7.5）。
（11）用最大的零件平均值（$\bar{X}_P$）减去最小的零件平均值（$\bar{X}_P$），将结果填入第16行标有$R_P$的空格内。$R_P$是零件平均值的极差（表7.5）。
（12）将第16行中的值相加后除以零件数得所有测量值的总平均值$\bar{\bar{X}}$。
（13）将$\bar{R}$、$\bar{X}_{DIFF}$和$P_P$的计算值转填入报告表格的栏中（表7.6）。
（14）在表格（表7.6）左边标有"测量系统分析"的栏下进行计算。
（15）在表格（表7.6）右边标有"总变差%"的栏下进行计算。
（16）检查结果，确认没有产生错误。
注：表7.6中的总变差 TV 可用1/6公差（即1/6T）替换。相应的，"%总变差（TV）"改变为"%公差（T）"。

4.3.3　计算结果的分析
测量系统是否被接受由%GRR和ndc决定。
（1）%GRR（Gauge Repeatability and Reproducibility，量具的重复性和复现性）决定准则
①%GRR<10%——测量系统可接受。
②%GRR在10%～30%之间——在权衡应用的重要性、量具成本、维修的费用等基础上，可以考虑接受。
③%GRR>30%——测量系统不能接受。应努力找出问题所在，并加以纠正，然后再进行测量系统分析。
（2）分级数ndc（Number of Distinct Categories，可区分类别数）决定准则
ndc应该大于或等于5，即：ndc≥5。
ndc≥5说明测量系统有足够强的分辨力。

4.4　计量型测量系统分析——极差法
当测试用零件少于300件或测试用零件虽超过300件但无足够的分析时间时，可采用极差法对计量型测量系统进行分析。
4.4.1　数据的收集与计算
（1）选择A、B两位操作者和5个样品。

(2) 每个操作者随机测量每个零件各一次，测量结果记录在表 7.7 中。
(3) 计算出每个样品的极差 σ（即操作者 A 获得的测量结果与操作者 B 获得的测量结果的绝对差值）：

$$\sigma = |A-B|$$

上式中 A——操作者 A 的测量结果；B——操作者 B 的测量结果。

(4) 计算出平均极差 $\bar{R}$：

$$\bar{R} = \sum R_i / 5$$

(5) 计算测量变差 GRR：

$$GRR = \bar{R}/d_2*$$

上式中： $d_2* \approx d_2(2, 5) = 1.19$。

(6) 计算测量变差 GRR 占过程总标准差（或 1/6 公差，即 1/6T）的 %GRR：

$$\%GRR = \frac{GRR}{过程总标准差} \times 100\%$$

注：上式中过程总标准差可用 1/6 公差（即 1/6T）替换。

4.4.2 计算结果的分析

%GRR 是评价测量系统能否被接受的重要指数，%GRR 值划分为三类：
(1) %GRR<10%——测量系统可接受。
(2) %GRR 在 10%～30%之间——在权衡应用的重要性、量具成本、维修的费用等基础上，可以考虑接受。
(3) %GRR>30%——测量系统不能接受。应努力找出问题所在，并加以纠正，然后再进行测量系统分析。

4.5 计数型测量系统分析——小样法
(1) 确定两位操作者 A、B，并选择 20 个零件。
注：在选取 20 个零件时，可有意识地选择一些稍许低于或高于规范界限值的零件。
(2) 每位操作者随机地将每个零件测量两次，将结果记录在表 7.8 中。
表中用符号"NG"表示不合格品，"G"表示合格品。
(3) 对量具进行分析评价。
如果每个零件的测量结果（每个零件 4 次）一致，则接受该量具，否则应改进或重新评价该量具。
如果不能改进该量具，则拒收并应找到一个可接受的替代的测量系统。

5. 支持性文件
（无）

6. 记录
（略）

表 7.5　　　　量具重复性和再现性数据表（均值和极差法）

| 评价人/实验次数 | | 零件 | | | | | | | | | | 平均值 |
|---|---|---|---|---|---|---|---|---|---|---|---|---|
| | | 1 | 2 | 3 | 4 | 5 | 6 | 7 | 8 | 9 | 10 | |
| 1. A | 1 | 0.65 | 1.00 | 0.85 | 0.85 | 0.55 | 1.00 | 0.95 | 0.85 | 1.00 | 0.60 | 0.83 |
| 2. | 2 | 0.60 | 1.00 | 0.80 | 0.95 | 0.45 | 1.00 | 0.95 | 0.80 | 1.00 | 0.70 | 0.825 |
| 3. | 3 | | | | | | | | | | | |
| 4. | 均值 | 0.625 | 1.000 | 0.825 | 0.900 | 0.500 | 1.000 | 0.950 | 0.825 | 1.000 | 0.625 | $\bar{X}_a = 0.827$ |
| 5. | 极差 | 0.05 | 0.00 | 0.05 | 0.10 | 0.10 | 0.00 | 0.00 | 0.05 | 0.00 | 0.10 | $\bar{R}_a = 0.045$ |
| 6. B | 1 | 0.55 | 1.05 | 0.80 | 0.80 | 0.40 | 1.00 | 0.95 | 0.75 | 1.00 | 0.55 | 0.785 |
| 7. | 2 | 0.55 | 0.95 | 0.75 | 0.75 | 0.40 | 1.05 | 0.90 | 0.70 | 0.95 | 0.50 | 0.75 |
| 8. | 3 | | | | | | | | | | | |
| 9. | 均值 | 0.550 | 1.000 | 0.775 | 0.775 | 0.400 | 1.025 | 0.925 | 0.725 | 0.975 | 0.525 | $\bar{X}_b = 0.7675$ |

表7.5(续)

| 评价人/实验次数 | | 零件 | | | | | | | | | | 平均值 |
|---|---|---|---|---|---|---|---|---|---|---|---|---|
| | | 1 | 2 | 3 | 4 | 5 | 6 | 7 | 8 | 9 | 10 | |
| 10. | 极差 | 0.00 | 0.10 | 0.05 | 0.05 | 0.00 | 0.05 | 0.05 | 0.05 | 0.05 | 0.05 | $\bar{R}_b = 0.045$ |
| 11. C | 1 | 0.50 | 1.05 | 0.80 | 0.80 | 0.45 | 1.00 | 0.95 | 0.80 | 1.05 | 0.85 | 0.825 |
| 12. | 2 | 0.55 | 1.00 | 0.80 | 0.80 | 0.50 | 1.05 | 0.95 | 0.80 | 1.05 | 0.80 | 0.83 |
| 13. | 3 | | | | | | | | | | | |
| 14. | 均值 | 0.525 | 1.025 | 0.800 | 0.800 | 0.475 | 1.025 | 0.950 | 0.800 | 1.050 | 0.825 | $\bar{X}_c = 0.8275$ |
| 15. | 极差 | 0.05 | 0.05 | 0.00 | 0.00 | 0.05 | 0.05 | 0.00 | 0.00 | 0.00 | 0.05 | $\bar{R}_c = 0.030$ |
| 16. 零件平均值($\bar{X}P$) | | 0.567 | 1.008 | 0.800 | 0.825 | 0.458 | 1.017 | 0.942 | 0.783 | 1.008 | 0.667 | $\bar{\bar{X}} = 0.8075$ $R_P = 0.559$ |
| 17. ($\bar{R}_a = 0.045$) + ($\bar{R}_b = 0.045$) + ($\bar{R}_c = 0.03$) / (评价人数量 = 3) = 0.12/3 = 0.04 | | | | | | | | | | | | $\bar{R} = 0.04$ |
| 18. ($\max \bar{X} = 0.8275$) − ($\min \bar{X} = 0.7675$) = $\bar{X}_{DIFF}$ | | | | | | | | | | | | 0.06 |
| 19. ($\bar{R} = 0.40$) × ($D_4 = 3.27$)* = $UCL_R$ | | | | | | | | | | | | 0.13 |
| 20. ($\bar{R} = 0.40$) × ($D_3 = 0.00$)* = $LCL_R$ | | | | | | | | | | | | 0.00 |

注：$D_4 = 3.27$（两次试验），$D_4 = 2.58$（三次试验）；$D_3 = 0$（不多于7次试验）。$UCL_R$ 代表 R 的界限值。圈出那些超出界限的值，查明原因并纠正。同一评价人采用最初的仪器重复这些读数，或者剔除这些值并由其余观测值再次平均并计算 $\bar{R}$ 和界限值。

表7.6　**量具重复性和再现性分析报告（均值和极值法）**

| 零件号和名称：弹片 | 量具名称：千分尺 | 日期：08/15/2012 |
|---|---|---|
| 测量参数：厚度 | 量具编号：L088 | 分析人： |
| 规格要求：0.6mm—1.0mm | 量具规格：0.02 | |
| 根据数据表：$\bar{R} = 0.40$，$\bar{X}_{DIFF} = 0.06$，$R_P = 0.559$ | | |
| 测量系统分析 | | %总变差（TV） |
| 重复性——设备变差（EV） $EV = \bar{R} \times k_1$ $= 0.40 \times 4.56$ $= 0.18$ | 试验次数 \| $k_1$ <br> 2 \| 4.56 <br> 3 \| 3.05 | % EV = (EV/TV) ×100% = (0.18/0.93) ×100% = 19.3% |

表7.6(续)

| 零件号和名称：弹片 | 量具名称：千分尺 | 日期：08/15/2012 |
|---|---|---|
| 重复性——评价人变差（AV）<br>GRR<br>$=\sqrt{(\overline{X}_{DIFF}\times k_2)^2-(EV^2/nr)}$<br>$=0.16$ | 评价人数量　2　　3<br>$k_2$　　0.707 1　0.523 1 | %AV=（AV/TV）×100%<br>　　=（0.16/0.93）×100%<br>　　=17.2%<br>n=零件数量<br>r=试验次数 |
| 重复性和再现性（GRR）<br>$GRR=\sqrt{EV^2+AV^2}$<br>$\quad=\sqrt{(0.18^2+0.16^2)}$<br>$\quad=0.24$ | 零件数　　$k_3$ | %GRR=（GRR/TV）×100%<br>　　　=（0.24/0.93）×100%<br>　　　=25.8% |
| 零件变差（PV）<br>$PV=R_P\times k_3$<br>$\quad=0.559\times 1.62$<br>$\quad=0.90$ | 2　　3.65<br>3　　2.70<br>4　　2.30<br>5　　2.08<br>6　　1.93<br>7　　1.82<br>8　　1.74<br>9　　1.67<br>10　　1.62 | %PV=（PV/TV）×100%<br>　　=（0.90/0.93）×100%<br>　　=96.8% |
| 总变差（TV）<br>$TV=\sqrt{(GRR^2+PV^2)}$<br>$\quad\sqrt{(0.24^2+0.90^2)}$<br>$\quad=0.93$ | | ndc=1.41×（PV/GRR）<br>　　=1.41（0.90/0.24）<br>　　=5.29<br>　　≈5 |

分析结论：
①%GRR=25.8%，在10%~30%之间，故该测量系统只能是勉强可用；
②所有的极差均处于受控状态（即在$UCL_R$和$LCL_R$之间），这说明所有操作者是一致的，并且用同样方式使用量具；
③ndc=5，说明测量系统有足够强的分辨力

表7.7　　　　　　　　　　量具研究表（极差法）　　　　　　　　　　单位：毫米

| 操作者A： | 操作者B： | 日期：2005/08/02 |
|---|---|---|
| 零件编号及名称：弹片 | 测量参数：宽度 | 尺寸规格：0.40~1.00 |
| 量具名称：游标卡尺 | 量具规格：0~125 | 量具编号：L088 |

| 零件 | 操作者A | 操作者B | 极差$R_i=|A-B|$ |
|---|---|---|---|
| 1 | 0.85 | 0.80 | 0.05 |
| 2 | 0.75 | 0.70 | 0.05 |
| 3 | 1.00 | 0.95 | 0.05 |

表7.7(续)

| 4 | 0.45 | 0.55 | 0.10 |
| 5 | 0.50 | 0.60 | 0.10 |
| 平均极差 $\bar{R}$: $\bar{R}=\sum R_i/5=0.35/5=0.07$ ||||
| 测量变差 GRR: GRR=$\bar{R}/d_2*$ =0.07/1.19=0.058 8 ||||
| 过程总标准差（或公差）：<br>过程总标准差=0.077 7（本案例中已知） ||||
| 测量变差 GRR 占过程总标准差（或 1/6 公差）的 %GRR：<br>%GRR = $\dfrac{GRR}{过程总标准差} \times 100\% = \dfrac{0.058\ 8}{0.077\ 7} = 75.68\%$ ||||
| 测量系统分析结论：<br>%GRR=75.685>30%，故测量系统不能接受，需要改进。 ||||
| 注：<br>1. $d_2*$ 在案例中已给出，它取决于操作人数（m=操作人数）和零件数（g=零件数）。<br>2. 过程总标准差可用 1/6 公差（1/6T）替换。 ||||

表7.8　　　　　计数型测量系统分析表（小样法）

| 操作者 A： | 操作者 B： | 分析人： | 日期： |
|---|---|---|---|
| 零件编号及名称： | 测量参数： | 尺寸规格： ||
| 量具名称： | 量具编号： | 量具规格： ||

| 操作者 | 操作者 A || 操作者 B ||
|---|---|---|---|---|
| 零件（测试参数） | 1 | 2 | 1 | 2 |
| 1 | G | G | G | G |
| 2 | NG | NG | NG | NG |
| 3 | G | G | G | G |
| 4 | G | G | G | G |
| 5 | G | G | G | G |
| 6 | G | G | G | G |
| 7 | G | G | G | G |
| 8 | G | G | G | G |
| 9 | G | G | G | G |
| 10 | G | G | G | G |
| 11 | G | G | G | G |
| 12 | G | G | G | G |
| 13 | G | G | G | G |
| 14 | G | G | G | G |

表7.8(续)

| 15 | G | G | G | G |
|---|---|---|---|---|
| 16 | G | G | G | G |
| 17 | G | G | G | G |
| 18 | G | G | G | G |
| 19 | NG | NG | NG | NG |
| 20 | G | G | G | G |

分析结论：

☒量具可接受　　　　□量具不可接受　　　　□其他

［资料来源］陈晋美．国内外企业常用抽样检验与测量技术［M］．北京：中国计量出版社，2006．

# 【案例三】 深圳市乐声扬电子有限公司抽样检验作业指导书

## 深圳市乐声扬电子有限公司抽样检验作业指导书

| 深圳市乐声扬电子有限公司 | 文件编号 | WI-PG-001 |
|---|---|---|
|  | 版本编号 | A/0 |
| 文件名称：抽样检验作业指导书 | 页码 |  |
|  | 生效日期 | 2010-08-15 |

1. 目的
为了明确抽样检验标准，使抽样检验作业有规可循，提高产品品质，特制定此作业规范。
2. 适用范围
适用于本公司进料检验、半成品检验及成品检验。
3. 定义
3.1 AQL（Acceptable Quality Level）：合格质量水平。
3.2 缺陷（Defect）：不能满足预期的使用要求。
3.2.1 严重不良（MAJ）：指影响或降低产品使用性能及功能结构或外观严重不良的严重缺陷。
3.2.2 轻微不良（MIN）：指不影响产品性能的轻微缺陷。
3.3 合格判定数（AC）与拒绝数（RE）：按既定的品质标准检测样本，按检测的不合格数与允许数（AC）、拒绝数（RE）比较，判定该批产品合格与否。
3.4 不良品的分析和定义
不良品是指在制品单位内含有一个或一个以上缺陷，一般分为以下几类：
3.4.1 严重不良品：含有一个或一个以上之严重缺陷，此外亦可同时含有多个轻微缺陷。
3.4.2 轻微不良品：含有一个或一个以上之轻微缺陷，但不含有严重缺陷。
4. 抽样计划实施细则
4.1 样本的抽取
4.1.1 当送检批包装为一包/一箱/一袋/一栈板（栈板：为方便零散物品的摆放和出货要求而制成的底座，一般为方形或长方形）等，要分层分部位进行样本抽取。
4.1.2 当送检批包装为两包/两箱/两栈板或以上时，不但要随机对不同的包/箱/栈板进行抽样，同样要对抽取的包/箱/栈板分层分部位进行抽取。

4.2 样本的检验
根据客户方标准和公司内部标准,对样本逐个检验,并累计不合格总数。
4.3 检验合格或不合格的判断
4.3.1 判断方法
根据合格品质水平和检验水平确定抽样方案,只有按所确定的抽样方案判断是合格的,才能最终判断该批检验合格,否则为不合格。
4.3.2 样本数大于或等于批量的规定
当抽取方案的样本数等于或大于批量时,将该批量看成样本大小,抽样方案的判断数保持不变。
4.4 抽样计划及抽样方案
4.4.1 进料检验抽样计划和允许水准
4.4.1.1 正常检验(除可靠性测试项目外)采用 MIL-STD-105E Ⅱ级单次抽样计划。
4.4.1.2 抽样时应采用随机抽样,参照 4.1 进行。
4.4.1.3 原材料、辅料、外发半成品和成品检验一般采用本公司通用允许水准:AQL 按 MAJ 0.65,MIN 1.0。当客户水准高于本公司允许水准时,半成品和成品检验采用客户允许标准。
4.4.2 制造流程检验抽样计划和允许水准
4.4.2.1 IPQC(Input Process Quality Control,制造流程控制)原则上每 2 小时巡回检查一次。
4.4.2.2 巡检抽样频率和允许标准
每小时每工作岗位不少于 20 件,发现轻微不良立即知会操作员,发现严重不良问题 1~2 件,则要求暂停生产并立即知会车间负责人,同时隔离该时间段生产的产品并全检。
4.4.2.3 半成品批量检验计划和允收水准
抽样计划参照 4.4.1.1 和 4.4.1.2。
允收水准 AQL 按 MAJ 0.65,MIN 1.0。当客户允收水准高于本公司允收水准时,半成品检验采用客户允收水准。
4.4.3 成品及出货检验抽样计划和允收水准
4.4.3.1 抽样计划参照 4.4.1.1 和 4.4.1.2。
4.4.3.2 通用允收水准 AQL 按 MAJ 0.65,MIN 1.5。
4.4.3.3 当客户允收水准高于本公司允收水准时,成品检验采用客户允收水准;当客户允收水准低于本公司允收水准时,则按 4.4.3.2。
5. 附件
5.1 MIL-STD-105E 抽样计划样本字代码(略)
5.2 MIL-STD-105E 正常检查一次抽样方案(略)

[资料来源] 深圳市乐声场电子有限公司抽样检验作业指导书 [EB/OL]. http://www.doc88.com/p-94051830871.html.

## 【案例四】 天极数码有限公司硒鼓抽样作业指导书

**天极数码有限公司硒鼓抽样作业指导书**

| 天极数码有限公司 | 文件编号 | AF-W1-QC019 |
| --- | --- | --- |
|  | 版本编号 | A/0 |
| 硒鼓抽样作业指导书 | 页码 |  |
|  | 生效日期 | 2012 年 06 月 25 日 |

表(续)

1. 目的
制定激光碳粉盒产品零配件检验、半成品、在制品、成品、外购成品、直销品检验方法与抽样标准。
2. 范围
适用于所有激光碳粉盒产品的检验。
3. 责任
(1) 品质部负责产品检验工作，并保存品质记录与相关打印测试记录。
(2) 生产部门协助及配合完成产品检验工作。
(3) 由品质部负责产品品质状况的最终判定。
4. 零配件来料检验项目及抽检标准（见表7.9、表7.10）

表7.9 零配件来料检验项目表

| 检查项目 | 检验方法 | 备注 |
| --- | --- | --- |
| 外观检查 | 实物与标识相符，外观无异物及损坏现象 | |
| 配合性打印测试 | 装配打印效果测试/寿命及页产量测试 | 可参考客户要求 |

表7.10 零配件来料抽样标准表
（依据GB/2828.1 采用一般检验水平Ⅰ级，AQL：1.0）

| 外观 || 配合性打印测试 |
| --- | --- | --- |
| 批量（批） | 抽检数量（批） | 抽检数量 |
| 2~8 | 2 | 抽检1批打印一套稿 |
| 9~15 | 2 | |
| 16~25 | 3 | |
| 26~50 | 5 | |
| 51~90 | 6 | 抽检2批，其中第2批打印一套稿，第1批打印至1 000页 |
| 91~150 | 8 | |
| 151~280 | 13 | |
| 281~500 | 20 | |
| 501~1 200 | 32 | 抽检4批，其中2批打印一套稿，2批打印至1 000页 |
| 1 201~3 200 | 50 | |
| 3 200以上 | 80 | |

5. 半成品、在制品、成品以及直销产品检验项目及抽样标准（抽样标准针对普通客户）

表 7.11 半成品、在制品、成品以及直销产品检验项目表

| 检验项目 | 检验方法 | 备注 |
| --- | --- | --- |
| 外观检查 | 1. 半成品：1) 粉仓、废粉仓部分注塑件无明显破损，海绵、毛毡、刮片粘贴、打胶符合作业指导卡相关要求；<br>2) 出粉刀的装配，刀距符合作业要求，装配显影辊后要求转动灵活；<br>3) 装配时无漏装齿轮及其他零配件。<br>2. 在制品：保护盖是否能正常开启，粉盒外观无明显异物、粘胶、破损现象，感光鼓转动正常，无漏粉现象。<br>3. 成品：包装彩盒、彩标、条码符合客户以及相关要求，无漏粉现象。 | 目视检查<br>塞尺以及辅助工具 |
| 打印测试 | 1. 半成品抽检打印效果（一套稿），检查是否存在打印品质问题，如色浅、周期性亮点、黑/白点、竖线、横线、底灰等问题，可根据客户要求进行判断。<br>2. 在制品、成品依据表 7.12 和表 7.13 抽样标准进行抽检打印，判断标准与第 1 点一致。 | 打印品质<br>可参考客户要求 |

表 7.12 黑色产品、直销品抽样标准表
（依据 GB/2828. 采用一般检验水平 I 级，AQL：1.0）

| 批量（批） | 半成品加粉测试（IPQC）（批） | 寿命测试（IPQC）（批） | 测试页数 | OQC 成品抽检加粉测试 | 备注 |
| --- | --- | --- | --- | --- | --- |
| 1~15 | 全检外观 | / | / | / | / |
| 16~25 | 4 | / | / | / | / |
| 26~50 | 5 | 1 | P1 000 | 1 | 新产品 100% 寿命测试 |
| 51~150 | 6 | 1 | P1 000 | 1 | 新产品 100% 寿命测试 |
| 151~280 | 10 | 2 | P2 000 | 2 | 新产品 100% 寿命测试 |
| 281~500 | 16 | 3 | P3 000 | 2 | 新产品 100% 寿命测试 |
| 501~1 200 | 27 | 4 | 80%寿命 | 3 | 新产品 100% 寿命测试 |
| 1 201~3 200 | 40 | 10 | 80%寿命 | 5 | 新产品 100% 寿命测试 |
| 3 201~10 000 | 60 | 20 | 80%寿命 | 8 | 新产品 100% 寿命测试 |

表7.13 彩色产品、直销品抽样标准表
(依据GB/2828.采用一般检验水平Ⅰ级，AQL：1.0)

| 批量（套） | 半成品拉封条测试（IPQC）（套） | 成品测试（OQC）（套） | 测试页数 | 备注 |
|---|---|---|---|---|
| 1~19 | 全检外观 | / | / | 新产品100%寿命测试 |
| 20~50 | 1 | 1 | P1 000 | 新产品100%寿命测试 |
| 51~150 | 3 | | P1 000 | 新产品100%寿命测试 |
| 151~280 | 7 | | P2 000 | 新产品100%寿命测试 |
| 281~500 | 10 | | P3 000 | 新产品100%寿命测试 |
| 501~1 200 | 20 | | 50%寿命 | 新产品100%寿命测试 |
| 1 201~3 200 | 30 | | 50%寿命 | 新产品100%寿命测试 |
| 3 201~10 000 | 50 | | 50%寿命 | 新产品100%寿命测试 |

6. 外购成品检验项目及抽样标准

表7.14 外购产品检验项目表

| 检验项目 | 检验方法 | 备注 |
|---|---|---|
| 外观检查 | 实物与标识相符，无漏粉及外观损坏现象。 | / |
| 配合性打印测试 | 装配打印效果测试/寿命及页产量测试 | 可参考客户要求 |

表7.15 外购产品抽样标准表
(依据GB/2828.1 采用一般检验水平Ⅰ级，AQL：1.0)

| 批量（件） | 加粉测试（件） | 拉封条测试（件） | 测试页数（件） | 备注 |
|---|---|---|---|---|
| 1~15 | 全检外观 | / | / | / |
| 16~25 | | / | / | / |
| 26~50 | 3 | / | P1 000 | 打印1套稿 |
| 51~150 | 5 | 1 | P1 000 | / |
| 151~280 | 10 | 1 | P1 000 | / |
| 281~500 | 15 | 2 | P1 000 | / |
| 501~1 200 | 20 | 3 | P1 000 | / |
| 1 201~3 200 | 25 | 5 | P1 000 | / |
| 3 201~10 000 | 35 | 8 | P1 000 | / |

［资料来源］天极数码有限公司硒鼓抽样检验作业指导书［EB/OL］.http：//wenku.baidu.com/view/f10db700e87101f69e31954a.html.

# 第八章 质量经济分析

**本章学习目标**

    掌握产品质量水平与质量经济性的含义；
    掌握质量成本构成的主要内容及相关关系；
    掌握质量成本核算与分析方法；
    掌握质量成本分析与报告的内容；
    掌握质量损失函数与管理的含义；
    了解提高质量经济性的途径。

## 【案例一】 美国某服装制造厂年度质量成本报表

    美国某服装制造厂专做妇女服装，于1950年建立。由于该厂60%的销货业务发生在两个忙季——复活节之前和初秋——该厂以往一直执行季节性生产计划，并且一直销量不大，于是该厂做了以下两个重大决策：第一个决策是改季节性生产为全年性均衡生产。第二个决策是改变银行业务关系，转入国家保险银行，主要是因为该厂具有大量的银行结余，国家保险银行在前两年曾主动联系业务。

    但在当年复活节之后，该厂发现有相当多的未能出售的库存成品。该厂老板认为问题在于该厂对妇女服装的新样式尤其在裙子的长度上没有做出足够的调整，并且质量成本方面还有待改进，结果使该厂的复活节春季销售量大大低于以往周期的销货水平。

    下面就是该厂当年的质量成本报表（见表8.1）：

表 8.1　　　　　　　　美国某服装制造厂年度质量成本报表　　　　　　单位：美元

| 项目 | | 金额 | 占比（%） |
|---|---|---|---|
| 质量损失成本 | a. 滞销压库 | 3 276 | 0.37 |
| | b. 返修品 | 73 229 | 8.22 |
| | c. 裁剪不当 | 2 228 | 0.25 |
| | d. 裁剪报废 | 187 428 | 21.03 |
| | e. 顾客退、换 | 408 200 | 45.79 |
| | f. 产品降级处理 | 22 838 | 2.56 |
| | g. 顾客不满 | 不可计量 | |
| | h. 顾客改买其他厂家产品 | 不可计量 | |
| | 合计 | 697 199 | 78.21 |
| 质量评定成本 | a. 进货检验 | 32 655 | 3.66 |
| | b. 初检 | 32 582 | 3.66 |
| | c. 复检 | 25 200 | 2.83 |
| | d. 成品抽检 | 65 910 | 7.39 |
| | 合计 | 156 347 | 17.54 |
| 预防成本 | a. 生产线质量控制 | 7 848 | 0.88 |
| | b. 公司质量控制 | 30 000 | 3.37 |
| | 合计 | 37 848 | 4.25 |
| 总计 | | 891 394 | 100.00 |

［资料来源］张公绪. 新编质量管理学［M］. 北京：高等教育出版社，1998.

【思考题】

结合所学知识，对上述质量成本报表（表8.1）进行分析。

**参考答案要点：**

结合所学知识，对上述质量成本报表（表8.1）进行分析。

分析结果如下：

（1）每年的质量总成本高达近90万美元，说明大有潜力可挖。

（2）质量损失成本占总数的78.21%，其中用户调换、退换和剪裁报废所占比例最大。

（3）质量损失成本大约是质量评定成本的5倍。因此，首先必须削减质量损失成本。

（4）预防成本花费数量太少，只占4.25%。

（5）还有一些不能定量表示的结果，如质量不好引起"顾客改买其他厂家产品"等。为了引起注意，故在表中列出这些因素。

# 【案例二】 某公司 2012 年 1 月质量成本分析

目前公司产品品质非常差，品质问题已成为制约公司持续发展的关键瓶颈之一。为了摆脱这个困境，公司针对 2012 年 1 月的质量成本进行了分析（见表 8.2 和表 8.3）。

表 8.2　　　　　　　　　　　　1 月质量成本统计表　　　　　　　　　单位：元

| 分类 | 项目 | 实际发生费用 |
| --- | --- | --- |
| 预防成本 | 质量培训费 | 0 |
| 预防成本 | 质量管理活动费 | 0 |
| 预防成本 | 质量改进措施费 | 0 |
| 预防成本 | 质量评审费 | 0 |
| 预防成本 | 工资及福利基金 | 47 977.85 |
| 鉴定成本 | 试验检验费 | 0 |
| 鉴定成本 | 质量检验部门办公费 | 31 004.51 |
| 鉴定成本 | 工资及福利基金 | 150 645.24 |
| 鉴定成本 | 检验设备维护折旧费 | 2 665.9 |
| 内部损失 | 废品损失 | 4 682 |
| 内部损失 | 返工损失 | 0 |
| 内部损失 | 停工损失 | 0 |
| 内部损失 | 降级费用 | 1 606 |
| 内部损失 | 内部事故处理费 | 0 |
| 外部损失 | 顾客索赔费用 | 0 |
| 外部损失 | 退货费用 | 104 579.21 |
| 外部损失 | 折价损失 | 0 |
| 外部损失 | 保修费 | 105 154.94 |
| 合计 |  | 448 315.65 |
| 本月销售收入 |  | 9 864 413.62 |
| 质量成本率 |  | 4.54% |
| 损失成本率 |  | 2.19% |
| 预防成本率 |  | 10.70% |
| 鉴定成本率 |  | 41.11% |
| 内部损失率 |  | 1.40% |
| 外部损失率 |  | 46.78% |
| 质量成本目标 |  | 5% |
| 损失成本目标 |  | 1% |

表 8.3　　　　　　　　　　　　质量成本综合报表　　　　　　　　　　　　单位：元

| 项目 | | 上月 | 本月计划 | 本月实际 | 比较 | |
| --- | --- | --- | --- | --- | --- | --- |
| | | | | | 与上月差额 | 与计划差额 |
| 预防成本 | 质量培训费 | 0 | 0 | 0 | 0 | 0 |
| | 质量管理活动费 | 0 | 500 | 0 | 0 | -500 |
| | 质量改进措施费 | 0 | 500 | 0 | 0 | -500 |
| | 质量评审费 | 0 | 3 000 | 0 | 0 | -3 000 |
| | 工资及福利基金 | 96 434.65 | 80 000 | 47 977.85 | -48 456.8 | -32 022.15 |
| | 合计 | 96 434.65 | 84 000 | 47 977.85 | -48 456.8 | -36 022.15 |
| 鉴定成本 | 试验检验费 | 0 | 2 000 | 0 | 0 | -2 000 |
| | 质量检验部门办公费 | 0 | 500 | 31 004.51 | 31 004.51 | 30 504.51 |
| | 工资及福利基金 | 170 083 | 100 000 | 150 645.24 | -19 437.76 | 50 645.24 |
| | 检验设备维护折旧费 | 0 | 4 100 | 2 665.9 | 2 665.9 | -1 434.1 |
| | 合计 | 170 083 | 106 600 | 184 315.65 | 14 232.65 | 77 715.65 |
| 内部损失 | 废品损失 | 6 538 | 1 000 | 4 682 | -1 856 | 3 682 |
| | 返工损失 | 0 | 1 000 | 0 | 0 | -1 000 |
| | 停工损失 | 0 | 0 | 0 | 0 | 0 |
| | 降级费用 | 2 624 | 5 800 | 1 606 | -1 018 | -4 194 |
| | 内部事故处理费 | 0 | 1 000 | 0 | 0 | -1 000 |
| | 合计 | 9 162 | 8 800 | 6 288 | -2 874 | -2 512 |
| 外部损失 | 顾客索赔费用 | 25 770 | 1 500 | 0 | -25 770 | -1 500 |
| | 退货费用 | 0 | 7 666.67 | 104 579.21 | 104 579.21 | 96 912.54 |
| | 折价损失 | 199 816 | 10 000 | 0 | -199 816 | -10 000 |
| | 保修费 | 320 313.17 | 261 959.33 | 105 154.94 | -215 158.23 | -156 804.39 |
| | 合计 | 545 899.17 | 281 126 | 209 734.15 | -336 165.02 | -71 391.85 |
| 总计 | | 821 578.82 | 480 526 | 448 315.65 | -373 263.17 | -32 210.35 |
| 销售收入 | | 27 402 871.77 | 33 096 000 | 9 864 413.62 | -17 538 458.15 | -23 231 586.38 |
| 主营业务成本 | | 21 889 497.71 | / | 6 135 721.19 | -15 753 776.52 | |
| 净利润 | | 1 031 381.97 | / | 4 882 996.05 | 3 851 614.08 | |
| 利润率 | | 3.76% | / | 49.50% | 45.74% | |
| 预防成本率 | | 11.74% | 17.48% | 10.70% | -1.04% | -6.78% |
| 鉴定成本率 | | 20.70% | 22.18% | 41.11% | 20.41% | 18.93% |
| 内部损失成本率 | | 1.12% | 1.83% | 1.40% | 0.29% | -0.43% |
| 外部损失成本率 | | 66.45% | 58.50% | 46.78% | -19.66% | -11.72% |
| 故障成本率 | | 67.56% | 60.34% | 48.19% | -19.38% | -12.15% |
| 销售收入外部损失率 | | 1.99% | 0.85% | 2.13% | 0.13% | 1.28% |
| 质量损失成本率 | | 2.03% | 0.88% | 2.19% | 0.16% | 1.31% |
| 质量成本率 | | 3.00% | 1.45% | 4.54% | 1.55% | 3.09% |

分析结果：

（1）本月质量成本率 4.54%，与上月相比上升了 1.55%；

（2）销售收入虽比上月大幅度下降 64%，但利润率却由上月的 3.76% 上涨到 49.50%，上涨了 45.74%；

（3）从上月基本月质量成本来看，影响最大的因素是鉴定成本增加（主要是 1 月份采购了一批卡键油缸检具）；

（4）预防成本、内部损失和外部损失成本均有所下降，说明生产部、品质管理部质量控制有效。但质量损失成本率 2.19% 与目标率 1% 仍有一定的差距，望持续改进。

[资料来源] 某公司 2012 年 1 月质量成本统计分析报告 [EB/OL]．http：//wenku.baidu.com/view/2a389a5a312b3169a451a4f1.html．

**【思考题】**

材料显示，该公司 1 月份的质量损失率为 2.19%，大大超出了目标率 1%，针对此种情况，可采取哪些措施来降低损失率？

**参考答案要点：**

材料显示，该公司 1 月份的质量损失率为 2.19%，大大超出了目标率 1%，针对此种情况，可采取哪些措施来降低损失率？

改进建议：

（1）售后服务费用、售后服务人员的服务费用偏高，建议售后服务部对其进行分析改进；

（2）产品质量方面，建议技术部、品质管理部、生产部重点对相关问题进行探讨；

（3）持续改进与预防分析建议，生产部对 1 月份废品损失和降级损失情况进行分析改进。

## 【案例三】 某兵器厂质量成本分析报告

某兵器厂的质量成本分析是作为企业经济活动分析的组成部分，在季度、月度里随生产成本同时进行分析，为检查计划和改进管理提供确切具体的信息。

1. 开展分析的准备工作

对于分析的准备，该厂领导认为，无论进行任何类别方式的分析，都必须事先占有素材、数据。要充分利用数据进行全面分析，从中找出问题所在，引起人们重视。为了提高分析价值，推动管理，必须做好以下工作：

（1）注重平时的素材数据的收集。

（2）重视会计结果，要进行一般性的对比、基数和结构的分析。要善于从一般中发现数据反常，抓住反常现象，再做调查。

（3）对专题分析，首先根据要求确定分析侧重点，抓住关键进行剖析。

(4) 对影响质量的主要原因，寻求改进措施，要进行投资计算、改后效果计算，借以充实分析内容。同时，注意分析形式，要形象、直观、有效，文字简洁、图表兼用，要真正使分析达到论虚说实，有的放矢。

2. 分析方法及形式

以 2012 年 3 月份分析为例，在月度分析中，多用列表法，进行有关经济指标和结构的比重比率分析，也可进一步从质量成本的形成责任区域分析，找出发生的主要单位、主要产品或零件。

（1）质量成本与产值等指标的比例分析

经过质量成本与产品总成本比例分析发现（见表 8.4），质量成本占总成本的 5.97%，比上一年同期（5.25%）上升了 0.72%。

表 8.4　　　　质量成本与产值等指标的比例分析表（2012 年 3 月）

| 资料<br>（3月实际） | 工业产值完成 | 实现销售收入 | 全部商品总成本 | 质量成本 |
|---|---|---|---|---|
| | 294 万元 | 333.80 万元 | 349.95 万元 | 20.89 万元 |
| 比例计划 | 质量成本与工业总产值比 | | 质量成本与销售收入比 | |
| | (20.89/294) ×100% = 7.11% | | (20.89/333.8) ×100% = 6.26% | |
| | 质量成本与总成本比 | | 内部损失占销售收入比 | |
| | (20.89/349.95) ×100% = 5.97% | | (9.27/333.8) ×100% = 2.77% | |
| | 内部损失占产值之比 | | | |
| | (9.27/294) ×100% = 3.15% | | | |

（2）质量成本要素分析

经过结构分析，发现内部损失占总质量成本的 44.36%（见表 8.5），比计划的 37.5% 高 6.86%，超过三年来任何时期的比值。

表 8.5　　　　　　　质量成本要素分析资料表

（2012 年 3 月）

| 在项内的地位 | 成本要素 | 金额（元） | 结构比（%）占本项比例 | 结构比（%）占总质量成本的比例 | 备注 |
|---|---|---|---|---|---|
| | 一、预防费用 | 26 886.71 | 100.00 | 12.87 | |
| 2 | 1. 质量工作费 | 7 537.20 | 28.03 | 3.61 | |
| 1 | 2. 质量培训费 | 9 696.03 | 36.06 | 4.64 | 6 |
| 6 | 3. 质量奖励费 | 835.00 | 3.11 | 0.40 | |
| 3 | 4. 产品评审费 | 4 112.00 | 15.29 | 1.97 | |
| 4 | 5. 质量措施费 | 3 305.48 | 12.29 | 1.58 | |
| 5 | 6. 工资及附加费 | 1 401.00 | 5.21 | 0.67 | |

表8.5(续)

| 在项内的地位 | 成本要素 | 金额（元） | 结构比（%）占本项比例 | 结构比（%）占总质量成本的比例 | 备注 |
|---|---|---|---|---|---|
|  | 二、鉴定费用 | 53 008.70 | 100.00 | 25.37 |  |
|  | 1. 检测试验费 | 5 409.08 | 10.20 | 2.59 |  |
|  | 2. 特殊试验费 | 13 296.24 | 25.08 | 6.36 | 4 |
|  | 3. 检测设备折旧 | 3 709.87 | 7.00 | 1.78 |  |
|  | 4. 办公费 | 1 132.66 | 2.14 | 0.54 |  |
|  | 5. 工资及附加费 | 29 460.85 | 55.58 | 14.10 | 2 |
|  | 三、内部损失 | 92 681.91 | 100.00 | 44.36 |  |
|  | 1. 废品损失 | 79 800.99 | 86.10 | 38.19 | 1 |
|  | 2. 返修损失 | 4 041.35 | 4.36 | 1.93 |  |
|  | 3. 停工损失 | 1 349.36 | 1.46 | 0.65 |  |
|  | 4. 事故分析处理 | 6 633.77 | 7.16 | 3.18 |  |
|  | 5. 产品降级损失 | 856.44 | 0.92 | 0.41 |  |
|  | 四、外部损失 | 36 354.78 | 100.00 | 17.40 |  |
|  | 1. 索赔费用 | 0.00 | 0.00 | 0.00 |  |
|  | 2. 退货损失 | 0.00 | 0.00 | 0.00 |  |
|  | 3. 保修费 | 25 854.78 | 71.12 | 12.37 | 3 |
|  | 4. 诉讼费 | 0.00 | 0.00 | 0.00 |  |
|  | 5. 产品降价损失 | 10 500.00 | 28.88 | 5.03 | 5 |
|  | 合计 | 208 932.10 |  | 100.00 |  |

（3）内部损失区域分析

从责任区域分析，找到四车间、二十一车间为内部损失的主要单位（见表8.6），约占内部总损失（9.27万元）的72.2%（见图8.1）。因此进一步检查该单位废品单，并针对问题提出控制措施。

表8.6　　　　　　内部损失区域分析工作表　　　　　　单位：元

| 单位 | 内部其他损失 | 废品损失 | 合计 | 备注 |
|---|---|---|---|---|
| 一车间 | 322.00 | 3 876.20 | 4 198.20 |  |
| 二车间 | 117.16 | 1 508.88 | 1 626.04 |  |
| 三车间 | 30.09 | 455.34 | 485.43 |  |
| 四车间 | 6 666.43 | 37 479.47 | 44 145.90 |  |

表8.6(续)

| 单位 | 内部其他损失 | 废品损失 | 合计 | 备注 |
|---|---|---|---|---|
| 五车间 | 230.00 | 5 714.64 | 5 944.64 | |
| 六车间 | 322.30 | 364.26 | 686.56 | |
| 七车间 | 0.00 | 4 262.49 | 4 262.49 | |
| 八车间 | 93.00 | 91.37 | 184.37 | |
| 二十一车间 | 3 041.52 | 19 873.92 | 22 915.44 | |
| 二十五车间 | 0.00 | 5 502.77 | 5 502.77 | |
| 二十六车间 | 248.14 | 550.83 | 798.97 | |
| 下料工段 | 0.00 | 13.06 | 13.06 | |
| 辅助车间 | 279.20 | 107.76 | 386.96 | |
| 经营部门 | 1 531.08 | 0.00 | 1 531.08 | |
| 合计 | 12 880.92 | 79 800.99 | 92 681.91 | 92 681.91 |

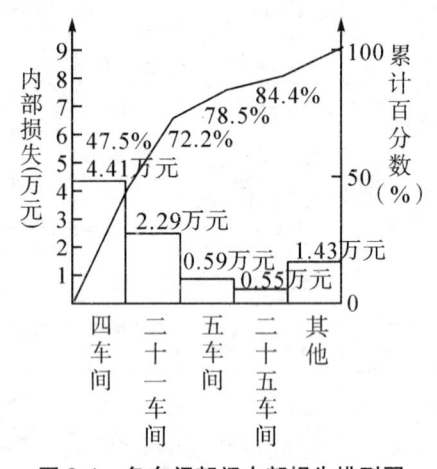

图8.1 各车间部门内部损失排列图

3. 发现问题的处理

分析不是企业管理的目的，利用分析资料，提高质量，改进管理，才是核算分析工作的根本目的。因此，本着"算为管用"的原则，首先把分析发现的主要矛盾及时报送给厂主管领导，同时抄送质管部门；其次是抓住主要问题，协助管理部门进一步了解情况，提出积极可行的改进措施，并给予适当的经费支持，促其实现。

例如，2012年3月，经过分析发现，四车间报废冰箱损失4.24万元，占厂冰箱废损的57%，当月蒸发器报废1 073件，损失2.26万元，废品率达12.34%，占该产品的60.28%。主要原因是相关人员对操作工艺执行不严，责任心不强。他们将这一严重情况及时反馈给领导和质办，并建议实行工序内控指标，凡合格率达85%以上给予优质奖，每张材料加奖一元。于是，质量管理办公室制订了内控经济奖励办法，并坚持上岗检查。执行第一个月，废品由3月份1 073件下降到113件。

又如，在两年前，从质量成本计算中人们发现，冰箱箱体发泡工序物耗超定额 2.8 千克的 45%，且约有 20% 出现箱体填充不实，因此报废损失很大。经质量成本 QC 小组进一步调查了解，进行分析，找出其主要原因是人工配料不准，搅拌不匀；其次是一台一配料，只能多配，但配多了凝固后又不能再用，等等，既影响质量，又增大消耗。归结到一点是工艺落后。因此，我们积极组织进口发泡机的调运、安装调试工作，并做好模具的检修，使该工程提前了三个半月投产。这一措施取得的效果是，质量合格品率上升到 95% 以上，物耗降到定额 2.8 千克以下，按月产 2 000 台计算，仅发泡材料就节约 14.25 万元。

［资料来源］质量成本分析和报告［EB/OL］. http：//wenku. baidu. com/view/d177af0eeff9aef8941e064d. html.

**【思考题】**

本例中对质量成本进行了较详尽的分析，最后也针对所存在的问题提出了具体的解决办法。结合材料，谈谈在质量管理中实施质量成本分析有何意义？

**参考答案要点：**

本例中对质量成本进行了较详尽的分析，最后也针对所存在的问题提出了具体的解决办法。结合材料，谈谈在质量管理中实施质量成本分析有何意义？

（1）质量成本是指企业为了保证和提高产品或服务质量而支出的一切费用，以及因未达到产品质量标准，不能满足用户和消费者需要而产生的一切损失。质量成本一般包括：为确保与要求一致而进行的所有工作叫做一致成本，由于不符合要求而引起的全部工作叫做不一致成本。这些工作引起的成本主要包括预防成本、鉴定成本、内部损失成本和外部损失成本。其中预防成本和鉴定成本属于一致成本，而内部损失成本和外部损失成本又统称为故障成本，属于不一致成本。

（2）通过质量成本数据的收集和核算，可以初步掌握不同产品由于质量未达到标准要求所造成的损失，如材料中所显示的内部损失过重，已超标 6.86%，但这不是开展质量成本管理的主要目的。开展质量成本管理的根本目的，是通过质量成本分析，找出影响质量成本的关键因素，拟定解决办法，从而不断改进质量，降低成本，提高经济效益。本材料中举例给出了具体的处理办法，如发现冰箱报废原因后的处理。因此，质量成本分析是质量成本管理的关键环节，抓好这一环节，对提高质量成本管理的有效性有着重大作用。

## 【案例四】 某交通通信公司 11 月份质量成本分析报告

某交通通信公司系设计、制造工业专用金属部件、机箱机柜、汽车整车零部件及汽车电子产品以及高速铁路机车、车辆用零部件的制造商，机电装置 OEM（Original Equipment Manufacturer，原始设备制造商，贴牌加工）厂商，属外向型、国际型企业，主要为世界一些跨国公司在华企业提供产品及相关服务。

公司主要产品与服务：精密冲压件、高级钣金件、电气（器）机箱机柜、机电一体化装置OEM加工、高速铁路车辆行车控制用零部件、汽车整车用钣金件、零部件以及汽车电子产品用精密零部件等。公司产品在国内行业中有明显的优势，国际市场有较强的竞争实力。产品的表面处理（镀镍、锌、锡、金、银、氧化着色、电泳、丝网印刷、静电喷涂、喷漆等）均通过总后军需产品质量检测中心的认证，产品符合ROHS（Restriction of Hazardous Substances Directive 2002/95/EC，危害性物质限制指引）要求，已达到国际标准水平。

1. 质量成本清单（见表8.7）

表8.7　　　　　　　　　　11月质量成本清单　　　　　　　　　　单位：元

| 项目 | | 金额 |
| --- | --- | --- |
| 预防成本 | 质量管理人员的工资 | |
| | 内部审核 | |
| | 内部培训 | |
| | 外部培训 | |
| | 供应商审核 | |
| | 体系认证 | |
| | 产品认证 | |
| | 客户审核 | |
| | 合计 | |
| 鉴定成本 | 专职QC人员的工资 | |
| | 测量设备 | |
| | 合计 | |
| 内部故障成本 | 原材料报废 | |
| | 成品报废 | |
| | 人力成本 | |
| | 合计 | |
| 外部故障成本 | 顾客索赔费用 | |
| | 顾客退回产品 | |
| | 合计 | |
| 总计 | | 60 803.27 |

2. 质量成本的构成

本月故障总成本占总成本的61.39%，预防和鉴定成本占38.61%。见表8.8、图8.2。

表 8.8　　　　　　　　　　　质量成本构成表

| 项目 | | 金额（元） | 比例（%） |
|---|---|---|---|
| 正常成本 | 预防成本 | 11 056.50 | 18.80 |
| | 鉴定成本 | 12 420.00 | 20.11 |
| 不良成本 | 内部故障成本 | 37 326.77 | 61.09 |
| | 外部故障成本 | 0.00 | 0.00 |
| 总成本 | | 60 803.27 | 100.00 |

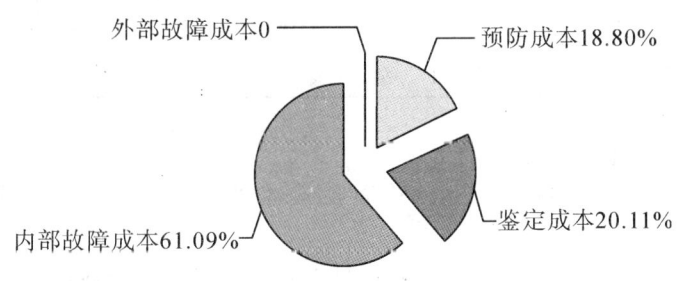

图 8.2　质量成本结构图

3. 不良质量成本分析（见表 8.9、图 8.3）。

表 8.9　　　　　　　　　　　不良质量成本构成表

| 项目 | | 金额（元） | 比例（%） |
|---|---|---|---|
| 内部故障成本 | 原材料报废 | 34 699.21 | 92.961 |
| | 成品报废 | 265.73 | 0.712 |
| | 人力成本 | 2 361.83 | 6.327 |
| 外部故障成本 | 顾客索赔费用 | 0.00 | 0 |
| | 顾客退回产品 | 0.00 | 0 |
| 总不良成本 | | 37 326.77 | 100 |

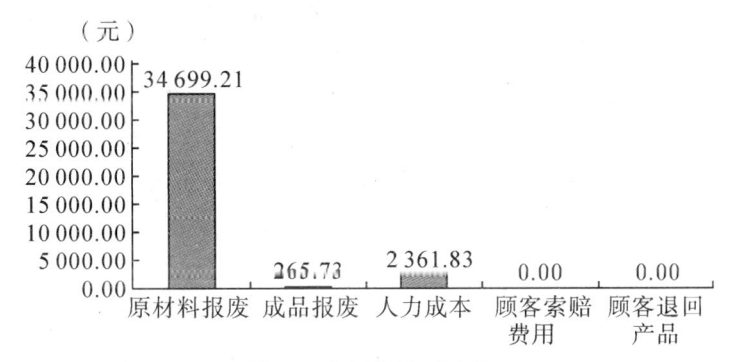

图 8.3　不良质量成本值

### 4. 影响质量成本的关键因素

从以上数据分析可知，本月影响质量成本的关键因素是内部故障成本，占了总成本的 61.09%，其中导致内部故障成本居高不下的主要原因是在制品报废损失，分析如下表 8.10 所示。

表 8.10　　　　　　　　　　故障成本构成表

| 项目 | 金额（元） | 比例（%） |
| --- | --- | --- |
| 库存原材料报废 | 25.74 | 0.08 |
| 生产原材料报废 | 8 830.01 | 25.45 |
| 在制品成品报废 | 25 843.46 | 74.48 |
| 内部故障成本总计 | 34 699.21 | 100 |

### 5. 与销售业绩相比较

本月销售额为 2 139 679 元，总质量成本约占销售额的 2.84%，超过了目标 2.30%。

［资料来源］质量成本分析报告［EB/OL］.http://wenku.baidu.com/view/1aad1f360b4c2e3f572763b6.html.

**【思考题】**

根据材料中对 11 月质量成本的分析，我们可以得出哪些结论？

**参考答案要点：**

根据材料中对 11 月质量成本的分析，我们可以得出哪些结论？

（1）本月质量成本构成不合理，故障成本占总成本的 61.39%，预防和鉴定成本占总成本的 38.61%，后续工作应降低故障成本，增加预防和鉴定成本。

（2）本月质量成本处于质量改进区，损失成本是影响本月质量成本达到最佳的主要因素。因此质量管理工作的重点应放在完善质量预防措施、加强质量检验上，以提高质量水平，降低内外部损失成本。

（3）本月质量成本与销售额的比值超出目标 0.54（2.84%－2.30%）个百分点，需要控制故障成本，提高销售额来达到预期质量目标。

# 第九章　六西格玛管理

**本章学习目标**

　　了解六西格玛的产生和发展；
　　掌握六西格玛管理的含义；
　　了解六西格玛管理培训的基本内容；
　　掌握实施六西格玛管理的 DMAIC 模式；
　　了解精益六西格玛管理的成功要素。

## 【案例一】　　摩托罗拉的 TCS

1. 摩托罗拉的 TCS 卡

　　如果您是摩托罗拉公司的正式员工，您就一定会获得一张小小的塑料卡片，这就是摩托罗拉的"TCS 卡"。摩托罗拉公司的员工都随身携带着它，以时刻记住摩托罗拉的价值体系。

　　这张卡片上的第一句话就是摩托罗拉公司的基本目标：每个员工的首要任务——顾客完全满意（Total Customer Satisfaction，TCS）。即不论你在摩托罗拉公司从事什么工作、在何岗位、职务高低，大家的目标都是一致的，这就是为了顾客的完全满意。为此，确定了员工的主要处事理念、工作目的和进取方向。

　　主要处事理念是必须遵循以礼待人，诚信不渝。主要的工作目的是必须达到同行业之最；扩大在世界市场中的份额；卓越的财务成果。主要进取方向是必须坚持六西格玛品质；全面压缩运转周期；产品、工艺与环保卓越优先；增加企业利润；人人拥有参与、协作和创新的工作环境。

2. 摩托罗拉的 TCS 活动

　　如果说摩托罗拉的 TCS 卡是外在的形式，那么摩托罗拉的 TCS 活动就是内在的改善业务的行动。摩托罗拉公司自 1989 年开始，与六西格玛管理相呼应，展开了全公司范围的顾客完全满意活动，这项活动的目的是创造和促成一种追求尽善尽美的风气。这项活动在摩托罗拉公司深入人心，开展得轰轰烈烈。

　　TCS 已经成为摩托罗拉公司员工的价值体现和企业文化的精髓，旨在超越顾客的期望。TCS 的内涵体现了摩托罗拉公司的主要信念、主要目标和主要理念。这已成为摩托罗拉人言行的一部分。

　　摩托罗拉现在分布在全球的公司已有 7 000 个左右的 TCS 团队（小组），它们活跃在摩托罗拉的所有子公司，给摩托罗拉创造着积极向上的活力。有趣的是，在夏天，你走在一个大城市的街头，没准就能看到有人穿着有"TCS"字样的T恤。这些T恤可能就是摩托罗拉员工的竞赛服装或参加小组活动的纪念品。

为鼓励和表彰TCS价值在摩托罗拉各工厂、销售处、分销中心及子公司各部门的模范作用，摩托罗拉于1990年开展了TCS团队竞赛。摩托罗拉的TCS团队竞赛每年都奖励数千个小组，因为它们在各自的TCS活动中大大提高了顾客的满意度，实现了TCS的目标。

摩托罗拉的TCS理念甚至对摩托罗拉的供应商和分销商也产生了巨大的影响。摩托罗拉为了实现顾客完全满意的目标，就必须确保每个零部件的质量。为达到这一目的，摩托罗拉把TCS活动扩展到了供应商。摩托罗拉知道，如果供应商不能提供优质产品，摩托罗拉就不可能生产出优质产品。

[资料来源] 何晓群. 六西格玛及其导入指南 [M]. 北京：中国人民大学出版社, 2003.

**【思考题】**

1. 结合案例材料说明六西格玛管理与顾客满意的关系。
2. 谈谈摩托罗拉公司是如何识别顾客心声的。
3. 结合案例材料说明摩托罗拉六西格玛管理中成功的关键因素是什么？从中我们可以得到什么启示？

**参考答案要点：**

1. 结合案例材料说明六西格玛管理与顾客满意的关系。

顾客满意即"顾客对其要求已被满足的程度的感受"。顾客是公司的核心，产品质量由顾客定义，顾客期望获得有关产品性能、可信性、竞争价格、及时支付、服务、清晰正确的交易处理及更多事项的信息保证。六西格玛管理要求企业站在顾客的立场上来审视企业所有业务，从产品或服务的整个设计、开发、制造、销售及售后服务等质量形成全过程中倾听顾客意见，了解顾客需求，以满足顾客期望为始点，以获得顾客满意为终点，通过对顾客需求和交易过程所产生的商业信息的了解，发现顾客的感受。而六西格玛管理理念正是从顾客的立场出发，把缺陷看成改进的机会，通过持续改进，不断提高顾客价值，达到顾客满意，实现顾客满意和企业盈利的双赢局面。可见，六西格玛管理与顾客满意之间是相辅相成的关系。

2. 谈谈摩托罗拉公司是如何识别顾客心声的。

摩托罗拉公司自1989年开始，展开了全公司范围的顾客完全满意活动，其目的是创造和促进一种追求尽善尽美的风气。TCS活动在摩托罗拉公司深入人心，开展得轰轰烈烈。TCS团队竞赛的受益者表面是竞赛成功的TCS团队，其实最终受益者是摩托罗拉公司和公司的顾客。摩托罗拉公司以这样的方式向顾客昭示：摩托罗拉公司每个员工的首要任务——顾客完全满意。大街上有人穿着有"TCS"字样的T恤，提醒着顾客摩托罗拉公司的基本目标，也免费地为摩托罗拉公司做着给力的代言。而在这期间，TCS也逐渐地深入顾客内心，认为摩托罗拉公司是真的站在顾客的立场上，让顾客明明白白地消费，舒舒心心地购物。

3. 结合案例材料说明摩托罗拉六西格玛管理中成功的关键因素是什么？从中我们可以得到什么启示？

摩托罗拉六西格玛管理中成功的关键因素是，以"零缺陷"目标为管理哲学，并以突破式的策略，始终坚持并以顾客完全满意为原则。不论你在摩托罗拉公司从事什么工作、在何岗位、职务高低，大家的目标是一致的，这就是为了顾客完全满意。而六西格玛的基本原理就是站在顾客的角度，为满足顾客的消费需求深思熟虑。从六西格玛基本原理中我们可以清楚地知道，六西格玛以满足顾客为核心：①满足顾客需求的产品；②很高的顾客满意度。而这满足顾客需求的产品则是以合适的价格、更高的顾客忠诚度、更高的市场份额为基础的，这样才能为企业创造更高的收益。而高的顾客满意度以改进流程、缩短周期、降低劣质、降低废弃品率和返工率为依托，来达到更低的总成本。二者结合才能为企业创造更好的收益（见图9.1）。摩托罗拉公司的TCS影响着摩托罗拉公司各工厂、销售处、分销中心及子公司各部门甚至供应商和分销商，对这些环节的产品质量也进行了严格要求。

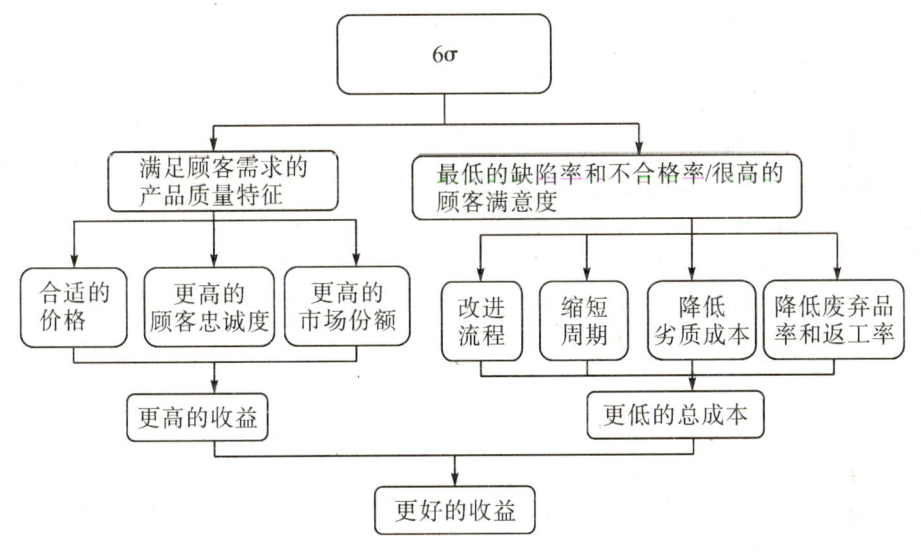

图9.1 六西格玛基本原理

从中我们可以得到以下启示：

（1）企业应站在顾客的角度，设身处地地为他们着想，满足顾客的要求，这样才能达到企业的目标，最终实现顾客和企业二者双赢的局面。

（2）六西格玛中"满足顾客需求"占了很大的比重，只有提供了更好的产品质量、更好的服务质量和更具竞争力的价格，才能获得顾客更高的忠诚度、更高的满意度，从而为企业获得更高、更好的收益，并在同行业中具有竞争力优势。

（3）企业只有充分了解客户的需求，仔细聆听，知道他们需要什么、不需要什么，做到知己知彼，才能走到行业的前沿。

# 【案例二】 六西格玛实施案例：降低仪表板表面褶皱缺陷率

世通汽车装饰公司仪表板表面褶皱缺陷率高引起返工，对产品质量影响很大。为此，公司成立六西格玛项目小组解决存在的问题。具体实施步骤如下：

## 一、定义阶段（D）

1. 现状描述

仪表板表面褶皱缺陷发生率相当高，2010年1—4月平均褶皱缺陷发生率为16%，4月高达26.5%。另外，由于褶皱造成的损失也远远高出其他原因造成的损失。以2010年2月为例（产量为2 465件）：月废品损失达73 398元，其中，褶皱废品报废损失为37 883元，占50%左右；另外，月返修损失达2 189元，其中，褶皱返修损失为1 572元，占72%。

2. 关键质量特性

（1）产品表面有褶皱，影响产品外观。

（2）客户对褶皱有抱怨。

3. 缺陷形成的原因

真空成型的表面在发泡工序后，表面没有完全伸展，在有效部位产生可见褶皱。

4. 项目目标

（1）短期目标：减少褶皱缺陷，将褶皱报废损失率降低50%，褶皱缺陷发生率控制在8%以下，在2010年9月前实现项目短期目标。

（2）长期目标：褶皱报废损失率降低90%。

5. 经济效益

（1）经济效益以每月产量2 500件计算，达到目标价值所节约的原材料和人力。

（2）每年50%改进＝236 730元。

（3）每年90%改进＝426 114元。

（4）减少用户抱怨。

（5）提高生产能力。

6. 项目工作计划

（1）成立六西格玛团队，确定负责人2人及团队成员9人（包括财务人员）。

（2）对团队成员进行六西格玛基础知识培训。

（3）利用"头脑风暴法"、鱼刺图分析查找可能的原因。

（4）制定措施，确定负责人，跟踪整改。

（5）分析措施与效果之间的关系，进一步改进。

## 二、测量阶段（M）

（1）建立专用记录表，对本体发泡后褶皱发生情况做详细记录，包括生产日期、褶皱发生部位、操作者、褶皱发生程度等。

（2）明确缺陷标准，记录时正确区分缺陷类型。

## 三、分析阶段（A）

1. 项目小组讨论达成共识

（1）从"头脑风暴法"入手，寻找根本原因（收缩率、硬度、不同颜色的对比等）。

（2）详细记录缺陷，寻找规律。

（3）采取措施，跟踪结果。

2. 仪表板工艺流程图（如图9.2）

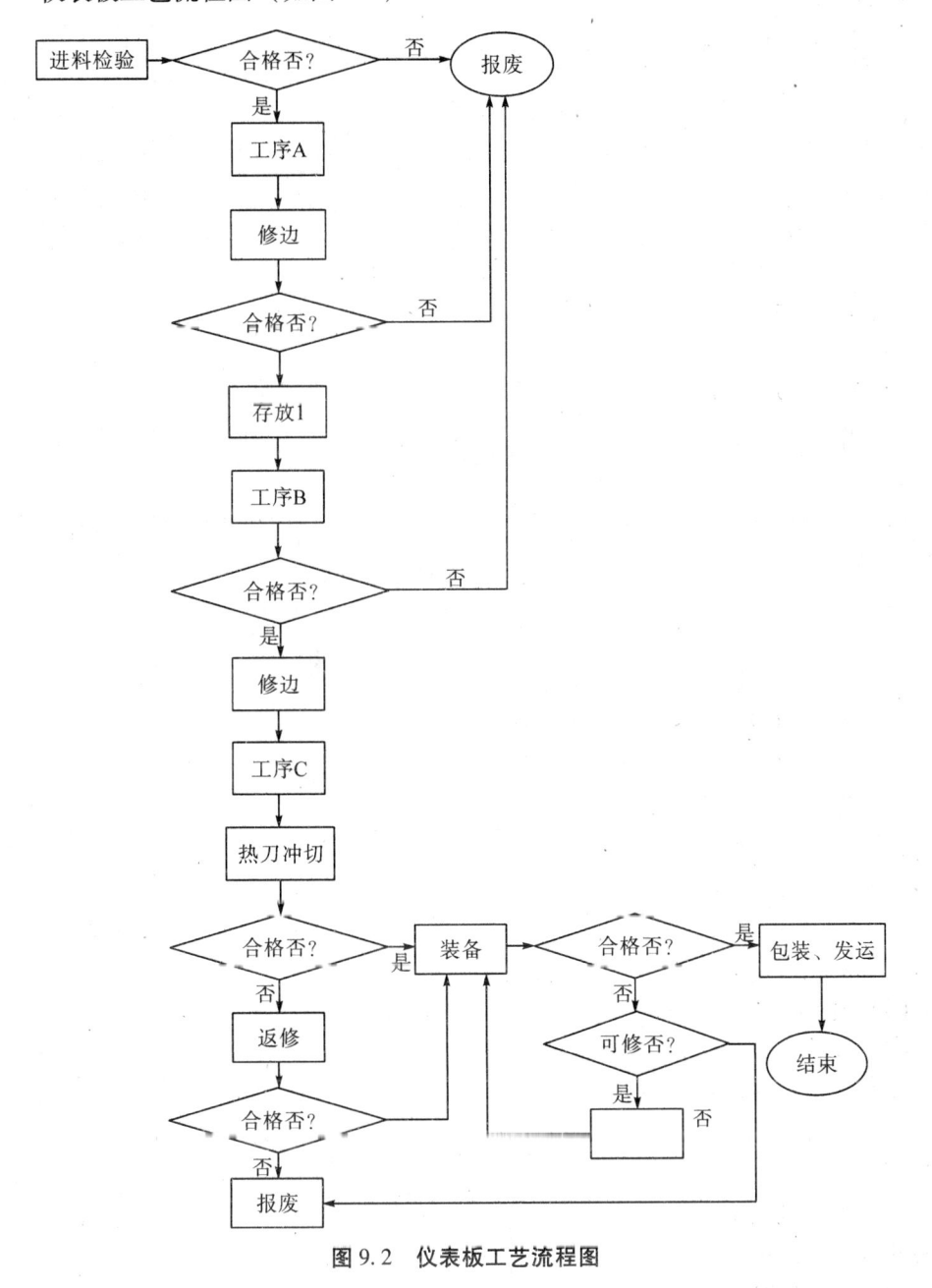

图 9.2　仪表板工艺流程图

3. 仪表板表面褶皱原因分析（鱼刺图，见图9.3）

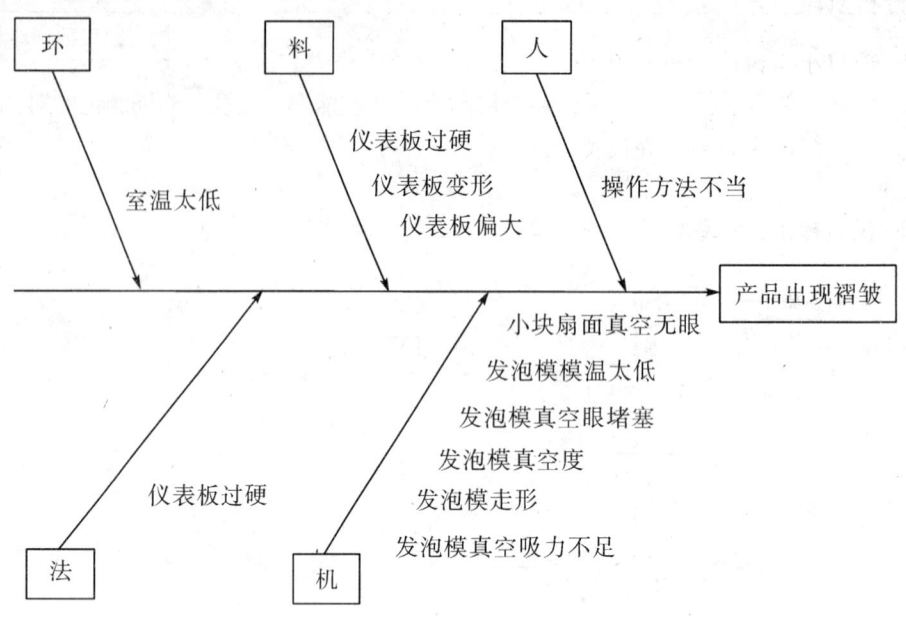

图9.3　仪表板表面褶皱原因分析鱼刺图

4. 仪表板表面褶皱缺陷记录结果（见表9.1、图9.4）
5. 表皮颜色与仪表板褶皱报废记录结果（见表9.2）

假设检验结果表明，表皮灰色与米色褶皱发生率无明显差别。

使用假设检验比较表皮灰色与表皮米色褶皱报废率。

灰色开模数：$n = 4\,756$，报废数 $= 49$，报废率 $p_1 = 0.010\,3$

米色开模数：$m = 3\,236$，报废数 $= 49$，报废率 $p_2 = 0.012\,4$

$n + m = 8\,001$，总报废率 $p = \dfrac{89}{8\,001} = 0.011\,1$

表9.1　　　　　　　　6月下旬仪表板表面褶皱缺陷记录

| 褶皱发生部位 | 累计发生数 | 程度低 | 程度中 | 程度高 |
|---|---|---|---|---|
| （1）小块左上侧部 | 8 | 6 | 1 | 1 |
| （2）小块扇面 | 11 | 3 | 3 | 5 |
| （3）大块扇面左侧 | 0 | | | |
| （4）大块扇面中部 | 0 | | | |
| （5）大块扇面右侧 | 1 | | 1 | |
| （6）大块右侧部 | 40 | 36 | 2 | 2 |
| （7）大块右下部 | 0 | | | |
| （8）小块左下部 | 2 | 1 | 1 | |

表9.2　　　　　　　　　表皮颜色与仪表板褶皱报废记录

| 月份 | 灰色开模数（个） | 报废数（个） | 米色开模数（个） | 报废数（个） |
|---|---|---|---|---|
| 1 | 200 | 5 | 151 | 6 |
| 2 | 1 083 | 17 | 1 382 | 14 |
| 3 | 1 237 | 6 | 426 | 4 |
| 4 | 1 021 | 8 | 916 | 12 |
| 5 | 1 224 | 13 | 361 | 4 |
| 合计 | 4 765 | 49 | 3 236 | 10 |
| 报废率 | 1.03% | | 1.24% | |

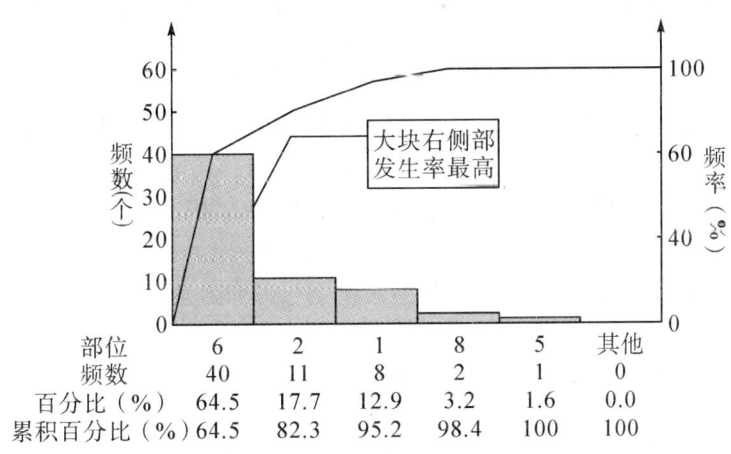

图9.4　6月下旬仪表板褶皱缺陷的直方图

u 检验统计量：

$$u = \frac{p_2 - p_1}{\sqrt{\left(\frac{1}{n} + \frac{1}{m}\right) \times p \times (1-p)}}$$

$$= \frac{0.012\ 4 - 0.010\ 3}{\sqrt{\left(\frac{1}{4\ 765} + \frac{1}{3\ 236}\right) \times 0.011\ 1 \times (1 - 0.011\ 1)}}$$

$$= \frac{0.002\ 1}{0.023\ 9} = 0.869\ 6$$

$|u| = 0.869\ 6 < 1.96 = u_{0.975}$。假设检验结果表明，表面灰色与米色褶皱报废率无显著差异（$\alpha = 0.05$）。

6. 成型后表皮收缩率实验结果（见表9.3）

方法说明：专门对真空成型后表面的收缩情况进行衡量。成型后，裁取大块扇面中部、大块扇面左侧、小块扇面共三块，试样尺寸分别为200mm×200mm、200mm×200mm、100mm×100mm。裁取后立即测量横向及纵向尺寸。测量时间控制在成型后20分钟内，在成型后18小时、42小时再进行测量，计算表面收缩率。

表 9.3　　　　　　　　　　成型后表皮平均收缩率试验结果

| 时　间（小时） | 平均收缩率（%） | 纵向 | 横向 |
|---|---|---|---|
| 18 小时 | | 0.38 | 0.16 |
| 42 小时 | | 0.59 | 0.21 |
| 18 小时~42 小时 | | 0.21 | 0.05 |

7. 测量结果

（1）纵向（表皮纵向为本体长度方向）收缩率大于横向收缩率。

（2）横向收缩快，在 18 小时以内基本收缩完毕。

（3）纵向收缩慢，在 18 小时~42 小时之间仍有 0.21% 的收缩，而 18 小时的收缩率为 0.38%。

8. 结论

（1）成型后在一段时间内一直处于收缩状态，特别是大块尺寸变化明显。

（2）根据测得的收缩率可计算，在成型后 18 小时，长度方向大块缩短了 3~4mm，小块缩短了 0.44mm；成型后 42 小时，长度方向大块可能缩短了 5~6mm，小块缩短了 0.5mm。因此放置时间是一个不容忽视的问题，选择适当的放置时间具有实际的作用。

9. 通过现场跟踪记录分析，仪表板褶皱主要与下列因素有关：

（1）悬挂方法与存放时间。

（2）发泡工艺参数（包括真空度、真空眼分布及清洁、模具严密性等）。

## 四、改进阶段（Ⅰ）

1. 改进真空成型后表皮悬挂方法（见表 9.4、图 9.5、图 9.6）

表 9.4　　　　　　　　　　悬挂方法改进前后的对比

| 项目 | | 开模数（个） | 褶皱返修数（个） | 褶皱报废数（个） | 褶皱返修率（%） | 褶皱报废率（%） | 废品率（%） |
|---|---|---|---|---|---|---|---|
| 悬挂方法改进前 | 2010 年 7 月 | 1 814 | 179 | 22 | 9.87 | 1.21 | 3.09 |
| 悬挂方法改进后 | 8 月 1 日 | 119 | 8 | 2 | 6.72 | 1.68 | 4.20 |
| | 8 月 2 日 | 112 | 17 | 1 | 15.18 | 0.89 | 1.79 |
| | 8 月 3 日 | 130 | 15 | 2 | 11.54 | 1.54 | 1.54 |
| | 8 月 6 日 | 105 | 6 | 1 | 5.71 | 0.95 | 1.90 |
| | 8 月 7 日 | 135 | 15 | 1 | 11.11 | 0.74 | 1.48 |
| | 8 月 8 日 | 90 | 11 | 0 | 12.22 | 0 | 3.33 |
| | 8 月 9 日 | 190 | 9 | 0 | 4.74 | 0 | 0.53 |
| | 8 月 10 日 | 162 | 10 | 0 | 6.17 | 0 | 4.84 |
| | 8 月 12 日 | 80 | 0 | 0 | 0 | 0 | 1.25 |
| | 8 月 13 日 | 130 | 13 | 1 | 10 | 0.77 | 6.15 |
| | 8 月 14 日 | 125 | 13 | 0 | 10.4 | 0 | 3.20 |
| | 8 月 15 日 | 68 | 6 | 0 | 8.82 | 0 | 0.00 |
| | 8 月 1~15 日 | 1 466 | 123 | 8 | 8.51 | 0.55 | 2.63 |

（1）将大小块分开悬挂，大块在下小块在上；大块原交子夹持部位在上侧边，现夹在左右侧边。悬挂时注意将表皮尽可能理平成自然形状，特别是小块扇面。

（2）合理安排生产计划，控制表皮存放时间，将存放时间控制在 1~2 个工作日内。

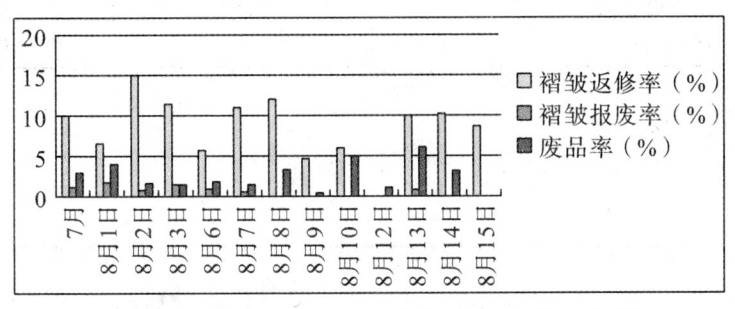

图 9.5　悬挂方法改进前后褶皱返修率、报废率及废品率的对比

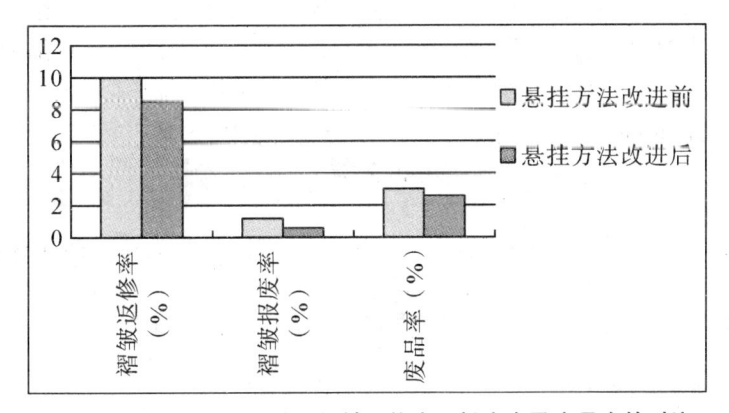

图 9.6　悬挂方法改进前后褶皱返修率、报废率及废品率的对比

假设检验结果表明：在 $\alpha=0.05$ 的水平下，悬挂方式改进前后褶皱报废率为

$$u=\frac{0.012\ 1-0.005\ 5}{\sqrt{\left(\frac{1}{1\ 814}+\frac{1}{1\ 446}\right)\times0.009\ 2\times(1-0.009\ 2)}}=1.961>1.96$$

褶皱报废率有了显著下降，但褶皱返修率与总报废率分别为：

$$u=\frac{0.098\ 7-0.085\ 1}{\sqrt{\left(\frac{1}{1\ 814}+\frac{1}{1\ 446}\right)\times0.092\ 64\times(1-0.092\ 64)}}=1.332<1.96$$

$$u=\frac{0.030\ 9-0.026\ 3}{\sqrt{\left(\frac{1}{1\ 814}+\frac{1}{1\ 446}\right)\times0.028\ 83\times(1-0.028\ 83)}}=0.778\ 3<1.96$$

褶皱返修率与总报废率没有显著下降。

2. 改进真空系统（改进模具，见表 9.5、图 9.7）

（1）彻底清洁发泡模具真空眼。

（2）增加大块侧部、小块侧部真空眼。

(3) 将大块、小块侧部真空眼与主起路打通。

(4) 修补发泡模具边缘增加模具密封性，提高真空度。

表 9.5　　　　　　　　　模具改进前后的对比

| 项目 | 模具修改前（8月1-15日） | 模具修改后（8月18-31日） |
| --- | --- | --- |
| 开模数（个） | 1 466 | 992 |
| 褶皱返修数（个） | 123 | 7 |
| 褶皱报废数（个） | 8 | 1 |
| 褶皱返修率（%） | 8.51 | 0.71 |
| 褶皱报废率（%） | 0.55 | 0.1 |
| 废品率（%） | 2.63 | 2.02 |

假设检验结果表明：在 $\alpha = 0.05$ 的水平下，模具修改前后褶皱返修率、褶皱报废率有了明显下降，但报废率没有明显改善。

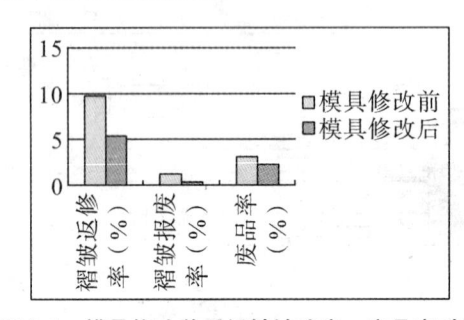

图 9.7　模具修改前后褶皱缺陷率、废品率对比

3. 验证数据（见表 9.6、图 9.8）

表 9.6　　　　　　　　7 月、8 月仪表板表面褶皱缺陷趋势

| 项目 | 2010 年 7 月 | 2010 年 8 月 |
| --- | --- | --- |
| 开模数（个） | 1 814 | 2 438 |
| 返修数（个） | 179 | 130 |
| 褶皱报废数（个） | 22 | 9 |
| 褶皱返修率（%） | 8.87 | 5.33 |
| 褶皱报废率（%） | 1.21 | 0.37 |
| 废品率（%） | 3.09 | 2.27 |

假设检验结果表明：通过项目改进，仪表褶皱返修率、报废率有了显著下降（$\alpha = 0.05$），废品率也有了一定的改善。

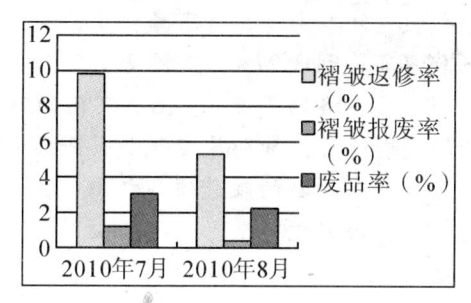

图9.8　7月与8月褶皱缺陷率、废品率对比

### 五、控制阶段（C）

（1）更新反应计划（班前彻底清洁发泡模具；定期疏通发泡模具真空眼；控制存放时间等内容）。

（2）更改作业指导书（改进悬挂方法）。

［资料来源］秦静，方志耕，关叶青. 质量管理学［M］. 北京：科学出版社，2005.

**【思考题】**

1. 该公司在分析阶段采取了什么方法来寻找原因？效果如何？
2. 该项目怎样判断缺陷率高的原因？
3. 该项目还存在什么问题？
4. 从世通汽车装饰公司通过 DMAIC 获得的实质性的成效中，我们可以得到什么启示？

**参考答案要点：**

1. 该公司在分析阶段采取了什么方法来寻找原因？效果如何？

项目团队主要采用了"头脑风暴法"。团队成员积极开动脑筋，对表面褶皱成因提出了很多设想，其中小部分被否定了，如表面颜色对褶皱无影响；而大部分通过假设检验被肯定了，如悬挂方法对报废率有显著影响，模具清洁度对褶皱的返修率和报废率都有影响。这些对提高产品质量和降低成本有直接影响。

2. 该项目怎样判断缺陷率高的原因？

在进行判断时，不论肯定与否定都是通过假设性检验作出的，这样得出的结论较为科学、客观。克服了"看一看"就得出结论，缺少依据，容易误判的弊端。

3. 该项目还存在什么问题？

项目在降低返修率和报废率上取得了明显效果，但废品率改善状况还不明显，项目团队需要继续努力，将此作为下一个改进项目的目标。

4. 从世通汽车装饰公司通过 DMAIC 获得的实质性的成效中，我们可以得到什么启示？

世通汽车装饰公司通过项目改进，仪表板褶皱返修率、报废率有了显著下降，废品率也有了一定的改善。褶皱返修率由9.87%下降到5.33%；褶皱报废率由1.21%下降到0.37%；废品率由3.09%下降到2.27%，大幅度降低了企业的总成本。

从中得到的启示：当一个六西格玛项目完成后，不但能有效地提高过程和产品的质量，而且有助于发现新的改进项目；特别是当一个项目揭示出同一产品或过程的改进机会时，人们会义无反顾地投入到新的改进项目之中。这样，六西格玛就会进入到一种持续改进的良性循环之中，每完成一个六西格玛项目，过程质量和产品质量就提高一步，质量经济效益就增长一步。这样坚持数年，由量的积累达到质的飞跃，使过程和产品的不合格趋近于零，实现六西格玛的目标，使企业不断发展壮大，成为最优秀的企业。

## 【案例三】 金宝电子：步伐稳健地行走于六西格玛之路上

2000年12月，第十届台湾质量奖的颁奖典礼上，在评审"质量不折不扣"的理念下，金宝电子以多年来追求质量的决心与成就脱颖而出，获得台湾质量奖。细察金宝电子追求质量的努力、实施质量的过程，我们可以知道这个奖真是实至名归。

金宝电子自1994年起，就在董事长许胜雄的领导下，努力实施六西格玛的质量策略。六西格玛曾经协助许多世界级企取得惊人的成绩，它曾经使通用电气（GE）公司迈向营运的高峰，被杰克·韦尔奇称为通用公司所采用的最重要的管理措施；也是西方企业力抗日本企业并反败为胜的法宝。

在实行六西格玛前，金宝电子所生产的产品不良率颇高，无法达到客户满意，经常引起顾客抱怨，产品缺乏竞争力。为了提高竞争力，金宝电子决定导入六西格玛管理。当时金宝电子派遣了一批人员到美国接受六西格玛的训练课程，成员包含总经理、数位副总经理及相关人员，陈乃源也是其中之一。

受训回来后，陈乃源全身心投入金宝电子执行六西格玛的架构规划。陈乃源说："实践六西格玛的基本原则，是以顾客需求为出发点，一切改善都必须以顾客需求为主，讲求从制造过程开始改进，而不是看产品产出的最后结果，因为不良产品事后的修补往往要花费更多的成本。质量改善最重要的是要从根源做起，也就是在设计时就减少犯错误的机会。尤其是在产品生命周期急速缩短的今天，已没有时间让你尝试犯错误了，也无法再像过去一样等生产过程结束后再统计错误，而是必须在设计时就减少错误的发生，把线上的制造流程能力都计算、考虑进去，让产品合于标准，将制造流程改善，一次就做好，使得后续不至于有错误发生。"金宝电子按照下面四点，执行六西格玛架构规划，已达到六西格玛的目标。

1. 致力教育培训，达成全员共识

在执行六西格玛的构成中，金宝电子在全面质量管理（TQM）的架构下，确定质量方针，拟定了中长期的质量目标与策略，使质量方针、目标与策略分解落实到各部门去执行，且有董事长领导高阶主管稽核，亲至现场诊断并做提案改善。其次运用诸如SPC、MSA、DOE、QFD、FMEA、QCC、ZD与提案制度、IE作业改善、田口质量工程等各种质量方法，达到各阶段所设定的质量目标。

陈乃源说："六西格玛牵涉到的并不只是质量而已，它牵涉到组织文化的改变。事实上，它就是一种组织变革。要推行六西格玛，首先就必须透过教育训练，改变组织内既有的思维模式。"

由于执行六西格玛需要许多专业技能以及质量知识，因此金宝电子在公司内部成立了训练机构，开设了许多培训课程，包括 SPC、MSA、DOE、QFD、FMEA、田口方法、ISO、质量成本 QCOST、基本统计、顾客满意、同步工程、价值工程、绿色设计等，受训成员包括各部门主管、工程师与职员。除一系列的教育培训课程之外，公司也针对全员进行六西格玛教育，让全体员工了解何谓六西格玛，让他们学习六西格玛的技巧，同时启发员工的新观点及创意。

2. 步伐稳健地推行六西格玛管理

在 1994 年决定推行六西格玛时，金宝电子的质量标准只达 $3.5\sigma$，也就是每百万件产品中还有 22 700 个可能产生不良；直至 1995 年，金宝电子达到了 $4\sigma$ 的目标，也就是每百万件产品可能不良率下降为 6 210 个；1999 年，更达到 $4.74\sigma$，也就是每百万件产品中可能的不良率下降到 600 个，与此同时，金宝电子也获得了台湾质量奖的肯定。2000 年，金宝电子已达到了 $5.04\sigma$，即每百万件产品不良率只有 197 件。由 22 700 件至 197 件，金宝电子六西格玛之路，一步一个脚印，扎扎实实地走过来，成果也明明白白地呈现出来。金宝电子在 2002 年达到六西格玛的目标，每百万件产品不良率只有 3.4 件，近乎零缺陷，见表 9.7。

表 9.7　　　　　金宝电子 1994—2002 年质量标准与 DPMO

| 年份 | 质量标准 | 每百万件的不合格数（DPMO） |
| --- | --- | --- |
| 1994 | $3.5\sigma$ | 22 700 |
| 1995 | $4\sigma$ | 6 210 |
| 1999 | $4.74\sigma$ | 600 |
| 2000 | $5.04\sigma$ | 197 |
| 2002 | $6\sigma$ | 3.4 |

3. 用数字说话

六西格玛是一种高度依赖统计的质量管理方法。统计数字是执行六西格玛的重要工具，以数字说明一切，所有的生产表现、执行能力等，都会量化为具体的数字，用数字说话，结果一目了然。决策者及经理人可以从各种统计报表的具体数字中找出问题在哪里，而改善的成果都需以统计与财务数据做依据。诸如产品合格率达多少百分比、客户抱怨书有多少、节省多少成本，等等，在报表上都清清楚楚地展现出来。这些具体的统计资料，改变了目前仅每月报一次检查重点的信息披露，还在广大客户下订单之前，为其提供产品和过程的 $\sigma$ 数据参考。因此，只要将数据摊开了，让数字说话，要假也假不了。

4. 领导者的定位及角色

任何新政策都需要领导者的支持与引导，六西格玛更是不能例外。当初，金宝电子就是在许胜雄的坚持下，开始了经理人出国学习、各部门方针展开、全员一起投入实践六西格玛的过程。在这过程中，领导人以身作则，将公司重视六西格玛且非做不可的心态传导给各阶层专业经理人，改变他们的思想观念，是成功实践六西格玛的关键。金宝电子董事长领导高阶主管至各部门去执行稽核、诊断并做提案改善，以及每月一次的检查，最高主管从未缺席，上行下效，金宝电子所取得的成绩中，领导人功不可没。

随着质量的跃进，金宝电子达成了六西格玛的终极目标，但是目标的达成并不代表脚步的停顿。就如同陈乃源所言："客户对质量的要求只会越来越严格，质量改善是永无止境的，追求质量没有结束的时候。"

［资料来源］周劲松. 金宝电子：步伐稳健地行走于六西格玛之路［J］. 中国质量，2002（5）.

## 【思考题】

1. 为什么说六西格玛是一种组织变革？
2. 金宝电子是如何实施六西格玛管理的？
3. 金宝电子成功实施六西格玛的原因是什么？取得了哪些实质性的成果？

## 参考答案要点：

1. 为什么说六西格玛是一种组织变革？

六西格玛牵涉到的不仅仅是质量，而且还牵涉到组织文化的改变。它是对组织成员的观念、态度和行为的改变，使全体员工了解何谓六西格玛，它能够为企业带来何种利益，以及如何来达到六西格玛的目标。通过教育训练（包括SPC、MSA、DOE、QFD、FMEA、田口方法、ISO、质量成本QCOST、基本统计、顾客满意、同步工程、价值工程、绿色设计等），来改变组织内既有的思维模式。当然，仅通过对员工的培训来达到改变员工的思维模式是远远不够的。任何组织变革都需要领导者的支持与引导，六西格玛更是不能例外。在员工们都排斥六西格玛的时候，领导者就需成为一个好的变革的沟通者、行动的领导者，这样上行下效，金宝电子的六西格玛目标终于达成了全员的共识。正如金宝电子副总经理陈乃源所说，"六西格玛是一种组织变革"。

2. 金宝电子是如何实施六西格玛管理的？

金宝电子在实施六西格玛管理过程中，花费了不少的心力。

（1）派遣了一批人员到美国接受六西格玛的训练课程，其中成员包含总经理、数位副总经理及相关人员，让领导班子对六西格玛有一定的认知，从而潜心致力于六西格玛的架构规划。

（2）致力于教育训练，达成全员共识。对员工进行六西格玛教育，让全体员工了解何谓六西格玛，让他们学习六西格玛的技巧。告知员工，六西格玛并不只是一种质量的标准而已，而是一种工作的哲学，必须将其内化成员工的观念，养成员工一次就做好、一次就做对的工作习惯。

（3）以通用电气作为学习的标杆，当成比较与学习的对象。有了目标，才知道自己前进的方向，才有源源不断的动力。

（4）将所有的生产能力、执行能力等，都量化为具体的数字，用数字说话，结果一目了然。这样可使管理层以及员工知道我们在哪些方面进步了，要再接再厉；在哪些方面还存在不足，需进一步努力。

（5）领导人的决断力，让六西格玛很快渗透到金宝电子公司的各处，公司所取得的成绩中，领导人功不可没。

3. 金宝电子成功实施六西格玛的原因是什么？取得了哪些实质性的成果？

（1）金宝电子成功实施六西格玛有以下几个原因：

①认识到自身的不足。1994 年，金宝电子当时的质量标准只达到 3.5σ，不良率太高，影响企业在市场上的竞争力。正因为这些不足，使得金宝电子的领导班子决心努力实践六西格玛的质量策略。

②树立了可以学习的标杆企业——GE。六西格玛曾经使通用电气（GE）公司迈向高峰，因而金宝电子选择了 GE 为比较学习的对象。当然，每个企业都有其自身独特的地方，金宝电子也并未完全照抄 GE，这也是其成功实施六西格玛的另一制胜法宝。

③卓越的领导者。金宝电子副总经理陈乃源全身心投入执行六西格玛的架构规划，以及针对员工进行六西格玛教育，为金宝电子质量提升倾注了不少的心力。金宝电子的董事长许胜雄领导经理人出国学习、全体员工一起投入实践六西格玛，他领导高阶主管至各部门去执行稽核、诊断并做提案改善，更值得敬佩的是，每月一次的检查，他以及他所领导的主管从未缺席。从这些可以看出领导班子对六西格玛的重视。任何新政策都需要领导者的支持与引导，只有领导者重视了，员工才不会排斥新政策，进而慢慢地接受新政策，最终投身于为实现新政策而奋斗中。故而，金宝电子成功实施六西格玛，领导者功不可没。

④优秀的员工。只有卓越的将军，而无优秀的士兵，一切都只是纸上谈兵。自从采取全面展开的目标方针以后，从总经理到各部门主管，从工程师到生产线上作业员，他们都不断地自我充实与修习各种可以达到六西格玛目标的资讯与知识，尝试各种质量方法，并且积极主动地参加各种培训，如：SPC、MSA、DOE、QFD、FMEA、田口方法、ISO、质量成本 QCOST、基本统计、顾客满意、同步工程、价值工程、绿色设计等。正是由于这些员工的不懈努力，金宝电子的质量达到了近乎零缺陷。

（2）金宝电子公司取得的实质性成效如下：

①1994 年，金宝电子当时的质量标准只达到 3.5σ，到 2002 年，已完全达到了 6σ 的目标，每百万件产品不良率只有 3.4 件，近乎零缺陷。

②金宝电子实施六西格玛后，不仅得到了客户的肯定，成本也大幅度降低。公司在导入六西格玛管理之前，主要耗费在没有一次将事情做对而在事后补救的成本上。导入六西格玛管理后，这项费用由以前的 14% 降低为 2%，而质量成本也由导入前的 3% 降低为不到 2%。

综上，金宝电子经过 8 年努力，质量达到了近乎零缺陷。

## 【案例四】 GE 实施六西格玛管理体系的成功经验

六西格玛管理起源于摩托罗拉公司，而在通用电气公司获得巨大发展，并被世界

80%的500强企业所采用。它是追求卓越的系统的解决问题方法。

GE（通用电气公司）多年以来一直是世人关注的焦点，一直都是全美乃至世界最受推崇、最受尊敬的公司之一。GE取得如此骄人的业绩，其成功的关键就是不断地进行改革。而从1995年实施六西格玛管理以来，GE更上一层楼，公司的营业利润从1995年的66亿美元飙升为1999年的107亿美元。GE在1995年这样分析自己实施六西格玛管理的必要性：GE的典型过程是每百万件中产生大约35 000个不合格品，这听起来似乎很多，也确实不少。但是，这是当时大多数成功的公司常见的不合格水平。这种不合格水平介于$3\sigma \sim 4\sigma$之间。其他企业的经验表明，如果把过程从$3\sigma \sim 4\sigma$的水平提高到$6\sigma$的水平，通常可以带来相当于年收入10%~15%的节约。GE的年收入超过700亿美元，这就意味着每年有70亿~100亿美元的损失，这种损失大部分产生于报废、零件返工以及交易中的错误。如果六西格玛管理每年能产生70亿~100亿美元的节约，这无疑是一笔巨大的财富。除了经济原因之外，伴随着质量的大幅度提高、员工士气的提高、市场占有率的提高、顾客满意度的提高、竞争能力的提高，这些是更重要的回报。但是，要实现$6\sigma$的目标是很难的，GE需要将差错从目前水平上降低1万倍，为了在2000年达到$6\sigma$，必须做到平均每年将差错降低84%。

1995年末，GE提出了附带200个项目和庞大培训方案的六西格玛管理实施计划。事实上，1996年共完成了3 000个项目，培训了3万名职工。整个计划投资2亿美元，在质量方面带来的经济回报为1.7亿美元（与投入接近）。1997年，GE投资3亿美元，计划进行6 000个项目，实际上做了11 000个项目，培训了约10万名职工，获得了6.2亿美元的回报（扣除3亿美元的投资后，六西格玛管理带来的节约额是3.2亿美元）。1998年末，进行了37 000个项目，六西格玛管理带来的节约额是7.5亿美元。1999年，进行了47 000个项目，六西格玛管理的节约额是15亿美元。到2000年，六西格玛管理为GE带来的总收益超过了150亿美元。GE的利润率从1996年的14.8%上升到2000年的18.9%（见图9.9、图9.10、图9.11）。

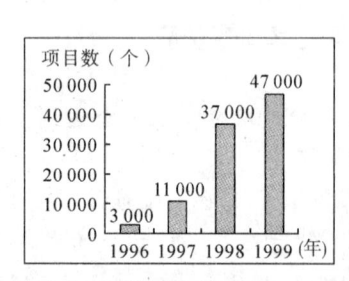

图9.9　GE1996—1999年完成的项目数

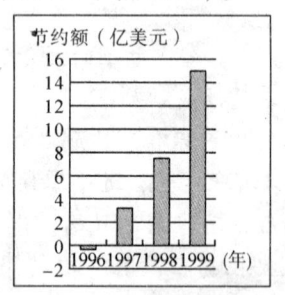

图9.10　GE1996—1999年实施六西格玛管理的节约额

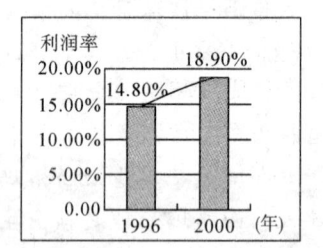

图9.11　GE1996年与2000年利润率比较图

六西格玛管理如此巨大的经济利益是怎么产生的呢？通过GE实施六西格玛项目的某些做法，人们可以看到其中的一些秘密。

在通用资产公司，员工在一年中接到的顾客电话大约30万个，其中24%的电话因为人不在或者忙不过来，而不得不使用语音信箱或让顾客再次拨打电话。但是当员工根据语音信箱回电时，那位顾客可能却正在与其他公司接洽，GE因此丢掉了生意。一个六西格玛小组接到这个改进项目后，首先进行调查，收集数据。他们发现，42个分部中的一个分部在接打电话方面几乎达到了 100% 的程度。该小组分析了这个分部的系统、运作流程、设备、布局安排和员工配备情况，并将其克隆给另外的 41 个分部。现在，第一次拨打电话就能找到 GE 人员的概率已经达到了 99.9%。顾客的电话中约有 40% 能给公司带来生意，据此推算，仅这一个项目的回报就可以达到数百万美元。

合同都规定有交货期。在过去的大多数情况下，GE 与客户商定一个交货期，然后按商定的日期交货。实施六西格玛管理后，GE 从顾客需求出发重新考虑交货期。例如，飞机引擎维修的周期应该是引擎从飞机上拆下来开始，一直到引擎修好后安上飞机，飞机能再次起飞的时间止。于是，GE 在每一份订单上都附上启用日期的标签，使所有人都一目了然。真正从顾客角度出发后，飞机引擎维修的周期从原来的 80 天减少到了 5 天，顾客切身感受到了六西格玛管理的好处。2000 年，GE 在 50 家航空公司做了 1 500 个飞机引擎项目，帮助顾客获得了 2.3 亿美元的经营利润。同理，顾客买 CT 扫描仪的周期应是原来的交货期到 CT 扫描仪第一次为病人服务的时间。2000 年，GE 的医院系统的项目近 1 000 个，为 GE 创造了 1 亿美元以上的利润。

GE 在整个公司范围内应用六西格玛管理的第一阶段，主要着眼于降低成本、提高生产力、调整有问题的工艺流程。工厂经理可以用六西格玛管理减少废品损失，增强产品的稳定性，解决设备问题，提高生产能力；人力资源经理可以利用六西格玛管理减少聘用员工所需要的时间；维修工人可以利用六西格玛管理更好地理解顾客的需求，调整自己的服务，提高顾客满意度。在一个极端的例子中，有一个工厂发现，通过应用六西格玛管理，能大大地提高工厂的生产能力，以至于在 10 年内无需做生产能力方面的投资。

GE 应用六西格玛管理的第二阶段，重点是应用六西格玛设计新产品。应用六西格玛设计并投放市场的第一个新产品是新型 CT 扫描仪。过去用传统的 CT 扫描仪扫描左胸部需要 3 分钟，现在则只需要 10 秒。在 3 年里，医药系统共启动了 22 种运用六西格玛设计的产品。2001 年，医药系统的全部收入中有 50% 以上来自于六西格玛设计的新产品，每一种投放市场的新产品都是应用六西格玛原则设计的。

六西格玛管理就是这样创造了当代质量管理的神话：产品质量几乎没有不合格，过程不合格趋近于 0。过去认为不可能的事，现在却真的做出来了。过去的传统理论认为：产品质量和过程质量提高到一定程度，生产成本将大幅度上升，在经济上不合算；现在六西格玛管理使高质量与低成本和高效益完美地结合了起来。质量管理在过去主要是工程师的事，现在则成了最高管理者和所有经理人员最关注的焦点，因为质量是市场与工人之间最直接的桥梁，质量管理直接将企业的所有活动与满足顾客需求接轨，直接表现为赢得顾客信任，增加订单，增加利润，而且不断地增强企业的竞争力，使企业不断地创造出新的利润增长点。

［资料来源］于启武. 质量管理学［M］. 北京：首都经济贸易大学出版社，2003.

【思考题】

1. 请总结 GE 实施六西格玛管理体系的成功经验。
2. GE 成功实施六西格玛管理对我们有何启示？

**参考答案要点：**

1. 请总结 GE 实施六西格玛管理体系的成功经验。

（1）GE 公司利用六西格玛，着重提高客户满意度，降低成本，提高质量，加快流程速度，调整有问题的工艺流程，缩短生产周期（如：飞机引擎维修的周期、CT 扫描仪的到货周期等），改善资本投入，也就是使企业运营成为一个最低成本、最高质量、最高速度的生命体，以达到最大的财务效果。

（2）以客户为中心，以过程控制为根本。

（3）加强了企业对标准设计定位与达标精度的测量，注重数据、量化管理。

（4）要求任何过程或动作都要有明确的目标和动机，一切不创造价值的过程均被视为浪费，追求极大的财务效果。

（5）重视流程设计，改善和优化技术，并将六西格玛系统推广到所有流程中。把六西格玛当成管理体系来建设，而不能简单地当成一种工具。

（6）解决任何问题都依照工具模式 DMAIC 流程，即界定、测量、分析、改进、控制五个程序；以课题项目方式展开活动及科学地解决问题的研发方法。

（7）理念普及上升到对解决问题的专业人才的甄别，重视人力资源培养；

（8）营造"群策群力"的和谐文化，这其实是通用公司六西格玛管理最抢眼的地方。

而 GE 在实现 $6\sigma$ 的目标过程中，每年完成的项目数不断增多，而其节约额不断增加，产生的经济效益非常巨大。六西格玛管理给 GE 带来了巨大的好处。

从案例中三个图可知，实施六西格玛管理给 GE 公司带来了很大的经济利益。但六西格玛管理带来的好处不仅仅局限于经济效益，它还带来了其他更重要的回报，如质量的大幅度提高、顾客满意程度的提高、市场占有率的提高、竞争能力的提高、员工士气的提高等。

2. GE 成功实施六西格玛管理对我们管理有何启示？

（1）GE 公司实施六西格玛之所以取得成功，是因为它具备一个近乎完美的组织架构，如信息系统、内部沟通机制、人力资源及财务、供应商管理、客户关系管理、流程监督、项目管理以及数据管理基础、企业基本认证体系等，这些基本元素实际上就像金字塔的塔基，为六西格玛的顺利展开打下了坚实的基础。所以对要实施六西格玛管理的中国企业来讲，首先必须有完善的组织构架。

（2）通过不断地设计六西格玛，有系统地将工具、方法、过程和小组人员组合在一起，更有效地控制产品质量，降低成本，为企业增加利润。

（3）实施精益六西格玛，减小业务流程的变异，提高过程的能力和稳定性，提高过程或产品的稳健性；减少在制品数量，减少库存，降低成本；缩短生产节拍、缩短生产准备时间、准确快速理解和响应顾客需求。

（4）GE 用了 5 年时间来完成六西格玛管理，可见实施六西格玛管理是一个长期的艰巨的目标。企业切忌好高骛远，不要认为六西格玛可以一蹴而就。

# 第二篇
# 质量管理实训

　　实训目的：使学生对质量管理基本概念和基本理论更好地理解和学习，实现从认识、设计、实施到运作的一体化的实训指导思想，加强对学生专业动手能力的培养；促使学生养成发现问题、分析问题、运用所学知识和技能解决问题的能力和习惯；鼓励并着重培养学生的创新意识和创新能力；结合教学内容，在讲授各章理论的同时，安排与本章内容相应的实训内容与实训环节，以培养学生的调查能力、资料收集能力、资料整理与分析能力、撰写调查报告和实习报告的能力，为从事实际工作做好实践、技术、写作方面的准备，打下良好的专业基础。

# 第十章　质量管理概论

### 一、实训目的

本章内容具有较强的综合性，通过实训，增强学生对质量管理基本概念和基本理论的学习和理解。

### 二、实训组织

按教学班级将学生分成若干小组，每一小组 5~6 人为宜，小组中要合理分工，组队时注意小组成员在知识、性格、技能等方面的互补性，选举一位小组长以协调小组的各项工作。

### 三、实训内容与要求

调查或收集两个知名成功企业的案例资料，分析其质量管理水平，对比其在企业绩效、产品质量、市场占有率、企业公众形象等方面的差异，加深对质量管理课程的理解和对质量管理重要性的认识。每小组完成 3 000 字左右的实训报告。

# 第十一章　质量管理体系

## 对 ISO9001：2000 标准的实施要点的理解

**一、实训目的**

通过实训，增强学生对 ISO9001:2000 标准的实施要点的理解，并能在以后的实际工作中，将组织的情况与 ISO9001:2000 标准相结合；培养学生分析问题、解决问题的能力。

**二、实训组织**

以个人为单位进行。

**三、实训内容与要求**

学生可自行准备某公司的质量手册或由任课教师提供资料，在仔细阅读案例资料的前提下，体会该公司的质量方针、质量目标、质量策划、质量控制、质量保证和质量改进等活动，收集该公司在建立质量管理体系前后的经营业绩，分析数据，观察质量管理体系的建立为企业带来的效果，体会建立质量管理体系的作用。撰写 2 000 字左右的体会。

## 模拟质量认证程序

**一、实训目的**

通过模拟，让学生体会实施质量认证的程序和技术，以及认证的严肃性和严谨性。使学生明白组织通过认证所要做的准备工作以及通过认证后应做的工作；培养学生将理论知识转化为分析问题、解决问题的能力。

**二、实训组织**

将学生分成两组，一组扮演被认证企业（4~5 人），另一组扮演认证单位（2~3 人）。各自准备角色和所需要的相关资料、表格。

**三、实训内容与要求**

参加认证的企业模拟应做的准备工作，认证人员模拟认证程序。结束时由学生发表对模拟实训的感受，两组分别提交一份 2 000 字左右的心得体会。

# 第十二章 全面质量管理及质量管理常用技术

## 全面质量管理的重要性

一、实训目的

通过案例分析，让学生确切地理解全面质量管理的含义以及实施全面质量管理对企业的重要性。培养学生将理论知识转化为分析问题、解决问题的能力。

二、实训组织

按教学班级学生人数来确定数个小组，每一小组人数以 5~6 人为宜，小组中要合理分工，组队的时候要注意小组成员在知识、性格、技能方面的互补性，选举一位小组长以协调小组的各项工作。

三、实训内容与要求

结合一些知名的成功案例，分析理解实施全面质量管理的企业在产品质量、工作质量、企业在顾客心中形象等方面的变化，理解实施全面质量管理的重要性。案例可以由学生自行准备，也可以由任课老师指定。每小组完成 3 000 字左右的实训报告。

## 质量管理、改进工具的运用

一、实训目的

训练学生综合运用所学质量改进知识及质量改进工具解决企业面临的现实质量问题。掌握运用排列图、因果图、直方图等质量管理老工具和系统图、矩阵图、亲和图、关联图等新工具，解决企业生产中的实际问题，培养学生的分析判断能力、逻辑推理能力，做到学以致用。

二、实训组织

按教学班级学生人数来确定数个小组，每一小组人数以 5~6 人为宜，小组中要合理分工，组队的时候要注意小组成员在知识、性格、技能方面的互补性，选举一位小组长以协调小组的各项工作。

## 三、实训内容与要求

以小组为单位收集合适的案例，学习案例中别人用质量管理新老工具解决实际问题的做法，写出 2 000 字左右的心得体会；或针对案例中存在的现实问题，运用恰当的质量管理工具，分析质量问题的形成原因，提出解决问题或防止问题继续恶化的方法，写出 3 000 字左右的实训报告。

# 第十三章 顾客需求管理

## 以顾客为关注焦点

### 一、实训目的

训练学生树立以顾客为关注焦点的意识,理解一个组织在经营上取得成功的关键是所生产和提供的产品能够持续地符合顾客的要求,并使顾客满意和信赖。培养学生了解顾客明示的、隐含的需求,学会如何与顾客进行良好的沟通。培养学生解决实际问题的分析判断、逻辑推理能力及迅速反应能力。

### 二、实训组织

以个人为单位完成实训。

### 三、实训内容与要求

结合知名成功企业的案例,案例可以由学生自行准备,也可以由任课老师指定。结合案例充分理解"以顾客为关注焦点"是质量管理的首要原则,不论是制造业、服务业,还是事业单位、政府机关,都要有"组织依存于顾客"的质量观,它是社会发展的动力,也是物质文明和精神文明的一种标志,从而把顾客作为日常生产、活动、工作中时刻关注的焦点,理解、识别和确定顾客当前和未来的需求。写出3 000字左右的心得体会,题目为:在××工作中应用"以顾客为关注焦点"原则的体会;或:结合××岗位,谈谈如何"以顾客为关注焦点",等等。

## 服务质量调查

### 一、实训目的

训练学生明白服务质量与产品质量的不同,服务质量管理比产品质量管理要求更高、更难。要求学生综合运用所学质量管理知识,明确服务质量的来源,了解顾客满意度指标的构成,理解影响组织服务质量的主要因素,从而提出解决问题的方法和途径,使学生学会系统地思考企业的服务质量问题,培养学生的分析判断能力和逻辑推理能力。

## 二、实训组织

以小组为单位进行,每一小组人数以 5~6 人为宜,小组中要合理分工,组队的时候要注意小组成员在知识、性格、技能方面的互补性,选举一位小组长以协调小组的各项工作。

## 三、实训内容与要求

各小组成员可选择本小组熟悉的企业或产品,有针对性地设计合理、全面、适用的服务质量调查问卷、顾客满意度调查问卷等;去市场上进行问卷发放、填写、回收;对收回的调查问卷进行统计分析,在小组充分讨论的基础上,得出调查结果,提出改进服务质量、提高顾客满意度的措施,并撰写一份 3 000 字以上的调查报告;各组的调查报告可由每小组的组长做主题发言,在全班进行交流。

# 第十四章　设计过程质量管理

## 质量功能展开

### 一、实训目的

训练学生了解质量功能展开（QFD）是一种把顾客对产品的需求进行多层次的演绎分析，转化为产品的设计要求、零部件特性、工艺要求、生产要求的质量工程工具；质量功能展开（QFD）立足于市场上顾客的实际需要，开展质量策划，确定设计指标体系，并提前揭示后续加工过程中存在的问题，采取相应对策，定量地实现顾客需求，提高顾客满意度；学生需要掌握QFD的实施步骤并能绘制质量屋。

### 二、实训组织

按教学班级学生人数确定若干小组，每小组6~7人为宜，并进行以下分工：

总经理：负责资源（含人员）调配、进度安排、产品设计说明书的起草。

营销部经理（1~2人）：负责顾客需求调查（制出顾客需求重要度调查表并进行测评）；协助总工程师把顾客需求"翻译"为产品要求（即技术规范）；实施新产品的市场竞争性分析及评价。

总工程师（1~2人）：负责把顾客需求"翻译"为产品要求（即技术规范）；确定满意度方向；确定关系矩阵；技术重要度的计算及分析；确定目标特征值；产品技术性评价；确定技术要求间相互关系。

生产主管：协助总工程师制定技术要求和质量规格。

设计师：负责质量屋的绘制及美化；制作powerpoint（PPT）演示文稿。

### 三、实训内容和要求

（1）每个小组选择一种熟悉的、结构简单的产品。

（2）根据选定的产品，设计制作市场调查问卷。

（3）在一定区域范围内进行较广泛的市场调查和访谈（样本不少于80个，确定好被调查对象，不要询问被调查者不太了解的事物），收集用户对该产品性能、质量、存在的缺陷、价格等方面的认识，作出数据基本统计与分析，为顾客需求分析、产品重要度分析、市场竞争性分析、技术重要度分析作充分的准备，以找到对这一产品改进的方案或方向。

（4）编制产品设计、改进说明书。产品设计、改进说明书包括：设计思路及过程；产品推介。

(5) 如果针对一种服务项目，要求同时使用服务蓝图并进行质量控制点的分解。

(6) 提交的成果有：①产品完整的质量屋（图）；②产品设计说明书。

# 容差设计

## 一、实训目的

训练学生了解容差设计的目的是在产品技术参数设计阶段，从经济性角度考虑并确定产品各个参数合适的容差；了解检验工序核心职能；掌握健壮设计质量控制方法。

## 二、实训组织

以 3~5 人为一个小组，走访附近一个企业，深入到该企业产品设计部门、生产部门和质检部门，选择一个产品，了解其性能及在生产、使用方面的相关技术参数的公差要求、限值，收集详细的资料。

## 三、实训内容和要求

结合走访企业相关部门收集到的某产品制造容差及返工损失，再结合该产品使用说明书规定的公差，与制造容差进行对比，计算改进公差等的经济性。撰写 3 000 字左右的实训报告，内容涉及：容差设计的目的是在产品技术参数设计阶段，从经济性角度考虑并确定产品各个参数合适的容差；为什么对影响大的参数给予较小的容差（例如用较高质量等级的元件替代较低质量等级的元件）。分析在容差设计阶段既要考虑进一步减少在参数设计后产品仍存在的质量损失，又要考虑缩小一些元件的容差将会增加成本，需要权衡两者的利弊得失做出决策；检验工序不能只记录通过或不通过，还应记录质量特性的具体数值；不能只给出不合格率，还要以质量损失理论制定科学质量水平的数据；运用健壮设计质量控制方法，实时监控反馈产品质量波动，进行工艺参数的调整；在减少总损失的前提下使质量特性越来越接近目标值，条件具备时，缩小容差范围。

# 第十五章　统计过程控制

## 运用 Excel 绘制产品质量的过程控制图

### 一、实训目的

训练学生熟练掌握、运用 Excel 绘制各种产品质量的过程控制图的方法与步骤；会观察、评价和应用控制图，发现生产过程中存在的问题，并提出解决思路。

### 二、实训组织

以个人为单位独立完成本次实训。

### 三、实训内容和要求

根据表 15.1~表 15.4 的资料要求进行，并写出详细的操作步骤、过程截图，对结果做出结论并提出改进建议。对每个题目都需要写出一份 2 000 字左右的实训报告。

1. 某一企业生产的标准件的尺寸公差为 24.967~24.988mm。为了控制产品的质量，从连续生产工序中每隔半小时抽检制品一次，每次抽捡 5 件，共抽 25 次，测得数据如表 15.1 所示。试用 Excel 绘制产品质量过程控制的 $\overline{X}$-S 图，分析控制状态并提出改进建议。

表 15.1　　　　　　　　　　标准件的数据表　　　　　　　　　　单位：mm

| 组号 | 测定值 | | | | | $\overline{x}_i$ | $S_i$ |
|---|---|---|---|---|---|---|---|
| | $x_1$ | $x_2$ | $x_3$ | $x_4$ | $x_5$ | | |
| 1 | 24.987 | 24.985 | 24.980 | 24.970 | 24.980 | | |
| 2 | 24.980 | 24.970 | 24.980 | 24.970 | 24.985 | | |
| 3 | 24.980 | 24.980 | 24.980 | 24.985 | 24.985 | | |
| 4 | 24.985 | 24.970 | 24.980 | 24.980 | 24.975 | | |
| 5 | 24.985 | 24.970 | 24.980 | 24.980 | 24.988 | | |
| 6 | 24.980 | 24.980 | 24.985 | 24.980 | 24.985 | | |
| 7 | 24.988 | 24.980 | 24.975 | 24.988 | 24.975 | | |
| 8 | 24.980 | 24.980 | 24.970 | 24.980 | 24.980 | | |
| 9 | 24.987 | 24.980 | 24.980 | 24.980 | 24.980 | | |

表15.1(续)

| 组号 | 测定值 | | | | | $\bar{x_i}$ | $S_i$ |
|---|---|---|---|---|---|---|---|
| | $x_1$ | $x_2$ | $x_3$ | $x_4$ | $x_5$ | | |
| 10 | 24.980 | 24.985 | 24.970 | 24.970 | 24.988 | | |
| 11 | 24.980 | 24.980 | 24.980 | 24.970 | 24.980 | | |
| 12 | 24.970 | 24.980 | 24.980 | 24.980 | 24.980 | | |
| 13 | 24.970 | 24.980 | 24.985 | 24.970 | 24.980 | | |
| 14 | 24.980 | 24.985 | 24.970 | 24.970 | 24.980 | | |
| 15 | 24.980 | 24.975 | 24.980 | 24.980 | 24.985 | | |
| 16 | 24.980 | 24.970 | 24.988 | 24.980 | 24.975 | | |
| 17 | 24.980 | 24.980 | 24.980 | 24.980 | 24.970 | | |
| 18 | 24.985 | 24.970 | 24.980 | 24.980 | 24.980 | | |
| 19 | 24.980 | 24.970 | 24.985 | 24.980 | 24.970 | | |
| 20 | 24.980 | 24.985 | 24.985 | 24.980 | 24.980 | | |
| 21 | 24.980 | 24.980 | 24.975 | 24.985 | 24.970 | | |
| 22 | 24.980 | 24.980 | 24.988 | 24.980 | 24.980 | | |
| 23 | 24.985 | 24.980 | 24.985 | 24.980 | 24.980 | | |
| 24 | 24.975 | 24.988 | 24.975 | 24.980 | 24.985 | | |
| 25 | 24.970 | 24.980 | 24.980 | 24.985 | 24.985 | | |

[资料来源] 王明贤, 董玉涛, 等. 现代质量管理 [M]. 北京: 清华大学出版社, 2011.

2. 某制药厂某种药用材料的单位消耗数量如表15.2, 作 $X$-$R_S$ 控制图。

表15.2　　　　某制药厂 X 药用材料的单位消耗数量表

| 字样号 | 1 | 2 | 3 | 4 | 5 | 6 | 7 | 8 | 9 | 10 |
|---|---|---|---|---|---|---|---|---|---|---|
| X | 3.76 | 3.49 | 3.75 | 3.66 | 3.62 | 3.64 | 3.59 | 3.58 | 3.67 | 3.63 |
| $R_S$ | — | 0.27 | 0.26 | 0.09 | 0.04 | 0.02 | 0.05 | 0.01 | 0.09 | 0.04 |
| 字样号 | 11 | 12 | 13 | 14 | 15 | 16 | 17 | 18 | 19 | 20 |
| X | 3.67 | 3.63 | 3.66 | 3.81 | 3.97 | 3.64 | 3.67 | 3.60 | 3.61 | 3.61 |
| $R_S$ | 0.04 | 0.04 | 0.03 | 0.15 | 0.16 | 0.33 | 0.08 | 0.07 | 0.01 | 0.00 |
| 字样号 | 21 | 22 | 23 | 24 | 25 | | | | | |
| X | 3.60 | 3.68 | 3.66 | 3.62 | 3.61 | | | | | |
| $R_S$ | 0.01 | 0.08 | 0.02 | 0.04 | 0.21 | | | | | |

3. 为控制某种零件的外观质量, 收集了100个样本, 其不合格数量如表15.3, 作 pn 控制图。

表 15.3　　　　　　　　　　不合格品数量表

| 样本 | 1 | 2 | 3 | 4 | 5 | 6 | 7 | 8 | 9 | 10 |
|---|---|---|---|---|---|---|---|---|---|---|
| 不合格 | 3 | 2 | 0 | 4 | 0 | 3 | 4 | 3 | 2 | 6 |
| 样本 | 11 | 12 | 13 | 14 | 15 | 16 | 17 | 18 | 19 | 20 |
| 不合格 | 1 | 4 | 1 | 0 | 2 | 3 | 1 | 4 | 1 | 3 |
| 样本 | 21 | 22 | 23 | 24 | 25 | | | | | |
| 不合格 | 4 | 2 | 0 | 5 | 3 | | | | | |

4. 某铸件的 20 个样本表面的砂眼数，如表 15.4 所示。作出 C 控制图。

表 15.4　　　　　　　　　　砂眼数统计表

| 样本 | 1 | 2 | 3 | 4 | 5 | 6 | 7 | 8 | 9 | 10 |
|---|---|---|---|---|---|---|---|---|---|---|
| 砂眼 | 3 | 2 | 1 | 2 | 1 | 3 | 1 | 2 | 2 | 1 |
| 样本 | 11 | 12 | 13 | 14 | 15 | 16 | 17 | 18 | 19 | 20 |
| 砂眼 | 3 | 1 | 1 | 2 | 1 | 2 | 3 | 2 | 1 | 1 |

[资料来源] 伍爱. 质量管理学 [M]. 广州：暨南大学出版社，2006.

# 过程能力指数分析

## 一、实训目的

训练学生掌握过程能力指数的表示方法及其在各种情况下的计算方法，通过对过程能力指数的计算，来了解过程或工序的生产能力有多大，相应的不合格率是多少；如果生产能力太低，就必须采取措施加以改进，解决企业生产过程能力不足等实际问题，提出提高工序能力指数的途径；使学生学会系统地思考企业的生产问题，培养学生分析判断能力、逻辑推理能力。

## 二、实训组织

以个人或小组为单位进行。

## 三、实训内容和要求

（1）可根据所使用教材章末案例，计算过程能力指数，判断工序的生产能力级别和相应的不合格率，分析造成该结果的原因，并提出改进建议。完成一份 2 000 字左右的实训报告。

（2）可以小组为单位，选择自己熟悉的企业深入调查，取得翔实的资料，计算该企业目前的过程能力指数和相应的产品不合格率，分析造成该结果的原因，在小组充分讨论的基础上，提出改进措施。各小组提交一份 3 000 字左右的实训报告。

# 第十六章 抽样检验

## 一、实训目的

训练学生运用统计抽样的基本原理,结合企业具体产品的抽样检验指导书进行抽样操作,并对检验结果作出接收或拒收的结论。了解各种抽样检验指导书的要素、要求、格式等。

## 二、实训组织

以教学班级为单位,组织学生到学校附近工厂参观实习。

## 三、实训内容和要求

组织学生到学校附近工厂参观实习。了解该厂产品种类、产品性能、生产工艺流程、产品质量要求、技术要求、执行标准;查阅抽样检验指导书,并能现场观看或者结合该厂的抽样检验指导书,亲身实践抽样检验的过程。

询问工厂师傅或检验人员,从事检验工作需要有什么特殊知识、技能和品质要求。参观实习完成后,每位学生提交 2 000 字左右的实习报告。

附:检验指导书

**附件 1　　××厂汽车仪表电镀前零件表面质量检验指导书**

一、目的:为检验员提供检验规则和方法,指导其正确检验。

二、适用范围:机柜结构件发外电镀前检验。

三、检验工具

1. 目测

2. 30%盐酸

3. 目视检测条件

在自然光或光照度在 300~600LX 的近似自然光下(如 40W 日光灯),视距为 600~650mm,观测时间为 10 秒,且检查点位于被检查品表面的正面,视线与被检查品表面呈 45 度~90 度进行正常检验。要求检验者的矫正视力不低于 1.2。

四、镀前表面质量要求及检验

(1) 油污:表面不允许有严重油污,但允许有均匀透明的防锈润滑油膜。

(2) 镀前划伤:指电镀之前因操作不当或对明显缺陷进行粗打磨等人为造成的基体材料上的划伤或局部摩擦痕迹,一般呈直线型。

(3) 镀前凹坑:由于基体材料缺陷或在加工过程中外来金属屑的影响,而在材料表面留下的小浅坑状痕迹。

（4）抛光区：对基材上的腐蚀、划伤、焊接区、铆接区等部位进行机械打磨抛光后表现出的局部高光泽、光亮区域，无磨痕。

（5）锈蚀：允许有轻微不连续点状浮锈，不允许有腐蚀麻点、带状或成片锈蚀。

判断方法：用30%盐酸浸蚀3~5分钟后，在水中冲洗干净，在距离40W日光灯1~1.5米处，目测原锈蚀处，不得有花纹（斑）、凹坑、麻点、未除去的锈斑，其表面状态应和未锈蚀的表面状态基本一致（在不同的角度目测，可有微小差异）。

（6）零件表面不得有漆层、氧化皮（热轧板、焊缝）。

（7）表面应无毛刺、裂纹、压坑等因操作不良导致的人为损伤。

（8）焊接件应无焊料剩余物、焊渣、熔融飞溅物等。焊缝表面应密实，不得呈疏松状；零件不得有变形。

（9）对于基材花斑或镀前划痕或者焊接后的表面不平整，均可以采取打磨抛光的方式加以去除，但抛光区不能留下有深度感的打磨条纹（即采用较细的磨料），且打磨后的基材必须符合零件尺寸要求。因抛光区的光泽与周围区域不同，所以不能在整个表面布满小面积的抛光区。

（10）机械加工过程中形成的正常模具压印，不属于划伤缺陷；但必须保证其与零件边缘轮廓平行或者具有一定的规律性，且手指甲触摸无凹凸感。

（11）在压铆、焊接的背面所呈现出的凹凸痕迹，属于正常的加工痕；但在要求较高装饰性的表面（如门板正面）应做适当的掩饰处理。

五、包装及防护

对于小件，必须采用塑料袋装；对于规则的工件（如立柱），其表面要求较严，同样要采取塑料袋装；对于较大的或较重的工件，层与层之间，必须采用纸皮隔开，堆放整齐，不能过高；所有的电镀产品必须刷涂防锈油。

**附件2　　××通信技术有限公司镀锌检验指导书**

一、外观标准

镀层应当连续、完整、均匀、光亮、色彩鲜艳，不应有粗糙（包括电流大或光亮剂少造成的烧焦）、漏镀、发雾、爆裂、起泡和清洗不净等污染，以及钝化膜擦伤或掉膜现象（低档滚镀产品除外）。

（1）色彩：白钝为银白色，为单一色彩；蓝白钝（蓝钝）为青白色，为单一色；黄钝为金黄色，为单一色；彩钝为彩虹色，允许多彩并存，只能以批次为单位，进行颜色对比，对比均匀度，但主色彩可调，主要有绿色和红黄色（可网上或在其他专业书籍上查阅相关图片）。

（2）镀层质量：连续、完整是指被镀面的镀层无漏镀、无露底。

（3）检验要求：

①方式：目测；

②检验频次：自检：连续（不需记录）；专检：2次/批（需记录）；

③检验容量：自检：100%（不需记录）；专检：10件/次（需记录）。

## 二、厚度标准

（1）镀层厚度要根据工艺设计和使用条件而定，一般为7微米以上，范围在8~25微米间。
（2）高低区厚度差别不大于50%，具体要求应结合技术设计要求制定。
（3）厚度等级分为3级：1级为15~25微米，2级为8~15微米，3级为5~10微米。
（4）检验要求：
①方式：涂层测厚仪；
②检验频次：自检：2次/批（不需记录）；专检：2次/批（需记录）；
③检验容量：自检：5件/次（不需记录）；专检：5件/次（需记录）。

## 三、结合力标准

适用范围：针对外部质量反馈产品结合不好的工件以及有特殊加工要求和过程（如在装配时发生弯曲、铆合）的工件，需做折弯试验和热震试验。

（1）折弯法：用台钳将样件固定，反复折弯至断裂，有片状脱落为结合力不好；粉末状脱落为脆性大，均为不合格。

检验要求：
①方式：台钳、活动扳手；
②检验频次：专检：1次/班（需记录）；
③检验容量：专检：2件/次（需记录）。

（2）热震法：将被测件放入烘箱，以200℃保温2小时，取出后放入室温下的水中骤冷，不应该出现起泡脱皮。

检验要求：
①方式：烘箱、水桶；
②检验频次：专检：1次/班（需记录）；
③检验容量：专检：3件/次（需记录）。

（3）橡皮擦拭法：钝化膜经过老化后，用无颗粒的软橡皮擦拭10次，不能出现因擦拭引起的转化膜脱落、掉末、漏白。

检验要求：
①方式：软橡皮擦拭；
②检验频次：专检：1次/班（需记录）；
③检验容量：专检：2件/次（需记录）。

## 四、钝化膜防腐试验标准

表 16.1　　　　　　　　　　钝化膜防腐试验标准

| 转化膜种类 | 耐蚀性 NSS 试验（h）（中性盐雾试验） | 评级标准 | 其他性能 | 备注 |
| --- | --- | --- | --- | --- |
| $Cr^{6+}$ 黄钝 | 96 | 不出现白锈 | 按 GB/T9800 | |
| $Cr^{6+}$ 彩钝 | 72 | 不出现白锈 | 按 GB/T9800 | |
| $Cr^{6+}$ 白钝 | 24 | 不出现白锈 | 按 GB/T9800 | |
| $Cr^{3+}$ 彩钝 | 72 | 不出现白锈 | 按 GB/T9800 | |
| $Cr^{3+}$ 蓝钝 | 48 | 不出现白锈 | 按 GB/T9800 | |

检查要求：
(1) 方式：盐雾试验箱；
(2) 检验频次：每种钝化产品 1 次/月（需记录）；
(3) 检验容量：大件：2 件/次（需记录）；小件：3 件/次（需记录）。

**附件 3　　　　　　　　××公司塑料件外观检验规范**

一、目的及适用范围

(1) 为了保证产品的质量，建立和规范塑料件制品的检验方法，对塑料件产品生产及出厂的外观检验提供科学、客观的方法，以保证检验结果一致性和全面性及准确性，特制定塑料件外观检验规范。

(2) 本检验规范适用于本公司生产的塑料件的检验与验收。

二、术语

(1) 翘曲（弯曲、变形）：主要是因为成型品收缩不均，而造成成型品内部形成应力，一旦脱模，成型品内部应力松弛，就造成形状改变。

(2) 缩水（塌坑、平面凹陷）：由于材料收缩，使产品局部整体表面下陷，在成型品表面呈现凹陷的现象。主要原因是材料在冷却固化时，体积收缩引起的，常见于内壁较厚的部位。

(3) 流痕（波纹、流纹）：主要原因是熔融材料在射入成型空间时，由于温度下降急冷固化，造成材料的黏度增高，降低流动性。尤其是在成型品表面，材料的固化速度最快，在后续树脂的推动下，会形成以浇口为中心，垂直于射出方向的波纹。

(4) 缺料（短射）：产品某个部位不饱满，主要原因是射出的熔融树脂在射入模穴中时，对于模穴的某一角落无法完全充填，而造成不满模的情况。

(5) 气泡（空孔）：是成型品内部产生空隙的现象。对透明的成型品而言，会严重影响成型品外观。这是由于成型品在料厚部分中心处冷却最慢，所以材料会在中心部分产生空孔。另外熔融材料若含有水分或挥发性气体，也会在靠近成型品表面有空孔或气泡产生。

(6) 喷痕（喷流、冷料）：是材料在射出时，从浇口进入模穴中，熔融材料呈曲折的带状固化现象，在成型品的表面会形成蛇行状的流痕。其形成的主要原因是由于材料射入模穴时，材料的温度过低或冷却太快，使材料的前端迅速固化，接着受到随后进入的热材料挤压，而造成明显的流动纹路。这种不良现象，在侧面浇口较容易发生。

(7) 熔接缝（结合线、合胶线）：产品在成型过程中，两股以上的融熔料相汇合的接线，是熔融材料在合流的部分，由于流动的树脂前端无法完全合流所产生的条纹，目视及手摸都有感觉。

(8) 断裂（裂痕）：塑料局部断开后的缺陷，是在成型品的表面产生的毛发状的裂痕。形成裂痕的原因大致有三种：

①成型品有残留应力或应力变化。
②成型品受到外力作用以至于产生应力集中。
③受化学药品、吸水作用或树脂再生等成型环境影响。

(9) 白印：由于内应力，在产品表面产生与本色不同的白色痕迹。

(10) 滋边（毛刺、披锋、溢料）：产品非结构部分产生多余的料，在熔融材料流入合模面时，如果有空隙存在，则材料会流入空隙中形成滋边。

(11) 封堵：应该通透的地方由于滋边造成不通。成型品的残留应力，大都是因为射出太多，厚度不均匀产生的收缩差异，或脱模时不良的顶出动作造成的。

(12) 气丝：由于种种原因，气体在产品表面留下的痕迹与底面颜色不同并发亮，带有流动样。

(13) 油丝：油痕、油污（包括脱模试剂）在产品表面留下的痕迹，使该部位发光并带有流动样。

(14) 银丝（料花、银痕）：在成型品表面，于材料流动方向上产生银色的条纹，主要原因是材料干燥不充分，含有水分。

(15) 拉毛：因摩擦而产生的细皮，附在塑料表面的现象。

(16) 异色点：与本身颜色不同的杂点或混入树脂中的杂点暴露在表面上。

(17) 表面光泽不良（表面雾状）：是成型品的表面，失去材料原有的光泽性，而在表面有模糊暗淡的色泽，或形成乳白色的薄层。对透明材料而言，光泽不良会使其透明度降低。其形成原因主要有两点：

①模具表面抛光不良。当模具抛光不良时，模具表面不够光滑，填充材料后，会造成表面凹凸不平，以至于影响表面光泽。

②材料熔胶温度或模温过低。因为熔胶温度或模温过低，造成材料一射入模穴中就迅速固化，以至于无法使表面的光泽性良好。模温是影响成型品表面光泽性的一个重要因素。

(18) 脱模不良：是成品在脱模时很难和模具分离的现象。如果强行把成品从模穴中取出，则可能使成品发生白化、变形或龟裂之现象。造成脱模不良的主要原因有：

①模具制作不良，容易在射出时产生毛边。
②成型条件不适当。
③成型品脱模时，会附在模具的定模上。
④顶出系统不良，脱模销位置不适当等。

(19) 烧焦和黑条：

①烧焦的现象通常发生在成型品的合模线部位，或是在成型品的最后成型的部位产生。这主要是由于模穴中空气不能顺利排出，而受到射入材料的挤压，造成大量热能放出，从而使某部位的材料发生烧焦的现象。

②黑条的现象是由于材料在料筒中的温度过高，在射出前已有裂解产生，所以在射出成型时，会沿着材料流动方向呈现黑色的条纹。

三、检验

(1) 原料报验：开机打样测试，观察制品的颜色、材质、外观是否合格。

(2) 塑料件的材质就是成型塑料产品所用的原材料。对塑料产品的材质一般不做检验，由原材料的供货商提供材料的质量保证书，以保证所用之材料符合图纸或合同之要求。在发生质量异常时，若经分析是原材料物性不良所致，可依据质量保证书进行追溯和索赔。

(3) 产品封样：试产时由客户指定专人对制品外观、结构、颜色、材质予以承认。

(4) 首件检验：依封样件作为生产线生产标准。

(5) 塑料件的配合面 100mm 范围内不直度、不平度小于 0.5mm。

(6) 塑料件的配合面、型腔内表面、外露面不得有翘曲（弯曲、变形）、缩水（塌坑、平面凹陷）、流痕（波纹、流纹）、缺料（短射）、气泡（空孔）、喷痕（喷流、冷料）、熔接缝（结合线、合胶线）、断裂（裂痕）、白印、滋边（毛刺、披锋、溢料）、封堵、气丝、油丝、银丝（料花、银痕）、拉毛、异色点、表面光泽不良（表面雾状）、脱模不良、烧焦和黑条、泛白杂物及线性毛尘等缺陷。

(7) 尺寸：按产品图纸对影响产品功能、组装配合等重要尺寸进行测量，依据尺寸公差做出正确的判断。测量尺寸时需注意：

①不要提供不准确数据和假数据。

②按图纸要求建立基准，注意图纸的版本和设变尺寸。

③测量尺寸之原则：外大内小，两边取中（避开滋边和弯曲部位）。即测外边尺寸时取最大值，测内边尺寸时取最小值。测中点尺寸时，取中间值。但如果要求比较严格或测量边比较长时，要记录最大值和最小值。

(8) 颜色：

①塑料产品颜色之检验通常分为目测和色差仪测试两种方式。在作目视检验时要注意检验的环境如光线等，最好能在光源箱中作比对检验。

②在用色差仪检验时，要注意仪器是否在校验有效期内，所用之标准样和比较样是否清洁，表面是否有划伤等。若目视检验判定有分歧时，以色差仪的读值数据为准。

# 第十七章　质量经济分析

## 一、实训目的

使学生理解质量经济分析实质上是以经济方法为手段，以经济效益为目的，探求产品（或服务）的适用性，运用质量成本知识，理解质—本—利是质量经济分析的基本内容，是全面质量管理活动的经济性表现，是衡量质量管理体系有效性的重要因素。培养学生具有质量成本意识，系统地思考企业的质量成本问题，并能撰写图文并茂的产品质量经济分析报告。

## 二、实训组织

以个人或小组为单位完成实训。

## 三、实训内容与要求

可以结合教学录像或案例或具体企业调查资料进行。认真观看教学录像或仔细阅读案例资料，或采取多种调查形式获取所需资料（这种形式可以小组为单位，每组5~6人为宜）。分析其质量成本构成内容及合理性，寻找造成问题的原因，提出降低质量成本的方法。每人或每组完成5 000字左右的质量成本分析报告，题目自拟、范围自定。

# 第十八章　六西格玛管理

## 一、实训目的

通过实训，使学生理解六西格玛管理是一种全新的管理企业的方式，它是对不合格品的一种测量评价指标；又是驱动经营绩效改进的一种方法论和管理模式，以寻求同时增加顾客满意和企业经济增长的经营战略途径；充分了解六西格玛管理的特点；掌握展开六西格玛的全部要素、过程及操作方法；认识实施六西格玛管理的必要性和可行性。

## 二、实训组织

按教学班级学生人数确定若干个小组，每小组以 6~8 人为宜，组建小组时候要注意小组成员在知识、性格、技能方面的互补性，小组成员需要合理分工。选举一位小组长以协调小组的各项工作；小组成员要针对实训内容，广泛收集资料和数据，及时统计资料并进行研讨，及时发现问题，对第二天所需要的资料作补充。这样一直下去，直到实训任务完成。

## 三、实训内容和要求

在学校周边选择一家企业（生产型和服务型企业均可，类型不限），深入该企业了解其推行六西格玛管理过程，包括推行六西格玛的前提条件，六西格玛组织与领导；高层管理层的承诺；建立六西格玛团队活动和六西格玛改进小组；角色与职责；六西格玛资源与预算；推行六西格玛 DMAIC 改进模式；六西格玛项目选择和评估及六西格玛常用工具的应用等，展示六西格玛的魔力并对我国各行业采用六西格玛的趋势作出判断。

(1) 每小组撰写一份 5 000 字左右的调查报告（对于推行六西格玛成功的企业，总结其践行六西格玛的经验；对于推行六西格玛不成功的企业，提出其今后在六西格玛实践中的改进建议）。

(2) 开展教学大班交流会，每小组需推荐 1 名同学上台，交流本组实训过程中发现的问题和完成的成果，并展示小组的实训报告。在这个过程中，同学们可以相互提问及辩论。

# 第三篇
# 质量管理习题

# 第十九章 质量管理概论习题

一、名词解释

1. 质量
2. 要求
3. 顾客满意
3. 质量管理
4. 质量控制
5. 质量保证
6. 过程
7. 产品

二、填空

1. 产品是指活动或过程的_____。

2. 持续改进是对"_____"的最好诠释。

3. 产品质量特性包括：性能、_____、可靠性、_____和经济性。

4. 服务质量特性一般包括：_____、时间性、_____、经济性、_____和文明性6个方面。

5. 质量环是指对产品质量的_____、形成和_____过程进行的抽象描述和理论概括。

6. 过程是一组将_____转化为_____的相互关联或相互作用的_____。

7. 质量策划致力于制定_____并规定必要的_____和相关资源以实现质量目标。

8. 质量职能是指为了使产品具有满足_____需要的质量而进行的_____的总和。

9. 质量方针是组织的_____正式发布的该组织总的质量_____和_____。

三、单项选择

1. 质量是一组（　　）满足要求的程度。
   A. 特性　　　　B. 固有特性　　　　C. 赋予特性　　　　D. 资源特性
2. 质量定义中"特性"的含义是（　　）。
   A."固有的"　　B."赋予的"　　C."潜在的"　　D."明示的"

137

3. 由于组织的顾客和其他相关方对组织产品、过程和体系的要求是不断变化的，这反映了质量的（　　）。

　　A. 广泛性　　　　B. 时效性　　　　C. 相对性　　　　D. 主观性

4. 从质量工程的角度看，作为产品质量产生、形成和实现过程中的第一环是（　　）。

　　A. 采购　　　　B. 设计　　　　C. 市场研究　　　　D. 产品试制

5. 质量概念涵盖的对象是（　　）

　　A. 产品　　　　　　　　　　　　B. 服务
　　C. 过程　　　　　　　　　　　　D. 一切可单独描述和研究的事物

6. 在 PDCA 循环四个阶段中，把成功的经验加以肯定并制定成标准、规程、制度的阶段是（　　）。

　　A. P 阶段　　　　B. D 阶段　　　　C. C 阶段　　　　D. A 阶段

7. 推动 PDCA 循环的关键在于（　　）。

　　A. 计划阶段　　　B. 检查阶段　　　C. 处理阶段　　　D. 执行阶段

8. PDCA 循环的方法适用于（　　）。

　　A. 产品实现过程　　　　　　　　B. 产品实现的生产和服务提供过程
　　C. 质量改进过程　　　　　　　　D. 构成组织质量管理体系的所有过程

9. 只能事后"把关"的质量管理阶段是（　　）。

　　A. 产品质量检验阶段　　　　　　B. 全面质量管理阶段
　　C. 统计质量管理阶段　　　　　　D. 现代化管理阶段

10. 开创了统计质量控制这一领域的质量管理专家是（　　）。

　　A. 戴明　　　　B. 休哈特　　　　C. 朱兰　　　　D. 石川馨

## 四、多项选择

1. 质量管理主要包括的内容是（　　）。

　　A. 质量方针和目标的制定　　　　B. 质量策划
　　C. 质量控制　　　　　　　　　　D. 质量保证
　　E. 质量改进与持续改进

2. 现代质量管理发展经历了（　　）三个阶段。

　　A. 质量检验阶段　　　　　　　　B. 统计质量控制阶段
　　C. 质量改进　　　　　　　　　　D. 全面质量管理服务

3. 质量检验阶段的"三权分立"是指哪三权？（　　）。

　　A. 设计　　B. 制造　　C. 跟踪　　D. 检验　　E. 改进

4. 戴明 PDCA 循环中，P、D、C、A 各字母对应的含义是指（　　）。

　　A. 计划　　B. 需求　　C. 实施　　D. 检查　　E. 处理

5. 美国质量管理大师朱兰除了提出具有代表性的"螺旋曲线"外，还提出了质量管理的"三元论"，即（　　）。

　　A. 质量计划　　B. 质量控制　　C. 质量检验　　D. 质量改进
　　E. 质量总结

6. 以下质量管理专家提出的质量管理方面理论，对应正确的是（    ）。
   A. 朱兰——螺旋曲线              B. 戴明——质量循环
   C. 克劳斯比——零缺陷            D. 费根鲍姆——全面质量管理
   E. 桑德霍姆——PDCA 循环法
7. 属于 PDCA 循环计划阶段的步骤有（    ）。
   A. 找出所存在的问题              B. 寻找问题存在的原因
   C. 探究问题的根源                D. 找出其中的主要原因
   E. 针对主要原因，研究、制定改进措施。
8. 按照零缺陷概念，克劳斯比认为任何水平的质量缺陷都不应存在。为有助于公司实现共同目标，必须制定相应的质量管理计划。下面属于他的观点的有（    ）。
   A. 高层管理者必须承担质量管理责任并表达实现最高质量水平的愿望
   B. 管理者必须持之以恒地努力实现高质量水平
   C. 管理者必须用质量术语来阐明其目标是什么，以及为实现这一目标，基层人员必须做什么
   D. 每一次就做对最经济
   E. 每个人都尽到自己的工作职责

## 五、判断题（正确的填写 T，错误的填写 F）

1. 质量是指产品或服务满足顾客需求的程度。                            （    ）
2. 从质量和企业关系方面看，提高质量是企业生存和发展的保证。          （    ）
3. 由于质量特性是人为变换的结果，因此，我们所得到的或确定的质量特性实质上只是相对于顾客需要的一种代用特性。这种变换的准确与否直接影响着顾客的需要能否得到满足。                                                （    ）
4. 美国质量管理专家朱兰博士从顾客的角度出发，提出了著名的"适用性"观点。他指出，"适用性"就是产品符合规范或需求的程度。              （    ）
5. 费根鲍姆在 1961 年首次提出全面质量管理的概念。                    （    ）
6. 国际标准化组织把产品分成了四个大类，即硬件、软件、服务、流程型材料。
                                                                      （    ）
7. 质量检验阶段是一种事后把关型质量管理，因此不是积极的质量管理方式。
                                                                      （    ）
8. 质量策划明确了质量管理所要达到的目标以及实现这些目标的途径，是质量管理的前提和基础。                                              （    ）
9. 质量控制致力于提供质量要求会得到满足的信任。                      （    ）
10. 质量改进意味着质量水准的飞跃，标志着质量以一种螺旋式上升的方式不断提高。                                                              （    ）

## 六、简答题

1. 简述戴明 PDCA 循环。
2. 简述戴明著名的 14 条质量管理要点。

3. 简述质量检验阶段的主要特征和不足之处。
4. 简述统计质量控制的不足之处。

## 七、论述题

1. 谈谈你对朱兰"螺旋曲线"的理解。
2. 结合实例说明如何切实有效地建设企业质量文化。
3. 试说明企业如何实践可持续质量管理。
4. 克劳斯比提出的"零缺陷"管理有何意义?

# 第二十章　质量管理体系习题

一、名词解释

1. 文件
2. 管理体系
3. 质量管理体系
4. 质量管理体系策划
5. 质量手册
6. 质量计划
7. 程序文件
8. 作业指导书
9. 记录

二、填空

1. 质量管理体系是在质量方面＿＿＿＿＿＿和＿＿＿＿＿＿组织的管理体系。
2. ISO9001:2000 标准将质量管理体系活动分为：＿＿＿＿＿＿、＿＿＿＿＿＿、＿＿＿＿＿＿和＿＿＿＿＿＿四大过程。
3. ＿＿＿＿＿＿是质量管理的一部分，致力于增强满足质量要求的能力。
4. 由于组织的顾客和其他相关方对组织产品、过程和体系的要求是不断变化的，这反映了质量的＿＿＿＿＿＿。
5. 卓越绩效评价是对组织＿＿＿＿＿＿的评价。
6. 卓越绩效评价准则包括＿＿＿＿＿＿、战略、＿＿＿＿＿＿、资源、＿＿＿＿＿＿、测量与改进和＿＿＿＿＿＿七大类目的要求，包括＿＿＿＿＿＿和＿＿＿＿＿＿两个方面。

三、单项选择题

1. 世界上第一个质量管理体系和质量保证系列国际标准是在（　　）年首次发布的。
    A. 1994　　　　B. 1987　　　　C. 2000　　　　D. 1988
2. 下列标准中，（　　）不属于 2000 年版 ISO9000 族核心标准。
    A. ISO9000 质量管理体系基础和术语　　B. ISO9001 质量管理体系要求
    C. ISO9004 质量管理体系业绩改进指南　　D. ISO10012 测量控制系统
3. 2000 年版 ISO9000 族标准适用的范围是（　　）。
    A. 小企业　　　　　　　　　　　　　B. 大中型企业
    C. 制造业　　　　　　　　　　　　　D. 所有行业和各种规模的组织

4. 2000 年版 ISO9000 族标准的理论基础是（　　）。
　　A. 持续改进原理　　　　　　　　B. 系统理论
　　C. 八项质量管理原则　　　　　　D. 十二项质量管理体系基础
5. 认证机构向组织颁发质量管理体系认证证书，证书的有效期一般为（　　）。
　　A. 一年　　　　B. 二年　　　　C. 三年　　　　D. 四年
6. 我国标准的性质分为强制性和（　　）两种。
　　A. 参考性　　　B. 推荐性　　　C. 建议性　　　D. 参照性
7. 认证是（　　）依据程序对产品、过程或服务符合规定的要求给予的书面保证。
　　A. 第一方　　　　　　　　　　　B. 第二方
　　C. 第三方　　　　　　　　　　　D. 国家行政主管部门
8. 2000 年版 ISO9000 族标准由四项核心标准及若干份支持性技术报告构成。四项核心标准中 ISO9001 是：（　　）。
　　A. 质量管理体系——要求　　　　B. 质量管理体系——指南
　　C. 质量体系审核指南　　　　　　D. 质量管理体系——概念和术语
9. 行业标准是对（　　）的补充。
　　A. 企业标准　　B. 国家标准　　C. 地方标准　　D. 国际标准
10. 习惯上，把产品质量认证和质量体系认证通称为（　　）。
　　A. 质量认证　　　　　　　　　　B. 过程认证
　　C. 产品质量检验　　　　　　　　D. 型式试验
11. 组织建立、实施、保持和持续改进质量管理体系的目的是（　　）。
　　A. 提高组织的知名度
　　B. 证实组织有能力稳定地提供满足要求的产品
　　C. 增进顾客满意
　　D. B+C
12. GB/T 19001 标准规定的质量管理体系要求是为了（　　）。
　　A. 进一步明确规定组织的产品要求
　　B. 统一组织的质量管理体系文件和结构
　　C. 统一组织的质量管理体系过程
　　D. 稳定地提供满足要求的产品并增进顾客满意

## 四、多项选择题

1. ISO9000 标准产生的必然性（　　）。
　　A. 客观条件：科学技术进步和生产力水平提高
　　B. 实践基础：质量保证活动的成功经验
　　C. 理论基础：质量管理学的发展
　　D. 现实要求：经济一体化的世界范围内的贸易往来
　　E. 生存和发展保障：日益激烈的国际竞争
2. ISO9000:2000 族标准的特点（　　）。

A. 坚持"顾客满意，持续改进"的核心理念
B. 引入过程方法，致力于把"顾客满意，持续改进"落到实处
C. 面向所有组织，通用性更强
D. 结构简化，可操作性更强
E. 质量管理体系和环境管理体系的相容性

3. 文件的具体价值在于（    ）。
   A. 满足顾客要求和质量改进
   B. 提供适宜的培训
   C. 使质量管理体系具有重复性和可追溯性
   D. 提供主观证据
   E. 评价质量管理体系的有效性和持续适宜性

4. 影响认证注册价值的主要因素体现在（    ）。
   A. 审核活动的基础，确保活动的实施
   B. 审核活动的特性，通过管理体系的标准体现出来
   C. 审核制度的完整性和诚信，表现为规范化、程序化的制度
   D. 审核员的素质，是影响审核活动的关键因素
   E. 审核的反馈制度，是确保最终审核活动实施的因素

5. 质量管理体系的基本要求（    ）。
   A. 质量管理体系的集合性    B. 质量管理体系的关联性
   C. 质量管理体系的目的性    D. 质量管理体系的适应性
   E. 质量管理体系的反馈性

6. 质量管理体系策划的主要内容包括（    ）。
   A. 产品设计              B. 产品分析
   C. 组织结构分析          D. 识别并确定过程
   E. 配置资源

7. 质量目标应（    ）。
   A. 定量可测量
   B. 与质量方针保持一致
   C. 是组织当前在质量方面已达到的目标
   D. 在组织的相关职能和层次上都要制定
   E. 包括满足产品要求所需的内容

8. "文件"是指"信息及其承载媒体"。根据定义，文件可以包括（    ）。
   A. 指南        B. 记录        C. 规范        D. 程序        E. 质量手册

9. 管理评审是为了确保质量管理体系（    ）。
   A. 适宜性      B. 充分性      C. 拓展性      D. 灵活性      E. 有效性

10. GB/T19580《卓越绩效评价准则》标准有助于组织（    ）。
    A. 取得认证                      B. 获得长期的市场竞争优势
    C. 作为卓越绩效自我评价的准则    D. 提高其整体绩效和能力

## 五、判断题（正确的填写 T，错误的填写 F）

1. 质量管理体系是为实现质量方针和质量目标而建立的管理工作系统。（　）
2. ISO9001 标准与 ISO9004 标准所描述的质量管理体系具有相似的结构和一致的过程模式，因此这两个标准有着相似的目的和适用范围。（　）
3. 系统地识别和管理组织所应用的过程，特别是这些过程之间的相互作用，可称为"管理的系统方法"。（　）
4. ISO9001 标准规定的质量管理体系要求是对有关产品要求的补充。（　）
5. 卓越绩效评价准则和 ISO9001 一样，都是符合性评价标准。（　）
6. 在自愿性认证情况下，如果产品未经认证，不许销售，否则依法惩处。（　）
7. 标准是认证的基础，是开展质量认证活动所必需的基本条件。（　）
8. 质量保证活动的成功经验为 ISO9000 族标准的产生奠定了基础。（　）
9. ISO/TC176 是指质量管理和质量保证技术委员会。（　）
10. ISO/TC207 是人类工程学技术委员会。（　）
11. CNAS 是中国合格评定国家认可委员会的简称。（　）
12. CNAS 是负责全国认证机构（包括各类管理体系认证机构和各类产品认证机构）国家认可工作管理机构。（　）
13. 我国从 1988 年 10 月开始就等同采用国际标准，制定国家标准。（　）
14. 型式试验指按规定的试验方法对产品的样本进行试验，以证明样品符合标准或技术规范的要求。（　）
15. 产品质量认证分为强制性认证和型式试验。（　）

## 六、简答题

1. ISO9000：2000 标准所倡导的八项质量管理原则是什么？
2. 简述 ISO9000：2000 标准的适用范围。
3. 为了有计划、有步骤地建立和实施质量管理体系并取得预期效果，有哪些工作步骤？
4. 简述持续改进活动的内容。
5. 简述质量管理体系评价的类型。
6. 对质量管理体系评价的目的是什么？
7. 质量认证有何作用？
8. 获得 ISO9000 认证应符合什么基本条件？
9. 简述 ISO9000 认证的程序。
10. 程序文件包括哪些内容？
11. 何为强制性产品认证？

## 七、论述题

1. ISO9000 族标准坚持了"顾客满意，持续改进"的核心理念，谈谈你的认识。
2. 最高管理者在质量管理体系建设中应起的作用是什么？
3. 试述质量管理体系评价。

# 第二十一章　全面质量管理及质量管理常用技术习题

## 一、名词解释

1. 全员质量管理
2. 全方位质量管理
3. 检查表
4. 亲和图法
5. 矩阵图法
6. 矩阵数据分析法
7. 标杆法

## 二、填空题

1. ISO8402：1994 将全面质量管理定义为"一个组织以_____为中心，以_____为基础，目的在于通过让_____和本组织所有成员及社会受益而达到长期成功的管理途径"。

2. 全过程质量管理强调必须体现两个思想，一是预防为主、不断改进的思想，二是_____。

3. 全面质量管理要求把管理工作的重点从"事后把关"转移到"_____"上来；从管结果转变为管_____。

4. 质量教育培训是指在实施质量管理的过程中，为了让员工的工作及其结果_____，并考虑员工个体的_____，所需进行的教育培训活动。

5. 质量教育是指致力于介绍新的质量概念和原理，帮助人们_____，唤醒意识的学习过程。

6. QC 小组是在生产或工作岗位上从事各种劳动的职工，围绕企业的_____、方针目标和_____的问题，以改进质量、_____、提高人的素质和_____为目的组织起来，运用质量管理的_____开展活动的小组。

7. QC 小组活动的特点突出表现为明显的_____、广泛的_____、高度的_____和严谨的_____。

8. 根据选题性质的不同，QC 小组的活动分为"_____"和"_____"两种类型。

9. QC 小组活动课题分为五种类型，即："_____"、"_____"、"_____"、"管理型"、"创新型"。

10. 直方图中各个矩形在横轴中表示_____，纵轴表示落入该区间数据的_____。

11. 直方图中数据组的标准差 S 越大，表示数据的_____越大，数据波动越大。

12. 排列图的目的是寻找引发 80% 质量问题的_____。

13. 散布图是研究_____出现的两组_____之间关系的简单示意图。

14. 散布图中，当 X 值增加时，Y 值也增加，而且点子分布比较密集，点子云呈线性，称为_____。

### 三、单项选择题

1. 全面质量管理的基础工作包括（　　）。
   A. 质量信息工作　　　　　　　　　B. 事中控制
   C. 质量改进工作　　　　　　　　　D. 质量评审工作

2. 最早提出全面质量管理概念的是（　　）通用电气公司质量部总经理费根鲍姆
   A. 中国　　　B. 日本　　　C. 美国　　　D. 德国

3. 全面质量管理将过去"管结果"改变为"管因素"的做法，同时实现了（　　）的做法。
   A. 变分工为主到分工为次　　　　　B. 主次因素同时抓
   C. 变分工为主到协调为主　　　　　D. 企业自我管理和第三方全面管理

4. "头脑风暴法"是采用（　　），收集数字资料的一种集体创造性思维的方法。
   A. 问卷方式　　　　　　　　　　　B. 会议方式
   C. 现场采访方式　　　　　　　　　D. 个人思考方式

5. 常用于寻找产生质量问题的原因的图是（　　）。
   A. 直方图　　　B. 排列图　　　C. 因果图　　　D. 散布图

6. 以下哪个常用工具可用于明确"关键的少数"？（　　）。
   A. 排列图　　　B. 因果图　　　C. 直方图　　　D. 调查表

7. 在散布图中，当 x 增加时，相应的 y 减少，则称 x 和 y 之间是（　　）。
   A. 正相关　　　B. 不相关　　　C. 负相关　　　D. 曲线相关

8. 由于刀具磨损所形成的直方图是（　　）直方图。
   A. 平顶型　　　B. 锯齿型　　　C. 偏向型　　　D. 正常型

9. 排列图的作用之一是识别（　　）的机会。
   A. 质量管理　　　B. 质量进步　　　C. 质量控制　　　D. 质量改进

10. 把不同材料、不同加工者、不同操作方法、不同设备生产的两批产品混在一起时，直方图形状为（　　）。
    A. 对称型　　　B. 孤岛型　　　C. 双峰型　　　D. 偏向型

11. QC 小组以稳定工序质量、改进产品质量、降低消耗、改善生产环境为目的所确定的活动课题是（　　）。
    A. 攻关型课题　　　　　　　　　　B. 创新型课题
    C. 现场型课题　　　　　　　　　　D. 管理型课题

12. 通常所说的 QC 小组活动的"四个阶段"包含（　　）个步骤。

A. 6　　　　　B. 7　　　　　C. 8　　　　　D. 10

13. QC 小组活动成果发表的作用是（　　）。

    A. 联谊交流，相互启发，共同提高

    B. 展示 QC 小组活动的技巧和方法，推广应用

    C. 鼓足士气，满足小组成员自我实现的需要

    D. A+B+C

14. QC 小组活动起源于（　　）。

    A. 日本　　　B. 美国　　　C. 德国　　　D. 挪威

15. 对研发人员和质量工程师可进行（　　）培训，使其掌握能胜任工作的岗位技能。

    A. 质量功能展开、失效模型及影响分析

    B. 顾客满意测量技术

    C. 质量成本分析

    D. 供应商战略

## 四、多项选择题

1. 全面质量管理包括（　　）。

    A. 全员质量管理　　　　　　B. 全过程质量管理

    C. 全方位质量管理　　　　　D. 全因素质量管理

    E. 多种多样的质量管理工具或方法

2. 比较常用的质量管理工具和方法有（　　）。

    A. 质量管理七种老工具　　　B. 质量管理七种新工具

    C. QC 小组活动、"头脑风暴法"、标杆法、顾客需求调查和满意度测评

    D. 质量控制、统计过程控制　　E. 抽样检查和验收

3. 当直方图出现（　　）情况时，工序处于失控状态。

    A. 偏向型分布　　　　　　　B. 锯齿型分布

    C. 双峰型分布　　　　　　　D. 凹凸型分布

    E. 孤岛型分布

4. 以下属于"质量管理七种新工具"的有（　　）。

    A. 关联突发　　B. 控制图法　　C. 系统图法

    D. 直方图法　　E. 矩阵图法

5. 下面属于亲和图的绘制步骤的有（　　）。

    A. 确定主题，成立相应的活动小组　　B. 收集资料

    C. 整理所收集的资料　　D. 资料归类　　E. 绘制亲和图

6. 系统图法主要用于以下（　　）方面。

    A. 在新产品研制开发中，用于设计方案的展开

    B. 在质量保证活动中，用于质量保证事项和工序质量分析事项的展开

    C. 在跟踪调查中，用于活动改进的实施

    D. 在信息反馈阶段，用于信息反馈事项的实施

    E. 结合因果图，更为系统地分析所要解决的问题

7. QC 小组活动的特点包括（　　）。

  A. 参与的自愿性　　　　　　　　B. 领导的合理性

  C. 管理的民主性　　　　　　　　D. 方法的科学性

  E. 取证的适用性

8. 在运用"头脑风暴法"时，应注意（　　）。

  A. 禁止评论他人构想的好坏，把对方案的评判放在最后阶段，此前，不得对别人的意见提出批评或评价

  B. 最传统的方法是最受欢迎的

  C. 最狂妄的想象是最受欢迎的，思想越激进越好

  D. 重量不重质，强调产生想法的数量，而不管其是否适当和可行

  E. 探索如何取长补短和改进的办法

9. "头脑风暴法"的工作步骤有（　　）。

  A. 明确课题　　　　　　　　　　B. 成立专家小组

  C. 脑力激荡　　　　　　　　　　D. 观点的收集、分析和整理

  E. 观点的实施

10. 以下质量管理专家与所提出的质量管理工具对应正确的是（　　）。

  A. 直方图——费根鲍姆　　　　　B. 亲和图法——川喜二郎

  C. 排列图——帕累托　　　　　　D. 散布图——朱兰

  E. 因果图——石川馨

11. 用于过程控制活动的质量工具有（　　）。

  A. 关联图　　　　　　　　　　　B. 直方图

  C. 因果图　　　　　　　　　　　D. 过程能力分析

12. QC 小组实施改进，解决问题，除运用专业技术外，所涉及的管理技术主要有三个方面，包括（　　）。

  A. 遵循 PDCA 循环　　　　　　　B. 以事实为依据，用数据说话

  C. 采用标准　　　　　　　　　　D. 应用统计方法及其他多种工具方法

  E. 发挥领导作用

## 五、判断题（正确的填写 T，错误的填写 F）

1. 全面质量管理的思想之一是要求质量与经济相统一。（　　）

2. 排列图上各项目的排列是按频数大小从右到左排列，其他一项排列位置则由其频数大小决定。（　　）

3. 平顶型直方图的形成可能由单向公差要求或加工习惯等引起。（　　）

4. 锯齿型直方图形成的原因是由于分组过多或测量仪器精度不够、读数有误等造成的。（　　）

5. 分层的目的是为了将混在一起的不同来源的数据区别开来，有利于查找产生质量问题的原因。（　　）

6. 作散布图时，两个变量间的线性相关程度越低，图中的点子越趋向于集中在这条直线附近。（　　）

7. 围绕某一主题，收集大量意见、观点、想法，按照它们之间的亲和性加以归类、汇总的方法，叫亲和图法或 KJ 法。　　　　　　　　　　　　　　（　）

8. 最早提出全面质量管理概念的是美国的戴明博士。　　　　　　（　）

9. 全面质量管理强调"始于识别顾客的需要，终于满足顾客的需要"，这里的"顾客"就是指外部的最终的顾客。　　　　　　　　　　　　　　（　）

10. QC 小组活动是组织的自主行为，推进 QC 小组活动健康持久地发展，是领导和有关部门的职责。　　　　　　　　　　　　　　　　　　　　　（　）

11. QC 小组的课题来源于上级的指令性课题和质量部门推荐的指导性课题。（　）

12. QC 小组等同于行政班组，其组建需经行政批准。　　　　　　（　）

13. QC 小组活动成果评价更注重经济效益方面。　　　　　　　　（　）

14. 现场型 QC 小组的课题以解决技术关键问题为目的。　　　　　（　）

15. 应针对组织的各级、各类人员的工作需求确定质量教育培训内容。（　）

16. 对培训需求的识别与确定是培训工作的首要环节，应综合考虑组织发展的各个方面状况。　　　　　　　　　　　　　　　　　　　　　　　　（　）

## 六、简答题

1. 质量教育培训的作用是什么？
2. 实施质量教育培训的四个阶段的活动有哪些？
3. 什么叫 QC 小组？其特点表现在哪些方面？
4. QC 小组活动遵循 PDCA 循环，其基本步骤有哪些？
5. 调查表的作用是什么？应用调查表的主要步骤是什么？
6. 因果矩阵的作用是什么？
7. 什么是"头脑风暴法"？其作用是什么？
8. 亲和图的主要作用是什么？
9. 简述标杆法的工作步骤。
10. 简述箭条图法和矩阵数据分析法的步骤。

## 七、论述题

1. 试说明全过程质量管理的含义以及如何才能实现全过程质量管理。
2. 如何才能做到全方位质量管理？
3. 试就某一工作或学习中所遇到的质量管理问题，利用因果图分析造成这一问题的原因，找到关键原因，并给出解决方案。

# 第二十二章　设计过程质量管理习题

一、名词解释

1. DfX
2. 质量屋
3. 可靠性
4. 维修性
5. 保障性
6. 测试性
7. 可用性

二、填空题

1. 质量的市场属性主要表现为_____、_____、_____、_____。
2. 由消费需求要求项目转换成需求质量，采用的是_____。
3. 在计划质量确定中，绝对权重值等于_____、_____和_____的乘积。
4. 设计质量确定是在_____和_____比较分析基础上进行的。

三、单项选择题

1. 下述关于质量与可靠性的表述中，正确的是（　　）。
   A. 质量是产品可靠性的重要内涵　　B. 可靠性是产品质量的重要内涵
   C. 可靠性与产品质量无关　　　　　D. 产品可靠，质量自然就好
2. 产品可靠性与（　　）无关。
   A. 规定时间　　B. 规定条件　　C. 规定功能　　D. 规定维修
3. 产品典型的故障率曲线中不包括（　　）阶段。
   A. 早期故障阶段　　　　　　　　B. 报废故障处理阶段
   C. 偶然故障阶段　　　　　　　　D. 耗损故障阶段
4. 产品固有可靠性与（　　）无关。
   A. 设计　　　　B. 制造　　　　C. 使用　　　　D. 管理
5. 惠普公司对产品设计与成本之间关系的调查表明：产品总成本的（　　）取决于最初的设计，75%的制造成本取决于设计说明和设计规范。
   A. 60%　　　　B. 70%　　　　C. 75%　　　　D. 80%
6. 在产品投入使用的初期，产品的故障率较高，且具有随时间（　　）的特征。
   A. 逐渐下降　　　　　　　　　　B. 迅速下降

C. 先降低后提高 　　　　　　　　D. 保持不变

7. 某产品由 5 个单元组成串联系统，若每个单元的可靠度均为 0.95，该系统可靠度为（　　）。

　　A. 0.77　　　　B. 0.87　　　　C. 0.97　　　　D. 0.67

8. 在质量功能展开（QFD, Quality Function Deployment）中，首要的工作是（　　）。

　　A. 客户竞争评估　　　　　　　B. 技术竞争评估

　　C. 决定客户需求　　　　　　　D. 评估设计特色

9. 在质量功能展开（QFD）中，质量屋的"屋顶"三角形表示（　　）。

　　A. 技术要求之间的相关性　　　B. 顾客需求之间的相关性

　　C. 技术要求的设计目标　　　　D. 技术要求与顾客需求的相关性

10. 某可修复产品发生 5 次故障，每次修复时间（单位为分钟）分别为 48、27、52、33、20，则平均修复时间（MTTR）为（　　）。

　　A. 180　　　　B. 36　　　　C. 150　　　　D. 90

## 四、多项选择题

1. 以下属于 DfX 方法的有（　　）。

　　A. DfM　　B. DfT　　C. DfB　　D. DfA　　E. DfW

2. 绿色设计的基本要求体现在（　　）。

　　A. 优良的环境友好性　　　　　B. 最大限度地减少资源消耗

　　C. 排放最小　　　　　　　　　D. 污染较小

　　E. 最大化可回收利用

3. 为了能够正确地理解"可靠性"概念，我们应当把握（　　）。

　　A. 产品的可靠性与规定条件的关系　　B. 产品的可靠性与规定方法的关系

　　C. 产品的可靠性与规定时间的关系　　D. 产品的可靠性与规定功能的关系

　　E. 产品的可靠性与规定用途的关系

4. 维修类型主要包括（　　）。

　　A. 恢复性维修　　　　　　　　B. 部分维修

　　C. 预防性维修　　　　　　　　D. 整体维修

　　E. 全面维修

5. 测试性主要表现在（　　）。

　　A. 自检功能强

　　B. 测试方便

　　C. 兼容性好

　　D. 便于使用外部测试设备进行检查测试

　　E. 易于进行跟踪反馈

6. 影响可信性的因素包括（　　）。

　　A. 测试性　　B. 可靠性　　C. 维修性　　D. 保障性　　E. 反馈性

7. 可靠性特征量包括（　　）。

　　A. 可靠度　　　　　　　　　　B. 平均故障时间

C. 平均故障修复时间 D. 维修度 E. 可用度
8. 服务具有（　　）的特点。
   A. 服务是无形的 B. 服务需求具有不确定性
   C. 服务不能存储 D. 服务过程的可视性
   E. 服务易于提供
9. 服务设计的基本要求有（　　）。
   A. 与组织的使命和目标相一致
   B. 能满足客户的需求
   C. 有统一的服务宗旨
   D. 所设计的服务对顾客来说是有价值的
   E. 所设计的服务是稳健的
10. 为了使服务流水线方法获得成功，我们应该坚持（　　）的原则。
    A. 充分授权 B. 劳动分工
    C. 用技术代替人力 D. 服务大众化
    E. 服务标准化

### 五、判断题（正确的填写 T，错误的填写 F）

1. 大量统计资料表明，产品质量好坏约 80% 是由产品设计质量决定的。（　　）
2. 惠普公司对产品设计与成本之间的关系调查表明，产品总成本的 40% 取决于最初的设计。（　　）
3. 质量屋的"屋顶"三角形表示技术要求之间的相关性。（　　）
4. 质量功能展开是把顾客对产品的需求进行多层次的演绎分析，转化为产品的设计要求、零部件特性、工艺要求、生产要求的质量工程工具，用来指导产品的健壮设计和质量保证。（　　）
5. 可靠性是指产品在规定的条件下和规定的时间内完成规定功能的能力。（　　）
6. 可靠性高的产品其质量必然很好。（　　）
7. 在失效率为常数的情况下，平均寿命等于失效率的倒数。（　　）
8. 偶然失效期的失效率几乎是常数，这表明系统的失效在任何时候都是一样的，与时间无关。（　　）
9. 并联系统的单元数目愈多，则系统的可靠性就愈高。（　　）
10. 可靠性可通过可靠度、失效率、平均无故障间隔时间、故障平均修复时间、维修度、有效度等指标来衡量。（　　）

### 六、简答题

1. 简述产品全生命周期的成本影响因素。
2. 简述 DfE 的主要内容。
3. 设计过程质量管理的主要内容有哪些？
4. 简述质量屋的主要组成部分以及如何构建质量屋。
5. 什么是产品的维修性？两种维修类型的区别？

6. 综合保障工程的主要任务？
7. 简述如何提高产品设计的可靠性。
8. 什么是故障模式及影响分析？并简述它的用途。
9. 什么是故障树和故障树分析？并简述故障树分析的主要用途。
10. 如何才能有效地设计服务系统？

## 七、论述题

1. "技术重要度的确定是构建质量屋最引人入胜的一步。"谈谈你对这一说法的理解。
2. 谈谈你对服务流水线的理解。
3. 试根据浴盆曲线分析产品维护管理的策略。

# 第二十三章 统计过程控制习题

## 一、名词解释

1. 总体
2. 样本
3. 数据的集中性
4. 极差
5. 周期性波动
6. 工序能力
7. 工序能力指数
8. 技术标准

## 二、填空题

1. 控制图是美国贝尔电话研究所的_____博士于1942年提出来的，所以也称_____控制图。
2. 控制图中常说的两种错误分别是指_____和_____。
3. 计数值数据通常服从_____分布和_____分布。
4. 计件值控制图分为_____控制图和_____控制图两种，也简称为_____控制图和_____控制图；计点值控制图分为_____控制图和_____控制图两种，又简称为_____控制图和_____控制图。
5. 当工序能力指数的范围为 $1.33<C_p\leq1.67$ 时，工序能力等级为_____级。
6. 抽样后在控制图上打点，出现连续7点上升，被称为_____。
7. 抽样后在控制图上打点，连续3点中有2点超过 $2\sigma$ 线，被称为_____。
8. 某车床加工机轴，机轴的技术要求为 $50\pm0.05$mm，那么技术标准的中心 M 为_____。

## 三、单项选择

1. 中心极限定理说明，不论总体的分布状态如何，当n足够大时，它的样本平均数总是趋于正态分布。这里n是指（    ）。
   A. 产品批量  B. 抽样次数
   C. 抽样样本量  D. 抽样间隔
2. 用于表示相邻两个观察数据相差的绝对值的是（    ）。
   A. 极差  B. 移动极差  C. 标准偏差  D. 中位数
3. 根据控制图判定工序正常，这时（    ）。

      A. 只可能犯第一类错误　　　　　　B. 只可能犯第二类错误
      C. 第一类和第二类错误都可能犯　　D. 不会错判

4. 在正态分布情况下，工序加工产品的质量特性值落在 6σ 范围内的概率或可能性约为（　　）。
    A. 99.73%　　　B. 95.45%　　　C. 68.27%　　　D. 80.25%

5. 在计量值控制图中，计算简便但效果较差的是（　　）。
    A. 平均值—极差控制图　　　　B. 中位数—极差控制图
    C. 单值—移动极差控制图　　　D. 连续值—极差控制图

6. 过程性能指数（　　）进行计算。
    A. 要求在没有偶然因素下　　　B. 要求在未出现重大故障状态下
    C. 要求必须在稳态条件下　　　D. 不要求在稳态条件下

7. 某厂加工手表齿轮轴，为控制其直径，应采用（　　）。
    A. 不合格品率控制图　　　　　B. 均值—极差控制图
    C. 不合格数控制图　　　　　　D. 不合格品数控制图

8. 当工序能力指数在 $1<C_p\leq1.33$ 时，工序能力等级为（　　）级。
    A. 特　　　B. 1　　　C. 2　　　D. 3

9. 当质量特性值的分布中心与规格中心重合时，过程能力指数（　　）。
    A. CP>CPK　　B. CP=CPK　　C. CP<CPK　　D. 无对应关系

10. 公式 $C_p=T/6s$ 的应用前提是（　　）。
    A. 分布中心与标准中心重合　　B. 分布中心与标准中心不重合
    C. 无论重合与否　　　　　　　D. 工序不存在质量波动

11. 控制图的横坐标一般表示（　　）。
    A. 项目　　　　　　　　　　　B. 质量特性
    C. 自变量　　　　　　　　　　D. 时间或样本号

12. $\bar{X}$ 控制图中连线（　　）点递进或递减，应判别为异常。
    A. 6　　　B. 7　　　C. 8　　　D. 9

13. 控制图的主要用处是（　　）。
    A. 评价工序的质量特性
    B. 发现不合格
    C. 及时反映和区分正常波动和异常波动
    D. 显示质量波动分布状态

## 四、多项选择题

1. 统计质量控制发展成为统计过程控制时，实现了质量管理的（　　）转变。
    A. 从定性描述为主转变为定量分析为主
    B. 从事前控制为主转变为事后检验为主
    C. 从事后检验为主转变为事前控制为主
    D. 从产品检验为主转变为过程控制为主
    E. 从过程控制为主转变为产品检验为主

2. 下面选项中属于数据抽样方法的有（　　）。
   A. 随机抽样　　B. 抽签法　　C. 分层抽样　　D. 系统抽样　　E. 计算机生成法
3. 通常用（　　）来度量数据的集中性。
   A. 平均数　　B. 方差　　C. 极差　　D. 中位数　　E. 众数
4. 质量控制图主要以（　　）来控制产品质量。
   A. 产品报废率　　　　　　　　　　B. 不合格品数
   C. 不合格品率　　　　　　　　　　D. 缺陷数　　　　　　E. 缺陷率
5. 如果没有样本点出界，但有多个样本点接近控制上限或控制下限，也说明生产过程有失去控制的趋势。特别地，当（　　）发生时，可以认为生产过程已经处于失控状态，应予以纠正。
   A. 连续 3 个样本点中有 2 个及以上接近边界
   B. 连续 4 个样本点中有 3 个及以上接近边界
   C. 连续 6 个样本点中有 3 个及以上接近边界
   D. 连续 7 个样本点中有 3 个及以上接近边界
   E. 连续 10 个样本点中有 4 个及以上接近边界
6. 较多的样本点出现在中心线的一侧时，生产过程处于失控状态，或有失控的趋势。特别地，当出现（　　）情况时，就应立即查明原因，采用措施解决。
   A. 连续出现 7 个样本点在中心线一侧
   B. 连续 13 个样本点中有 10 个及以上出现在中心线一侧
   C. 连续 14 个样本点中有 12 个及以上出现在中心线一侧
   D. 连续 17 个样本点中有 14 个及以上出现在中心线一侧
   E. 连续 20 个样本点中有 16 个及以上出现在中心线一侧
7. 影响工序能力指数的三个变量是（　　）。
   A. 产品质量特性　　　　　　　　　B. 公差范围
   C. 中心偏移量　　　　　　　　　　D. 标准差
8. 当控制对象为均值和离散程度时，控制图可选（　　）。
   A. P 图　　B. $\bar{X}$-R 图　　C. U 图　　D. $\tilde{X}$-R 图
9. 生产质量波动的原因是（　　）。
   A. 主要原因　　B. 客观原因　　C. 偶然原因　　D. 异常原因
10. 提高过程能力指数的途径有（　　）。
    A. 对过程因素进行控制，减少过程因素的波动
    B. 调整计算方法，扩大样本抽样量
    C. 调整产品质量特性的分布中心，减少中心偏移量
    D. 在必要的情况下，调整公差

### 五、判断题（正确的填写 T，错误的填写 F）

1. 控制图上出现异常点时，表示有不良品发生。　　　　　　　　　　　　（　　）
2. 过程在稳定状态下就不会出现不合格品。　　　　　　　　　　　　　　（　　）
3. 数据的最大值和最小值之差叫做极差。　　　　　　　　　　　　　　　（　　）

4. 控制图的控制线就是规格界限。（　）
5. 控制图通常包括控制上限、控制均值和中心线。（　）
6. $\tilde{X}$ 控制图的控制上限为（$\bar{X}+m_3A_2\bar{R}$）。（　）
7. $\bar{X}$ 控制图的优点是应用范围广、敏感性强。（　）
8. $6\sigma$ 越大，说明工序能力越大。（　）
9. 抽样后在控制图上打点，连续7点在中心线同一侧，被称为链状。（　）
10. 质量波动是完全可以避免的，只要控制住以往影响过程（工序）质量的六个因素。（　）
11. 运用控制图可以分析和掌握数据的分布状况。（　）
12. 运用控制图有利于及时判断工序是否处于稳定状态。（　）
13. 控制过程就是把波动限制在允许的范围内，超出范围就要设法减少波动并及时报告，拖延报告就有可能引起损失。（　）
14. 要提高过程能力指数就必须减少该过程质量特性值分布的标准偏差。（　）

## 六、简答题

1. 影响质量水平的因素有哪些？
2. 把质量变异的原因划分为偶然性原因与必然性原因的管理意义何在？
3. 试说明随机抽样、分层抽样和系统抽样所适用的场合。

## 七、论述题

1. 谈谈你对质量变异的认识。
2. 你是怎样理解两类错误的？
3. 谈谈你对工序等级及工序能力评价的认识。

# 第二十四章　抽样检验习题

## 一、名词解释

1. 全数检验
2. 抽样检验
3. 合格判定数
4. 不合格判定数
5. 合格质量水平
6. 生产者风险
7. 消费者风险

## 二、填空题

1. 在确定 AQL 的值时，应考虑所检产品特性的重要程度（及其不合格率对顾客带来的损失和对顾客满意度的影响），并应根据产品的_____分类，分别规定不同的_____值。

2. 一般 A 类不合格（品）的 AQL 值应远远_____B 类不合格（品）的 AQL 值，B 类不合格（品）的 AQL 值应_____C 类不合格（品）的 AQL 值。

3. 在 GB/T 2828.1 中，检验水平有两类：_____和_____。一般检验包括Ⅰ、Ⅱ、Ⅲ三个检验水平，无特殊要求时均采用_____。

4. 抽样方案的检索首先根据_____和检验水平，从样本字码表中检索出相应的样本量字码，再根据_____和_____，利用附录的抽检表检索抽样方案。

5. 在 GB/T2828.1 中规定，无特殊情况时，检验一般从_____开始，只要初检批中连续 5 批或不到 5 批中，就有 2 批不接收，则应从下批起转到_____。

6. 在某电器件出厂检验中采用 GB/T 2828.1，规定 AQL＝1.5%，检验水平为Ⅱ，N＝2 000，那么正常检验一次抽样方案为_____。

7. 如果连续 10 批进行加严检验仍然不能转为正常检验，则_____。

## 三、单项选择题

1. 破坏性检验不宜采用（　　）。
   A. 免检　　　　B. 全检　　　　C. 抽检　　　　D. 部分检验
2. 在下面列出的数据中，属于计数数据的是（　　）。
   A. 长度　　　　B. 化学成分　　　C. 重量　　　　D. 不合格品数
3. 按检验的质量特性值划分，检验方式可以分为（　　）。
   A. 计数检验和计量检验　　　　B. 全数检验和抽样检验

C. 理化检验和感官检验　　　　　　　D. 破坏性检验和非破坏性检验

4. 适合于对产品质量不了解的孤立批的抽样检验方案是（　　）。

　　A. 标准型抽样方案　　　　　　　　　B. 挑选型抽检方案

　　C. 调整型抽检方案　　　　　　　　　D. 连续生产型抽检方案

5. 下面有关特殊检验的说法中错误的有（　　）。

　　A. 特殊检验规定了四个检验水平

　　B. 用于检验费用较高的场合

　　C. 用于不允许有较高风险的场合

　　D. 批产品质量特别稳定的场合

6. 计数抽样检验方案中，下列（　　）指标越小，OC 曲线越陡。

　　A. N　　　　　　B. n　　　　　　C. d　　　　　　D. Ac

7. GB2828—2003 中，检验水平 Ⅰ、Ⅱ、Ⅲ 判别优质批与劣质批的能力依次是（　　）。

　　A. Ⅰ>Ⅱ>Ⅲ　　B. Ⅰ<Ⅱ<Ⅲ　　C. Ⅰ<Ⅱ>Ⅲ　　D. Ⅰ>Ⅱ<Ⅲ

8. GB2828—2003 中，判别数组用（　　）表示。

　　A. [Ac, Be]　　B. [Ac, Ce]　　C. [Ac, De]　　D. [Ac, Re]

9. 已知产品批量 N=1 000，采用 GB2828—2003 标准验收，合同规定 AQL=2.5% 不合格品，检查水平为Ⅱ。求正常检验一次抽样方案（　　）。

　　A. [80, 6]　　B. [80, 7]　　C. [80, 5]　　D. [80, 2]

10. 在 GB/T2828.1 中，以不合格品百分数表示质量水平时，AQL 的范围是（　　）。

　　A. 1.0~100　　B. 0.01~10　　C. 0.01~100　　D. 0.1~1000

11. 儿童食用尺寸不合理的果冻时可能会导致窒息而危及生命安全，那么这种果冻产品存在（　　）。

　　A. 设计缺陷　　B. 制造缺陷　　C. 告知缺陷　　D. 卫生缺陷

12. 一般来说，二次正常检验抽样方案的平均样本量与一次正常检验抽样方案的平均样本量（　　）。

　　A. 更大　　　　B. 更小　　　　C. 相同　　　　D. 不确定

## 四、多项选择题

1. 全数检验主要适用于（　　）。

　　A. 检验对象为影响产品质量的重要特性项目

　　B. 用户反馈较少的项目

　　C. 批量很小，检验项目较少，失去抽样的意义

　　D. 相对于漏检不合格品所造成的损失，检验费用较少

　　E. 生产过程出现了严重失控状态，需要对已生产出来的产品进行全数检验

2. 抽样检验主要适用于（　　）。

　　A. 修复性检验

　　B. 破坏性检验

C. 允许有某种程度不合格品存在的情况
D. 大批量、连续性生产的产品，由于产量大，不可能实施全数检验
E. 生产过程长期处于受控状态，通过抽样检验绝大多数被判定为合格批，为节省检验费用，可以采用抽样检验

3. 根据抽样的次数，我们把抽样方案分为（　　）。
   A. 一次抽样方案　　　　　　　　B. 二次抽样方案
   C. 三次抽样方案　　　　　　　　D. 多次抽样方案
   E. 全数抽样方案

4. 我们可以根据（　　）来确定 AQL。
   A. 用户要求　　B. 过程评价　　C. 缺陷类别
   D. 缺陷数量　　E. 检验项目数量

5. 计量抽样检查具有（　　）的特点。
   A. 需要事先知道质量特性值的分布
   B. 与计数抽样相比，计量抽样给出的质量信息更多，是根据不同质量指标的样本均值或样本标准差来判断一批产品是否合格，而不是根据样本中的缺陷数来判断一批产品是否合格
   C. 在保证同样质量要求的前提下，计量抽样所需的样本量比计数抽样要少，可以节省时间、减少费用，特别适用于具有破坏性的检验项目或检验费用较大的检验项目
   D. 一个抽样方案只能用于一个质量指标的检验
   E. 一个抽样方案可以用于多个质量指标的检验

6. 根据对质量目标的期望，我们把计量抽样方案分为（　　）。
   A. 要求下公差界限的抽样方案　　B. 要求上公差界限的抽样方案
   C. 要求中公差界限的抽样方案　　D. 要求双向公差界限的抽样方案
   E. 要求极值公差界限的抽样方案

## 五、判断题（正确的填写 T，错误的填写 F）

1. 在允许有某种程度不合格存在的情况，对于数量较小的产品，可以进行抽样检验。（　）
2. 抽样检验的主要目的是看挑选出的每个产品是否合格。（　）
3. 质量缺陷分级最早是由美国贝尔电话公司提出的。（　）
4. 缺陷是指产品或服务未满足与期望或规定用途有关的要求。（　）
5. 严重缺陷是指有严重降低产品实用性能的缺陷或可能危及人的生命的缺陷。（　）
6. 不合格判定数 Re 或 e 是在抽样方案中，预先规定的判断批产品不合格的样本中的最小不合格数。（　）
7. AQL 在 10 以下时，可表示不合格品率和每百单位缺陷数。（　）
8. 调整型抽样检验中，一般检查水平的Ⅰ、Ⅱ、Ⅲ级的样本大小依次递减。（　）
9. 检验水平Ⅰ级用于费用较高的情况，它的对应样本少；检验水平Ⅲ级用于费用

较低的情况，它的对应样本多。                                    (    )

10. 特殊检查水平用于破坏性检查或费用较高的检查。因为所抽取的样本较少，又叫小样本检查。                                    (    )

11. 按照缺陷类别不同来确定 AQL 的值时，越是重要的项目，验收后的不合格造成的损失越大，AQL 值就应该越大。                                    (    )

12. GB2828—2003 中规定，检验的严格度有放宽、特宽和正常检验。        (    )

13. 标准型抽样检验适合于对产品质量不了解的孤立批的检查验收。        (    )

14. 在进行加严检验时，如果连续 5 批经初次检验合格，则从下一批检验转到正常检验。                                    (    )

15. ISO2859 抽样方案包括正常抽样方案、加严抽样方案和放宽抽样方案，通过一组转移规则将三个方案联系起来，构成完整的计数调整型抽样方案系统。    (    )

16. 没有投诉意味着顾客满意。                                    (    )

## 六、简答题

1. 什么是接收概率和操作特性曲线？
2. 为什么说理想的抽样方案并不存在？
3. 可行抽样方案的基本思想是什么？
4. 可行抽样方案取决于哪些参数？这些参数的含义何在？
5. N、n、c 分别对 OC 曲线产生什么影响？
6. 简述计数标准型一次抽样的步骤。
7. 简述计数调整型抽样方案的基本思想。
8. 简述设置检查水平的出发点。
9. 简述计数调整型抽样方案的转移规则和抽检程序。

## 七、论述题

1. 为什么说可行抽样方案是在平衡供需双方利益基础上确定的？
2. 为什么说百分比方案和双百分比方案均不合理？
3. 为什么说计数检查与计量检查要配合起来使用？

# 第二十五章 质量经济分析习题

## 一、名词解释

1. 质量成本
2. 预防成本
3. 鉴定成本
4. 内部损失成本
5. 外部损失成本
6. 外部质量保证成本
7. 质量成本数据

## 二、填空题

1. 在直接质量成本构成中，鉴定成本占全部质量成本的_____。
2. 质量成本分析的内容包括_____分析和_____分析。
3. 内部故障成本率（%）= _____/质量总成本×100%
4. 质量成本分析中的结构指标包括_____、_____、_____和外部故障成本各占质量总成本的比例。
5. 在质量控制区域，故障成本大约为_____，而预防成本大约为_____，是一种理想状态。
6. 鉴定成本是指评定产品是否符合（或）满足规定质量要求而进行试验、_____和_____的费用。

## 三、单项选择题

1. 顾客调查费用应计入（    ）。
   A. 鉴定成本            B. 预防成本
   C. 内部故障成本        D. 外部故障成本
2. 质量评审费属于（    ）。
   A. 预防成本            B. 鉴定成本
   C. 内部故障成本        D. 外部故障成本
3. 质量检验部门办公费应该计入（    ）。
   A. 预防成本            B. 鉴定成本
   C. 内部故障成本        D. 外部故障成本
4. 产品交货后，产品不能满足规定的质量要求所造成的损失是（    ）。
   A. 内部故障成本        B. 外部故障成本

C. 外部质量保证成本　　　　　　　D. 鉴定成本
　5. 内部故障成本是指（　　）产品未能满足规定的质量要求所造成的损失。
　　　A. 交货后　　　B. 包装后　　　C. 包装前　　　D. 交货前
　6. 据企业资料统计，一般对于实施 3σ 质量管理的企业而言，质量成本要占企业总销售额的（　　）。
　　　A. 25%~40%　　B. 10%　　　C. 15%~25%　　D. 15%
　7. 质量成本的降低可以通过提高（　　）质量实现。
　　　A. 维修　　　B. 检验　　　C. 管理　　　D. 外部
　8. 无形质量成本属于（　　）。
　　　A. 直接质量成本　　　　　　　B. 间接质量成本
　　　C. 鉴定成本　　　　　　　　　D. 预防成本
　9. 在直接质量成本构成中，内部故障成本占全部质量成本的（　　）。
　　　A. 25%~40%　　B. 20%~40%　　C. 10%~50%　　D. 0.5%~5%
　10. 在直接质量成本构成中，外部故障成本占全部质量成本的（　　）。
　　　A. 25%~40%　　B. 20%~40%　　C. 10%~50%　　D. 0.5%~5%
　11. 在直接质量成本构成中，预防成本占全部质量成本的（　　）。
　　　A. 25%~40%　　B. 20%~40%　　C. 10%~50%　　D. 0.5%~5%
　12. 下列各项费用中属于内部故障成本的是（　　）。
　　　A. 降价费　　　　　　　　　　B. 工序控制费
　　　C. 不合格品处理费　　　　　　D. 进货测试费
　13. 劣质成本的构成是（　　）。
　　　A. 内部故障和外部故障成本
　　　B. 不增值的预防成本+鉴定成本+内部故障成本和外部故障成本
　　　C. 不增值的预防成本+内部故障成本和外部故障成本
　　　D. 鉴定成本+内部损失和外部故障成本

## 四、多项选择题

　1. 质量成本由（　　）组成。
　　　A. 内部运行质量成本　　　　　B. 外部运行质量成本
　　　C. 外部质量保证成本　　　　　D. 内部质量保证成本
　　　E. 质量总成本
　2. 内部运行质量成本由（　　）组成。
　　　A. 预防成本　　　　　　　　　B. 鉴定成本
　　　C. 内部损失成本　　　　　　　D. 外部损失成本
　　　E. 维修成本
　3. 外部质量保证成本包括（　　）。
　　　A. 按合同要求，向顾客提供的特殊附加质量保证措施、程序、数据等所支付的专项措施费用及提供证据的费用
　　　B. 按合同要求，对产品进行的附加验证试验和评定的费用

C. 为满足顾客要求，进行质量体系认证所发生的费用等

D. 为满足顾客要求，进行品牌创新所发生的费用等

E. 为满足顾客要求，进行跟踪维护所发生的费用等

4. 质量成本分析的内容有（    ）。

  A. 质量总成本分析　　　　　　　B. 质量总成本明细分析

  C. 质量总成本构成分析　　　　　D. 质量成本构成分析

  E. 质量成本明细分析

5. 质量成本分析的定量方法有（    ）。

  A. 指标分析法　　　　　　　　　B. 质量成本趋势分析法

  C. 排列图分析法　　　　　　　　D. 灵敏度分析法

  E. 精确度分析法

6. 质量特性波动的损失有（    ）。

  A. 企业的损失　　　　　　　　　B. 生产者的损失

  C. 顾客的损失　　　　　　　　　D. 社会的损失

  E. 国家的损失

### 五、判断题（正确的填写 T，错误的填写 F）

1. 质量成本是指确保和保证满意的质量而导致的费用和没有获得满意的质量而导致的有形和无形的损失。（    ）

2. 按质量成本存在的形式可分为质量成本和隐含质量成本。（    ）

3. 产品报废损失费、返修费、索赔费及退货损失费都属于内部故障成本。（    ）

4. 质量成本就是为了提高产品质量所需要的费用。（    ）

5. 隐性质量成本是指未列入国家现行成本核算制度规定的成本开支范围，通常不是实际发生和支出的费用，但又导致企业效益减少的费用。（    ）

6. 顾客发现产品质量问题而引起的信誉损失等相关成本是隐性质量成本。（    ）

7. 在质量改进区域，故障成本通常大于70%，预防成本通常小于10%，可以通过适当增加预防成本达到降低质量总成本的目的。（    ）

8. 在质量过剩区域，故障成本通常小于40%，预防成本通常大于50%，可以通过适当增加预防成本达到降低质量总成本的目的。（    ）

9. 无形损失是指由于顾客不满意而发生的未来销售的损失，如因顾客不满意而失去顾客、丧失信誉，从而失去更多销售机会或增值机会所造成的损失。（    ）

10. 无形损失不是实际的费用支出，常常难以统计和定量，因此它对组织的影响不是太大。（    ）

11. 质量损失函数描述了质量特性偏离目标值所造成的损失。（    ）

12. 质量损失包括对生产者、使用者、社会所造成的全部损失之和。（    ）

### 六、简答题

1. 预防成本、鉴定成本、内部损失成本和外部损失成本分别包含哪些内容？

2. 分别说明质量改进区、质量控制区和质量至善区的特征以及分别处在这些区域

时质量管理的重点。

    3. 怎样设置质量成本科目？

    4. 什么是质量成本原始凭证以及把质量成本原始凭证规范化、标准化的意义何在？

    5. 把质量成本划分为显见质量成本和隐含质量成本的依据是什么？

    6. 什么是质量成本分析的指标分析法的价值指标、目标指标、结构指标和相关指标？

    7. 质量成本趋势分析法和质量成本排列图分析法的目的何在？

    8. 简述质量成本报告的主要内容。

    9. 如何改善5M1E才能维持质量特性分布的中心值，缩小质量特性的波动性？

## 七、论述题

    1. 把质量总成本分为三个区域的管理含义何在？

    2. 论述质量特性波动对生产者、顾客和社会所造成的损失。

    3. 试结合例子说明准确把握顾客需求的意义。

# 第二十六章　六西格玛管理习题

一、名词解释

1. 关键质量特性
2. 单位缺陷数
3. 首次产出率
4. 流通产出率
5. 黑带
6. 绿带
7. 准确度
8. 精密度

二、填空题

1. 管理水平达到 $6\sigma$ 时，其对应的缺陷率为_____（考虑 $1.5\sigma$ 的偏移）。
2. 在六西格玛管理的方法论中，用于过程改进的 DMAIC 指的是_____、测量、_____、改进和_____这 5 个步骤。
3. 六西格玛管理的特点包括：_____、关注相关性、使用科学方法、_____。
4. 保证测量数据准确可信的一项基础工作是_____。
5. DMAIC 流程中的分析阶段的主要目的是通过数据分析，确定输入对输出的影响，识别_____。

三、单项选择

1. $\sigma$ 的含义是（　　）。
   A. 一个希腊字母
   B. 一种反映过程能力的统计度量单位
   C. 显示过程好坏的度量单位
   D. 以上三个都不是

2. DMAIC 程序的具体含义是（　　）。
   A. 定义、分析、测量、改进、控制
   B. 定义、测量、分析、改进、控制
   C. 分析、测量、控制、定义、改进
   D. 定义、测量、分析、改进、控制

3. 对于一个 $6\sigma$ 过程来说，它的缺陷不超过（　　）。
   A. 3.4DPMO　　　　B. 10 缺陷/1 000　　　C. 7.4DPMO　　　　D. 1 缺陷/1 000

4. 在某检验点，对 1 000 个某零件进行检验，每个零件上有 10 个缺陷机会，结果共发现 16 个零件不合格，合计 32 个缺陷，则 DPMO 为（    ）。

    A. 0.003 2        B. 3 200        C. 32 000        D. 1 600

5. 一个过程由三个工作步骤构成（为串联型），每个步骤相互独立，每个步骤的一次合格率（FTY）分别是：$FTY_1 = 99\%$、$FTY_2 = 97\%$、$FTY_3 = 96\%$，则整个过程的流通合格率为（    ）。

    A. 92.2%        B. 99%        C. 96%        D. 97.3%

6. （    ）负责对六西格玛的技术支持。

    A. 发起人        B. 倡导者        C. 黑带主管        D. 绿带

7. 在六西格玛管理的组织结构中，下面的陈述正确的是（    ）。

    A. 黑带应当自主决定项目选择

    B. 绿带的数量和素质是推行六西格玛获得成功的关键因素

    C. 倡导者对六西格玛活动整体负责，确定前进方向

    D. 以上都不是

8. 一般认为，若一个企业工作质量在 $3\sigma \sim 4\sigma$ 之间运转，也就是说每百万次操作失误在 6 210~66 800 之间，为了达到 $6\sigma$，这些缺陷要求经营者以销售额在（    ）的资金进行事后的弥补或修正。

    A. 15%~30%        B. 1%~5%        C. 30%~40%        D. 50%以上

9. 在六西格玛方法中，"分析"阶段是在以下哪一个阶段后？（    ）

    A. 定义        B. 控制        C. 测量        D. 改进

10. 一家公司的管理层致力于成为世界级优质产品制造商，为此公司不会用（    ）度量质量。

    A. 由于质量低劣，被消费者退回商品的百分比

    B. 每天发出的零件数

    C. 每百万个零件中有缺陷的零件数

    D. 产品一次性通过质量测试的百分比

## 四、多项选择题

1. 20 世纪 80 年代，在首席执行官鲍勃·高尔文（Bob Galvin）的领导下，摩托罗拉公司启动了一项质量管理创新计划，这一计划要点包括（    ）。

    A. 提升全球竞争力        B. 开展顾客完全满意活动

    C. 质量改进        D. 成立摩托罗拉培训与教育中心

    E. 提出了六西格玛的概念

2. 六西格玛的新发展体现在（    ）几个方面。

    A. 六西格玛与精益生产实现了有机融合

    B. 六西格玛企业文化相互映衬

    C. 六西格玛流程优化殊途同归

    D. 六西格玛数据统计作用相同

    E. 六西格玛管理方法作用相似

3. 绿带的培训内容包括（　　　）。
   A. 质量管理的发展历程　　　　　　B. 六西格玛的基本理念
   C. 六西格玛的统计学原理　　　　　D. DMAIC 模式
   E. 六西格玛工具的使用

4. 在测量阶段，我们可以采取（　　）统计工具整理数据。
   A. 直方图　　　　B. 排列图　　　　C. 散布图
   D. 分层图　　　　E. 因果图

5. 精益生产的支柱包括（　　　）。
   A. 并行工程的产品开发　　　　　　B. JIT
   C. 稳定快捷的供应链　　　　　　　D. 多功能团队活动与持续改进
   E. DMAIC 模式

6. 精益六西格玛管理的成功要素有（　　　）。
   A. 重视领导者责任　　　　　　　　B. 重视文化建设
   C. 重视领导层的领导　　　　　　　D. 以流程管理为切入点
   E. 正确使用方法和工具

## 五、判断题（正确的填写 T，错误的填写 F）

1. 六西格玛管理方法起源于摩托罗拉公司，发展于通用电气公司等跨国公司，是对全面质量管理特别是质量改进理论的继承性新发展，可以和质量管理小组（QCC）等改进方法、ISO9001、卓越绩效模式等管理系统整合推进。（　　）

2. 定义阶段（Define）是六西格玛操作过程的第三步。（　　）

3. 百万机会缺陷数（DPMO）=（缺陷数/单位数×缺陷机会）（　　）

4. 首次产出率（FTY）是指过程输出一次达到顾客要求或规定要求的比率，也就是一次提交合格率。（　　）

5. 流通产出率（RTY）是指构成过程的每个子过程的首次产出率的和。（　　）

6. 考虑漂移 $1.5\sigma$ 后，特性值分布在 $\mu\pm3\sigma$ 的概率为由 0.997 3 降低为 0.954 5。（　　）

7. 若某一业务达到了 $6\sigma$ 水平，则在 100 万次出错机会中，实际出错的次数约为 3.4 次。（　　）

8. 六西格玛管理是一种基于数据和事实驱动的管理方法。（　　）

9. 六西格玛管理使顾客与国家的利益达到高度统一，以实现企业宗旨。（　　）

10. 黑带大师必须掌握六西格玛管理工具和技术并具有 5 年以上六西格玛管理实践经验。（　　）

11. DMAIC 流程中定义阶段的目的是把顾客与企业的要求分解转化为可执行的六西格玛项目。（　　）

12. DMAIC 流程中的测量阶段应对产生缺陷的原因进行预测。（　　）

13. 六西格玛管理的成功在于项目团队对统计技术的掌握，而与最高管理层的参与无关。（　　）

14. 六西格玛项目追求的是一种理念，并不要求在某一特定时间期限内获得显著的

回报。 （ ）

## 六、简答题

1. 为什么说六西格玛管理是一种能实现持续领先的经营战略和管理哲学？
2. 为什么说六西格玛管理是一项回报丰厚的投资？
3. 通过培训，黑带候选人和绿带候选人应掌握哪些基本知识和技能？
4. 简述定义阶段、测量阶段、分析阶段、改进阶段、控制阶段的主要任务。
5. 在选择六西格玛项目时，需要占有大量信息。说明这些信息的来源。
6. 什么是测量系统以及如何验证测量系统？
7. 简述如何选择及实施改进方案。
8. 简述精益生产的目标和核心。
9. 精益生产与六西格玛管理有哪些共同之处？
10. DMAIC 流程中定义（D）阶段的主要任务是什么？

## 七、论述题

1. 试说明六西格玛管理是一种基于流程优化的管理方法。
2. 引入首次合格率和流通合格率有何管理意义？
3. 试比较精益生产与六西格玛管理各自的关注点。

# 第二十七章　习题参考答案

## 质量管理概论

### 一、名词解释

1. 质量——一组固有特性满足要求的程度。
2. 要求——明示的、通常隐含的或必须履行的需求或期望。
3. 顾客满意——顾客对其要求已被满足的程度的感受。
4. 质量管理——在质量方面指挥和控制组织的协调的活动。
5. 质量控制——质量管理的一部分，致力于满足质量要求。
6. 质量保证——质量管理的一部分，致力于提供质量要求会得到满足的信任。
7. 过程——一组将输入转化为输出的相互关联或相互作用的活动。
8. 产品——过程的结果。

### 二、填空

1. 结果
2. 没有最好，只有更好
3. 寿命　安全性
4. 功能性　安全性　舒适性
5. 产生　实现
6. 输入　输出　活动
7. 质量目标　运行过程
8. 顾客　全部活动
9. 最高管理者　宗旨　方向

### 三、单项选择

1. B　　2. A　　3. A　　4. C　　5. D　　6. D
7. C　　8. D　　9. A　　10. B

### 四、多项选择

1. ABCDE　2. ABD　3. ABD　4. ACDE　5. ABD　6. ACD
7. ABDE　8. ABCE

## 五、判断题（正确的填写 T，错误的填写 F）

1. F  2. T  3. T  4. F  5. T
6. T  7. T  8. T  9. F  10. T

## 六、简答题

1. 简述戴明 PDCA 循环。

"PDCA 循环"最早是由美国质量管理专家戴明提出的，因此又叫"戴明环"。它给出了质量管理的工作步骤，分为 4 个阶段：计划（Plan）、实施（Do）、检查（Check）和处理（Action）。

2. 简述戴明著名的 14 条质量管理要点。

（1）为使企业具有竞争力并占领市场，应把改进产品和服务质量作为长期目标。

（2）接受新观念。企业所有人员都要不断学习新知识，更新观念。

（3）摆脱对大规模检验的依赖性。

（4）采购、交易不应只注重价格。

（5）持续改进生产和服务系统。

（6）建立全面的在职培训制度。

（7）建立领导体系。

（8）排除恐惧，让每个人都能有效地工作。

（9）破除部门之间的壁垒。

（10）取消不切合实际的口号、标语和目标。

（11）取消对一线员工的工作定额。

（12）消除影响一线员工为其工作成果而自豪的障碍。

（13）建立员工自我提高的机制。

（14）采取积极的行动来推进组织变革。

3. 简述质量检验阶段的主要特征和不足之处。

质量检验阶段最终实现了设计、制造、检验的"三权分立"。有人制定质量标准（立法），有人按照事先制定的标准进行生产（行政），有人负责鉴定所制造的产品是否符合质量标准（司法）。

但是，这种以事后检验为主的质量管理方法有以下局限性：因为各司其职，出现质量问题时，容易造成推诿、扯皮；由于以事后检验为主，不能对生产过程进行有效预防和控制，等发现问题时，已成事实；这一阶段通常所采取的全数检验在许多场合根本行不通，即使后来所采取的百分比检验方法也存在"大批严，小批宽"的问题。

4. 简述统计质量控制阶段的不足之处。

由于过分强调数理统计方法在质量控制中的作用，但又缺乏这些方法在员工中的普及教育，忽视了质量控制的组织管理工作，人们误认为质量控制是专职质量控制工程师的事情，挫伤了普通员工参与质量管理的积极性，影响了统计过程控制应有作用的发挥。

### 七、论述题

1. 谈谈你对朱兰"螺旋曲线"的理解。

朱兰"螺旋曲线"反映了产品质量产生、形成和发展的客观规律，即产品质量形成的规律。归纳起来有：

（1）产品质量形成的全过程包括：市场研究、开发（研制）设计、制定产品规格、制定工艺、采购、仪器仪表及设备装置、生产、工序控制、检验、测试、销售、服务共13个环节。这是一个循序进行的工作过程，一环扣一环，互相依存，互相促进，不断循环，持续改进。

（2）产品质量的形成过程是一个不断上升、不断提高的过程，每一次循环到达服务环节之后，又以更高的水平进入下一次循环的起点——市场研究。

（3）产品质量的形成过程是各环节质量管理活动落实到各部门及其有关人员的过程。因而就产生产品质量全过程管理的概念。

（4）在螺旋曲线中有三个箭头分别指向供应商、零售商和用户，说明产品质量的形成过程，还要涉及组织以外的单位、部门和个人。所以，质量管理也是一项社会系统工程。

2. 结合实例说明如何切实有效地建设企业质量文化。

质量文化是指企业在质量管理实践中逐步形成的质量意识、质量价值观、质量规范、质量行为、质量条件以及企业所提供的产品或服务质量等方面的总和。

从质量意识上讲，有不少企业推崇"顾客是上帝"的理念，但这种提法空洞无物，无从落实，上帝在哪里、有什么现实需求、不满意会不会讲出来，均无法给出明确的答案。相反，有些企业提出"换位思考"的质量理念，即假设"我是顾客又该如何"。虽然人们无法完全按照换位后的角色去行事，但是按照这种思维方式行事，必将有利于满足甚至超越顾客的需求。

质量规范和质量行为规范了组织与个人的行为准则。日本的企业对顾客抱怨的态度是首先致歉，而不管抱怨的原因是否来自企业。这一行为规范是质量意识的体现和落实，因为他们坚持认为："如果企业的产品或服务能够做得更好，那么这种抱怨可能就不会发生了。"

3. 试说明企业如何实践可持续质量管理。

进入21世纪以来，社会对企业在诸如环境保护、资源利用、卫生健康等方面的要求越来越多，越来越严格。企业承担的社会责任日益加重。为此，企业组织应从其公民地位的高度来制订质量计划、质量目标，实施日常质量管理。

越来越多的企业在考虑：应最大限度地减少产品在设计、制造、运输、销售和售后服务以及最终回收利用等全生命周期中对环境的负面影响。越来越多的企业认识到：在顾客不知情的情况下主动召回有缺陷的产品，不但不会损坏企业的声誉，反而会赢得更多顾客的信任。

4. 克劳斯比提出的"零缺陷"管理有何意义？

"零缺陷"管理是以抛弃"缺陷难免论"，树立"无缺陷"以及把缺陷看成是持续改进的方向的哲学观念，一开始就本着严肃认真的态度把工作做得准确无误，以完全消除工作缺陷为目标的质量管理活动。"零缺陷"并不是说绝对没有缺陷，或缺陷绝对要等于零，而是以"缺陷等于零"为最终目标，每个人都要在自己工作职责范围内努力做到无缺陷，按照产品的质量、成本与消耗、交货期等方面的要求进行合理安排，而不是依靠事后的检验来纠正。如果我们第一次就把事情做对，那些浪费在补救工作上的时间、金钱和精力就可以避免，使产品符合对顾客的承诺的要求。

开展"零缺陷"运动可以提高全员对产品质量和业务质量的责任感，从而保证产品质量和工作质量。

# 质量管理体系

## 一、名词解释

1. 文件——信息及其承载媒体。
2. 管理体系——建立方针和目标并实现这些目标的体系。
3. 质量管理体系——在质量方面指挥和控制组织的管理体系。
4. 质量管理体系策划　通过现状调查与分析来合理地选择质量管理体系要素。
5. 质量手册——系统地概括与描述组织质量体系全貌的文件，是组织内部长期遵循的内部质量法规。
6. 质量计划——针对特定项目、产品、过程或合同，规定由谁及何时应使用哪些程序和相关资源的文件。
7. 程序文件——质量管理体系文件的重要组成部分，是质量手册的具体展开和有力支撑。
8. 作业指导书——指导操作人员完成规定质量活动的实施细则，它直接指导操作人员进行各项质量控制活动。
9. 记录——阐明所取得结果或提供所完成活动的证据的文件。

## 二、填空

1. 指挥　控制
2. 管理职责　资源管理　产品实现　测量分析与改进
3. 质量改进
4. 时效性
5. 管理成熟度
6. 领导　顾客与市场　过程管理　经营结果　过程　结果

## 三、单项选择题

1. B　　2. D　　3. D　　4. C　　5. C　　6. B
7. C　　8. A　　9. B　　10. A　　11. D　　12. D

## 四、多项选择题

1. ABCDE　　2. ABCDE　　3. ABCDE　　4. BCD　　5. ABCD

6. BCDE　　7. ABD　　8. ABCDE　　9. ABE　　10. BCD

## 五、判断题（正确的填写 T，错误的填写 F）

1. T　　2. F　　3. F　　4. T　　5. F　　6. F
7. T　　8. T　　9. T　　10. F　　11. T　　12. T
13. F　　14. T　　15. F

## 六、简答题

1. ISO9000：2000 标准所倡导的八项质量管理原则是什么？

ISO9000：2000 标准所倡导的八项质量管理原则包括：①以顾客为关注焦点；②领导作用；③全员参与；④过程方法；⑤管理的系统方法；⑥持续改进；⑦基于事实的决策方法；⑧与供方互利的关系。

2. 简述 ISO9000：2000 标准的适用范围。

ISO9000：2000 标准的适用范围具体包括：

（1）通过实施质量管理体系寻求竞争优势的组织；

（2）对能满足其产品要求的供方寻求信任的组织；

（3）产品的使用者；

（4）就质量管理方面所使用的术语需要达成共识的人们；

（5）评价组织的质量管理体系或依据 ISO9001 的要求审核其符合性的内部或外部人员和机构；

（6）对组织质量管理体系提出建议或提供培训的内部或外部人员；

（7）制定相关标准的人员。

3. 为了有计划、有步骤地建立和实施质量管理体系并取得预期效果，有哪些工作步骤？

工作步骤包括：

（1）确定顾客和其他相关方的需求和期望；

（2）建立组织的质量方针和质量目标；

（3）确定实现质量目标所必需的过程和职责；

（4）确定和提供实现质量目标所必需的资源；

（5）规定测量每个过程的有效性和效率的方法；

（6）应用这些测量方法确定每个过程的有效性和效率；

（7）确定防止不合格并消除产生原因的措施；

（8）建立和应用持续改进质量管理体系的过程。

4. 简述持续改进活动的内容。

（1）分析和评价现状，以识别改进范围；

（2）设定改进目标；

（3）寻找可能的解决办法以实现这些目标；

（4）评价这些解决办法并做出选择；

（5）实施选定的解决办法；

（6）测量、验证、分析和评价实施的结果以确定这些目标已经实现；

（7）将更改纳入文件。

5. 简述质量管理体系评价的类型。

质量管理体系评价包括以下几种类型：

（1）质量管理体系过程评价，即针对组织中每一个被评价的过程，确认其有效性；

（2）质量管理体系审核，即用于确定符合质量管理体系要求的程度；

（3）质量管理体系评审，即对质量管理体系关于质量方针和质量目标的适宜性、充分性、有效性和效率进行定期的、系统的评价；

（4）自我评定，即参照质量管理体系或优秀模式对组织的活动和结果所进行的全面和系统的自我评审。

6. 对质量管理体系评价的目的是什么？

质量管理体系评价的目的在于判定：

（1）质量方针和质量目标是否可行；

（2）质量管理体系文件是否覆盖了所有主要质量活动；

（3）组织结构能否满足质量管理体系运行的需要；

（4）质量管理体系要求的选择是否合理；

（5）规定的记录是否起到了见证作用；

（6）所有员工是否养成了按质量管理体系文件的规定操作或工作的习惯。

7. 质量认证有何作用？

质量认证的具体作用体现在以下四个方面：

（1）提高供方的质量信誉和市场竞争能力；

（2）有利于保护顾客的利益；

（3）促进组织完善质量管理体系；

（4）节约大量社会成本。

8. 获得 ISO9000 认证应符合什么基本条件？

通常需要具备以下基本条件：

（1）建立了符合 ISO9001：2000 标准要求的文件化的质量管理体系；

（2）质量管理体系至少已运行 3 个月以上，并被审核判定为有效；

（3）外部审核前至少完成了一次或一次以上全面有效的内部审核，并可提供有效的证据；

（4）外部审核前至少完成了一次或一次以上的有效管理评审，并可提供有效的证据；

（5）质量管理体系持续有效并同意接受认证机构每年的年审和每三年的复审作为对质量管理体系是否得到有效保持的监督；

（6）承诺遵守证书及标志的使用规定。

9. 简述 ISO9000 认证的程序。

ISO9000 认证一般要经过以下步骤：①认证申请；②签订合同；③审查质量管理体系文件；④现场审核；⑤提交审核结论；⑥认证机构批准注册；⑦定期监督审核；⑧期满后重新评定。

10. 程序文件包括哪些内容？

程序文件一般包括以下主要内容：

（1）文件编号与标题。通常按照体系过程顺序或职能部门编号。

（2）目的。简要说明开展这项活动的目的。

（3）适用范围。说明该程序的适用范围。

（4）职责与权限。说明实施该程序文件的相关人员的职责、权限及其相互关系。

（5）程序。说明开展此项活动的细节和顺序，明确输入、各转换环节和输出的内容，按5W1H要求编写，必要时可辅以流程图。

（6）相关文件。与本程序有关的文件。

（7）记录。明确使用该程序时所产生的记录表格和报告，注明记录的保存期限。

11. 何为强制性产品认证？

强制性产品认证，又称CCC（China Compulsory Certification）认证，是我国政府为保护广大消费者的人身健康和安全，保护环境、保护国家安全，依照法律法规实施的一种产品评价制度，它要求产品必须符合国家标准和相关技术规范。强制性产品认证，通过制定强制性产品认证的产品目录和强制性产品认证实施规则，对列入目录中的产品实施强制性的检测和工厂检查。凡列入强制性产品认证目录内的产品，没有获得指定认证机构颁发的认证证书，没有按规定加上认证标志，一律不得出厂、销售、进口或者在其他经营活动中使用。

## 七、论述题

1. ISO9000族标准坚持了"顾客满意，持续改进"的核心理念，谈谈你的认识。

顾客满意是指"顾客对其要求已被满足的程度的感受"。顾客满意是顾客的一种主观感受，是顾客期望与实际感受之间对应程度的反映，具有相对性，随着时间、地点和其他条件的改变而变化。正是由于顾客满意的这种主观性和相对性，对组织提出了持续改进的要求。顾客满意是归宿，是动力；持续改进是基础，是条件。

ISO9000：2000族标准以顾客满意为主导，坚持"顾客满意，持续改进"的核心理念，具体表现在以下两个方面：

（1）ISO9000：2000在0.2款中提出了质量管理的8项原则，构成了ISO9000：2000族质量管理体系标准的基础。这8项原则分别为："以顾客为关注焦点"、"领导作用"、"全员参与"、"过程方法"、"管理的系统方法"、"持续改进"、"基于事实的决策方法"和"与供方互利的关系"。第一项原则明确指出："组织依存于顾客。因此，组织应当理解顾客当前和未来的需求，满足顾客要求，并争取超越顾客期望"。第六项原则认为"持续改进总体业绩应当是组织的一个永恒目标"。其他原则也在不同方面说明了"顾客满意，持续改进"的重要意义。

（2）引入过程方法，致力于把"顾客满意，持续改进"落到实处。ISO9000：2000把顾客和其他相关方的需求作为组织的输入，通过产品实现、资源管理和过程监测来测评组织是否满足顾客或其他相关方的要求。

2. 最高管理者在质量管理体系建设中应起的作用是什么？

最高管理者应通过其领导作用，创造一个员工充分参与质量活动的环境，以使质量管理体系得以有效运行。基于质量管理原则，最高管理者可发挥以下作用：

（1）制定并保持组织的质量方针和质量目标；

（2）在整个组织内促进质量方针和质量目标的实现，以增强员工的意识、积极性和参与程度；

（3）确保整个组织关注顾客要求；

（4）确保实施适宜的过程以满足顾客和其他相关方要求并实现质量目标；

（5）确保建立、实施和保持一个有效的质量管理体系以实现这些质量目标；

（6）确保获得必要的资源；

（7）定期评价质量管理体系；

（8）决定有关质量方针和质量目标的活动；

（9）决定质量管理体系的改进活动。

3. 试述质量管理体系评价。

质量管理体系评价包括：质量管理体系过程评价、质量管理体系审核、质量管理体系评审和自我评定。

质量管理体系过程评价是针对组织中每一个被评价的过程，确认其有效性。为得到综合评价结果，应确认以下四个基本问题：是否识别并确认了过程；是否分配了职责；是否实施和保持了程序；在实现所要求的结果方面，过程是否有效。

质量管理体系审核有别于质量管理体系过程的评价，审核用于确定符合质量管理体系要求的程度。审核有助于发现用于评价质量管理体系的有效性和识别改进的机会。审核有第一方审核、第二方审核和第三方审核三种类型。第一方审核用于内部目的，由组织自己或以组织的名义进行，可作为组织自我合格声明的基础；第二方审核由组织的顾客或由其他人以顾客的名义进行；第三方审核由外部独立的审核服务组织进行。

质量管理体系评审是最高管理者的任务之一。最高管理者要对质量管理体系关于质量方针和质量目标的适宜性、充分性、有效性和效率进行定期的系统的评价。质量管理体系评审还包括：为响应相关方需求和期望的变化而修改质量方针和目标、确定采取措施的需求等。审核报告与其他信息源一道用于质量管理体系的评审。

自我评定是一种参照质量管理体系或优秀模式对组织的活动和结果所进行的全面和系统的自我评审。自我评定可提供一种对组织业绩和质量管理体系的成熟程度的总的看法，它还有助于识别组织中需要改进的领域并确定优先开展的事项。

# 全面质量管理及质量管理常用技术

一、名词解释

1. 全员质量管理——企业中每个员工都要参与到质量管理活动中去。

2. 全方位质量管理——各个职能部门要密切配合，按其职能划分，承担相应的质量责任。

3. 检查表——又称统计分析表或调查表，是用表格形式来进行数据整理和概要分析的一种方法。

4. 亲和图法——也叫 KJ 法，是指将收集到的大量有关某一主题的意见、观点、想法，按照它们之间的亲和性（Affinity）加以归类、汇总的一种方法。

5. 矩阵图法——利用矩阵的形式，把与问题有对应关系的各个因素，列成一个矩阵图，根据各因素之间的相关程度寻找解决问题的方法。

6. 矩阵数据分析法——在矩阵图法的基础上，把各因素之间的关系定量化，从而对大量数据进行预测、分析和整理的方法。

7. 标杆法——把产品、服务或过程质量与公认的市场领先者（标杆）进行比较，以寻求改进机会的方法。

## 二、填空题

1. 质量　全员参与　顾客满意
2. 为顾客服务的思想
3. 事前预防　因素
4. 满足要求　职业发展
5. 转变观念
6. 经营战略　现场存在　降低消耗　经济效益　理论和方法
7. 自主性　群众性　民主性　科学性
8. 问题解决　课题达成
9. 现场型　服务型　攻关型
10. 数值分组的区间　频数
11. 分散程度
12. 少数关键因素
13. 成对　变量
14. 强正相关

## 三、单项选择题

1. A　2. C　3. C　4. B　5. C　6. A
7. C　8. A　9. D　10. B　11. C　12. C
13. D　14. A　15. A

## 四、多项选择题

1. ABCE　2. ABC　3. ABCE　4. ACE　5. ABCE　6. ABE
7. ACD　8. ACDE　9. ABCD　10. BD　11. BD　12. ABD

## 五、判断题（正确的填写 T，错误的填写 F）

1. T　2. F　3. F　4. T　5. T　6. F
7. T　8. F　9. F　10. T　11. F　12. F
13. F　14. F　15. T　16. T

## 六、简答题

1. 质量教育培训的作用是什么？

质量教育培训主要致力于员工质量意识和质量行为能力的提高，增强组织的效益和竞争能力，同时也满足员工学习与发展的需求，其作用可体现为下述方面所带来的效果：提高顾客满意程度；提高产品和服务质量；减少浪费，降低成本；提高生产效率；提高员工的工作积极性，增强员工队伍的稳定性；使企业具有更易沟通的工作环境和更强的应变能力。

2. 实施质量教育培训的四个阶段的活动有哪些？

根据 ISO10015：1999《质量管理培训指南》，实施质量教育培训的四个阶段活动如下：第一阶段的活动是确定培训需求；第二阶段活动是设计和策划培训，包括确定培训内容、明确培训的制约条件、选择适宜的培训方式、培训提供者、培训资料和培训时机，为培训结果评价和过程监督确定准则等；第三阶段活动是提供培训；第四阶段活动是评价培训效果。

3. 什么叫 QC 小组？其特点表现在哪些方面？

QC 小组是在生产或工作岗位上从事各种劳动的职工，围绕企业的经营战略、方针目标和现场存在的问题，以改进质量、降低消耗、提高人的素质和经济效益为目的而组织起来，运用质量管理的理论和方法开展活动的小组。活动的特点突出表现在：明显的自主性、广泛的群众性、高度的民主性和严谨的科学性。

4. QC 小组活动遵循 PDCA 循环，其基本步骤有哪些？

遵循 PDCA 循环，其基本步骤为：①找出所存在的问题；②分析产生问题的原因；③确定主要原因；④制定对策措施；⑤实施制定的对策；⑥检查确认活动的效果；⑦制定巩固措施，防止问题再发生；⑧找出遗留问题，做下一步的打算。

5. 调查表的作用是什么？应用调查表的主要步骤是什么？

采用统一的方式，系统地收集和积累有关数据和信息，为分析、控制和改进产品和过程提供基础。

应用调查表的主要步骤：明确调查目的；确定要收集的变量和数据类型；确定分析所需的其他信息，设计调查表格；对调查表预测试；定期评审和修订调查表。

6. 因果矩阵的作用是什么？

因果矩阵用于分析一组问题变量与一组原因变量之间的关系，有助于理解原因变量之间的相互关系，并有助于对应重点关注的原因变量进行排序和选择。

7. 什么是"头脑风暴法"？其作用是什么？

"头脑风暴法"就是指通过一组人创造性地思维，系统地、有计划地提出可行的想法和意见。"头脑风暴法"可用于找出产生问题的原因，寻求问题的解决方案，识别潜在的改进领域等。

8. 亲和图的主要作用是什么？

亲和图常用于把"头脑风暴法"所产生的意见、观点和想法等数据进行归纳整理，作为质量保证和质量改进的基础。

9. 简述标杆法的工作步骤。

(1) 确定标杆内容；

(2) 确定标杆对象；

(3) 收集资料；

(4) 分析对比；

(5) 制定改进措施。

10. 简述箭条图法和矩阵数据分析法的步骤。

箭条图法包括以下步骤：①分解工程计划；②绘制箭条图；③计算作业时间；④确定关键路径；⑤向关键路径要进度。

矩阵数据分析法包括以下步骤：①收集、分析、整理数据资料，绘制矩阵图；②计算均值、标准差和相关系数；③根据相关系数矩阵，求特征值和特征向量；④计算贡献率、累积贡献率，确定主成分；⑤根据所确定的主成分，明确工作重点或努力方向。

## 七、论述题

1. 试说明全过程质量管理的含义以及如何才能实现全过程质量管理。

全过程质量管理就是要把质量管理贯彻到产品全生命周期内。即从顾客需求调查、产品设计、物料获取、产品加工、配送分销、售后服务到最终处置的全生产周期内都注重质量管理。"产品是设计和生产出来的，而不是检验出来的。"只有坚持这种质量观，才能实现从事后检验到事前控制的转变。强调产品全生命周期质量管理，则把质量管理提升到了企业社会责任的高度。

为保证实现全过程质量管理，应做到以下两点：

(1) 在产品形成的各个阶段，采取专业的控制手段。在顾客需求调查阶段采取面谈调查法、电话调查法、网络调查法、问卷调查法；在产品设计阶段做好内部测评和市场竞争性评价；在产品加工过程中，采取统计过程控制以保证生产过程处于受控状态；在配送分销阶段采取科学的配送手段，保证交货准确无误；在产品使用阶段，对客户进行有关产品使用方面的培训，以便正确使用产品，同时，及时收集顾客的反馈意见，不断改进质量水平；在产品最终处置阶段，最大化地回收利用报废的产品。

(2) 编制标准操作规程（Standard Operation Process，SOP）。任何过程都是通过程序运作来完成的，因此，编制科学、有效的程序化文件是保证过程控制的基础。如果只是编制SOP，而不执行或错误地执行，也不会发挥其应有作用，也就不能保证产品在全生命周期内处于受控状态。

2. 如何才能做到全方位质量管理？

全方位质量管理的含义就是各个职能部门要密切配合，按其职能划分，承担相应的质量责任。如果全过程质量管理是从纵向角度中强调各个环节在质量形成过程中所起的作用，那么，全方位质量管理就是从横向角度强调各个职能单位对质量管理应承担的相应责任。

为做好全方位质量管理，必须建立贯穿整个企业的质量管理体系，并保证其有效运行。费根鲍姆博士把他最先定义的"全面质量管理"称为一种有效的体系，这就是从横向方面考虑如何通过系统工程对质量进行全方位控制。其主要内容包括对管理职责、资源管理、产品实现、测量分析和改进的明确要求。

3. 试就某一工作或学习中所遇到的质量管理问题，利用因果图分析造成这一问题的原因，找到关键原因，并给出解决方案。

因果分析图也称为"鱼刺图"或"石川图"，是日本质量管理学者石川馨于1943年提出的。因果分析图以质量特性作为结果，以影响质量的因素作为原因，在它们之间用箭头连接起来表示因果关系。下面结合实例说明因果分析图的应用。

某打字复印社得到顾客的反映："复印件不清楚。"为找出问题发生的原因，可按以下步骤进行：

第1步，把复印件不清楚作为最终结果，在它的左侧画一个自左向右的粗箭头。在利用因果图分析质量问题时，分析对象应该是一个具体的质量问题，如本例中的复印件不清楚。

第2步，把复印件不清楚的原因分成人员（Man）、机器（Machine）、物料（Material）、方法（Method）、测量（Measurement）和环境（Environment）六类，即5M1E，放在方框内，并用线段与第1步画出的箭线连接起来。就本例，分别为操作人员、复印机、复印纸和碳粉、复印方法、测量、作业环境六个方面。

第3步，对每一类原因做进一步的深入细致的调查分析，每一类原因由若干个因素造成，而某一因素可能又受到更细微因素的影响，逐层细分，直至能采取具体可行的措施为止。

第4步，必要时，应用排列图找出其中的主要原因，并给出解决方案。本例中，在原件、纸张等条件相同的情况下，造成复印件不清楚的主要原因是玻璃不干净。

# 设计过程质量管理

## 一、名词解释

1. DfX——面向产品生命周期的产品或服务设计方法，即为产品生命周期内某一环节或某一因素而设计。

2. 质量屋——实施质量功能展开的一种非常有用的工具。

3. 可靠性——产品在规定条件下和规定时间内完成规定功能的能力。

4. 维修性——使产品保持规定状态或当产品发生故障后使其恢复到规定状态的一系列活动。

5. 保障性——产品的设计特性和计划的保障资源能满足使用要求的能力。

6. 测试性——能够及时并准确地确定产品的状态，并隔离其内部故障的一种设计特性。

7. 可用性——在所要求的外部资源得到保证的前提下，产品在规定的条件下和规定的时刻和事件区间内处于可执行功能状态的能力。

## 二、填空题

1. 质量的地域属性；质量的消费群体属性；质量的消费心理属性；质量的消费行为属性
2. 聚类方法
3. 重要度；水平提高率；商品特性点
4. 本公司资料；其他公司资料

## 三、单项选择题

| 1. B | 2. D | 3. B | 4. C | 5. A |
| 6. B | 7. A | 8. C | 9. A | 10. B |

## 四、多项选择题

| 1. ABDE | 2. ABCE | 3. ACD | 4. AC | 5. ABD |
| 6. BCD | 7. ACDE | 8. ABCD | 9. ACDE | 10. ABCE |

## 五、判断题（正确的填写 T，错误的填写 F）

| 1. F | 2. F | 3. T | 4. T | 5. T |
| 6. F | 7. T | 8. T | 9. T | 10. T |

## 六、简答题

1. 简述产品全生命周期的成本影响因素。

产品全生命周期的成本影响因素有：产品材质、重量、尺寸、形状、装配操作数、接触面数、紧固件数、装配路径、检测方法和工具、所用公用工程介质、使用环、操作方法、可回收利用情况等。

2. 简述 DfE 的主要内容。

DfE 的主要内容有：①绿色设计材料的选择与管理；②产品的可拆卸性与可回收性设计；③绿色产品成本分析；④绿色产品设计数据库与知识库管理。

3. 设计过程质量管理的主要内容有哪些？

产品设计质量管理就是保证设计工作质量、组织协调各阶段质量职能、以最短时间最少消耗完成设计任务。其内容有：①产品设计的总体构思；②确定产品设计的具体质量目标；③明确产品设计的工作程序；④组织设计质量评审；⑤质量特性的重要性分级。

4. 简述质量屋的主要组成部分以及如何构建质量屋。

质量屋主要由以下部分构成：①左墙：顾客需求；②右墙：市场竞争性评价表；③天花板：技术要求；④房间：关系矩阵表；⑤地板：质量规格；⑥地下室：技术性评价表；⑦屋顶：技术要求之间的相关矩阵。

为建造质量屋，可采取以下技术路线：调查顾客需求→测评各项需求对顾客的重要度→把顾客需求转换为技术要求→确定技术要求的满意度方向→填写关系矩阵表计算技术重要度→设计质量规格→技术性评价→市场竞争性评价→确定相关矩阵。

5. 什么是产品的维修性？两种维修类型的区别？

产品的维修性是指产品在规定的条件下和规定的时间内，按规定的程序和方法进行维修时，保持或恢复到规定状态的能力。

恢复性维修是当产品发生故障后，使其恢复到规定状态所进行的全部活动。其主要的活动包括：故障定位、故障隔离、故障排除、调准验证等活动。而预防性维修则是通过对产品进行系统的检测，发现故障征兆以防止故障发生，使其保持在规定状态所进行的全部活动。其主要活动有：调整、润滑、定期检查和必要的修理等。

6. 综合保障工程的主要任务？

综合保障工程的主要任务有以下几个方面：①策划并制定保障规划；②接口协调；③人员保障；④包括设备、备件等在内的硬件保障；⑤包括规程、信息等在内的软件保障；⑥包装、运输、储存、防护、环境等其他保障。

7. 简述如何提高产品设计的可靠性。

从设计方法的选择上，可以选择可测试性设计 DfT、可诊断分析性设计 DfD、可装配性设计 DfA、可拆卸性设计 DfD 等方法来提高产品设计的可靠性。在元器件和标准件的选择上，应该尽量采用已标准化的元器件和零部件。在满足要求的前提下，尽可能把元器件、零部件数量降到最低，以使结构简单。

8. 什么是故障模式及影响分析？并简述它的用途。

故障模式及影响分析就是通过对产品的系统研究，鉴别故障模式，判断故障影响，确定故障原因和机理的过程。它是一种重要的可靠性定性分析方法，可以用于确定故障的各种原因和所造成的影响，还可用来检查系统设计的正确性，评价系统的可信性、安全性，为系统的维修性分析、保障性分析及测试性分析提供信息，为确定纠正措施的优先顺序提供依据。

9. 什么是故障树和故障树分析？并简述故障树分析的主要用途。

故障树是一种倒立树状的逻辑图。它用一系列符号描述各种事件之间的因果关系。而故障树分析是通过对可能造成产品故障的硬件、软件、环境、人为因素进行分析，画出故障树，从而确定产品故障原因的各种可能组合方式和（或）其发生概率的一种分析技术。它是一种用于系统安全性和可靠性分析的工具，主要用于评估设计方案的安全性，判明潜在的系统故障模式和灾难性危险因素，为制定使用、试验及维护程序提供依据，辅助事故调查。

10. 如何才能有效地设计服务系统？

为保证和提高所设计服务的有效性，我们应该注意以下几个方面的问题：①一旦开始进行服务设计，领导应立即介入并支持服务设计活动。②确定服务标准，尤其是那些感受、气氛等难以度量的标准。③确保服务人员的招聘、培训和薪酬制度与服务设计的目标相一致。④建立可预测事件的处理流程和不可预测事件的紧急预案。⑤建立监控、维持和改进服务的管理体系。

## 七、论述题

1. "技术重要度的确定是构建质量屋最引人入胜的一步。"谈谈你对这一说法的理解。

我们通过矩阵表与各项需求对顾客的重要度的加权平均就可以得到各项技术要求的重要度。在经过这一步之后，顾客所提出的那些"模棱两可"与"含糊不清"的需求，就能够转变为一个个能够度量的量值。技术开发人员在进行技术重要度的相关研发时，能够通过这些可以度量的量值来查看顾客的需求是否得到了满足。只有顾客的需求得到了满足，我们才能够更好地构建质量屋。因此，技术重要度的确定是构建质量屋最引人入胜的一步。

2. 谈谈你对服务流水线的理解。

流水线是指在程序执行时多条指令重叠进行操作的一种准并行处理实现技术。它是源于制造业的生产活动，制造业因采用流水线生产方式而使制造成本大大降低。在服务业中，我们也完全可以采用分工并使工具和设备专业化来建立类似的流水线，以使得服务业的效率能够得到提高，最终降低行业的成本。为了使得服务流水线能够成功，我们必须坚持：充分授权、劳动分工、用技术代替人力、服务标准化（提示：言之有理均可）。

3. 试根据浴盆曲线分析产品维护管理的策略。

浴盆曲线大致分为三个部分，第一部分为早期故障期；第二部分为偶然故障期；第三部分为耗损故障期。

在早期故障期，故障率随时间而减少，故障是由于产品中寿命短的零件及设计上的疏忽和生产工艺的质量欠佳引起的。这个时期的主要任务是找出不可靠的原因而使故障率稳定下来。常用的方法是进行排除早期故障或潜在故障的试验。

在偶然故障期，故障率最低而且稳定，近似为常数，故障的发生是随机的。在这个时期，产品处于最佳时期。这个时期的长度称为有效寿命。

在耗损故障期，构成产品的零件已经老化耗损，寿命衰竭，因而故障率上升。如果能够事先知道耗损开始的时间，在比此稍早一点时间更换故障零件，就可以把故障率降下来，延长可维护产品的有效寿命。

# 统计过程控制

## 一、名词解释

1. 总体——所研究质量对象的全体称为总体。
2. 样本——又称子样，是从总体中抽取出来的一部分个体所组成的集合。
3. 数据的集中性——数据围绕某一中心值而上下波动的趋势称为数据的集中性。
4. 极差——一批数据中最大值与最小值之差。
5. 周期性波动——样本点每隔一定时间所呈现出的规律性变化。
6. 工序能力——工序的加工质量满足技术标准的能力。
7. 工序能力指数——表示工序能力满足产品质量标准的程度。
8. 技术标准——生产过程所加工的产品必须达到的质量要求。

## 二、填空题

1. 休哈特；休哈特
2. 错发警报；漏发警报。
3. 二项；泊松
4. 不合格品率；不合格品数；P；Pn；缺陷数；单位缺陷数；C；U
5. 1
6. 倾向
7. 接近
8. 50mm

## 三、单项选择

| 1. C | 2. B | 3. C | 4. A | 5. B | 6. C |
| 7. B | 8. C | 9. B | 10. A | 11. D | 12. A |
| 13. C |

## 四、多项选择题

| 1. ACE | 2. ACD | 3. ADE | 4. BCD | 5. ADE |
| 6. ACDE | 7. BCD | 8. BD | 9. CD | 10. ACD |

## 五、判断题（正确的填写 T，错误的填写 F）

| 1. F | 2. F | 3. T | 4. F | 5. F | 6. F |
| 7. T | 8. F | 9. T | 10. F | 11. F | 12. T |
| 13. T | 14. F |

## 六、简答题

1. 影响质量水平的因素有哪些？

产品质量水平取决于六个方面的因素：操作人员（Man）、机器（Machine）、物料（Material）、方法（Method）、测量（Measurement）和环境（Environment），即 5M1E。

2. 把质量变异的原因划分为偶然性原因与必然性原因的管理意义何在？

在质量管理实践中，应把有限的人力、物力和财力放在必然性因素上。如果生产过程中造成质量变异的原因全部属于偶然性因素，那么，生产过程就处于统计控制的稳定状态。在这种情况下，已经生产出来的和正在生产的产品质量变异在可接受的范围内。反之，如果生产过程中有必然性因素在起作用，那么，生产过程就脱离了统计控制状态，应及时识别和查找原因，采取有效措施消除这些必然性因素，使生产过程重新回到统计控制的稳定状态。

3. 试说明随机抽样、分层抽样和系统抽样所适用的场合。

随机抽样适用于对总体信息掌握较少，总体中各个个体之间差异较小，总体、样本容量较小等场合。

在比较不同操作者、加工设备、原材料、工艺方法、作业环境等对质量所造成的影响时，经常采用分层抽样方法。

系统抽样适用于流水生产线工序质量控制。

## 七、论述题

1. 谈谈你对质量变异的认识。

不同操作人员的熟练程度不同，操作方法各异；同一个操作人员在不同的时间，其生理和精神状态也会有差异；即使在正常生理和精神状态下，同一个操作人员完成的作业也不可能完全一样。机器设备的加工精度会随加工时间的增加而降低，即使经过维修也不可能与原来完全一致。不同批次的原材料必然有差异，即使同一批次的原材料，任意取出其中的一部分也会与其他部分有差异。同一种产品可能会采用不同的作业方法或工艺技术来加工，同一种作业方法的某些动作也会有不同。包括温度、湿度、气压、振动等在内的作业环境随时都在发生变化。测量器具本身也有精度上的变化。

正是因为这六个方面中的每一个都存在差异，所以产品质量必然会有变异。流水线上不可能生产出完全相同的两件产品。为了把质量变异控制在可接受的范围以内，把这六个方面的原因分为偶然性原因和必然性原因两大类。

偶然性原因又称随机性原因或不可避免的原因。偶然性原因经常存在，造成产品质量的变异较小。如操作人员技术上的微小变化、机器设备的微小振动、原材料性质的微小差异、环境温度的微小变化等。这类因素的出现带有随机性，一般不易识别且难以消除。即使能够消除，往往在经济上也是不合算的。

必然性原因又称系统性原因或异常原因。必然性原因往往突然发生，造成产品质量的变异较大。如操作人员未按操作规程作业、机器设备严重损坏、原材料混有其他杂质、作业环境突变等。这类因素的出现有一定的规律性，容易识别和查找，且易于采取措施予以消除。

2. 你是怎样理解两类错误的？

应用控制图能够判断生产过程是否处于受控状态，实际上是进行统计推断。凡统计推断，都可能出现错误。一类是将正常误判为异常而误发警报；另一类是将异常误判为正常而漏发警报。以 $\mu \pm 3\sigma$ 控制界限为例，因为有 0.27% 的质量特性值落在 $\mu \pm 3\sigma$ 界限之外，所以，即使生产过程处于受控状态，仍然有 0.27% 的可能性把这一生产过程误判为异常。反之亦然。

3. 谈谈你对工序等级及工序能力评价的认识。

利用工序能力指数可把每个工序质量划分为 5 个等级。根据工序等级，可以对现在和将来生产的产品有所了解，进而有重点地采取措施加以管理。当工序等级为一级或特级，即 $C_p > 1.33$ 时，工序能力充分，这时应保持工序的稳定性，以保持工序能力不发生显著变化。如果对照质量标准要求和工艺条件，认为工序能力过大，就意味着粗活细做。此时，应该考虑改用精度较低但效率高、成本低又能达到技术要求的设备、工艺来加工。

当工序能力为二级，即 $1.33 \geq C_p > 1.00$ 时，表明工序能力基本满足要求，但不充分。特别地，当 $C_p$ 接近 1 时，应采取措施提高工序能力。

当工序能力为三级甚至四级，即 $C_p<1.00$ 时，表明工序能力不足，意味着所采用的设备、工艺精度不够，产品质量无法保证。这时要制订计划，采取措施，努力提高设备精度，并使工艺更为合理有效，使工序能力得到提高。特别地，当 $C_p<0.67$ 时，应停产整顿，对已出产的产品进行全数检验。

# 抽样检验

## 一、名词解释

1. 全数检验——对产品逐个进行检测的一种检验方式，即百分之百检验。
2. 抽样检验——从一批产品中随机抽取一部分产品进行检查，通过检查少量产品来对这批产品的质量进行估计，并对这批产品是否达到规定的质量水平做出评判。
3. 合格判定数——在抽样方案中预先规定的判定批产品合格的样本中的最大不合格品数。
4. 不合格判定数——在抽样方案中预先规定的判定批不合格的样本中的最小不合格品数。
5. 合格质量水平——也叫可接受质量水平，是指供需双方能够共同接受的可接受的连续交验批的过程平均不合格品率的上限值。
6. 生产者风险——由生产者承担的把合格批判为不合格批的风险。
7. 消费者风险——由消费者承担的把不合格批判为合格批的风险。

## 二、填空题

1. 缺陷；AQL
2. 小于；小于
3. 一般检验水平；特殊检验水平；一般检验水平Ⅱ
4. 批量 N；样本量字码；接收质量限 AQL
5. 正常检验；加严检验。
6. （125，5）
7. 暂停抽样检验

## 三、单项选择题

| 1. B | 2. D | 3. A | 4. A | 5. C | 6. D |
| 7. B | 8. D | 9. C | 10. B | 11. A | 12. B |

## 四、多项选择题

1. ACDE  2. BCDE  3. ABD  4. ABCE  5. ABCD  6. ABD

## 五、判断题（正确的填写 T，错误的填写 F）

1. F　　2. F　　3. T　　4. T　　5. F　　6. T
7. T　　8. F　　9. T　　10. T　　11. F　　12. F
13. T　　14. T　　15. T　　16. F

## 六、简答题

1. 什么是接收概率和操作特性曲线？

接收概率是指根据规定的抽样方案，把具有给定质量水平的交验批判为合格的概率。即用给定的抽样方案（n，c）去验收合格品率为 p 的一批产品时，判定其为合格的概率。操作特性曲线是描述操作特性函数的曲线。

2. 为什么说理想的抽样方案并不存在？

因为在许多的场合中，我们是没有办法进行全数检验的，此时必然存在着误判。即使我们能够全数检验，但在此情况下，也有可能因为人员操作、设备仪器等方面的原因发生错检或漏检。

3. 可行抽样方案的基本思想是什么？

可行抽样方案的基本思想是设定一个质量水平 p0（可取为合格质量水平 AQL），当批质量从差的方向改善到这一水平时，以高概率接收该批产品。这一概率与生产者风险 α 有关，因为 α 的含义是合格批被判为不合格批的概率，所以接收概率为 1-α。其管理含义是：在 p0 一定时，所商定的由生产者承担的风险越大，被接收的概率越小；设定另一个质量水平 p1（可取为批允许不合格品率 LTPD），当批质量从好的方向下降到这一水平时，以低概率接收，这一概率即消费者风险 β。其管理含义是：在 p1 一定时，所商定的由消费者承担的风险越大，被接收的概率越大。

4. 可行抽样方案取决于哪些参数？这些参数的含义何在？

可行抽样方案是在综合考虑供需双方利益的基础上确定的：取决于 p0、p1、α 和 β 四个参数值。供需双方所商定的 p0 越大，α 值越小（1-α 越大），批产品被判为合格的可能性越大，即抽样方案越宽松；p1 越小，β 值越小，批产品被判为合格的可能性越小，即抽样方案越严格。

5. N、n、c 分别对 OC 曲线产生什么影响？

OC 曲线是由批量 N、样本容量 n 和合格判定数 c 决定的。批量 N 越大，对相同的样本容量，就有可能抽到更多的不合格品数。然而批量大小 N 对 OC 曲线的影响不大。特别地，当样本容量 n<0.1N 时，就可以忽略批量 N 对抽样样方案的影响。

当批量 N 和合格判定数 c 一定时，样本容量 n 对 OC 曲线的影响较大，而且样本容量 n 越大，OC 曲线的倾斜度越大，表示抽样方案越严格。事实上，对同一批产品，样本容量 n 越大，越有可能抽到更多的不合格品，批越有可能被判为不合格。

当批量 N 和样本容量 n 一定时，合格判定数 c 对 OC 曲线的影响也较大，合格判定数 c 越小，OC 曲线的倾斜度越大，表示抽样方案越严格，批被判为不合格的可能性就越小。

6. 简述计数标准型一次抽样的步骤。

计数标准型一次抽样的步骤为：①确定单位产品的质量标准；②确定 p0 与 p1 的值；③形成检验批；④检索抽样方案（n，c）；⑤抽取样本；⑥检验样本质量特性值；⑦判定交验批；⑧处理检验批。

7. 简述计数调整型抽样方案的基本思想。

由于产品的验收是动态的，所以我们应当根据生产过程的稳定性来调整检验的宽严程度。当供方提供的产品批质量较好时，可以放宽检查。反之，则加严检查。正是基于这种思想，计数调整型抽样方案根据产品质量变化情况来规定调整规则，随时调整抽样方案：当批的质量处于正常情况时，采用一个正常的抽样方案；当批的质量变差时，改用一个加严的抽样方案；当批的质量变好时，可采用一个放宽的抽样方案。

8. 简述设置检查水平的出发点。

虽说批量 N 对抽样方案的影响不大，但是对于批量较大的交验批，一旦我们错判，将造成较大的经济损失。此外，批量 N 较大时，抽样的随机性波动也较大。因此，为了提高抽样方案的鉴别能力，当批量 N 增加时，样本容量 n 也必须增加，但不是成比例地增加。因此我们设定检查水平来明确批量 N 与样本大小 n 之间的这种关系。

9. 简述计数调整型抽样方案的转移规则和抽检程序。

我们开始检查时，一般先从正常检查开始。根据最初正常检查结果，再按照一定的规则选择转移方向。特别地，当连续 10 批都停留在加严检查上时，我们则需要暂停检查。暂停检查发生后，我们需要供方采取改进措施。当用户或主管部门认为产品质量确实得到改善后，才可以恢复检查，但一般从加严检查开始。

抽检程序为：①确定质量标准；②确定 AQL；③确定抽样方案的类型；④决定检验水平；⑤决定宽严程度；⑥形成检验批；⑦检索抽样方案；⑧抽取样本；⑨检验样本质量特性值；⑩判定交验批合格与否；⑪处理检验批。

## 七、论述题

1. 为什么说可行抽样方案是在平衡供需双方利益基础上确定的？

由于理想的抽样方案不存在，而（0，1）抽样方案又太不理想，因此我们就需要寻找一个比较接近理想而又可行的抽样方案。其基本思想是设定一个质量水平 p0，当批质量从差的方向改善到这一水平时，以高概率接收该批产品。这一概率与生产者风险 α 有关，因为 α 的含义是合格批被判为不合格批的概率，所以接收概率为 $1-α$。其管理含义是：在 p0 一定时，所商定的由生产者承担的风险越大，被接收的概率越小。设定另一个质量水平 p1，当批质量从好的方向下降到这一水平时，以低概率接收，这一概率即消费者风险 β。其管理含义是：在 p1 一定时，所商定的由消费者承担的风险越大，被接收的概率越大。由此我们可以看出，可行抽样方案是在综合考虑供需双方利益的基础上确定的：取决于 p0、p1、α 和 β 四个参数值。供需双方所商定的 p0 越大，α 值越小（$1-α$ 越大），批产品被判为合格的可能性越大，即抽样方案越宽松；p1 越小，β 值越小，批产品被判为合格的可能性越小，即抽样方案越严格。

2. 为什么说百分比方案和双百分比方案均不合理？

我们根据批量 N 对 OC 曲线的影响可以看出百分比抽样方案的不合理性。所谓百分比抽样方案,就是不管产品的批量大小,均按批量的一定比例抽取样本进行检验,并按统一的合格判定数进行验收。批量不同,样本容量也不同,N 越大,n 也越大。但是 N 对 OC 曲线的影响很小,而 n 对 OC 曲线的影响却很大,因此会导致大批严格、小批宽松的不合理结果。

而双百分比方案,即规定两个百分比 k1 和 k2,分别乘以批量,作为样本容量和合格判定数。但是由于 N 对抽样方案的影响不大,而 n 和 c 对抽样方案的影响很大且不成比例关系,因此,这种双百分比方案同样不合理。

3. 为什么说计数检查与计量检查要配合起来使用?

在实际中,对于主要的质量指标的检查、破坏性检查和费用高的检查,我们通常采用计量抽样方案;而对于一般质量指标的检查,则采用计数抽样方案。将两者相互配合使用,可以使我们收到较好的经济效果。

# 质量经济分析

## 一、名词解释

1. 质量成本——企业为达到和确保质量水平以及因质量未达到规定水平而付出的代价。

2. 预防成本——预防不合格品所导致的费用。

3. 鉴定成本——为评定产品是否符合质量要求而进行试验、检验和检查的费用。

4. 内部损失成本——产品在交货前因未能满足质量要求所造成的损失。

5. 外部损失成本——产品在交货后因未能满足质量要求所造成的损失。

6. 外部质量保证成本——企业根据顾客需求提供客观证据而发生的各种费用。

7. 质量成本数据——质量成本构成项目中各细目在报告期内所发生的费用数额。

## 二、填空题

1. 10%~50%

2. 质量总成本;质量成本构成

3. 内部故障成本

4. 预防成本;鉴定成本;内部故障成本

5. 50%;10%

6. 检验;检查

## 三、单项选择题

| 1. B | 2. A | 3. B | 4. B | 5. D | 6. A |
| 7. C | 8. B | 9. A | 10. A | 11. D | 12. C | 13. B |

## 四、多项选择题

1. AC  2. ABCD  3. ABC  4. AD  5. ABCD  6. BCD

## 五、判断题（正确的填写 T，错误的填写 F）

1. T    2. F    3. F    4. F    5. T    6. T
7. T    8. F    9. T    10. F    11. T    12. T

## 六、简答题

1. 预防成本、鉴定成本、内部损失成本和外部损失成本分别包含哪些内容？

预防成本一般包括：质量工作费、质量培训费、质量奖励费、质量改进措施费、质量评审费、工资及附加费、质量情报及信息费。

鉴定成本一般包括：检验费用、材料费用、制造费用、工资及附加费。

内部损失成本一般包括：废品损失、返工返修损失、复检费用、因质量问题而造成的停工损失、质量事故处置费用、质量降级损失。

外部损失成本一般包括：索赔损失、退换货损失、保修费用、诉讼费用、降价处理损失。

2. 分别说明质量改进区、质量控制区和质量至善区的特征以及分别处在这些区域时质量管理的重点。

当质量水平处于质量改进区时，损失成本占质量总成本的比重很大，可达到70%以上，而预防成本比重很小，甚至不到10%。此时，质量管理的重点是加强质量管理的预防性工作，提高产品质量。这样就可以用较低的预防成本的增加换取较多的损失成本的降低，从而降低质量总成本。

当质量水平处于质量控制区时，由于存在一个理想状态的总成本，此时，质量管理的重点是控制和维持现有的质量水平。

而当质量水平处于质量至善区时，预防成本比重较高，超过50%，产品的质量水平较高，损失成本比重低于40%。但是这种高质量水平往往超过了顾客的需求，成为过剩质量。此时，质量管理的重点是适当放宽质量标准、质量总成本和合适的质量水平。

3. 怎样设置质量成本科目？

质量成本科目的设置必须符合财务会计及成本的规范要求，必须便于质量成本还原到相应的会计科目中去，以保证与所在国家会计制度、原则的一致性。它是由质量管理部门会同财务部门共同制定的，要求做到：结合企业自身特点选择适宜的科目、明确费用开支范围，便于核算，便于质量成本分析；科目设置不必求全，但要求不重复、关键科目不遗漏；相对稳定，便于不同时期的分析比较。

一般质量成本分为三级科目。一级科目是质量成本；二级科目包括预防成本、鉴定成本、内部损失成本和外部损失成本；三级科目则是质量成本细目。

4. 什么是质量成本原始凭证以及把质量成本原始凭证规范化、标准化的意义何在？

质量成本原始凭证是记录质量成本数据的载体，而质量成本数据则是指质量成本构成项目中各细目在报告期内发生的费用数额。我们为了帮助组织正确记录质量成本数据，并确保质量成本核算的有效性、准确性，必须对质量成本原始凭证进行规范化、标准化管理。

5. 把质量成本划分为显见质量成本和隐含质量成本的依据是什么？

由于质量成本原始凭证的存在形式各不相同，费用开支范围也各不相同，故而其归集方法、核算方法也不相同，因此我们把质量成本划分为两类：显见质量成本和隐含质量成本。

显见质量成本是指根据国家现行成本核算制度规定列入成本开支范围的质量费用以及有专用基金开支的费用。显见质量成本是实际发生的质量费用，是现行成本核算中需要计算的部分，质量成本中大部分费用属于此类。而隐含质量成本则是指未列入国家现行成本核算制度规定的成本开支范围，也未列入专用基金开支，通常不是实际发生和支出的费用，但又确实是导致企业效益减少的费用。因此，显见质量成本原始凭证为会计原始凭证，按会计科目归集；隐含质量成本原始凭证为统计原始凭证，按统计项目进行归集。

6. 什么是质量成本分析的指标分析法的价值指标、目标指标、结构指标和相关指标？

质量成本分析的指标分析法的价值指标是指质量成本费用的绝对值，是用货币单位反映质量工作直接成果的指标；目标指标是指一定时期内，质量总成本及预防成本、鉴定成本、内部损失成本与外部损失成本的实际发生额与目标值相比的增减量或增减率；结构指标是指预防成本、鉴定成本、内部损失成本和外部损失成本各占质量总成本的比例；相关指标则是指一定时期内，质量总成本、预防成本、鉴定成本、内部损失成本或外部损失成本与其他经济指标的比值及其增减值。

7. 质量成本趋势分析法和质量成本排列图分析法的目的何在？

质量成本趋势分析的目的是掌握质量成本一定时期内的变化趋势。排列图分析法是应用全面管理中的排列图原理对质量成本进行分析的一种方法，可以根据排列图对预防成本、鉴定成本、内部损失成本和外部损失成本的大小进行排序，发现哪一类成本最大；也可以就某一项成本对责任单位实际发生的成本进行排序。这样一步步地分析下去，就可以找到主要原因，以便采取改进措施。

8. 简述质量成本报告的主要内容。

质量成本报告的主要内容有：①预防成本、鉴定成本、内部损失成本与外部损失成本构成比例变化的分析结果。②质量成本与相关经济指标的效益对比分析结果。③质量成本计划的执行情况以及与基期或前期的对比分析结果。④质量成本趋势分析结果。⑤典型事例及重点问题的分析与解决措施。

9. 如何改善5M1E才能维持质量特性分布的中心值，缩小质量特性的波动性？

可以通过以下措施改善5MIE：①人员技能的提高；②机器设备的更新与维护保养；③原辅材料的采购；④工艺方案的选择；⑤检测系统的建立和完善；⑥作业环境的建立。

## 七、论述题

1. 把质量总成本分为三个区域的管理含义何在？

在实际中，质量总成本正好达到一个质量合格水平是不可能的，它总是在一定范围内波动。这就带来了质量成本构成的优化问题，即通过确定质量成本各部分的比例，使质量总成本保持在一个合理的范围之内。因此，把质量总成本划分为三个区域，我们可以根据质量总成本处在不同的区域采取不同的措施和方法来控制质量总成本。

比如当处于质量改进区时，我们则应加强质量管理的预防性工作，提高产品质量，可以以此用较低的预防成本的增加换取较多的损失成本的降低，从而降低质量总成本；当处于质量控制区时，我们则应控制和维持现有的质量水平；而当处于质量至善区时，我们则应适当放宽质量标准、质量总成本和合适的质量水平。

2. 论述质量特性波动对生产者、顾客和社会所造成的损失。

不良质量会对生产者造成损失，它分为有形的损失和无形的损失。有形的损失是指可以通过价值计算的直接损失，如废品损失、返修费用、降级降价损失、退货、赔偿损失等。无形的损失是指因不良质量而影响企业的信誉，从而使订单减少、市场占有率下降等。另外，"剩余质量"也会对生产者造成损失。剩余质量是因为不顾顾客的实际需求，不合理地片面追求过高的内控标准所造成的。其结果是为了达到不切实际的质量标准而给生产者带来过高的成本。而企业往往又会通过各种方式把这种因剩余质量所产生的成本转嫁给顾客，损害顾客的利益，同时也给企业带来负面影响，如声誉下降、市场份额减少等。

顾客的损失是指顾客在使用有缺陷产品过程中蒙受的各种损失。如因使用有缺陷产品而导致能耗、物耗的增加，或对人身健康造成不利的影响，或导致财产损失，甚至危及生命安全。顾客的损失还包括因产品缺陷导致停用、停产、误期或增加大量的维修费用等。此外，产品功能不匹配也是一种典型的顾客的损失。例如，仪器某个组件失效又无法更换，而仪器的其他部分功能正常，最终不得不将整机丢弃或做销毁处理。从质量经济性出发，最理想的状态是使所有组件的寿命相同，但实际上做不到这一点。所以，通常的设计原则是，对于那些易损组件，使其寿命与整机的大修周期相近，或采用备份冗余配置模式。

广义地说，生产者和顾客的损失都属于社会的损失。而这里所说的社会的损失是指由于产品缺陷而对社会造成的公害和不良影响，如对环境和社会资源所造成的破坏和浪费，影响公众安全等。值得指出的是，社会的损失最终会通过各种渠道转嫁为对个人的损害。

3. 试结合例子说明准确把握顾客需求的意义。

一个企业应当确保其所设计生产出来的产品正是顾客所需要的。例如，某公司设计生产一种砂布，顾客使用一段时间后，反馈质量不好，并声称如果再不改进，将不再订货。公司设计人员到顾客现场调查后才了解到：顾客判断质量好不好的依据是打磨100件标准金属件用掉的砂布张数。公司在设计砂布时，却把重点放在了砂粒和砂纸各自的质量上，而对两者的黏合强度重视不够，造成顾客耗费了更多的砂布，增加了使用成本。进而，如果顾客真的停止订货，还会影响到公司的销售，对公司造成损失。因此，如果在设计阶段没有真正了解顾客的需求，所设计的产品不仅不能满足顾客的需求，会对顾客造成损失，还会对生产者甚至社会造成损失。

# 六西格玛管理

## 一、名词解释

1. 关键质量特性——满足顾客要求或过程要求的关键特性。
2. 单位缺陷数——给定单位数中所有缺陷数的平均值,即过程输出的缺陷总数量除以过程输出的单位数。
3. 首次产出率——过程输出一次达到顾客要求或规定要求的比率,也就是一次提交合格率。
4. 流通产出率——构成过程的每个子过程的首次产出率的乘积。
5. 黑带——专门从事六西格玛项目的技术骨干和六西格玛团队的核心力量。
6. 绿带——那些在自己岗位上参与六西格玛项目的人员,他们通常是组织各个基层部门的业务骨干。
7. 准确度——测量结果与被测量真值之间的一致程度。
8. 精密度——在规定条件下获得的各个对立观测值之间的一致程度。

## 二、填空题

1. 3.4PPM
2. 定义;分析;控制
3. 关注过程;依据数据决策
4. 测量系统分析
5. 关键影响因素

## 三、单项选择

1. B    2. D    3. A    4. B    5. A
6. C    7. D    8. A    9. C    10. B

## 四、多项选择题

1. ABCD    2. ABC    3. ABCD    4. ABCDE    5. ABC    6. ABDE

## 五、判断题（正确的填写 T,错误的填写 F）

1. T    2. F    3. T    4. T    5. F    6. T    7. T
8. T    9. F    10. T    11. T    12. F    13. F    14. F

## 六、简答题

1. 为什么说六西格玛管理是一种能实现持续领先的经营战略和管理哲学?

（1）六西格玛管理使顾客与商家的利益达到高度统一。六西格玛管理的最终结果是产品质量水平大幅度提高,而六西格玛管理能为组织带来巨大的利益:留住顾客、增加市场份额、降低成本、缩短周期时间、提高生产力、赢得利润。

（2）六西格玛管理为组织持续改进提供了理论指导。六西格玛管理方法为组织确定了一个高标准的质量水准。

2. 为什么说六西格玛管理是一项回报丰厚的投资？

企业如果依据六西格玛的管理理念来配置资源，将获得以下成就：质量水平每提高 $1\sigma$，产量能提高 12%~18%，资产就增加 10%~36%，利润能提高 20% 左右。当企业的质量水平从 $3\sigma$ 提高高到 $4\sigma$，再到 $5\sigma$ 左右及至接近 $6\sigma$ 时，企业的利润呈现指数增长模式。当接近 $6\sigma$ 水平时，企业会出现类似长跑运动员的"极限"。越接近这个水平，越发感到困难，此时企业只有对流程进行创新，才能突破这一"极限"。所以说六西格玛管理是一项回报丰厚的投资。

3. 通过培训，黑带候选人和绿带候选人应掌握哪些基本知识和技能？

黑带应具备识别关键流程的能力，应具备判断六西格玛项目的生产流程或交易流程中是否存在缺陷的能力，具备集中主要精力从根本上解决质量问题的能力。黑带候选人通过培训，应做到：深入理解六西格玛的主要理念；具备领导六西格玛团队的能力；具备管理六西格玛项目能力；具备运用六西格玛管理方法观察、分析和处理问题的能力；掌握 DMAIC 模式；掌握流程改进的高级工具。

绿带候选人应做到：透彻理解六西格玛的主要理念；熟悉 DMAIC 模式的全过程；掌握基本的流程改进工具；熟悉六西格玛团队的工作技巧。

4. 简述定义阶段、测量阶段、分析阶段、改进阶段、控制阶段的主要任务。

定义阶段的主要任务是确定需要改进的产品及相关的核心流程，利用流程图描述核心流程，识别顾客心声（Voice of Customer，VOC），确定质量控制点及关键质量特性，确定六西格玛项目实施所需要的资源。

测量阶段的主要任务是通过对现有过程的测量，确定过程的基线以及期望达到的目标，识别影响过程输出 Y 的输入 Xs，并对测量系统的有效性做出评价，根据所获得的数据计算反映现实质量水平的指标。

分析阶段的主要任务是找出影响过程质量水平的关键因素，并验证结果的正确性。

改进阶段的主要任务是针对上述分析所确定的关键问题，给出有效的解决方案，并实施解决方案。

控制阶段的主要任务是评估改进效果，通过有效的措施保持过程改进成果。

5. 在选择六西格玛项目时，需要占有大量信息。请说明这些信息的来源。

这些信息来源于顾客反馈意见（如顾客抱怨、投诉甚至索赔），市场占有率，竞争对手的策略和行动计划，企业内部的质量分析报告，财务分析报告和企业计划、方针、目标的执行报告等。

6. 什么是测量系统以及如何验证测量系统？

测量系统是与测量特定特性有关的作业、方法、步骤、计量器具、设备、软件和人员的集合。对测量系统进行验证应当包括以下方面：①分辨力。即测量系统检出并如实指示被测特性中极小变化的能力。②准确度。即测量结果与被测量真值之间的一致程度。③精密度。即在规定条件下获得的各个独立观测值之间的一致程度，具体包括重复性和再现性。

7. 简述如何选择及实施改进方案。

先提出若干可行方案，通过实验设计等工具描述 CTQ 与方案之间的关系，经过对比分析选择那些能够显著提高 CTQ 水平的方案。根据六西格玛总体目标，确定使 CTQ 达到最优的 Xs 的水平。确定好改进方案后，就要采取强制措施推行改进方案。为此，需要确定要达到的具体目标、实施的具体内容、行动计划、资源配置、时间要求等。我们可以利用网络图法确定各项作业的先行后续关系、时间进度，并找出关键路径，进而从质量、费用、时间、资源等方面优化六西格玛项目计划。

8. 简述精益生产的目标和核心。

精益生产致力于消除生产过程中的一切浪费，其所追求的目标是废品量最低（零废品）、库存量最低（零库存）、更换作业时间最短、搬运量最小、生产提前期最短和批量最小。最终目标是提升企业的竞争力，达到或超越顾客的满意度，获得显著的经济效益。

精益生产的核心是丰田汽车生产方式（Toyota Production System，TPS），即在生产的各个层面上，采用能完成多种作业的工人和通用性强、自动化程度高的机器，以质量的持续改进为基础，通过实施准时制生产（JIT）和多品种混流生产，不断减少库存，消除浪费，降低成本。

9. 精益生产与六西格玛管理有哪些共同之处？

精益生产与六西格玛管理的共同之处表现在以下几个方面：①两者追求的目标是一致的，即顾客满意、持续改进，并提高组织的经营业绩；②两者都需要高层管理者的支持和授权才能保证成功；③两者都采用团队的方式实施改善；④两者都强调减少浪费、降低成本、缩短生产周期，准确快速地理解和响应顾客的需求，提高工序能力和过程或产品的稳健性，实现资源的有效利用，提高效率；⑤两者都不仅用于制造流程，还可以用于非制造流程。

10. DMAIC 流程中定义（D）阶段的主要任务是什么？

DMAIC 流程中定义（D）阶段的主要任务是根据顾客和企业要求，明确对过程的关键质量要求及测量准则，确定什么是缺陷，并由此确定改进的目标。

## 七、论述题

1. 试说明六西格玛管理是一种基于流程优化的管理方法。

六西格玛管理方法都是针对流程优化的。流程是为了实现一定的目的，利用一定的资源投入，经过一些转换过程，实现产出的活动或安排。六西格玛管理的重点不是产品或服务本身，而是生产产品或提供服务的流程。六西格玛管理通过界定和描述流程，测量流程中关键环节的指标，分析产生变异的原因，优化流程，来实现改进流程绩效的目的。此即六西格玛 DMAIC 流程管理模式。

六西格玛管理方法是从关注顾客的角度来优化流程的，特别注重改进核心流程。这里的核心流程是指那些直接影响顾客满意度的流程。核心流程是指向顾客提供产品或服务的主要流程，辨别核心流程的关键是判断其是否向顾客提供价值。六西格玛管理方法关注的是核心流程中的关键质量特性。这种关注核心流程及其关键质量特性的管理方法符合"一切以顾客为关注焦点"的质量管理原则。

2. 引入首次合格率和流通合格率有何管理意义？

我们用首次合格率或流通合格率度量过程可以揭示由于不能一次性达到顾客要求而造成的报废和返工返修，以及由此而产生的质量、成本和生产周期的损失。这与通常一般采用的产出率的度量方法不同。在很多企业中，只要产品没有报废，在产出率上就不计损失，因此掩盖了由于过程输出没有一次性达到要求而发生的返修费用和生产周期的延误。

3. 试比较精益生产与六西格玛管理各自的关注点。

精益生产发源于日本，更多地强调减少浪费、提高效率；而六西格玛管理则发源于美国，更多地强调减少偏差、改进质量。

精益生产直接关注的是提高流程速度和减少资本投入，其实质是树立与浪费针锋相对的思想，精确地定义价值，识别价值流并制定价值流图，让没有浪费环节的价值流真正流动起来，让顾客拉动价值流，追求尽善尽美。

而六西格玛管理是一种直接使用统计方法来最大幅度地降低核心流程的缺陷，以实现组织的持续改进，从而达到甚至超过顾客满意的管理思想和方法体系。在实际工作中，两者是有机地融合在一起的。

# 第四篇
# 质量管理各类考试样题精选

　　本篇收录了质量管理体系国家注册审核员考试、全国质量专业技术人员职业资格（质量工程师）考试和中国质量协会注册六西格玛考试的部分真题、模拟题和培训试题，并附上参考答案。我们考虑，如果只汇编出考试真题，有可能知识点不太全面、重复率会太高，所以汇编一些与正式考试的题型、题量、难度、分值、知识点相当的培训试题和模拟试题，更有益处。

表4篇-1　　三类考试的题型、题量、分值、总分和及格分数线参考表

| 考试类别 | 题型及题量 | 分值（分） | 总分（分） | 及格线（分） |
|---|---|---|---|---|
| 质量管理体系国家注册审核员考试 | 基础知识部分：<br>单选：40题<br>判断：30题<br>多选：15题 | 40<br>30<br>30 | 100 | 70（注：基础知识和审核知识两部分均合格方能通过考试） |
|  | 审核知识部分：<br>单选：20题<br>判断：15题<br>问答：3题<br>阐述：2题<br>案例分析：5题 | 20<br>15<br>15<br>20<br>30 | 100 | 70 |
| 全国质量专业技术人员职业资格（质量工程师）考试 | 初级：<br>质量专业相关知识<br>单选：30题<br>多选：40题<br>综合分析：20题<br>质量专业基础理论与实务<br>单选：30题<br>多选：40题<br>综合分析：20题 | 30<br>80<br>40<br>30<br>80<br>40 | 150<br><br><br><br>150 | 90<br><br><br><br>90 |
|  | 中级：<br>质量专业综合知识<br>单选：30题<br>多选：40题<br>综合分析：30题<br>质量专业基础理论与实务<br>单选：30题<br>多选：40题<br>综合分析：30题 | 30<br>80<br>60<br>30<br>80<br>60 | 170<br><br><br><br>170 | 102<br><br><br><br>102 |
| 中国质量协会注册六西格玛考试 | 绿带：单选题和多选题，共100题 |  | 100 | 60 |
|  | 黑带：单选题和多选题，共100题 |  | 120 | 80 |

# 第二十八章 质量管理体系国家注册审核员考试

说明：要取得质量管理体系国家注册审核员证书，需要参加培训，培训后参加 CCAA 组织的统一考试，考试合格者由 CCAA 颁发考试合格证书，该证书将作为向 CCAA 申请注册实习咨询师的必备条件之一。制定《质量管理体系审核员注册准则》（以下简称"注册准则"），旨在通过统一的笔试，客观、公正、全面地考核参加考试人员满足注册准则中"2.4 知识要求"的程度及其基本的个人素质情况，为 CCAA 评价质量管理体系实习审核员注册申请人的能力提供依据。参见质量管理体系国家注册审核员笔试大纲（第二版），请读者自行上网下载研读。

# 试卷1　质量管理体系国家注册审核员培训班试题

一、单项选择题（每题1分，共10分）从以下每题的几个答案中选择一个你认为最合适的，并将答案代号填入括号中。

1. 顾客满意指的是（　　）。
    A. 没有顾客抱怨
    B. 要求顾客填写意见表
    C. 顾客对自己的要求已被满足的程度的感受
    D. A+B

2. 2000版ISO9001标准名称中不用"质量保证"，意味着（　　）。
    A. 不要求质量保证
    B. 与ISO9004标准的要求一致了
    C. 其含义除了要求产品质量保证还要增强顾客满意
    D. 以上全不是

3. 顾客的要求包括（　　）。
    A. 书面订单
    B. 电话要货
    C. 任何方式提出的包括产品功能和交付的要求
    D. A+B

4. 系统地识别和管理组织内所使用的过程，特别是这些过程之间的相互作用，称为（　　）。
    A. 管理的系统方法
    B. 过程方法
    C. 基于事实的决策方法
    D. 系统论

5. 术语"设计和开发"可包括（　　）的设计和开发。
    A. 产品　　　　　B. 过程　　　　　C. 体系　　　　　D. A+B+C

6. 一次审核的结束是指（　　）。
    A. 末次会议结束
    B. 分发了经批准的审核报告之时
    C. 对不符合项纠正措施进行验证后
    D. 监督检查之后

7. 认证中的初次审核是指（　　）。
    A. 现场审核前的初访
    B. 预审核
    C. 组织提出申请后的首次正式审核

D. 以上全不是

8. 下列（　　）文件应在现场审核前通知受审核方。
   A. 审核计划　　　　　　　　　　　B. 检查表
   C. 审核工作文件和表式　　　　　　D. A+B+C

9. "IATCA"是下面（　　）机构的英文缩写。
   A. 国际审核员和培训认证协会
   B. 国际认可论坛
   C. 中国认证人员与培训机构国家认可委员会
   D. 国际认证联盟

10. "与审核准则有关的并且能够证实的记录、事实陈述或其他信息"，是指（　　）。
    A. 审核结论　　　　　　　　　　　B. 审核发现
    C. 审核方案　　　　　　　　　　　D. 审核证据

二、判断题（每题1分，共10分）（前5题为标准内容）

下列各题中，你认为正确的填写"T"，错误的填写"F"。
1. 现场审核的首、末次会议必须由审核组长主持。　　　　　　　（　　）
2. "审核"定义中的"审核准则"是指审核所依据的标准。　　　　（　　）
3. 审核员在发现不符合项线索时可扩大抽样。　　　　　　　　　（　　）
4. 审核范围就是受审方质量管理体系的范围。　　　　　　　　　（　　）
5. 审核组中的专业人员可以由实习审核员担任。　　　　　　　　（　　）
6. 审核组是根据不合格项的多少来评价受审核方的质量管理体系的。（　　）
7. 在对产品实现进行策划时，组织应针对产品确定过程、文件和资源需求。（　　）
8. 与产品有关要求的评审包括对组织与供方所签订的采购合同的评审。（　　）
9. 产品的测量必须由专职检验员进行。　　　　　　　　　　　　（　　）
10. 为保证不符合项纠正措施的有效性，审核员必须去现场验证。　（　　）

三、填空题（每题1分，共5分）指出GB/T19001-2000标准中适用于下述情景的某项条款，请将条款号填在横线上。

1. "宾馆客房的桌子上放着《服务指南》。"适用于这一情景的条款是_____。
2. "成品仓库雨后漏水，没有及时维修。"适用于这一情景的条款是_____。
3. "工艺文件更改后，标明了更改的次数和日期。"适用于这一情景的条款是_____。
4. "用适当的方法来标识未经检验的产品。"适用于这一情景的条款是_____。
5. "质检部编制《成品检验规程》。"适用于这一情景的条款是_____。

四、问答题（1~3题每题5分，共15分；4~5题每题15分，共30分；总45分）。

1. GB/T19001-2000哪些条款中体现了"以顾客为关注焦点"原则，至少举出两个条款并简要说明。

2. 现场审核第一天发现了一项文件上的不符合，第二天该部门负责人说："我们已经把不符合的文件修改了，请审核组把这项不符合撤下来。"你作为审核组组长，如何处理？为什么？

3. 简述与审核员有关的审核原则。

4. 如何依据 GB/T19001：2000 标准，审核"内部审核"过程？

5. 检查设计和开发更改时，审核员在询问设计和开发更改的有关规定后，抽查了 3 个不同专业组在 2001 年 8-12 月间的更改单，都有授权人员的审批，修改发放手续符合文件控制要求。审核员很满意他们的工作，道谢后就离开了。这样的审核是否符合要求？为什么？如果请您去审核，您会怎么做？

## 五、案例分析题（每题 6 分，共 30 分）

请根据所述情况判断。如能判断有不符合项，请写出不符合 GB/T19001-2000 标准的条款号和内容，并写出不符合事实。如所提供的证据不足以判断有不符合项时，请写出进一步审核的思路。

判分标准：不符合条款 1 分，不符合标准的内容 2 分，不符合事实 2 分，不符合的严重程度 1 分。

1. 在销售科，审核员问销售科长如何评价顾客满意。销售科长犹豫了一下后回答："我们公司目前还没有规定评价顾客满意的方法，但是顾客投诉很少，这表明顾客没有什么意见。"

2. 在销售部，审核员抽查了 7 份顾客调查表，发现其中 2 份写有顾客意见："不知道应找哪个部门询问产品信息。"有 2 份是顾客抱怨："购买产品后发现质量有问题，找不到联系的部门和人员。"销售部经理解释："因为销售人员经常外出，顾客找不到人是难免的。"

3. 在质检部，审核员问："公司是否有文件具体规定自行车中轴成品检验的抽样数？"质检部经理递过来一份编号为 WI0302 的《成品检验规程》，审核员注意到该检验规程第 4.2.2 条规定"各种自行车零件的车铣成品按表 4.1 中规定的批量大小随机抽样"。审核员又查到表 4.1 中自行车中轴的"批量范围"只规定了"501～10 000"的抽样数，就问："自行车中轴批量≤500 和>10 000 时，检验员如何抽样？"质检部经理说："检验员会根据经验减少或加大成品检验的抽样数。我们的检验员都很有经验，还从来没有出现过顾客退货的情况。"

4. 设计开发程序（QP-04）规定每个项目都必须在策划后编制设计计划，写出工作流程。审核员查看 SD 项目的设计计划及全部文件，发现大部分图纸的完工期是 2001 年 3 月，而设计计划的签发日期是 2001 年 6 月。经理说 SD 是个外销合同，产品是引进技术生产的，只要转化国外图纸就可以了，因为要做内审，所以补了一个设计计划。

5. 审核员在检查已投入批量生产的 SB-311 产品的设计开发过程，发现在《设计评审报告》的结论中产品使用的环境温度是 0℃～300℃。就此，审核员检查了该产品的使用说明书，发现说明书上写明产品使用的环境温度为 0℃～250℃。

# 试卷 1 参考答案

## 一、单项选择题

1. C    2. C    3. C    4. B    5. D
6. B    7. C    8. A    9. A    10. D

## 二、判断题

1. T    2. F    3. T    4. F    5. T
6. F    7. T    8. F    9. F    10. F

## 三、填空题

1. 7.2.3a)    2. 6.3a)    3. 4.2.3c)    4. 7.5.3    5. 7.1c)

## 四、问答题

1. （1）体现在 5.2/7.2/8.2.1 等条款中；

（2）简要说明的内容应与举出的标准条款对应，内容应准确。

2. （1）不能撤；

（2）理由：不合格事实已经存在，尚未实施纠正措施并验证。

3. 答出 GB/T19011—2003 的 4 中 a）-c）条。

4. 到归口部门查 8.2.2 条款中 4 个自然段的内容（包括抽样和调查方法），每段 3 分（如果只涉及标准内容，而未包括抽样和调查方法，最多得 6 分），到与纠正措施相关的部门查有效性。

5. （1）不符合；

（2）因为 7.3.7 中的要求没有查全；

（3）审核员应在所看的更改单中抽取几份，查核：①是否评价了更改对产品及其组成部分的影响；②是否进行了适当的评审、验证和确认；③这一切是否在更改正式实施前进行，是否有记录；④相应的文件是否按更改单得到了修改；⑤评价更改的有效性，看是否更改后达到了预期目的（受审核方自己评价的结果）。

## 五、案例分析题

1. 不符合的条款和内容：不符合 8.2.1 中的"组织应对顾客有关组织是否已满足其要求的感受的信息进行监视，并确定获取和利用这种信息的方法"。

2. 不符合的条款和内容：不符合 7.2.3 中"组织应对以上有关方面确定并实施与顾客沟通的有效安排：a）产品信息；c）顾客反馈，包括顾客抱怨"。

3. 不符合的条款和内容：不符合 7.1 c 中组织应确定"产品所要求的验证、确认、监视、检验和试验活动，以及产品接收准则"。

4. 不符合的条款和内容：不符合 7.3.1 中的"组织应对产品的设计和开发进行策

划和控制"。

5. (1) 了解为什么在使用说明书中把使用环境温度定为0℃~250℃, 在发布前是否评价其充分性与适宜性并得到批准 [7.3.3（4.2.3a）]；

（2）检查是否有设计更改记录，如有更改，还应检查是否对更改进行了适当的评审、验证和确认（7.3.7）；

（3）核实实际使用的环境温度；

（4）核查是否有其他原因及其合理性和充分性；

（5）其他合理的审核思路。

（答对其中两个即给6分）

# 试卷 2  质量管理体系国家注册审核员培训班试题（审核部分）

## 一、单项选择题（从下面各题选项中选出一个恰当的答案填入括号内。每题 1 分，共 15 分）

1. （　　）可以独立承担审核任务。
   A. 实习审核员　　B. 技术专家　　C. 审核组长　　D. 观察员

2. 监督审核的目的（　　）。
   A. 是确定体系是否持续满足要求，是否保持证书
   B. 是采取纠正措施、预防措施
   C. 同初审目的一样
   D. 验证上次审核纠正措施的有效性

3. 依据 GB/T19011-2003 标准，审核报告的内容由（　　）负责。
   A. 审核委托方　　B. 审核组　　C. 审核组长　　D. 受审核方

4. 一次审核的结束是指（　　）。
   A. 末次会议结束
   B. 分发了经批准的审核报告之时
   C. 对不符合项纠正措施进行验证后
   D. 监督审核之后

5. 属于基于证据的方法的审核原则是（　　）。
   A. 报告审核过程中遇到的重大障碍
   B. 抽样的合理性与审核结论的可信性密切相关
   C. 审核报告真实地反映审核活动
   D. 审核员独立于受审核的活动

6. （　　）对产品质量特性无直接影响。
   A. 产品开发人员　　　　　　B. 产品制造人员
   C. 产品检验人员　　　　　　D. 工艺设计人员

7. 第三方认证审核的审核报告应提交给（　　）。
   A. 审核委托方　　　　　　　B. 受审核方
   C. 受审核方的上级主管部门　　D. 认可机构

8. 下列（　　）与管理的内涵不符。
   A. 管理是任何组织集体劳动所必需的活动
   B. 管理的对象是组织所拥有的各种规模资源
   C. 管理是一个为组织目标服务的有意识的行为过程，但与机制无关
   D. 管理的过程由一系列相互关联、连续进行的活动构成

9. 以下对审核方案描述正确的是（　　）。
   A. 审核方案包括策划、组织和实施审核所必要的所有活动

B. 审核方案是一次审核安排

C. 审核方案与受审核组织的规模无关

D. 审核方案的记录不包括不符合报告

10. 下面（　　）情况是审核证据。

　　A. 陪同人员质检科长向审核员反映："供应科从非合格供方 A 处采购部件"

　　B. 供应科长承认从非合格供方 A 处采购部件

　　C. 因为在合格供方名录中找不到部件供应商 A，所以审核员认为供应科从非合格供方 A 处采购部件

　　D. 以上都不是

11. 一个组织聘请了两位认证机构的审核员，对其供方的质量管理体系进行审核，这种审核为（　　）。

　　A. 第一方审核　　　　　　　　B. 第二方审核

　　C. 第三方认证审核　　　　　　D. 以上都不对

12. 在第三方认证审核时，（　　）不是审核员的职责。

　　A. 实施审核

　　B. 确定不合格项

　　C. 对发现的不合格项制定纠正措施

　　D. 验证受审核方所采取的纠正措施的有效性

13. 认证中的初次审核是指（　　）。

　　A. 现场审核前的初访　　　　　B. 预审核

　　C. 组织提出申请后首次正式审核　D. 以上都不是

14. 审核员审核受审核方的监视和测量装置校准情况时，抽样的样本应来源于（　　）。

　　A. 用于证实产品符合确定要求的所有监视和测量装置

　　B. 所有的监视和测量装置

　　C. 正在使用的监视和测量装置

　　D. 所有暂时不用的监视和测量装置

15. 审核最高管理者使用的较适宜的审核技巧是（　　）。

　　A. 进行产品质量数据汇总，报告其产品质量状况

　　B. 向最高管理者讲述管理体系运行的重要性

　　C. 观察最高管理者对认证的态度

　　D. 与最高管理者面谈，查阅相关业绩记录

二、判断题（判断下列各题，正确的写 T，错误的写 F，填入相应括号内。每题 1 分，共 10 分）

16. 获得认证的组织应按期接受监督审核，时间间隔不得超过 12 个月。　　（　　）

17. 不管是否实施 GB/T19001-2000 标准，组织都存在质量管理体系。　　（　　）

18. 设备操作人员的工作经历可以视为审核员注册时可接受的工作经历。　（　　）

19. 审核组中必须配备熟悉受审核方专业的人员。　　　　　　　　　　　（　　）

20. 受审核方可以依据合理的理由申请更换审核组成员。　　　　　　　　（　　）
21. 取得 CCAA 注册资格的审核员既要接受聘用机构监督，又要接受 CCAA 的监督。
　　　　　　　　　　　　　　　　　　　　　　　　　　　　　　　（　　）
22. 合理抽样是减少审核风险、控制审核活动的重要环节之一。　　　　　（　　）
23. 虽然检查表是重要的审核文件，但审核现场情况发生变化时也应修改。（　　）
24. 应根据不符合项的多少来评价受审核方的质量管理体系。　　　　　　（　　）
25. 由于质量管理体系认证规则发生变更，持证组织不愿或不能确保符合新要求，认证机构可以撤销该组织的认证证书。　　　　　　　　　　　　　　　（　　）

三、多项选择题（从下面各题选项中选出两个或两个以上最恰当的答案，并将相应的字母填入题后括号内。多选或少选均不得分。每题 2 分，共 10 分）

26. 申请方申请认证的条件（　　）。
　　A. 持有法律地位证明文件
　　B. 已按标准建立了文件化的质量管理体系
　　C. 组织具有一定规模
　　D. 申请人应持有生产许可证、资质证书等必要资料

27. 职能式结构特别适合于（　　）的组织
　　A. 外部环境比较稳定　　　　　　B. 对顾客适应能力要求高
　　C. 采用常规技术　　　　　　　　D. 规模不大

28. 决定审核组的规模和组成时，应考虑（　　）。
　　A. 受审核方的文化特点　　　　　B. 审核员应独立于受审核方
　　C. 审核组长的专业能力　　　　　D. 审核目的

29. 下列（　　）是完整体系审核。
　　A. 初次审核　　B. 跟踪审核　　C. 监督审核　　D. 复评审核

30. 现场审核期间的沟通包括（　　）。
　　A. 与受审核方最高管理者就本次审核的情况进行交谈
　　B. 专业审核员对审核组其他成员进行的有关受审核方专业知识的培训
　　C. 审核组长就审核中发现的重大问题临时找受审核方有关人员进行反馈
　　D. 审核组讨论审核结论

四、简答题（每题 5 分，共 15 分）

31. 请简述与审核员有关的审核原则。
32. 审核员在某阀门厂检验科审核，检验科负责人提供了阀门检验标准，审核员看到标准上规定：阀门出厂前应逐件进行耐压试验，试验压力 1.2 兆帕（Mpa），保压 120 秒。你作为审核员应该如何进行审核？说出你的审核思路。
33. 2007 年 2 月，上级集团公司对天利金属制品公司的体制进行了改革，天利公司随即对内部的组织机构和职能进行了调整。职能部门由 9 个减少到 5 个，部门职能和岗位设置也进行了较大调整。按照 GB/T19001-2000 标准要求，审核员在审核时应关注什么？

## 五、阐述题（每题 10 分，共 20 分）

34. 某设备制造企业将设备表面喷涂生产过程确定为"应确认的过程"。审核员对照 GB/T19001-2000 标准 7.5.2 条款要求对该过程进行审核时，接受审核的人员出示了该过程的生产作业指导书。审核员认为该生产作业指导书具有较强的可操作性，过程控制记录填写详细、规范。审核员很满意并结束了对该过程的审核。试问：审核员的审核是否适宜？如果是您，应如何进行审核？

35. 如何根据 GB/T19001-2000 标准审核"不合格品控制"过程？

## 六、案例分析题（每题 6 分，共 30 分）

请对以下场景进行分析，并依据 GB/T19001-2000 标准判断有无不符合。如有请写出不符合标准条款的编号及内容，并写出不符合事实。

36. 在机加工车间，某机床后靠墙处放着三个工件，审核员问这是不是合格品。操作者答："不是我的班，可能是夜班的，是否合格我也不知道。"在场搬运工解释说："可能是昨天送库剩下的，等会我就运走。"询问当班检验员，检验员回答说："这三件产品有些问题要等张技术员处理，这两天他出差了，等他一回来就处理。"

37. 在某玩具包装车间，审核员发现 W18 玩具包装图表明包装底板的材料是银灰色波纹塑料板，而现场工人使用的是天蓝色硬纸板。车间主任解释说，塑料板上星期就用完了，货要得急，供应科一时买不到。和设计科沟通后，他们同意用纸板代替。审核员提醒"图纸和工艺卡都没有显示出来"，主任说："设计科科长说总工程师出差还没回来，更改单没法批准，图纸也没法改，先这样做，问题不大。"

38. 审核员在检测室抽查产品检验报告，共有 5 项指标的检验结果，而国家标准（GB××××-2005）规定该产品的检验项目应为 8 项。审核员询问检测部主任："你们的检测项目为什么比国家标准规定少了 3 项？"检测主任说："按要求应该是 8 项，而我们是按照工厂的检验规程要求办的。"接着出示了该检验规程，发现确实少了 3 项要求。

39. 审核员在物资管理部审核时了解到，近期从 A 化工厂采购了大批生产混凝土外加剂用的化工原料。审核员问对 A 厂是如何评价的，物资管理部部长说："A 厂是顾客指定的，我们了解到它们的价格比其他厂便宜，虽然产品质量不太稳定，但有问题时它们也能给换货，所以我们决定今后就用这家的产品了。"

40. 审核员到某建筑工地审核时，问施工单位的项目负责人是如何对钢筋、水泥进行检验的。项目负责人说："本工程所用的钢筋、水泥全是甲方指定我们到 A 公司购买的。A 公司生产的钢筋、水泥各种型号都通过了产品认证，公司也于 2000 年就通过了 QMS 认证，因此它们的质量是有保证的。我们只是点点数量，直接拿来用就可以了，出了问题甲方会负责的。"

# 试卷 2 参考答案

## 一、单项选择题

| 1. C | 2. A | 3. C | 4. B | 5. B | 6. C |
| 7. A | 8. C | 9. A | 10. B | 11. B | 12. C |
| 13. C | 14. A | 15. D | | | |

## 二、判断题

| 16. T | 17. F | 18. F | 19. T | 20. T |
| 21. T | 22. T | 23. T | 24. F | 25. F |

## 三、多项选择题

26. ABD  27. ACD  28. ABD  29. AC  30. ACD

## 四、简答题

31. 答出 GB/T19011-2003 的 4 中的 a-e 条。

答案及评分标准：答出 3 条满分，少答 1 条扣 1.5 分。

A. 道德行为：职业的基础；

B. 公正表达：真实、准确报告的义务；

C. 职业素养：在审核中勤奋并具有判断力。

32. 从测量装置的控制（7.6）和产品的监视和测量（8.2.4）两条线索去审核。

答案及评分标准：写出 2 步审核思路即可。

33. 从职责和权限（5.5.1）、管理评审（5.6.1）、质量体系策划 5.4.2 b 三个方面关注。

答案及评分标准：注意每条的关注点（各 1.5 分）

## 五、阐述题

34. 答案及评分标准：

（1）不适宜（2 分）。

（2）因为 7.5.2 中的要求没有查全（3 分）。

（3）应继续审核 7.5.2 中 a b e 的内容（5 分）。

35. 答案及评分标准：

在主控部门查 8.3 不合格品控制中 4 个自然段的内容（每段 2 分，共 8 分）。

到相关部门查不合格品控制的有效性（2 分）。

## 六、案例分析题

36. 答案及评分标准：

不符合条款 7.5.3（2 分）；

不符合条款内容：组织应针对监视和测量要求识别产品状态（2 分）；

不符合事实：略（2 分）。

37. 答案及评分标准：

不符合条款 7.5.1（2 分）；

不符合条款内容：组织应策划并在受控条件下进行生产和服务提供（2 分）；

不符合事实：略（2 分）。

38. 答案及评分标准：

不符合条款 7.1.c（2 分）；

不符合条款内容：在对产品实现进行策划时，组织应确定产品要求的验证、确认监视、检验和试验活动，以确定产品接收准则（2 分）；

不符合事实：略（2 分）。

39. 答案及评分标准：

不符合条款 7.4.1（2 分）；

不符合条款内容：组织应根据供方按组织的要求提供产品的能力评价和选择供方；应制定选择、评价和重新评价的准则；评价结果及评价所引起的任何必要措施的记录均应予保持（2 分）；

不符合事实：略（2 分）。

40. 答案及评分标准：

不符合条款 7.4.3（2 分）；

不符合条款内容：组织应确定并实施检验或其他必要的活动，以确保所采购的产品满足规定的采购要求（2 分）；

不符合事实：略（2 分）。

## 试卷 3  质量管理体系国家注册审核员培训班试题（标准部分）

一、单项选择题（从下面各题选项中选出一个恰当的答案填入括号内。每题 1 分，共 15 分）

1. 以下（　　）标准不是 ISO9000 族的核心标准。
   A. ISO9001　　　B. ISO9004　　　C. ISO10012　　　D. ISO19011
2. GB/T19001-2000 标准鼓励组织在建立、实施质量管理体系以及改进其有效性时采用（　　）方法。
   A. 过程　　　B. 控制　　　C. 统计　　　D. 监督
3. 宾馆要求餐饮部中从事烹饪作业的人员持健康证上岗，这是为了满足（　　）。
   A. 顾客明确的要求　　　　　　B. 顾客隐含的要求
   C. 相关法律法规的要求　　　　D. 组织特定的附加要求
4. 通过在被关注特性与潜在影响因素之间建立模型来研究其相互之间因果关系的统计技术称为（　　）。
   A. 实验设计　　　B. 假设设计　　　C. 测量分析　　　D. 回归分析
5. 设计确认的目的是（　　）。
   A. 确保产品能够满足规定的使用要求　　B. 确保输出满足输入要求
   C. 确保满足法律法规要求　　　　　　　D. 确认评审结果的有效性
6. 以下属于 GB/T19000-2000 标准中八项质量管理原则内容的是（　　）。
   A. 持续改进、与供方互利关系、管理职责、基于事实的决策方法
   B. 持续改进、过程方法、全员参与、领导作用
   C. 以顾客为关注焦点、管理的系统方法、资源管理、全员参与
   D. 以顾客为关注焦点、过程方法、统计技术、领导作用
7. 省、自治区、直辖市标准化行政主管部门制定的工业产品的安全、卫生要求的地方标准，在本行政区内是（　　）。
   A. 推荐性标准　　　　　　　　B. 行业标准
   C. 强制性标准　　　　　　　　D. 企业标准
8. 针对特定产品、合同或项目的质量管理体系的过程和资源作出规定的文件是（　　）。
   A. 质量目标　　　B. 质量计划　　　C. 质量手册　　　D. 程序文件
9. 顾客满意是指（　　）。
   A. 顾客未提出申诉　　　　　　B. 未发生顾客退货情况
   C. 顾客对满足自身要求的程度的感受　　D. 顾客没有抱怨
10. GB/T19001-2000 标准 7.5.5 中的"搬运"是指（　　）。
    A. 制成品交付给顾客间的运输
    B. 从原材料进厂到制成品交付到预定的地点期间各阶段产品的搬运

C. 供方将原材料送至组织的运输
D. 原料和成品在组织内的运输过程

9 名 QMS 审核员分为 3 个审核组，分别对 3 家企业进行审核。9 人中有 5 人是实习审核员（小王、小张、小李、小陈、小杨），另外 4 人是高级审核员（老钱、老孙、老蒋、老韩）。3 个审核组分别以第 1 组、第 2 组和第 3 组表示。分组必须满足以下条件：每组中至少有一名高级审核员；小王和小陈必须在同一组；小张和老韩必须不在同一组；小李和老孙必须不在同一组；小李和老韩均不在第 2 组。

11. 如果小王在第 1 组，以下哪种情况可能出现？（  ）
    A. 小张和小杨在第 3 组        B. 小张和老孙在第 3 组
    C. 小陈和老蒋在第 2 组        D. 老钱和老蒋在第 2 组

12. 如果小王和老蒋在第 3 组，以下哪种情况必然出现？（  ）
    A. 小张在第 2 组              B. 小李在第 3 组
    C. 小杨在第 1 组              D. 老钱在第 2 组

13. 如果小张和小杨在第 3 组，以下哪种情况必然出现？（  ）
    A. 小陈在第 1 组              B. 老孙在第 2 组
    C. 老蒋在第 3 组              D. 老韩在第 1 组

14. 如果老钱在第 1 组，同时老蒋在第 3 组，以下哪种情况不可能出现？（  ）
    A. 老韩在第 1 组              B. 第 1 组只有一名实习审核员
    C. 第 2 组中只有一名实习审核员  D. 第 3 组只有一名实习审核员

15. 如果第 1 组中只有小张一名实习审核员，以下哪种情况必然出现？（  ）
    A. 小王在第 3 组              B. 小杨在第 3 组
    C. 老钱在第 2 组              D. 老孙在第 1 组

二、判断题（判断下列各题，正确的写 T，错误的写 F，填入题后括号内。每题 1 分，共 15 分）

16. 组织应针对质量管理体系活动中发现的所有不合格采取纠正措施。（  ）
17. 产品要求可以是顾客规定的，也可以是组织通过预测顾客要求规定的，还可以是法规规定的。（  ）
18. 质量管理体系业绩的测量包括对顾客满意度的测量。（  ）
19. 企业只要没有产品设计活动，在建立质量管理体系过程中就可以删除设计和开发的条款内容。（  ）
20. 组织可以根据实际情况指定一名或多名管理者代表。（  ）
21. 应确保质量方针在持续的适宜性方面得到评审。（  ）
22. 考虑到检验成本和批量大小，进行抽样检验比全检更合理。（  ）
23. 质量手册中应包括质量体系的范围。（  ）
24. 必须编制每一个生产和服务提供过程的作业指导书。（  ）
25. 根据 GB/T19001-2000 标准，最高管理者应对其建立、实施质量管理体系并持续改进其有效性的承诺提供证据。（  ）
26. 采购信息中可能包括质量管理体系的要求。（  ）

27. 趋势图有时也称为"运行图"或"折线图",它是通过一段时间内所关心的特性值形成的图,来观察其随着时间变化的表现。（    ）
28. 国家公务员可以从事认证、认证咨询和认证培训活动。（    ）
29. 在质量管理中,经常要研究两个变量是否存在相关关系,这时可以用散布图进行研究。（    ）
30. 对员工不仅要培训,还应评价培训的有效性。（    ）

三、多项选择题（从下面各题选项中选出两个或两个以上最恰当的答案,并将相应字母填入题后括号内。多选或少选均不得分。每题2分,共20分）

31. 组织在建立质量管理体系时应（    ）。
    A. 识别质量管理体系所需的过程及其在组织中的应用
    B. 确定这些过程的顺序和相互作用
    C. 确定为确保这些过程的有效运行和控制所需的准则和方法
    D. 监视、测量和分析这些过程

32. 质量目标应（    ）。
    A. 可测量                    B. 层层分解
    C. 与质量方针保持一致        D. 包括与满足产品要求有关的内容

33. 在 ISO/TR10017：2003 中,很多统计技术都直接或间接地引用了假设检验,例如（    ）。
    A. 抽样        B. SPC 图        C. 实验设计        D. 测量分析

34. 在 ISO/TR10017：2003 中涉及的统计技术有（    ）。
    A. 描述统计    B. 假设检验      C. 测量分析        D. 可靠性分析

35. 下列中适用《中华人民共和国产品质量法》的是（    ）。
    A. 汽车制造    B. 建设工程      C. 服装加工        D. 食品生产

36. GB/T19000-2000 标准规定了（    ）。
    A. 质量管理体系术语          B. 选用 ISO900：2000 族标准的途径
    C. 质量管理体系要求          D. 质量管理体系基础

37. 直方图是（    ）。
    A. 描述性统计技术方法
    B. 研究成对出现的两组数据之间关系的图示技术
    C. 用一系列等宽不等高的长方形不间断地排列在一起的图形,用以描绘所关心的特性值的分布
    D. 通过一段时间内所关心的特性值形成的图来观察其随着时间变化的表现

38. 根据《认证及认证培训、咨询人员管理办法》,以下说法中错误的是（    ）。
    A. 从事认证及认证培训、咨询活动的人员应申请执业资格注册,未经注册的,不得从事相关活动
    B. 认证及认证培训、咨询活动的人员可以在2个或2个以上的认证机构或认证培训机构或认证咨询机构执业
    C. 认证及认证培训、咨询活动的人员与认证及认证培训、咨询机构之间建立聘

用关系的，应当依法签订劳务合同

D. 认证人员可以受聘于认证咨询机构从事有关的咨询活动

39. 以下描述中正确的是（　　　）。
A. 质量方针为质量目标的建立提供了框架
B. 质量目标应与质量方针和持续改进的承诺相一致
C. 质量方针不能变更
D. 质量目标不一定包括满足产品要求所需的内容，但应是可测量的

40. 质量策划（　　　）。
A. 是质量管理的一部分　　　　　　B. 应制定目标
C. 应规定运行过程　　　　　　　　D. 应确定资源

### 四、填空题（请在下面空缺处填上适当的内容。每题 1 分，共 10 分）

41. 《中华人民共和国标准化法》中规定，企业生产的产品没有国家标准和行业标准的，应制定＿＿＿＿＿＿标准，作为组织生产的依据。

42. GB/T19001-2000 标准中 6.2.2 条款的标题是＿＿＿＿＿＿、意识和培训。

43. 《中华人民共和国计量法》中规定：用于贸易结算、安全防护、医疗卫生、环境监测方面的列入强制检定目录的工作计量器具，实行＿＿＿＿＿＿。

44. 企业标准应按省、自治区、直辖市人民政府的规定＿＿＿＿＿＿。

45. 《中华人民共和国认证认可条例》第二条规定，认证是指由认证机构证明产品、服务、管理体系符合相关技术规范、相关技术规范的强制性要求或者标准的＿＿＿＿＿＿活动。

请对以下场景进行分析，并在括号内写出其所适用的 GB/T19001-2000 标准条款号，必须写出所适用条款的最准确编号，但最多只写出三位章节号。

46. 设计科正在讨论并编制新产品的设计方案。（　　　）
47. 对于采购的关键零件在合同中写明在供方现场验收。（　　　）
48. 用于监视和测量的计算机软件，在初次使用前已得到确认。（　　　）
49. 停车场的保安人员观察进现场车辆外观状况，并将车辆存在的剐蹭缺陷告知业主。（　　　）
50. 为确保质量管理体系持续的有效性、适宜性和充分性，组织最高管理者对其进行评审。（　　　）

### 五、简答题（每题 5 分，共 20 分）

51. 请简述统计过程控制（SPC）图的概念及其用途。

52. GB/T19001-2000 标准哪些条款中体现了"以顾客为关注焦点"的原则？请至少举出两个条款，并简要说明。

53. 组织在接收某产品时按 GB/T2828.1 标准进行抽样检验。产品的检验需要 4 小时，但检测费用不高。检验部门的管理水平一般，检验人员的能力也不是很强。请问：在这种情况下一般应采取一次抽样、二次抽样还是五次抽样？为什么？

54. 以下内容选自《CCAA 质量管理体系审核员注册准则》第二版（2007 年 6 月 1

日起实施）：

2.7 监督与年度确认要求

2.7.1 CCAA 采用年度确认的方式，对审核员、高级审核员持续保持其能力和个人素质以及遵守行为规范的情况进行监督。

2.7.2 在注册证书有效期内，审核员和高级审核员应每年提交其完成下列活动的证明，表示其持续符合准则的相关要求。

每年至少成功地完成 1 次 QMS 审核或完成 15 小时专业发展活动；持续遵守行为规范的要求；已妥善解决任何针对其审核表现的投诉；当 CCAA 有指定的专业发展活动时，已按要求完成；

CCAA 将定期发送信息，提示注册人员提交证明资料、完成年度确认；

审核员和高级审核员应保留完成年度确认的记录，在申请再注册时提交 CCAA；

实习审核员无年度确认要求。CCAA 将通过处理投诉、接受聘用机构和受审核方反馈等方式收集信息，对实习审核员进行监督；

必要时 CCAA 可对各级别审核员采取专项调查、质询或要求提供更多证实信息等方式进行更频繁更深入的监督。

请根据以上内容回答问题：对于 QMS 实习审核员、审核员及高级审核员，CCAA 分别采取什么监督方式？

## 六、分析及阐述题（每题 5 分，共 20 分）

55. 一位审核员到某企业的仓库审核，记录了以下客观证据：①仓库账本编号及进出库内容清楚，存放整齐，但没有版本标识；②仓库中有一扇窗户开着，有雨水进入，且靠近窗户的产品配件已生锈；③仓库中有一区域，码放一堆产品，库管员说是不合格品，要返修，但无不合格品标识牌。根据以上证据，请说出该审核员审核了 GB/T19001-2000 标准的哪些条款，并判断是否存在不合格。

56. 某公司在开发新产品时，由于自身不具备设计能力，委托专业的设计院进行设计，然后根据设计图纸进行生产、定型和批量投产。请问该公司是否可以删减 GB/T19001-2000 标准的 7.3 条款？为什么？

57. 某企业产品检验采取抽样的方式，但三个检验员的抽样比例都不相同，该企业也没有对抽样比例的文件作出规定。请判断是否符合 GB/T19001-2000 标准要求？若不符合，请说出不符合哪一条款的要求？为什么？

58. 某机械加工厂工人加工的产品经检验有 30% 左右不合格，经查该加工工序没有制定作业指导书，审核员 A 认为应制定该工序的作业指导书。针对以上情况，依据 GB/T19001-2000 标准的要求，你认为审核员 A 的观点是否正确？为什么？

## 试卷 3 参考答案

一、单项选择题

1. C    2. A    3. C    4. D    5. A    6. B

| 7. C | 8. B | 9. C | 10. B | 11. D | 12. A |
| 13. D | 14. C | 15. B |

## 二、判断题

| 16. F | 17. T | 18. F | 19. F | 20. F | 21. T |
| 22. T | 23. T | 24. F | 25. T | 26. T | 27. T |
| 28. F | 29. T | 30. T |

## 三、多项选择题

| 31. ABCD | 32. ACD | 33. ABCD | 34. ABCD | 35. ACD |
| 36. AD | 37. AC | 38. BD | 39. AB | 40. ABCD |

## 四、填空题

41. 企业

42. 能力

43. 强制检定

44. 备案

45. 合格评定

46. （7.3.1）

47. （7.4.3）

48. （7.6）

49. （7.5.4）

50. （5.6.1）

## 五、简答题

51. 答案及评分标准：概念（3分）；用途（2分）。

52. 答案及评分标准：

(1) 体现在5.2/7.2/8.2.1等条款中（答出两条给2分）；

(2) 简要说明内容，内容应准确（3分）。

注：全文照抄标准扣2分。

53. 答案及评分标准：

二次抽样（2分）。

简要说明检验成本较低，管理及检验水平和生产人员素质一般，生产质量不稳定，选择一次抽样风险较大（生产方风险和使用方风险），而五次抽样较复杂（3分）。

54. 答案及评分标准：对于QMS实习审核员无年度确认要求。CCAA将通过处理投诉、接受聘用机构和受审核方反馈等方式收集信息，对实习审核员进行监督。（2分）

对审核员及高级审核员，CCAA采用年度确认的方式，对审核员、高级审核员持续保持其能力和个人素质以及遵守行为规范的情况进行监督。（3分）

## 六、分析及阐述题

55. 答案及评分标准：
（1） 7.5.5；
（2） 7.5.3。（各1分）
均存在不符合（各1.5分）。

56. 答案及评分标准：
不可以（2分）。
简要说明责任要求和对外包的控制（3分）。

57. 答案及评分标准：
7.1c（2分）。
简要说明策划的要求及为什么（3分）。

58. 答案及评分标准：
不正确（2分）；说明为什么（3分）。

# 试卷4  2008年质量管理体系国家注册审核员考试试卷

## 基础知识部分

### 一、单项选择题

1. 社会上的各种传言和议论，有的是无中生有，有的是空穴来风，我们要善于思索和分辨。"空穴来风"的意思是（　　）。
   A. 有空穴才会来风，否则就不会有风
   B. 有洞穴就有风进来，比喻事情的发生不是完全没有原因的
   C. 如像洞里的风一样飘忽不定，一会这样一会那样
   D. 就像空穴中的风，完全没来由

2. 不合格品控制的目的是（　　）。
   A. 防止不合格品的发生　　　　　B. 不合格品的标识
   C. 不合格品的返工　　　　　　　D. 防止非预期的使用

3. 以下公式中正确的是（　　）。
   A. $C_p \geq C_{pk}$　　B. $C_p < C_{pk}$　　C. $C_p \leq C_{pk}$　　D. $C_p > C_{pk}$

4. 通过在被关注特性与潜在影响因素之间建立模型来研究其相互之间因果关系的统计技术称为（　　）。
   A. 实验设计　　　B. 假设检验　　　C. 测量分析　　　D. 回归分析

5. 按规律填数：1，2，2，4，（　　），32。
   A. 4　　　　　　B. 6　　　　　　C. 8　　　　　　D. 16

6. 按规律填数：2，4，12，48，（　　）。
   A. 96　　　　　B. 120　　　　　C. 240　　　　　D. 480

7. 方针目标管理的理论依据是（　　）。
   A. 行为科学　　　B. 泰罗制　　　C. 系统理论　　　D. A+C

8. 按规律补充图形：（　　）。
   A. 直角三角形　　　　　　　　　B. 正方形
   C. 圆形　　　　　　　　　　　　D. 倒正等边三角形

9. 计点控制图的统计基础是（　　）。
   A. 抽样　　　　　B. 正态分布　　　C. 泊松分布　　　D. 百分比
   说明：计量控制图的统计基础是正态分布；计件控制图的统计基础是二项分布。

10. 根据语言学习的顺序，把最先学习并使用的语言叫第一语言，把第一语言之后学习和使用的语言叫做第二语言。根据上述定义，下列中不属于第二语言学习的是（　　）。
    A. 出生在中国的日本孩子同时学习汉语和日语
    B. 中国学生学习了英语之后又开始学习法语
    C. 中国学生出国后同时学习英语和法语

D. 外国留学生来华学习汉语

11. 省、自治区、直辖市标准化行政主管部门制定的工业产品的安全、卫生要求的地方标准，在本行政区域内是（    ）。

   A. 推荐性标准　　　B. 行业标准　　　C. 强制性标准　　　D. 企业标准

12. 由二氧化碳：温室效应可推出以下哪个？（    ）

   A. 高速公路：汽车　　　　　　B. 石油：煤炭
   C. 洪水：水灾　　　　　　　　D. 收益：风险

13. 以下活动中最符合逻辑顺序的是（    ）。
   ①到了目的地；②给朋友看相片；③在车上听当地人介绍景点；④在很多地方拍了纪念照；⑤踏上旅途

   A. ⑤②③①④　　　B. ③①⑤④②　　　C. ⑤③①④②　　　D. ④②⑤③①

14. 若超过规定的特性值要求，将造成产品部分功能丧失的质量特性为（    ）。

   A. 关键质量特性　　　　　　　B. 重要质量特性
   C. 次要质量特性　　　　　　　D. 一般质量特性

15. 顾客可以采用（    ）提出与产品有关的要求。

   A. 合同方式　　　　　　　　　B. 书信及电话方式
   C. 任何适宜的方式　　　　　　D. 面谈

## 二、判断题（正确的写 T，错误的写 F）

16. 根据 GB/T19001-2000 标准，顾客财产可包括知识产权。（    ）

17. GB/T19000-2000 标准规定了质量管理体系的要求，该标准的目的是统一质量管理体系的结构。（    ）

18. GB/T19000-2000 标准 8.3 条款要求记录的"不合格性质"仅指不合格的严重程度。（    ）

19. 趋势图有时也称为"运行图"或"折线图"，它是通过一段时间内所关心的特性值形成的图，来观察其随着时间变化的表现。（    ）

20. 质量管理体系要求是对产品要求的补充。（    ）

21. 持续改进可能是产品、过程和质量管理体系的改进。（    ）

22. 国家公务员可以从事认证、认证咨询和认证培训活动。（    ）

23. 抽样是通过研究总体有代表性的部分来获取该总体的某些特性信息的统计方法。（    ）

24. 过程能力分析就是检查过程的固有变异和分布。（    ）

25. 组织对申请认证前就长期供货的供应商不必进行评价。（    ）

26. GB/T19000-2000 标准 8.5.2 条款中的"不合格"仅指不合格品。（    ）

27. 预防措施是对为消除经常发生的不合格原因所采取的措施。（    ）

28. 组织对每一项设计和开发活动都要进行策划。（    ）

29. 从事矿山、危险化学品、烟花爆竹生产经营单位安全生产综合评价的认证机构，经国务院安全生产监督管理部门推荐，方可取得认证机构的认可。（    ）

30. 只要经过认可的认证机构都可从事对国家规定强制性产品认证的产品实施认证

工作。 ( )

### 三、多项选择题

31. 组织在建立质量管理体系时应（　　）。
   A. 识别质量管理体系所需的过程及其在组织中的应用
   B. 确定这些过程的顺序和相互作用
   C. 确定为确保这些过程的有效运行和控制所需的准则和方法
   D. 监视、测量和分析这些过程

32. 以下与字符串 11000011110000111111 形成规律的是（　　）。
   A. 100　　　　B. 0011111111　　　　C. 101　　　　D. 1100

33. GB/T19001-2000 标准要求的记录有（　　）。
   A. 文件发放记录　　　　　　　B. 管理评审记录
   C. 设备维护记录　　　　　　　D. 记录产品唯一性的记录

34. 以下选项中描述正确的是（　　）。
   A. 质量方针为质量目标的建立提供了框架。
   B. 质量目标应与质量方针和持续改进的承诺一致。
   C. 质量方针不能变更。
   D. 质量目标不一定包括满足产品要求所需的内容，但应是可测量的。

35. 管理评审应（　　）。
   A. 按固定的时间间隔评审
   B. 按策划的时间间隔评审
   C. 评价其持续的适宜性、充分性和有效性
   D. 包括对各部门的绩效考核

36. GB/T19000-2000 标准 6.2.1 条款中的产品质量影响人员包括（　　）。
   A. 外包方相关制造工人　　　　B. 合同制人员
   C. 保安　　　　　　　　　　　D. 临时聘用的生产工人

37. 关于均值—极差图，以下选项中正确的是（　　）。
   A. 代码 X—R　　　　　　　　B. 计量数据控制图
   C. 计点控制图　　　　　　　　D. 它是 SPC 图

38. 下列选项中适用《中华人民共和国产品质量法》的是（　　）。
   A. 汽车制造　　B. 建设工程　　C. 服装加工　　D. 食品生产

39. GB/T19001-2000 标准 7.5.5 "产品防护"包括（　　）。
   A. 搬运　　　　B. 保护　　　　C. 贮存　　　　D. 包装

40. GB/T19001-2000 标准 5.4.1 要求"质量目标"应（　　）。
   A. 可测量　　　　　　　　　　B. 层层分解
   C. 与质量方针保持一致　　　　D. 包括与满足产品要求有关的内容

# 审核知识部分

## 一、单项选择题

1. 一个组织聘请了两位认证机构的审核员，对其供方的质量管理体系进行审核，这种审核为（　　）。
   A. 第一方审核　　　　　　B. 第二方审核　　　　　　C. 第三方审核

2. 根据《认证及认证培训、咨询人员管理办法》，一个具备国家注册高级审核员和培训教师资格的人员（　　）。
   A. 只能受聘于一个认证机构
   B. 只能受聘于一个认证培训机构
   C. 只能受聘于一个认证咨询机构
   D. 可以同时被一个认证机构和一个认证培训机构聘用

3. 电路板焊接完成后，发现其中有一个元件是坏的，工人重新用合格的元件进行更换，使其达到合格。这是（　　）。
   A. 纠正　　　　　B. 让步　　　　　C. 降级　　　　　D. 纠正措施

4. 顾客要求可以是（　　）。
   A. 电话要货
   B. 书目订单
   C. 任何方式提出的包括产品功能和交付的要求
   D. A+B

5. 按时间顺序下面（　　）最合适。
   A. 计划、组织、领导、控制　　　　　B. 计划、领导、组织、控制
   C. 计划、控制、领导、组织　　　　　D. 计划、领导、控制、组织

6. 审核员审核受审核方的监测设备校准情况时，抽样的样本应来源于（　　）。
   A. 所有的监视和测量装置
   B. 用于监测产品符合确定要求的所有测量设备
   C. 正在使用的监视和测量装置
   D. 所有暂时不用的监视和测量设备

## 二、多项选择题

7. 下列选项中没有体现"4P"管理原则的是（　　）。
   A. 产品（Product）　　　　　　B. 价格（Price）
   C. 人口（Population）　　　　　D. 过程（Progress）

   说明：4P 包含产品（Product）、价格（Price）、渠道（Place，也称地点）、促销（Promotion）。

8. 下列选项中适用《中华人民共和国产品质量法》的是（　　）。
   A. 汽车制造　　　　　　　　　　B. 建设工程

C. 服装加工 D. 食品生产
9. 产品防护包括（　　）。
   A. 标识　　　　B. 搬运　　　　C. 包装　　　　D. 保护
10. 组织在建立质量管理体系时应（　　）。
    A. 识别质量管理体系所需的过程及其在组织中的应用
    B. 确定这些过程的顺序和相互作用
    C. 确定为确保这些过程的有效运行和控制所需的准则和方法
    D. 监视、测量和分析这些过程
11. 质量目标应（　　）。
    A. 可测量　　　　　　　　　　B. 层层分解
    C. 与质量方针保持一致　　　　D. 包括与满足产品要求有关的内容

### 三、判条款（写出条款序号）

12. 某公司由于自身不具备设计能力，委托专业的设计院进行设计。（　　）
13. 停车场的保安人员观察进场车辆外观状况，并将车辆存在的剐蹭缺陷告知业主。（　　）
14. 学校正在请驾校老师进行培训。（　　）
15. 用于监视和测量的计算机软件，在初次使用前已得到确认。（　　）
16. 某软件公司请工程学院的教授讲了一堂关于软件特性的课程。（　　）
17. 某企业生产的产品所需的一个重要部件由另一工厂外协加工，但该企业未对加工过程进行识别和控制。（　　）
18. 对于采购的关键零件在合同中写明在供方现场验收。（　　）
19. 为确保质量管理体系持续的有效性、适宜性和充分性，组织最高管理者对其进行评审。（　　）

### 四、简答题

20. 请简述与审核员有关的原则。
21. 简述 CCAA 审核员行为规范（至少写出六条）。
22. 如何依据 GB/T19001：2000 标准，审核"产品的监视和测量"过程？
23. 审核 4.2.3 时，审核员查看文件，文件得到批准，并且有文件发放记录，然后审核员就离开了。问：这样审核正确吗？如果是你会怎么审核？
24. 请简述统计过程控制图（SPC）的概念及其用途。
25. 简要说明 GB/T19001-2000 的哪些条款中体现了"以顾客为关注焦点"原则，请至少举出两个条款。
26. 根据 GB/T19001-2000 标准说明，产品分为哪几种通用类别？各有什么特点？

### 五、阐述题

27. 一位审核员到某企业的仓库审核，记录了以下客观证据：①墙上挂有仓库管理规定，但无叉拉章，②仓库内各产品堆放整齐，但无产品标识牌，相应文件也未对此作出规定；③经仓库管理员介绍，产品 A 是加工原料，但产品 A 配件倒立摆放，未按包装箱指示箭头摆放。根据以上证据，请说出该审核员审核了 GB/T19001-2000 标准的哪些条款？并判定是否存在不符合事实。

28. 某企业产品检验采取抽样的方式，但三个检验员的抽样比例都不相同，该企业也没有对抽样比例的文件作出规定。请判断是否符合 GB/T19001-2000 标准的要求？若不符合，请说出不符合哪一条款的要求？为什么？

29. 在机加工车间有一台大型龙门刨床，还是 20 世纪 50 年代的产品，已陈旧不堪。车间主任说："这台机器都用了半个世纪了，已经超过了报废期限，但是它仍然是我们的主要生产设备，现在加工精度很不稳定。我们打了多次报告，要求购买新的设备，上面一直没有批准。"请判定是否存在不符合？若存在不符合，不符合 GB/T19001-2000 标准哪个条款，为什么？

30. 审核员审核锻造车间。审核员事先带了锻造车间的作业指导书，到现场后，对照现场的操作文件，发现和作业指导书中的要求一样。再检查工人的操作记录，发现其中的温度、压力等记录齐全且均满足文件的要求。当审核员查看炉内的温度时，发现 4 支温度控制盘中没有温度显示。车间负责人回答："4 支温度计送去做试验了。"审核员说："那温度是依据什么记录的？"车间负责人说："凭操作工人的经验确定。如发现有不适宜时，用临时的温度计测试。"审核员要求用临时温度计示范时，却发现因没有温度计控制线而无法使用。请判断审核员审核涉及了哪些条款？哪些条款出现不符合？

**六、案例分析题**

请写出不符合条款及内容，并写出不符合事实：

31. 审核员在供应部抽查采购合同，看见抽查到的三份购买钢筋的合同（编号分别为 019、011 和 017）中"产品要求"一栏都写着"按国家标准"，审核员问供应部负责人："按哪个国家标准？"供应部负责人看了看合同，说："我不太清楚。"供应部负责人问站在旁边的采购员知不知道是哪个国家标准，采购员说："我也不清楚。"负责人说设计部应该知道，但没联系上设计部。

32. 在销售部门，审核员问销售科长如何评价顾客满意，销售科长说：我们公司生产的产品质量很好，被国家主管部门评为免检产品，再加上我们售后服务非常出色，所以去年仅有二位顾客对我们的产品有些抱怨，但谈不上投诉。为此我们目前没有必要再规定评价顾客满意的方法。

33. 审核员在检测室抽查产品检测报告，共有 5 项指标的检测结果，而国家标准（GBXXXX-2005）规定该产品的检测项目应为 8 项。审核员询问检测室主任："你们的检测项目为什么比国家标准规定少了 3 项？"检测室主任说："按要求应该是 8 项，而我们是按工厂的检验规程要求办的。"接着出示了该检验规程，发现确实少了 3 项要求。

34. 在某玩具包装车间，审核员发现 W18 玩具包装图表明包装底板的材料是银灰色波纹塑料板，而现场工人使用的是天蓝色硬纸板。车间主任解释说，塑料板上星期就用完了，货要得急，供应科一时买不到。和设计科沟通后，他们同意用纸板代替。

审核员提醒"图纸和工艺书都没显示出来",主任说:"设计科科长说总工程师出差还没回来,更改单没法批准,图纸也没法改,先这样做,问题不大。"

35. 在审核邮电局发送科时,文件规定对所有的邮件由分选组分好后,按省、市、地区不同类别进行包装并放入防雨防潮的邮递专用袋内发送。审核员发现在分选组内墙角处堆放了一堆发往青海的邮件,发送人员正将其放在纸箱内打包准备发送。审核员问:"这是怎么回事?为什么你们用纸箱打包?你们不是规定用防雨防潮的邮递专用袋发送吗?"发送科长说:"青海比较干燥,近来也无雨,再说最近邮件多,邮递专用袋不够用,所以因地制宜,在不影响邮件的情况下就用纸箱包装了。"

# 试卷4参考答案

## 基础知识部分参考答案

### 一、单项选择题

1. B  2. D  3. A  4. D  5. C  6. C
7. D  8. D  9. C  10. A  11. C  12. C
13. C  14. B  15. C

### 二、判断题(正确的写T,错误的写F)

16. T  17. F  18. F  19. T  20. T  21. T
22. F  23. T  24. T  25. F  26. F  27. F
28. F  29. T  30. F

### 三、多项选择题

31. ABCD  32. ABD  33. BD  34. AB  35. BC  36. ABD
37. ABD  38. ACD  39. ABCD  40. ACD

## 审核知识部分参考答案

### 一、单项选择题

1. B  2. A  3. A  4. C  5. B  6. B

### 二、多项选择题

7. CD  8. ACD  9. ABCD  10. ABCD  11. ACD

## 三、判条款

12. （7.4） 13. （7.5.4） 14. （6.2.2） 15. （7.6）
16. （6.2.2） 17. （4.1） 18. （7.4.3） 19. （5.6.1）

## 四、简答题

20. 道德行为：职业的基础；公正表达：真实、准确地报告的义务；职业素养：在审核中勤奋并具有判断力；独立性：审核的公正性和审核结论的客观性的基础；基于证据的方法：在一个系统审核过程中，得出可信的和可重现的审核结论的合理方法。

21. ①遵纪守法、敬业诚信、客观公正；②努力提高个人的专业能力和声誉；③帮助所管理的人员拓展其专业能力；④不承担本人不能胜任的任务；⑤不介入冲突或利益竞争，不向任何委托方或聘用机构隐瞒任何可能影响公正判断的关系；⑥不讨论或透露任何与工作任务相关的信息，除非应法律要求或得到委托方和/或聘用单位的书面授权；⑦不接收受审核方及其员工或任何利益相关方的任何贿赂、佣金、礼物或任何其他利益，也不应在知情时允许同事接受；⑧不有意传播可能损害审核工作或人员注册过程的信誉的虚假或误导性信息；⑨不以任何方式损害 CCAA 及其人员注册过程的声誉，与针对违背本准则的行为而进行的调查进行充分的合作；⑩不向受审核方提供相关咨询。

22. ①到主控部门请相关负责人提供关于产品的监视和测量的相关文件，并与负责人交谈；②抽查 5~8 份相关记录，看 a. 验证记录内容是否满足文件的接收准则要求；b. 记录是否有有权放行产品的人员签字认可；③有权放行产品的人员（质检员）是否有资质查看相关培训记录或授权书等；④对于紧急放行的产品，组织是如何规定的，查看相关文件并验证以往的紧急放行记录；如果以往没有发生过紧急放行的情况，请相关人员口述过程；⑤现场抽查产品是否有状态标识。

23. 这样审核不正确。

我会按照以下步骤进行审核：①查主管部门对文件的识别、控制、批准和处置是否有规定→查阅相关文件并与负责人交谈；②抽查 5~8 份文件是否在发布前得到批准，是否有修订状态标识以及发放记录；③组织对于外来文件是如何识别及控制分发的→请相关负责人提供相关文件，查看文件发放记录；④组织对于文件的更新及评审是如何规定的→查看以往的文件的更新及评审记录或请相关责任人员口述；⑤组织对于作废文件是如何储存及控制的→查相关文件及相关作废记录，抽查 5~8 份现保留的作废文件是否有作废标识；⑥到相关部门查阅相关文件是否有效版本及文件是否清晰、易于识别；⑦检查相关使用场所是否能够获得适用文件的有效版本。

24. 统计过程控制图（SPC）（或称控制图）就是控制生产过程质量的一种记录图形。它用于连续生产中，判断生产过程是否有异常，提供异常因素存在的信息，以便于查明异常原因并采取改进措施，使生产过程达到控制状态。

25. 条款 5.1 管理承诺 a）：向组织传达满足顾客和法律法规要求的重要性。条款 5.2 以顾客为关注焦点：最高管理者应以增强顾客满意为目的，确保顾客的要求得到确定并予以满足。条款 5.5.2 管理者代表 c）：确保在整个组织内提高满足顾客要求的意识。条款6.1资源提供b)：通过满足顾客要求，增强顾客满意。条款8.2.1顾客满意：作为对质量管理体系绩效的一种测量，组织应该监视顾客关于组织是否能够满足其要求的感受的相关信息，并确定获取和利用这种信息的方法。

26. 分为四种通用的产品类别：①服务——通常是无形的，并且是在供方和顾客接触面上至少需要完成一项活动的结果。②软件——软件由信息组成，通常是无形产品并可以方法、论文或程序的形式存在。③硬件——硬件通常是有形产品，其量具有计数的特性。④流程性材料——通常是有形的产品，其量具有连续性的特性。

## 五、阐述题

27. 不符合条款7.5.3标识和可追溯性适当。组织应在产品实现的全过程中使用适宜的方法识别产品。组织在产品实现的全过程中，针对监视和测量要求识别的状态，在有可追溯性要求的场合，组织应控制产品的唯一性标识，并保持记录。不符合条款7.5.5产品防护。组织应在产品内部处理和交付到预定的地点期间内向其提供保护，以保持符合要求。适用时，这种防护应包括标识、搬运、包装、贮存和保护。防护也应适用于产品的组成部分。

28. 不符合条款7.1产品实现的策划c）产品所要求的验证、确认、监视、测量、检验和试验活动以及产品接收准则。

29. 不符合条款6.3基础设施。组织应确定、提供并维护为达到产品符合要求所需的基础设施。

30. 不符合条款6.3基础设施。组织应确定、提供并维护为达到产品符合要求所需的基础设施。不符合条款7.5.1生产和服务提供的控制。组织应策划并在受控条件下进行生产和服务提供。c）使用适宜的设备；d）获得和使用监视和测量设备；e）实施监视和测量；不符合条款7.6监视和测量设备的控制。组织应确定需实施的监视和测量以及所需的监视和测量设备，为产品符合确定的要求提供证据。不符合条款8.2.3过程的监视和测量。组织应采用适宜的方法对质量管理体系过程进行监视，并在适用时进行测量。这些方法应证实过程实现所策划的结果的能力。当未能达到所策划的结果时，应采取适当的纠正措施。

## 六、案例分析题

请写出不符合条款及内容，并写出不符合事实：

31. 不符合条款7.4.2采购信息。采购信息应表述拟采购的产品。组织应确保所规定的采购要求是充分与适宜的。不符合事实描述：供应部的3份采购钢筋的合同中注明着产品要求按国家标准，但并不清楚按什么标准且责任不明确。

32. 不符合条款8.2.1顾客满意。作为对质量管理体系绩效的一种测量，组织应监视顾客关于组织是否满足其要求的感受的相关信息，并确定获取和利用这种信息的方法。不符合事实描述：销售科长认为产品被国家评为免检产品，售后服务也很出色，所以没有必要规定评价顾客满意的方法。

33. 不符合条款7.1产品实现的策划。组织应策划和开发产品实现所需的过程。产品实现的策划应与质量管理体系其他过程的要求相一致。不符合事实描述：国家标准规定该产品的检测项目应为 8 项,而工厂的检验规程要求检验 5 项,比国家标准少了 3 项。

34. 不符合条款 7.3.7 设计和开发更改的控制。应对设计和开发的更改进行评审、验证和确认,并在实施前得到批准。不符合条款 7.5.1 生产和服务提供的控制。组织应策划并在受控条件下进行生产和服务提供。不符合事实描述:W18 玩具包装底板的材料是银灰色波纹塑料板,因原材料短缺,改用天蓝色硬纸板代替,但是图纸和工艺书都没有及时得到更新且更改单也没有得到批准。

35. 不符合条款 7.5.5 产品防护。组织应在产品内部处理和交付到预定的地点期间内向其提供保护,以保持符合要求。适用时,这种防护应包括标识、搬运、包装、贮存和保护。防护也应适用于产品的组成部分。不符合事实描述:文件规定所有的邮件应分类放入防雨防潮的邮递专用袋,但发往青海的邮件却直接用纸箱打包。发送科长说青海比较干燥,近来无雨,邮件较多,邮递专用袋不够用,因地制宜,所以用纸箱包装了。

# 第二十九章　全国质量专业技术人员职业资格（质量工程师）考试

说明：2000年12月，国家人事部、国家质量技术监督局下发了《关于印发〈质量专业技术人员职业资格考试暂行规定〉和〈质量专业技术人员职业资格考试实施办法〉的通知》（人发〔2000〕123号），国家开始实施质量专业技术人员职业资格（简称质量专业资格）制度。考试工作由人事部、国家质量监督检验检疫总局共同负责，日常工作由设在国家质量监督检验检疫总局质量管理司的质量专业资格考试办公室承担，具体考务工作委托人事部人事考试中心组织实施。考试每年举行一次，考试时间一般安排在6月中旬，原则上只在省会城市设立考点。参见全国质量专业技术人员职业资格（质量工程师）考试大纲，请读者自行上网下载研读。

# 试卷1 2008年全国质量专业技术人员职业资格考试试卷

## 质量专业相关知识（初级）

**一、单项选择题**（共30题，每题1分。每题的备选项中，只有1个最符合题意）

1. 质量定义中的"要求"是指"明示的、通常隐含的或必须履行的需求或期望"，这里"通常隐含的"是指（　　）。
   A. 在文件中阐明的要求或顾客提出的要求
   B. 组织、顾客或其他相关方的惯例或一般做法
   C. 法律法规要求的或强制性标准的要求
   D. 顾客的偏好

2. 由于顾客不同，可能对同一产品提出不同的功能要求，也可能对同一产品的同一功能提出不同的需求，需求不同，质量要求也就不同。这体现了质量的（　　）。
   A. 经济性　　　B. 符合性　　　C. 广义性　　　D. 相对性

3. "明确目标，制订实施目标的策略"，这是管理职能中的（　　）职能。
   A. 计划　　　B. 组织　　　C. 领导　　　D. 控制

4. 在快递服务过程中，公司按照顾客的要求，准确地履行服务承诺。这种能力体现了服务特性中的（　　）。
   A. 响应性　　　B. 保证性　　　C. 有形性　　　D. 可靠性

5. 以下选项中属于《卓越绩效评价准则》七大类目之一的是（　　）。
   A. 产品与服务　　　　　　B. 实现与支持过程
   C. 领导　　　　　　　　　D. 社会责任

6. 标准是指为在一定的范围内获得最佳秩序，对活动或其结果规定共同的和（　　）使用的规则、导则或特性文件。
   A. 单独　　　B. 偶尔　　　C. 重复　　　D. 连续

7. 以下选项体现了贸易技术壁垒（TBT）协议中的标准协调原则的是（　　）。
   A. 保证技术法规的制定不至给国际贸易造成不必要的障碍
   B. 鼓励成员国以国际标准作为制定本国技术法规的基础
   C. 实现各国技术与标准之间具有同等效力的措施
   D. 鼓励WTO成员之间就合格评定结果相互承认

8. 《产品质量法》规定对产品质量的监督管理和执法监督检查采用地域管辖，这体现的是（　　）。
   A. 区别管理原则　　　　　B. 有限范围原则
   C. 属地化原则　　　　　　D. 统一立法原则

9. 当同一个认证机构对同一个组织的两个不同的体系一起审核时，成为（　　）。
   A. 一体化审核　　B. 联合审核　　C. 结合审核　　D. 共同审核

10. 下列中对程序的理解错误的是（　　）。

A. 程序可以形成文件，也可以不形成文件
B. 方法一定是程序
C. 程序不是文件，但是程序可以以文件的形式存在
D. 程序是一种规定的途径

11. 质量管理体系审核的主要活动不包括（　　）。
    A. 审核的启动　　　　　　　　　　B. 文件评审
    C. 现场审核　　　　　　　　　　　D. 纠正措施的验证

12. 以下选项中不属于质量管理体系审核目的的是（　　）。
    A. 确定符合质量管理体系要求的程度
    B. 评定质量管理体系的有效性
    C. 确定修改质量方针和质量目标的需求
    D. 识别改进的机会

13. 在质量管理体系审核中，认证属于（　　）。
    A. 自我评定　　　　　　　　　　　B. 第二方审核
    C. 第三方审核　　　　　　　　　　D. 质量管理体系评审

14. 质量管理体系认证的认证标志只能用在（　　）上。
    A. 产品　　　　　　　　　　　　　B. 产品包装
    C. 产品说明书　　　　　　　　　　D. 企业形象的宣传

15. 审核计划应由（　　）编制。
    A. 审核委托方　　　　　　　　　　B. 审核组长
    C. 受审核方　　　　　　　　　　　D. 认证机构

16. 检验就是通过观察和判断，适当时结合测量、试验所进行的（　　）评价。
    A. 有效性　　　B. 适宜性　　　C. 符合性　　　D. 充分性

17. 最终检验是质量检验的最后一道关口，应由（　　）实施。
    A. 生产单位的负责人　　　　　　　B. 专职检验人员
    C. 操作人员自己　　　　　　　　　D. 审核人员

18. 在质量检验的报告功能中，为使相关部门及时掌握产品实现过程的质量状况，要把检验获取的数据和信息，经汇总、整理、分析，形成质量报告。下列信息和分析情况中，不属于质量报告内容的是（　　）。
    A. 进货检验情况　　　　　　　　　B. 过程合格率及相应的损失金额
    C. 质量损失情况　　　　　　　　　D. 质量管理体系实施情况

19. 在质量检验的准备阶段，应熟悉规定要求，选择（　　），制定检验规范。
    A. 检验人员　　　B. 检验工具　　　C. 检验方法　　　D. 检验方案

20. 最终检验必须在所有规定的（　　）都已完成，其检验结果满足规定要求后，才能进行。
    A. 进货检验和过程检验　　　　　　B. 流动检验和固定场所检验
    C. 抽样检验和全数检验　　　　　　D. 自检、互检和专检

21. 从批产品中按规定的抽样方案抽取少量样品（构成一个样本）所进行的抽样检验，其目的在于判定（　　）是否符合要求。

A. 抽样方案　　　　　　　　　B. 样本
C. 批产品　　　　　　　　　　D. 抽取的样品

22. 根据质量检验基本任务的要求，对于检验确认不符合规定质量要求的产品，按其程度可以做出（　　）处置决定。
A. 返修　　　　　　　　　　　B. 采取纠正措施
C. 接收　　　　　　　　　　　D. 复检

23. 某产品批量为10件，尺寸特性精度要求较高，需用自动化测试设备进行测量。由于测试设备对使用环境条件有较高的要求，该产品适用的检验方式是（　　）。
A. 流动检验　　　　　　　　　B. 固定场所检验
C. 抽样检验　　　　　　　　　D. 自检和互检

24. 在国际单位制的基本单位中，"质量"计量单位的名称和符号是（　　）。
A. 克，g　　　　　　　　　　　B. 千克，kg
C. 千克（公斤），kg　　　　　　D. 克，G

25. 计量基准由（　　）根据国民经济发展和社会科学技术进步的需要，统一规划，组织建立。
A. 国务院计量行政部门　　　　　B. 国务院有关主管部门
C. 省级人民政府计量行政部门　　D. 省级人民政府有关主管部门

26. 测量结果与被测量真值的差，被称为（　　）。
A. 误差　　　B. 偏差　　　C. 准确度　　　D. 不确定度

27. 用卡尺测量某圆柱体直径10次，某一次观测值所得的示值为14.7mm，10次测量的算术平均值为14.8mm。若该卡尺经检定，其误差为0.1mm，则该圆柱体直径的最佳测量结果是（　　）。
A. 14.6mm　　　B. 14.7mm　　　C. 14.8mm　　　D. 14.9mm

28. 在社会上实施计量监督具有公证作用的计量标准是（　　）。
A. 部门最高计量标准　　　　　　B. 社会公用计量标准
C. 参考标准　　　　　　　　　　D. 工作基准

29. 将14.005和1 000.501分别化为4位有效数字，正确的结果是（　　）。
A. 14.01，$1.001 \times 10^3$　　　　B. 14.00，1001.000
C. 14.00，$1.001 \times 10^2$　　　　D. 14.01，1001.000

30. 国际单位制的国际通用符号是（　　）。
A. MS　　　B. IS　　　C. SM　　　D. SI

二、多项选择题（共40题，每题2分。每题的备选项中，有2个或2个以上符合题意，至少有1个错项。错选，本题不得分；少选，所选的每个选项得0.5分）。

31. 质量是一组固有特性满足要求的程度，以下有关"固有特性"的陈述中正确的是（　　）。
A. 固有特性是永久的特性
B. 固有特性是可区分的特征
C. 固有特性与赋予特性是相对的

D. 一个产品的固有特性不可能是另一个产品的赋予特性

E. 固有特性主要是指产品功能特性

32. 以下关于"产品"的陈述中正确的是（　　）。

   A. 产品是过程的结果

   B. 产品有硬件、软件、服务和流程性材料四种类型

   C. 具体某一个产品只能有一种类型

   D. 具体某一个产品可能由四种类型组成

   E. 产品必须是有形的

33. "适用性"的质量概念，要求人们从（　　）方面理解质量的实质。

   A. 使用要求　　B. 满足程度　　C. 符合标准　　D. 符合规范　　E. 综合绩效

34. 在顾客满意度测评时，与"服务"有关的顾客满意度指标包括（　　）。

   A. 保修期　　　　　　　　　　B. 获得的难易程度和方便程度

   C. 处理顾客抱怨　　　　　　　D. 可靠性　　　　E. 问题解决

35. 美国著名质量专家朱兰博士关于质量的观点包括（　　）。

   A. 质量是指那些能够满足顾客的需要，从而使顾客感到满意的"产品特性"

   B. 质量意味着没有缺陷

   C. 必须停止依靠检验来保证质量

   D. 下道工序是顾客

   E. 质量控制的重点应放在制造阶段

36. 下列关于"质量控制"的陈述中正确的是（　　）。

   A. 质量控制致力于满足质量要求

   B. 质量控制是对质量问题采取措施和防止再发生的过程

   C. 质量控制致力于提供质量要求会得到满足和信任

   D. 质量控制是确保生产过程的产品满足要求的过程

   E. 质量控制包括对生产过程进行评审和评价的过程

37. 下列关于企业标准的表述中正确的是（　　）。

   A. 企业标准只能是产品标准

   B. 企业标准由企业制定，由企业法定代表人批准、发布

   C. 企业标准由企业制定，由当地标准化行政主管部门审批、发布

   D. 在有相应的国家、行业、地方标准时，不允许企业制定企业标准

   E. 企业标准不能违背相应的强制性标准

38. 《中华人民共和国标准化法》规定：强制性标准必须执行，不符合强制性标准的产品，禁止（　　）。

   A. 生产　　　B. 返工　　　C. 销售　　　D. 进口　　　E. 使用

39. 《产品质量法》的立法宗旨是（　　）。

   A. 加强对产品质量的监督管理　　　　B. 明确产品质量责任

   C. 促进产品技术交流　　　　　　　　D. 更好地维护经济秩序

   E. 保护消费者的合法权益

40. 质量管理体系评价方式，包括（　　）。

A. 质量管理体系过程评价　　　　B. 质量管理体系审核
C. 质量管理体系评审　　　　　　D. 监督抽查　　　　E. 自我评定

41. 下列关于记录的叙述中正确的是（　　）。
    A. 记录是阐明所取得的结果或提供所完成活动的证据的文件
    B. 通常记录不需要控制版本
    C. 记录是一种特殊的文件
    D. 证据是记录
    E. 记录可用于为可追溯性提供文件

42. 下列对质量手册和质量计划的理解中，正确的是（　　）。
    A. 质量计划必须与质量手册保持一致
    B. 质量计划必须引用质量手册的内容
    C. 质量手册的内容必须涉及产品实现全过程
    D. 质量手册是一项活动
    E. 质量计划通常是质量手册策划的结果之一

43. 下列关于质量管理体系要求与产品要求之间的关系，表述正确的有（　　）。
    A. 质量管理体系要求是通用的，产品要求是具体的
    B. 质量管理体系要求是在 GB/T19001 标准中规定的，产品要求主要是由顾客确定的
    C. 产品要求通常由规范加以表述，质量管理体系要求通过质量管理体系文件来体现
    D. 产品要求是质量管理体系要求的补充
    E. 质量管理体系要求是对产品要求的补充

44. 质量手册的内容至少应包括（　　）。
    A. 质量管理体系的范围
    B. 形成文件的程序或对其的引用
    C. 生产过程流程图
    D. 组织结构
    E. 质量管理体系过程之间相互作用的描述

45. 下列关于质量管理体系与优秀模式之间关系的表述正确的是（　　）。
    A. 都能使组织识别它们的强项与弱项
    B. 都能为持续改进提供基础
    C. 都是为合格评定提供依据
    D. 应用的范围基本相同
    E. 都包含外部承认的规定

46. ISO9000 族核心标准有（　　）。
    A. ISO9000：2000 质量管理体系　基础和术语
    B. ISO9001：2000 质量管理体系　要求
    C. ISO9004：2000 质量管理体系　业绩改进指南
    D. ISO10006：2003 质量管理体系　项目质量管理指南

E. ISO19011：2002 质量和（或）环境管理体系审核指南

47. 组织对其供方的审核属于（　　）。

    A. 认证审核　　　　　　　　　B. 第一方审核

    C. 第二方审核　　　D. 外部审核　　　　　E. 第三方审核

48. 在评价质量管理体系时，应对每一个被评价的过程提出若干基本问题，这些基本问题包括（　　）。

    A. 过程是否已被识别

    B. 职责是否已被分配

    C. 文件是否得到实施和保持

    D. 在实现所要求的结果方面，过程是否有效

    E. 过程是否被适当规定

49. 下列关于"审核证据"的理解中，正确的是（　　）。

    A. 审核证据是可证实的信息

    B. 审核证据是一组文件

    C. 审核证据是基于可获得的样本信息

    D. 审核证据与审核准则有关

    E. 审核证据可以是定性的，也可以是定量的

50. 我国产品质量认证的主要标志有（　　）。

    A. 绿色标志　　　　　　　　　B. 强制性产品认证标志

    C. 中国有机产品认证标志　　　D. 中国制造标志

    E. 中国能源效率标志

51. 质量检验就是对产品的一个或多个质量特性进行（　　），并将结果和规定的质量要求进行比较，以确定每项质量特性合格情况的技术性检查活动。

    A. 观察　　B. 评审　　C. 测量　　D. 试验　　E. 审核

52. 质量检验的技术依据包括（　　）。

    A. 销售人员记录的顾客电话要求　　B. 相关产品技术标准

    C. 设计人员现场提出的口头要求　　D. 相关产品图样

    E. 过程（工艺）文件或检验规程

53. 质量检验的"把关"功能主要体现在（　　）。

    A. 不进行首件检验不投产　　　B. 不进行工序能力测定不投产

    C. 不合格的原材料不投产　　　D. 不合格的中间产品不转序

    E. 不合格的成品不交付

54. 对批量产品，检验人员要根据产品批质量情况和检验判定结果分别做出（　　）。

    A. 接收　　B. 拒收　　C. 复检　　D. 停产　　E. 降级

55. 质量检验的主要形式包括（　　）。

    A. 查验原始质量凭证　　　　　B. 质量管理体系认证

    C. 实物检验　　　　　　　　　D. 产品质量认证

    E. 派员进厂（驻厂）验收

56. 下列检验活动中，最终检验的内容可包括（　　）。
    A. 首件检验　　　B. 型式试验　　　C. 出厂检验　　　D. 包装检验
    E. 巡回检验

57. 流动检验的优点是（　　）。
    A. 不需要任何检验工具
    B. 能及时发现过程（工序）出现的质量问题
    C. 不需专职检验人员
    D. 减少中间产品搬运和取送工作
    E. 节省作业者在检查站排队等候检验的时间

58. 抽样检验适用的范围包括（　　）。
    A. 小批量、多品种、重要或价格昂贵的产品
    B. 过程能力不足的作业过程
    C. 破坏性检验
    D. 生产批量大、自动化程度高的产品
    E. 产品质量比较稳定的作业过程

59. 下列（　　）检验属于专检进行的破坏性检验。
    A. 产品最终尺寸检验　　　　　　B. 电子器件的寿命试验
    C. 产品冲击试验　　　　　　　　D. 过程检验
    E. 电器产品周期湿热试验

60. 理化检验包括（　　）。
    A. 度量衡检验　　　　　　　　　B. 光学检验
    C. 拉伸试验　　　D. 微生物检验　　　E. 仪器分析

61. 在原材料"紧急放行"的情况下，应对该产品（　　），并在检验证实不符合质量要求时能及时追回和更换的情况下，才能放行。
    A. 做出明确标识　　　B. 进行严格隔离　　　C. 做好记录
    D. 经授权人员签字　　　E. 经顾客同意

62. 对某特定量，其约定真值可取为（　　）。
    A. 通过校准得出的值
    B. 多次测量的平均值
    C. 准确度等级更高的测量仪器测得的值
    D. 上一次测量获得的值
    E. 检定中给出的值

63. 以下倍数或分数计量单位中，符合词头使用规则的是（　　）。
    A. kv/mm　　　B. kmin　　　C. MN·m　　　D. mμm　　　E. hm

64. 以下属于我国计量法调整对象的是（　　）。
    A. 某出版社计量单位的使用
    B. 某企业计量标准的建立
    C. 某公司进口计量器具的销售
    D. 某学校教学示范用计量器具

E. 解放军某军品鉴定中心所用计量器具的校准

65. 以下检验活动中，（    ）属于测量仪器检验的内容。
   A. 测量仪器是否在规定的范围内使用
   B. 检定标志或检定证书是否有效
   C. 保护标志是否损坏
   D. 检定后测量仪器是否遭到明显改动
   E. 误差是否超过使用中的最大允许误差

66. 测量结果的重复性条件包括（    ）。
   A. 同一地点　　　　　B. 同一测量仪器　　　　　C. 同一时间
   D. 同一环境条件　　　E. 同一测量程序

67. 强检计量标准是指（    ）。
   A. 核查标准　　　　　B. 工作标准　　　　　C. 传递标准
   D. 社会公用计量标准　　E. 部门和企业、事业单位使用的最高计量标准

68. 校准的目的包括（    ）。
   A. 确定示值误差　　　　　　　B. 得出标称值的偏差
   C. 给标尺标记赋值　　　　　　D. 判定质量特性是否符合规定要求
   E. 对测量仪器示值加以修正

69. 我国法定计量单位包括（    ）。
   A. 国际单位制计量单位
   B. 米制计量单位
   C. 英制计量单位
   D. 国家选定的其他非国际单位制计量单位
   E. 具有专门名称的导出单位

70. 我国计量法规体系包括（    ）。
   A. 中华人民共和国依法管理的计量器具目录
   B. 国家计量监督管理条例
   C. 国家计量检定规程
   D. 各省计量管理条例
   E. 测量仪器校准规范

### 三、综合分析题（共30题，每题2分。由单选和多选组成。错选，本题不得分；少选，所选的每个选项得0.5分）

（一）

某企业鉴于市场竞标的需要，拟申请质量管理体系认证，以增强参与市场竞争的能力。企业为此组织相关人员对有关标准进行了研究，以加深对标准的理解。

71. 下列对质量计划的理解中正确的是（    ）。
   A. 质量计划的对象是具体的项目、产品，也可以包括过程或合同
   B. 质量计划必须设计产品实现全过程
   C. 质量计划应由最高管理者提出

D. 质量计划是一种活动

72. 对下列各种文件的理解中正确的是（　　）。
    A. 阐明要求的文件称为规范
    B. 阐明推荐的方法或建议的文件称为指南
    C. 规定质量管理体系的文件称为质量计划
    D. 提供如何一致地完成活动和过程的信息的文件可以是图样

73. 下列对程序文件的理解中正确的是（　　）。
    A. 程序文件通常称为"书面程序"
    B. 程序不是文件，但程序可以形成文件
    C. 作业指导书也是一种程序文件
    D. 程序文件是过程之间相互作用的描述

（二）

某玩具生产企业生产的产品有毛绒玩具、电动类玩具和塑料类玩具。该企业为了确保玩具产品的质量，提升企业市场竞争能力，决定申请产品认证和质量管理体系认证，在申请认证时对有关问题进行了分析和讨论。

74. 下列对认证依据和对象的理解中正确的是（　　）。
    A. 产品认证的依据是特定的标准
    B. 产品认证的对象是特定的产品
    C. 质量管理体系认证的依据是质量管理体系标准和产品标准
    D. 质量管理体系认证亦称为质量管理体系注册

75. 国家对电动类玩具和塑料类玩具产品实施强制性认证，只有取得指定认证机构颁发的认证证书、加上强制性认证标志后才能（　　）。
    A. 出厂销售　　　　　　　　　　B. 进口
    C. 在经营活动中使用　　　　　　D. 研制

76. 产品认证和质量管理体系认证之间最主要的区别是认证的（　　）不同。
    A. 对象　　　B. 依据　　　C. 范围　　　D. 性质

（三）

某公司是一家生产家用电器的民营企业，面对激烈的全球市场竞争，他们认识到质量已成为竞争的底线，公司决定全面开展"质量领先"活动。活动的第一步是通过全员培训，在公司范围内达成对质量的共识。

77. 依照ISO9000标准的定义，质量是"一组固有特性满足要求的程度"，要想拥有好的质量，必须满足多方面的要求。这些要求至少包括（　　）。
    A. 明示的顾客要求　　　　　　　B. 供应商提出的要求
    C. 法律法规的要求　　　　　　　D. 某些隐含的要求

78. 由于质量具有（　　），即顾客对产品和服务的需求和期望是不断变化的，因此公司必须不断开发新产品，改进老产品，以满足顾客变化的要求。
    A. 相对性　　　B. 经济性　　　C. 时效性　　　D. 广义性

79. 认为"符合标准就是合格的质量"的概念是（　　）的质量概念，它难以将顾客对质量的各种需求和期望都体现出来，因此，企业在确定产品质量特性时不能仅仅依据标准。

  A. 实用性    B. 适用性    C. 符合性    D. 广义

80. 要保证产品和服务满足顾客和相关方的要求，就必须有效实施质量管理。公司的质量管理活动通常应包括（　　）。

  A. 质量策划    B. 质量控制    C. 质量改进    D. 质量监督抽查

（四）

  某厂与顾客签订了一批产品的合同草案。在接受合同之前，该厂组织了相关部门对与产品有关的要求进行了评审，认为该产品是常规产品，工厂具有该产品形成过程所需的技术文件、设备和人员，有能力满足规定的要求，包括原材料和产品的技术标准和入厂检验规程、产品设计图样和工艺规程等。于是，生产部门下达了生产计划，并组织相关部门进行生产。

81. 对该原材料除查验原始质量凭证外，还要进行实物检验。实物检验可涉及的项目是（　　）。

  A. 外观    B. 尺寸    C. 机械性能    D. 顾客满意

82. 在进行该原材料实物检验时，因试验设备突然出现故障使部分项目的检验无法进行，但又来不及等待试验设备修复或委托外部机构进行检验，这时应采取的措施是（　　）。

  A. 停工，直至原材料所有实物检验项目进行完再投产

  B. 对该原材料进行标识，并记录其去向

  C. 授权人员签字放行

  D. 进行后续检验，证实不符合要求时能追回和更换

83. 在生产过程中，检验员按工艺规程的规定进行了过程检验，发现某一过程后产品的某一关键尺寸特性不符合工艺规程和设计图样的规定，这时检验员应做的工作是（　　）。

  A. 对不合格品进行返修处置    B. 对不合格品采取纠正措施

  C. 对不合格品进行让步放行    D. 对不合格品进行有效隔离

（五）

  某标准件厂接受了顾客的大批标准件订货，该批产品尺寸精度要求不高、使用的检验工具简便，同时顾客在合同中还提出了防潮要求。

84. 正确的质量检验步骤是（　　）。

  A. 策划、实施、检查、处置

  B. 准备、测量或试验、记录、比较和判定、确认和处置

  C. 进货检验、过程检验、最终检验

  D. 自检、互检、专检

85. 针对这批产品，过程检验方法可采用（　　）。

  A. 固定场所检验    B. 巡回检验

  C. 感官检验    D. 破坏性检验

86. 针对这批产品，最终检验时还应考虑（　　）的内容。

  A. 首件检验    B. 热学检验

C. 电性能检验　　　　　　　　D. 包装检验

(六)

某新建加油站购置了几台燃油加油机，安装好后，报当地质量技术监督部门授权的法定计量检定机构检定合格，即将投入使用。检定证书中注明的检定日期为2005年4月1日，检定周期为1年。为加强管理，加油站配备了专职计量人员，并让他们接受有关部门组织的业务培训，以掌握相关计量知识和技能。

87. 加油站不得使用非法定计量单位。以下单位中，属于我国法定体积计量单位的有（　　）。

A. 立方米，$m^3$　　　　　　　B. 立方千米，$km^3$

C. 升，L　　　　　　　　　　D. 加仑，ga

88. 加油机属于（　　）计量器具。

A. 法定　　　　　　　　　　　B. 强制检定

C. 非强制检定　　　　　　　　D. 标准

89. 这些加油机最迟必须在（　　）前接受再次检定才能继续使用。

A. 2005年12月31日　　　　　B. 2006年1月1日

C. 2006年3月31日　　　　　　D. 2006年12月31日

90. 国家规定加油机的最大允许误差为±0.3%。当消费者要求加100L油时，油品的误差不得超过（　　）。

A. ±0.3L　　　B. ±300mL　　　C. ±300$dm^3$　　　D. ±600mL

# 试卷1参考答案

## 一、单项选择题

| 1. B | 2. D | 3. A | 4. D | 5. C | 6. C |
| 7. B | 8. C | 9. C | 10. B | 11. D | 12. A |
| 13. C | 14. D | 15. B | 16. C | 17. B | 18. D |
| 19. C | 20. A | 21. C | 22. A | 23. B | 24. C |
| 25. A | 26. A | 27. B | 28. B | 29. C | 30. D |

## 二、多项选择题

| 31. ABC | 32. ABD | 33. AB | 34. ACE | 35. AB | 36. ABDE |
| 37. BE | 38. ACD | 39. ABDE | 40. ABCE | 41. ABCE | 42. ACE |
| 43. ABCE | 44. ABE | 45. ABE | 46. ABCE | 47. CD | 48. ABDE |
| 49. ADE | 50. BCE | 51. ACD | 52. BDE | 53. CDE | 54. ABC |
| 55. ACE | 56. BCD | 57. BDE | 58. CDE | 59. BE | 60. ABCE |
| 61. ACD | 62. ABCE | 63. CE | 64. ABCE | 65. BCDE | 66. ACDE |
| 67. DE | 68. ABCE | 69. AD | 70. ABCE | | |

## 三、综合分析题

（一）
71. A    72. ABD    73. AB

（二）
74. BD    75. ABC    76. A

（三）
77. ACD    78. C    79. C    80. ABC

（四）
81. ABC    82. BCD    83. D

（五）
84. B    85. B    86. D

（六）
87. C    88. B    89. C    90. AB

# 试卷 2　2008 年度全国质量专业技术人员职业资格考试试卷

## 质量专业基础理论与实务（初级）

**一、单项选择题（共 30 题，每题 1 分。每题的备选项中，只有 1 个最符合题意）**

1. 对 5 袋粮食进行称重，获得如下数据：62、68、70、72、78（单位：千克），样本方差为（　　）。
   A. 70.0　　　　B. 60.5　　　　C. 34.0　　　　D. 32.6

2. 3.4ppm 表示（　　）。
   A. $3.4\times10^{-3}$　　　　　　B. $3.4\times10^{-4}$
   C. $3.4\times10^{-5}$　　　　　　D. $3.4\times10^{-6}$

3. 由 100 对观测值 $(x_i, y_i)$，$i=1, 2, \cdots, 10$，计算得 $L_{xx}=160$，$L_{xy}=-216$，$L_{yy}=360$，则样本相关系数 $r=$（　　）。
   A. 0.90　　　　B. 0.85　　　　C. -0.85　　　　D. -0.90

4. 某产品可能出现 A 与 B 两种缺陷，如果出现 A 的概率是 0.1，出现 B 的概率是 0.2，缺陷 A 的发生与缺陷 B 的发生相互独立，则该产品无缺陷的概率是（　　）。
   A. 0.70　　　　B. 0.72　　　　C. 0.30　　　　D. 0.80

5. 从不合格品率为 0.04 的一批产品中随机抽出 600 个，在前 300 个产品中发现不合格品 12 个，后 300 个产品中发现不合格品 18 个，理论上每随机抽出的 600 个产品中的平均不合格品数为（　　）。
   A. 24 个　　　　B. 25 个　　　　C. 15 个　　　　D. 30 个

6. 设三个事件 A、B、C 相互独立，其发生概率相等，都为 2/3，则 A、B、C 中至少发生一个的概率为（　　）。
   A. 8/27　　　　B. 1/27　　　　C. 19/27　　　　D. 26/27

7. A 和 B 是两个事件，$A \cap B = A$ 成立的条件是（　　）。
   A. $A \supset B$　　B. $B \supset A$　　C. $A = \bar{B}$　　D. $A \cup B = \Omega$

8. 如果某器件的内径随着电镀时间的增加而变小，那么电镀时间和内径的相关系数 r 一定（　　）。
   A. 在 0 与 1 之间　　　　　B. 在 -1 与 0 之间
   C. 等于 0　　　　　　　　D. 等于 -1

9. 当用户提出抽样检验的使用方风险为 10% 时，其抽样方案在极限质量处的接收概率为（　　）。
   A. 10%　　　　B. 90%　　　　C. 5%　　　　D. 95%

10. 在计数调整型抽样方案中，用来规定批量和样本量之间关系的要素是（　　）。
    A. AQL　　　　B. 检验水平　　　　C. 抽样类型　　　　D. LQ

11. 随着过程质量水平的变化，计数调整型抽样检验不断调整的是检验的（　　）。
    A. 水平　　　　　　B. AQL　　　　　　C. 抽样类型　　　D. 严格度

12. 顾客委托某企业按新设计图纸试制一批产品，对产品进行验收时适宜采用（　　）抽样方案。
    A. 计数调整型　　　　　　　　　B. GB/T2828.1 中的
    C. GB/T15239 中的 A 模式　　　　D. GB/T15239 中的 B 模式

13. 对破坏性检验，从检验的经济性考虑，最适宜的抽样方案类型是（　　）。
    A. 一次抽样　　B. 二次抽样　　C. 多次抽样　　D. 全检

14. 在批量和样本量不变的情况下，减小接收数 Ac，将使（　　）。
    A. 生产方风险减小　　　　　　B. 使用方风险减小
    C. 方案的 OC 曲线上移　　　　D. 对产品质量要求放宽

15. 如果企业必须将不同生产日期的产品组成一批交检，为提高样本的代表性，适宜（　　）。
    A. 按比例抽取不同生产日期的产品组成样本
    B. 随机抽取某日的产品组成样本
    C. 抽取最近生产日期的产品组成样本
    D. 抽取最方便得到的产品组成样本

16. 对批量 N = 10 000 的某批产品的检验结果是：2 个产品各有 1 个 A 类不合格、1 个 B 类不合格；4 个产品各有 1 个 B 类不合格；1 个产品有 2 个 B 类不合格；4 个产品各有 1 个 B 类不合格、1 个 C 类不合格，则其中 B 类不合格品数为（　　）。
    A. 9　　　　　　B. 11　　　　　　C. 12　　　　　　D. 4

17. S 图的下控制限（　　）。
    A. 有时等于 0　　　　　　　B. 恒等于 0
    C. 不能等于 0　　　　　　　D. 等于 $\bar{X} - A_2 s$

18. 某过程的过程能力指数为 0.2，说明（　　）。
    A. 过程能力过高　　　　　　B. 过程能力充足
    C. 过程能力不足　　　　　　D. 过程能力严重不足

19. 为控制平板玻璃单位面积的瑕疵数，应采用（　　）。
    A. $\bar{X}$-R 控制图　　　　　　B. X-$R_s$ 控制图
    C. p 控制图　　　　　　　　D. u 控制图

20. 若过程处于统计控制状态，则控制图中的点子不超出上、下控制限的概率是（　　）。
    A. 95.40%　　　　　　　　B. 99.00%
    C. 99.73%　　　　　　　　D. 99.90%

21. 准时交货是顾客最关心的问题之一，为了监控准时交货率，宜采用（　　）。
    A. $\bar{X}$-R 控制图　　　　　　B. p 控制图
    C. u 控制图　　　　　　　　D. C 控制图

22. 过程能力指数反映（　　）。

A. 单个产品批质量满足技术要求的程度　　B. 过程质量满足技术要求的程度
C. 生产过程的加工能力　　D. 产品批的合格程度

23. 利用样本数据计算均值—极差图的控制限，得到 $\bar{X}=65$，$\bar{R}=2.0$，通过查表得 $A_2=0.577$，$D_4=2.115$，$D_3=0$。从现场采集一组数据，计算得到：$\bar{X}=67.1$，$R=5$，可以得到的结论是（　　）。

A. $\bar{X}$ 与 R 均在控制限外　　B. $\bar{X}$ 在控制限内，R 在控制限外
C. $\bar{X}$ 在控制限外，R 在控制限内　　D. $\bar{X}$ 与 R 均在控制限内

24. 在控制图中，连续 8 点落在中心线两侧且无一在 C 区，可以判定（　　）。

A. 过程出现异常　　B. 过程处于统计控制状态
C. 过程能力充足　　D. 过程的波动减小

25. 某食品加工厂 7 月份生产的罐头产品中有 358 瓶不合格，对其不合格的类型和数量进行了统计，统计结果如下表所示：

| 不合格类型 | 外形 | 色泽 | 固态物 | 肉质 | 糖度 | 其他 |
|---|---|---|---|---|---|---|
| 数量 | 171 | 82 | 56 | 26 | 22 | 10 |

根据排列图原理，属于 A 类因素的有（　　）。

A. 外形不合格、色泽不合格、固态物不合格　　B. 外形不合格、色泽不合格
C. 外形不合格　　D. 糖度不合格

26. QC 小组活动的宗旨，关键的一条是（　　）。

A. 提高经济效益　　B. 提高员工素质，激发员工积极性和创造性
C. 提高文明生产程度　　D. 提高现场管理水平

27. 某 QC 小组在验证问题的原因时，制订了验证计划，按照验证计划实施验证、检查验证的结果，并将验证过程中的经验纳入企业《质量改进指南》。实际上，这也是一轮 PDCA 循环，体现了 PDCA（　　）的特点。

A. 改进上升　　B. 大环套小环
C. 持续不断　　D. 每个步骤都不能少

28. 分析产品质量特性与可能的影响因素之间关系时，宜用（　　）。

A. 控制图　　B. 直方图　　C. 排列图　　D. 散布图

29. 质量分析员收集了一个月内产品检测不合格项目记录和顾客投诉数据，可以（　　）。

A. 利用排列图找出主要质量问题　　B. 利用因果图分析质量项目
C. 利用控制图分析过程波动　　D. 利用直方图分析分布形状

30. 企业将采购的一批产品中的若干产品检测数据绘成直方图，测量方法和数据无误，结果直方图是锯齿形，其原因在于（　　）。

A. 产品质量非常好　　B. 数据分组过多
C. 数据个数过多　　D. 产品质量非常差

245

二、多项选择题（共40题，每题2分。每题的备选项中，有2个或2个以上符合题意，至少有1个错项。错选，本题不得分；少选，所选的每个选项得0.5分）。

31. 列随机变量中是连续随机变量的有（　　）。
    A. 生产的一批轮胎中有缺陷的轮胎数　　B. 某地区的年降雨量
    C. 一个家庭在7月份的用水量　　D. 一页书上错别字的个数
    E. 网球拍上弦的强度

32. 设一批产品的不合格品率为0.1，从中任取3件，记X为其中的不合格品数，则下列概率计算正确的有（　　）。
    A. P（X=2）= 0.027　　B. P（X=0）= 0
    C. P（X≤1）= 0.972　　D. P（X<3）= 1
    E. P（0≤X≤3）= 1

33. 设随机变量X的分布列如下表所示：

| X | 3 | 4 | 5 |
|---|---|---|---|
| P | 0.1 | 0.3 | 0.6 |

下列概率计算中正确的有（　　）。
    A. P（4<X<5）= 0.9　　B. P（X<4）= 0.1
    C. P（X<6）= 1　　D. P（X≥5）= 0
    E. P（4<X≤5）= 0.9

34. 对于正态总体的参数估计，下列叙述中正确的有（　　）。
    A. 样本标准差 s 是总体标准差 $\sigma^2$ 的无偏估计
    B. 样本方差 $s^2$ 是总体方差 $\sigma^2$ 的无偏估计
    C. 样本中位数 Me 不是总体均值 μ 的无偏估计
    D. $\hat{\sigma}_R = \dfrac{R}{d_2}$ 是总体标准差的无偏估计，其中 R 是样本极差，$d_2$ 是某已知系数
    E. 样本均值 $\bar{X}$ 是总体均值 μ 的无偏估计

35. 设随机变量 X～N（10，$2^2$），则有（　　）。
    A. P（X>8）= 1-φ（1）　　B. P（X<14）= φ（2）
    C. P（|X-10|≤4）= 2-2Φ（2）　　D. P（X<10）= 0.5
    E. $\dfrac{X-10}{2}$ 服从标准正态分布

36. 正态概率纸可以用来（　　）。
    A. 估计正态分布的均值　　B. 判断数据是否来自二项分布的总体
    C. 估计正态分布的方差　　D. 判断数据是否来自正态分布的总体
    E. 估计正态分布的标准差

37. 由20对观测值（$x_i$, $y_i$），i = 1，2，…，20，求得 $\bar{x}$ = 6，$\bar{y}$ = 4，$L_{YY}$ = -6，$L_{XX}$ = 8，$L_{yy}$ - 10，则一元线性回归方程中回归系数 b 和 a 为（　　）。

A. b = -0.6　　B. b = -0.75　　C. a = 7.6　　D. a = 8.5　　E. b = 1.33

38. 设 $x_1, x_2, \cdots, x_{10}$ 是来自正态分布 $N(\mu, \sigma^2)$ 的一个随机样本，其中 $\mu$ 未知，以下样本函数中是统计量的有（　　）。

A. $T_1 = \frac{1}{10}\sum_{i=1}^{10} X_i$　　　　B. $T_2 = X_1 - E(X_1)$　　　　C. $T_3 = \frac{X_1}{\sqrt{Var(X_1)}}$

D. $T_4 = \max(X_1, X_2, \cdots, X_{10})$　　　　E. $T_5 = \sum_{i=1}^{10}(X_i - \mu)^2$

39. 设 $U_\alpha$ 为标准正态分布的 $\alpha$ 分位数，则（　　）。

A. $u_{0.23} = u_{0.77}$　　　　　　　　　B. $u_{0.23} = -u_{0.77}$

C. $u_{0.23} < u_{0.77}$　　　　　　　　　D. $u_{0.5} = 0$

E. $u_{0.23} > 0$

40. 描述样本分散程度的统计量有（　　）。

A. 样本均值　　　　　　B. 样本极差

C. 样本中位数　　　　　D. 样本方差　　　　　E. 样本标准差

41. 将抽样方案（80, 0）改为（100, 0）后，则下列中正确的有（　　）。

A. 方案更宽松　　　　　B. 生产方风险增加

C. 使用方风险增加　　　D. 检验成本提高

E. 方案更严格

42. 计数抽样方案用（　　）判断批是否可接收。

A. 批的不合格品率　　　　　B. 样本中的不合格品率

C. 批的不合格百分数　　　　D. 样本中的不合格数

E. 批的每百单位产品不合格数

43. 某企业的生产过程发生了变化，可能会导致（　　）。

A. 用户的质量要求改变　　　B. 批质量发生变化

C. 抽样方案改变　　　　　　D. 检验后的出厂质量发生变化

E. AQL 发生变化

44. 下述关于 GB/T2828.1 的叙述中，正确的有（　　）。

A. 适用于稳定生产的连续批的抽样检验

B. 在标准中对生产过程质量提出要求的指标是 AQL

C. 要想降低检验风险，可选择特殊检验水平 S-1

D. 该标准根据生产过程质量的变化调整检验的严格度，更好地保护生产方与使用方利益

E. 一般检验水平比特殊检验水平风险高

45. 在抽样检验方案中，批接收概率的大小直接受（　　）的影响。

A. 样本量　　　　　　B. 批质量水平

C. 接收数 Ac　　　　　D. 生产方风险　　　　E. 使用方风险

46. 在下列情况下，适宜使用孤立批抽样方案进行验收的是（　　）。

A. 大量稳定生产的产品　　　B. 新试制的一批产品

C. 临时采购的一小批产品　　D. 成批稳定投产的产品

E. 质量波动大的产品批

47. 根据抽取样本的次数，抽样检验可分为（　　）。
   A. 一次抽样　　　　B. 二次抽样　　　　C. 计数抽样
   D. 计量抽样　　　　E. 随机抽样

48. 使用一次抽样方案（80，6）连续检验 10 批产品，样本中不合格品数分别为 3、4、5、3、3、2、5、4、3、5，则样本平均质量水平可表示为（　　）。
   A. 不合格品百分数为 4.63　　　　B. 不合格品百分数为 0.046 3
   C. 不合格品率为 4.63%　　　　　D. 每单位产品不合格数为 4.63
   E. 不合格品率为 4.63‰

49. 检索计数调整型一次正常抽样方案需要明确的检索要素是（　　）。
   A. 批量　　　　B. 样本量　　　　C. 接收质量限
   D. 极限质量　　E. 检验水平

50. 在计数调整型抽样方案中，AQL 可用来（　　）。
   A. 检索适用的抽样方案
   B. 反映对生产过程质量提出的要求
   C. 明确批量和样本量间的关系
   D. 反映生产方个别批质量的要求
   E. 评价抽样方案的经济性

51. 将控制限作为控制标准进行日常控制，必须满足的条件是（　　）。
   A. 过程达到稳定状态　　　　B. 过程能力指数满足要求
   C. 过程存在异常因素　　　　D. 过程能力尚未充足
   E. 控制限与公差限不一致

52. 下述现象中属于偶然因素的是（　　）。
   A. 仪表在合格范围内的测量误差　　B. 熟练与非熟练操作工人的差异
   C. 实验室室温在规定范围内的变化　　D. 机床的轻微振动
   E. 几家供应商供应的同一规格型号元器件的性能差异

53. 在统计过程控制中，异常因素的特点有（　　）。
   A. 异常因素不是过程固有的　　B. 异常因素是偶然因素
   C. 异常因素有时存在，有时不存在　　D. 异常因素对过程输出的影响大
   E. 异常因素对过程输出的影响小

54. 关于技术控制状态和统计控制状态，以下说法中正确的有（　　）。
   A. 没有达到技术控制状态则没有达到统计控制状态
   B. 分析用控制图上的点子在控制界限内随机排列，则过程达到统计控制状态
   C. 处于统计控制状态的过程一定处于技术控制状态
   D. 没有达到统计控制状态的过程不能计算过程能力指数 $C_p$
   E. 处于统计控制状态的过程可能并未达到技术控制状态

55. 为了控制布匹上的瑕疵点，可使用的控制图有（　　）。
   A. $\bar{X}$-R 控制图　　　B. C 控制图　　　C. U 控制图
   D. P 控制图　　　　　　E. nP 控制图

56. 单值—移动极差控制图主要用于（　　）的场合。
    A. 生产质量均匀　　　　　　B. 检验费用昂贵　　　　　C. 检验时间长
    D. 检出过程变化的灵敏度高　　E. 取样较费时

57. 利用控制图对过程进行监控，取样时要做到（　　）。
    A. 子组内取样时间越长越好
    B. 过程稳定性好时可以适当加大子组间取样间隔
    C. 同一子组应在相同的生产条件下取得
    D. 尽量缩短子组间取样间隔
    E. 过程劣化时可以适当加大子组间取样间隔

58. 提高过程能力指数的途径有（　　）。
    A. 减少质量波动的随机性　　　B. 消除异常因素　　　　　C. 加严技术要求
    D. 减小分布中心和公差中心的偏移　　E. 减少加工误差

59. 下列关于 p 控制图的叙述中，正确的有（　　）。
    A. P 图是控制生产过程的加工时间的控制图
    B. P 图是控制生产过程的不合格品率的控制图
    C. P 图中的各个子组大小可以不相等
    D. P 图的统计基础是二项分布
    E. P 图的统计基础是泊松分布

60. 使用控制图对具有双侧规格限的质量特性值进行控制，中心线位于规格中心，计算出的过程能力指数 $C_p>1$，下列表述中正确的有（　　）。
    A. 上下规格限与上下控制限重合　　　B. 上规格限位于上控制限上方
    C. 下规格限位于下控制限上方　　　　D. 此时 $C_{pk}=C_p$
    E. 此时过程的不合格品率高于 1%

61. 以下关于质量改进与质量控制的说法中正确的有（　　）。
    A. 质量控制是使产品质量保持在规定的水平
    B. 质量改进是增强满足质量要求的能力
    C. 没有稳定的质量控制，质量改进的效果难以保持
    D. 质量控制以质量改进为基础
    E. 质量控制是消除偶发问题，质量改进是消除系统问题

62. 利用控制图对过程进行监控，发现异常现象及时消除，这一活动（　　）。
    A. 是质量控制活动　　　　　B. 是质量改进活动
    C. 解决的是突发性问题　　　D. 解决的是系统性问题
    E. 是质量计划活动

63. 质量改进过程中，"掌握现状"可采用的质量改进工具有（　　）。
    A. 因果图　B. 检查表　C. 排列图　D. 直方图　E. 控制图

64. 绘制因果图提出可能原因的过程中，（　　）。
    A. 只限于领导参加　　　　　B. 可以应用"头脑风暴法"
    C. 可进行开放式的讨论　　　D. 不能随意发表意见
    E. 可召开"诸葛亮会"

65. 因果图经常被用来整理问题可能存在的影响原因，绘制因果图时应该注意的事项包括（　　）。

　　A. 图中各影响因素要写得具体

　　B. 应在图上注明哪个是主要问题

　　C. 原因必须要细分，直至能采取措施

　　D. 为使因果图更有效，舍去对结果波动影响较小的因素，只保留重要的影响因素

　　E. 确定原因时应集思广益

66. QC 小组成果发布的主要目的有（　　）。

　　A. 锻炼和培养高层管理者

　　B. 鼓舞士气，满足小组成员自我实现的需要

　　C. 引发其他人员对小组活动的兴趣

　　D. 将 QC 小组成果进一步标准化

　　E. 促进成果交流

67. 绘制排列图的步骤中，关于使用"其他"项，下列表述中正确的有（　　）。

　　A. 为了避免排列图的项数过多

　　B. 可以更好地突出主要项的分布情况

　　C. 体现了排列图的基本原理

　　D. 为了对"其他"项采取特殊措施

　　E. "其他"项所占比例过大说明分类不合理

68. 为促使公司质量改进制度化，要做到（　　）。

　　A. 年度计划要包括质量改进目标

　　B. 实施干部管理制度改革

　　C. 在管理评审时决策重大质量改进项目

　　D. 修改技术评定和奖励制度，使其与质量改进挂钩

　　E. 将质量改进纳入员工的岗位职责要求

69. 工人将现场需要的物品和不需要的物品分开，把有用的物品根据使用频率安排放置并进行标识，以提高取放的效率。上述活动属于"5S"中的（　　）。

　　A. 清洁　　　B. 整理　　　C. 清扫　　　D. 素养　　　E. 整顿

70. 利用分层法对数据进行分层，主要目的是（　　）。

　　A. 有助于发现问题

　　B. 清晰地显示各组数据间的差异

　　C. 解决关键的质量问题

　　D. 通过进一步分析，减少或消除不同总体的影响

　　E. 分清质量责任，进行质量奖惩

## 三、综合分析题（共 30 题，每题 2 分。由单选和多选组成。错选，本题不得分；少选，所选的每个选项得 0.5 分）

### （一）

某橡胶件的抗拉强度 X 是连续随机变量，它的概率密度函数为：$p(x) = \dfrac{5}{\sqrt{2\pi}} e^{-\dfrac{(x-5)^2}{2 \times 0.2^2}}$ $(-\infty < x < +\infty)$，该橡胶件抗拉强度的下规格限 $T_L = 4.6$，上规格限 $T_U = 5.6$，请回答下述问题。

71. 该橡胶件抗拉强度的均值 μ 与标准差 σ 分别为（　　）。

   A. μ = 5　　　B. μ = 1/5　　　C. σ = 1/5　　　D. σ = 5

72. X 的标准化变换为（　　）。

   A. $U = \dfrac{X-5}{5}$　　B. $U = \dfrac{X-5}{\dfrac{1}{5}}$　　C. $U = \dfrac{X-\dfrac{1}{5}}{5}$　　D. $U = \dfrac{X-\dfrac{1}{5}}{\dfrac{1}{5}}$

73. 抗拉强度的不合格品率 $P = P_L + P_U$，其中 $P_L$ 与 $P_U$ 分别为（　　）。

   A. $P_L = 1 - \Phi(2)$　　B. $P_L = \Phi(2)$　　C. $P_U = \Phi(3)$　　D. $P_U = 1 - \Phi(3)$

74. 抗拉强度的过程能力指数 $C_{pk}$ 为（　　）。

   A. 5/6　　　B. 4/5　　　C. 3/4　　　D. 2/3

75. 经质量改进后，抗拉强度的均值不变，而标准差减小 0.1，此时的过程能力指数为（　　）。

   A. 2　　　B. 1.67　　　C. 1.33　　　D. 1.00

### （二）

对某产品进行抽样验收，根据质量特性重要程度的不同，将检验项目分为 A 类、B 类和 C 类，对 A 类不合格的抽样方案为（80，1），B 类不合格的抽样方案为（80，5），C 类不合格的抽样方案为（80，8）。检验人员从一批产品中抽取 80 件产品，其中发现 5 个产品有不合格点，不合格情况如下表所示：

| 产品编号 \ 不合格项 | A 类不合格 | B 类不合格 | C 类不合格 |
| --- | --- | --- | --- |
| 6 | 1 | 1 |  |
| 18 |  |  | 2 |
| 42 |  | 1 | 2 |
| 61 |  | 1 | 3 |
| 78 |  | 1 | 2 |

76. 经检验发现该批产品的样本中有 B 类不合格品（　　）个。

   A. 4　　　B. 3　　　C. 5　　　D. 2

77. 样本中的 C 类不合格品有（　　）个。
    A. 1　　　　　B. 2　　　　　C. 4　　　　　D. 9

78. 检验判定结果为（　　）。
    A. B 类不合格抽检批接收　　　　　B. C 类不合格抽检批不接收
    C. 该批产品不接收　　　　　　　　D. A 类不合格抽检批不接收

79. 样本中每百单位产品 C 类不合格数为（　　）。
    A. 2.5　　　　B. 1.25　　　　C. 11.25　　　　D. 5

（三）

某企业希望利用控制图对批量大、长期进行加工的轴外径尺寸进行监控，为此，首先确定了选用的控制图类型，并制订数据收集计划，绘制分析用控制图。

80. 适宜使用的控制图有（　　）。
    A. P 控制图　　B. $\bar{X}$-s 控制图　　C. $\bar{X}$-R 控制图　　D. nP 控制图

81. 为绘制控制图，正确的抽样方法包括（　　）。
    A. 每次取一个产品作为子组
    B. 每次取 4~5 个产品作为一个子组
    C. 取 20~25 个子组计算控制限并描点
    D. 根据过程的稳定性和产量合理确定子组取样间隔

82. 利用样本数据计算得到：$\bar{\bar{X}}=35$，$\bar{S}=1.0$，查表得 $A_3=1.427$，得到控制图的控制限为（　　）。
    A. $U_{CL}=36.427$　　B. $CL=35$　　C. $L_{CL}=33.573$　　D. $U_{CL}=35.427$

83. 如果轴外径尺寸要求为 35±3.0mm，修偏系数 $c_4=0.94$，则过程能力指数 $C_p$ 为（　　）。
    A. 1.0　　　　B. 0.94　　　　C. 0.5　　　　D. 0.47

（四）

某洗衣机厂近半年频繁出现质量问题，不合格品率大幅上升，成本大幅度增加，顾客投诉增多，最高管理者决定进行质量整顿。质量管理部门主持成立了有关部门参加的质量改进小组，通过分析现状，找出问题及其原因，策划并实施改进措施，使洗衣机质量得到了明显的提高。

84. 质量改进小组的职责包括（　　）。
    A. 批准各部门制定的质量方针和质量目标
    B. 对改进措施进行实施、监控和总结
    C. 对现状进行分析，制定改进目标
    D. 分析质量问题的原因并找出影响因素

85. 在分析质量现状阶段，改进小组可以利用的资料包括（　　）。
    A. 顾客投诉资料
    B. 过程监控资料
    C. 产品检测数据和进货检测数据
    D. 生产能力分析数据

86. 质量改进小组希望根据过程监控数据得到的信息包括（　　）。

A. 过程质量的波动情况　　　　　B. 过程能力状况
C. 生产批量的变化　　　　　　　D. 生产的节拍

87. 改进小组在现状分析阶段要分析的关键信息是（　　）。
A. 关键的质量问题　　　　　　　B. 质量问题的原因
C. 质量改进的对策　　　　　　　D. 分析改进的效果

88. 经分析，顾客对洗衣机某零件的投诉最多，而且其过程能力明显不足。改进小组决定集思广益，召集各部门分析质量问题的原因，在原因整理时可以使用的方法是（　　）。
A. 直方图　　　B. 散布图　　　C. 控制图　　　D. 因果图

89. 在对原因进一步验证并分析影响质量的因素及其程度时，可以使用的工具有（　　）。
A. 散布图　　　B. 因果图　　　C. 回归分析　　　D. 排列图

90. 在整个改进过程中，改进小组遵循了 PDCA 循环，在改进措施实施后对有效的改进措施进行了总结，使其标准化，这一阶段属于 PDCA 的（　　）。
A. 策划阶段　　　B. 实施阶段　　　C. 检查阶段　　　D. 处置阶段

# 试卷 2 参考答案

## 一、单项选择题

| 1. C | 2. D | 3. D | 4. B | 5. A | 6. D |
| 7. A | 8. B | 9. A | 10. B | 11. D | 12. C |
| 13. C | 14. B | 15. A | 16. A | 17. A | 18. D |
| 19. D | 20. C | 21. B | 22. B | 23. A | 24. A |
| 25. B | 26. B | 27. D | 28. C | 29. A | 30. B |

## 二、多项选择题

| 31. BCE | 32. ACE | 33. CE | 34. BDE | 35. BDE | 36. ADE |
| 37. BD | 38. ACD | 39. CD | 40. BDE | 41. BDE | 42. BD |
| 43. BCE | 44. ABD | 45. ABC | 46. BCE | 47. AB | 48. AC |
| 49. ABCE | 50. AB | 51. AB | 52. ACD | 53. ACD | 54. BDE |
| 55. BC | 56. BE | 57. BCD | 58. AD | 59. BCD | 60. BD |
| 61. ABCE | 62. AC | 63. ABCD | 64. BCE | 65. ACE | 66. BCDE |
| 67. ABCE | 68. ADE | 69. BE | 70. ABD | | |

## 三、综合分析题

（一）

71. AC　　　72. B　　　73. AD　　　74. D

（二）

75. C  76. A  77. C  78. C  79. C

（三）

80. BC  81. BC  82. ABC  83. B

（四）

84. CD  85. ABC  86. AB  87. AB  88. D  89. CD  90. D

# 试卷3 2008年全国质量专业技术人员职业资格考试试卷

## 质量专业综合知识（中级）

一、单项选择题（共30题，每题一分。每题的备选项中，只有1个最符合题意）

1. 根据 JB/T19000-2000 标准，"质量"是（　　）。
   A. 实体满足明确的、隐含的需求的特性总和
   B. 一组固有特性满足要求的程度
   C. 产品或服务满足顾客要求的能力
   D. 一组固有特性满足必须履行的需求或期望的程序

2. 在一个组织中，质量教育培训的范围应涉及（　　）。
   A. 质量部门的工作人员　　　　B. 质量专业技术人员
   C. 所有管理人员　　　　　　　D. 全体员工

3. 组织实施方针目标管理时，确定的目标要（　　）。
   A. 符合现实目标、易于达到　　B. 高于现实目标、具有挑战性
   C. 低于现实目标，使员工有成就感　　D. 立足当前经济效益

4. GB/T19580《卓越绩效评价准则》为组织追求卓越绩效提供了自我评价的依据，同时也可用于（　　）。
   A. 认证审核　　　　　　　　　B. 质量奖评价
   C. 合格评定　　　　　　　　　D. 产品评价

5. 企业产品标准，应在（　　）按企业隶属关系到当地标准化行政主管部门和其他有关行政主管部门备案。
   A. 发布前30天　　　　　　　　B. 发布后3个月内
   C. 发布后30天内　　　　　　　D. 发布后一年内

6. 推荐性标准是非强制性的标准，因此（　　）。
   A. 任何单位都有权决定是否采用
   B. 违反这类标准要承担经济或法律责任
   C. 无须报国务院标准化行政主管部门备案
   D. 即使纳入合同之中也无须执行

7. 某些产品因本身性质而具有一定的危险，由于生产者未用警示标志说明使用时的注意事项，而导致产品存在危及人身、财产安全的危险称为（　　）。
   A. 设计缺陷　　B. 制造缺陷　　C. 告知缺陷　　D. 技术缺陷

8. 下列中属于预防成本的项目是（　　）。
   A. 质量策划费　　　　　　　　B. 质量投诉处理费
   C. 质量审核费　　　　　　　　D. 试验费

9. 供应商业绩评价指标中的产品质量指标主要考察产品实物质量水平、（　　）。
   A. 进货检验质量、投入使用质量和产品寿命

B. 过程检验质量、处理问题反应速度和持续改进

C. 最终检验质量、投入使用质量和产品寿命

D. 产品认证标志、处理问题反应速度和持续改进

10. 在质量信息管理中，战略层信息通常不具有的特点是（　　）。

  A. 随机性　　　　B. 预测性　　　　C. 重复性　　　　D. 概要性

11. 顾客要求或期望决定了（　　）。

  A. 认知质量　　　B. 感知质量　　　C. 一元质量　　　D. 魅力质量

12. 顾客习惯于把购买的产品和同类的其他产品或和以前的消费经验进行比较，这体现了顾客满意的（　　）。

  A. 主观性　　　　B. 层次性　　　　C. 相对性　　　　D. 阶段性

13. 企业与供应商建立的合作伙伴关系模式具有（　　）的特征。

  A. 制造商同时向多家供应商购货，通过供应商之间的竞争获得价格的好处

  B. 制造商与供应商各自独立发展，按合同供货

  C. 供应商参与制造商的质量管理体系改进

  D. 长期稳定的紧密合作取代短期合同

14. 现场审核中可以独立承担审核任务的是（　　）。

  A. 技术专家　　　B. 审核员　　　　C. 实习审核员　　D. 观察员

15. 根据 GB/T19001-2000 标准关于管理评审的要求，下列选项中不属于管理评审输出内容的是（　　）。

  A. 质量管理体系有效性的改进　　　　B. 产品的改进

  C. 资源的需求　　　　　　　　　　　D. 审核的结果

16. 下列选项中，不属于测量过程有效性和效率的方法是（　　）。

  A. 验证　　　　　B. 控制　　　　　C. 内部审核　　　D. 统计技术

17. 为了确保产品满足规定的使用要求和已知预期用途的要求，应对设计和开发进行（　　）。

  A. 第三方审核　　B. 评审　　　　　C. 验证　　　　　D. 确认

18. 下列关于顾客满意的说法中错误的是（　　）。

  A. 顾客满意是指顾客对其要求已被满足的程度的感受

  B. 不同的顾客要求不同，其感受也不同

  C. 没有抱怨不一定表明顾客很满意

  D. 若顾客要求得到满足，顾客一定忠诚

19. 质量检验的主要功能之一是"鉴别"。所谓"鉴别"是指（　　）。

  A. 判别产品形成过程对质量的影响　　B. 判别产品的检验方法是否科学

  C. 判别产品的检验人员是否胜任　　　D. 判别产品质量是否符合规定的要求

20. 质量特性分析表有助于检验人员了解（　　）。

  A. 产品形成的全部作业过程的内在关系

  B. 产品的全部质量特性

  C. 重要质量特性和产品适用性的内在联系

  D. 质量特性与质量成本的关系

21. 产品性能试验用于评价产品的（　　）。
    A. 性价比　　　　　　　　　　B. 符合性质量
    C. 生产过程是否稳定　　　　　D. 顾客满意度

22. 从广义上讲，质量检验的预防功能是指（　　）。
    A. 通过对生产不合格品的作业人员的处罚，警示其不要再出废品
    B. 通过对不合格品的统计，分析产品质量情况
    C. 分析质量检验数据，找出质量波动的规律，采取措施保持波动不超出规定范围
    D. 通过对发生不合格的设备进行改进，防止不合格品再产生

23. 质量检验部门的主要职能是（　　）。
    A. 指导作业人员正确进行自检　　B. 指导用户正确验收产品
    C. 独立行使质量检验职权　　　　D. 实施对不合格品的管理

24. 检验流程图的编制需要以（　　）为依据。
    A. 作业指导书　　B. 作业流程图　　C. 检验规程　　D. 质量手册

25. 在重复性条件下，对同一被测量对象进行无限多次测量所得结果的平均值与被测量的真值之差，称为（　　）。
    A. 不确定度　　B. 随机误差　　C. 系统误差　　D. 综合误差

26. 用一标准电阻器对标称值为 $10k\Omega$ 的电阻器进行校准。在同一测量条件下，连续测量5次，所得的被校电阻器阻值的比值如下表所示：

| 次序 | 比值 |
| --- | --- |
| 1 | 1.000 010 4 |
| 2 | 1.000 010 7 |
| 3 | 1.000 010 6 |
| 4 | 1.000 010 3 |
| 5 | 1.000 010 5 |

取算术平均值为测量结果，则其 A 类相对标准不确定度为（　　）。
    A. $0.4 \times 10^{-4}$　　B. $0.2 \times 10^{-6}$　　C. $0.158 \times 10^{-4}$　　D. $0.071 \times 10^{-6}$

27. 用一台万用表测量电阻器的阻值时，使用的是×100档。若万用表刻度盘的示值范围为 $0 \sim 10.0\Omega$，则该档下的标称范围为（　　）。
    A. $0 \sim 10.0\Omega$　　B. $0 \sim 100\Omega$　　C. $0 \sim 1k\Omega$　　D. $0 \sim 10K\Omega$

28. 已知测量仪器的最大允许误差为 $\pm 0.173V$，若示值呈均匀分布，则测量结果中由该仪器导致的标准不确定度分量为（　　）。
    A. 0.346V　　B. 0.173V　　C. 0.100V　　D. 0.086V

29. 某温度计的标称范围为 $-30℃ \sim 80℃$，则其量程为（　　）。
    A. $-30℃$　　B. $50℃$　　C. $80℃$　　D. $110℃$

30. 根据作用和地位，可将计量分为三类，其中，随着产品技术含量提高和复杂性增加，为保证经济贸易全球化所必需的一致性和互换性，（　　）已成为生产过程控制

不可缺少的环节。

　　A. 科学计量　　　B. 工程计量　　　C. 法制计量　　　D. 实验计量

## 二、多项选择题（共40题，每题2分。每题备选项中，有2个或2个以上符合题意，至少有1个错项。错选，本题不得分；少选，所选的每个选项得0.5分）

31. 根据 GB/T19000-2000 标准的定义，产品的通用类别包括（　　）。
    A. 硬件　　　B. 服务　　　C. 流程性材料　　D. 软件　　　E. 信息

32. 方针目标管理的特点包括（　　）。
    A. 强调过程管理　　　　　　　　　　B. 强调系统管理
    C. 强调重点管理　　D. 注重自我管理　　E. 注重措施管理

33. 关于全面质量管理的含义，以下说法中正确的有（　　）。
    A. 是企业管理的唯一途径　　　　　　B. 是以质量为中心的综合管理
    C. 管理的目标只针对产品质量　　　　D. 是以全员参与为基础的管理
    E. 是全面运用各种管理技术和方法的管理

34. 质量管理是指在质量方面指挥和控制组织的协调活动，包括（　　）。
    A. 制定质量方针和质量目标　　B. 分配质量职责　　C. 分析生产成本
    D. 组织质量改进活动　　　　　E. 建立薪酬体系

35. 标准实施中，制定标准的部门应根据技术发展和经济建设的需要适时进行复审。复审的结果有（　　）。
    A. 确认标准继续有效　　　　　B. 制定新标准以代替现行标准
    C. 予以修订　　D. 予以废止　　E. 限期使用

36. WTO/TBT 协议规定制定技术法规的正当目标包括（　　）。
    A. 国家安全要求　　　　　　　B. 保护人身安全或健康
    C. 保护本国技术　　D. 保护本国资源　　E. 保护环境

37. 应用《卓越绩效评价准则》对过程进行评价时，要求按（　　）进行评价。
    A. 过程　　　B. 方法　　　C. 展开　　　D. 学习　　　E. 整合

38. 下列中属于符合性成本的有（　　）。
    A. 机器设备试验费　　　　　　B. 供应商评价费
    C. 质量事故处理费　　　　　　D. 不合格纠正措施费
    E. 审核员培训费

39. 依据产品质量担保责任的无过错责任原则，在（　　）时，销售者就应承担产品质量担保责任。
    A. 不履行合同义务
    B. 未完全履行合同义务
    C. 履行合同义务不符合约定
    D. 约定的合同义务不符合利益共享原则
    E. 约定的合同未经过公证

40. 对供应商进行业绩评定是企业实施供应商管理的重要工作，因此评定应尽量全面、合理，一般应对供应商的（　　）进行综合评价。

A. 发展速度 B. 供货质量
C. 交货及时性 D. 售后服务水平 E. 利润

41. 企业对供应商的审核一般分为（ ）。
A. 产品审核 B. 质量管理体系审核
C. 成本审核 D. 过程审核 E. 企业监督机制审核

42. 顾客关系管理可以应用于企业的诸多业务过程，如（ ）等，有助于创建和维持长期有利的顾客关系，使企业的经营活动与顾客要求一致。
A. 营销 B. 采购与制造
C. 售后服务 D. 电子商务 E. 检验

43. 顾客期望的形成与经验有关，影响顾客期望的因素有标记、信息、资料、推荐和知识等，以下属于推荐因素的有（ ）。
A. 产品目录 B. 认证 C. 广告 D. 辅导宣传 E. 质量承诺

44. 对某一特定产品有效的顾客要求陈述应（ ）。
A. 与某一特定的输出或"真实的瞬间"联系
B. 描述单个性能规范或因素
C. 必须使用定量的因素
D. 建立"可接受的"或"不可接受的"标准
E. 表达得要详细但简洁

45. 魅力质量是质量的竞争性元素，其特点包括（ ）。
A. 有全新的功能 B. 能极大地提高顾客满意
C. 有非常新颖的风格 D. 是基线质量
E. 当其特性不充分时，不会导致顾客不满意

46. 企业对一家新的供应商进行选择评价时，主要应调查供应商的规模、生产能力、设备情况以及（ ）等。
A. 纳税记录 B. 主要顾客及其反馈信息
C. 过程能力指数 D. 财务制度 E. 质量管理体系认证情况

47. 根据 GB/T19001-2000 标准要求，组织必须形成程序文件的活动包括（ ）。
A. 文件控制 B. 内部审核 C. 供应商管理
D. 不合格控制 E. 资源管理

48. 质量方针必须由质量目标来支持，对质量目标的主要要求包括（ ）。
A. 要定性 B. 可测量 C. 可实现 D. 分层次
E. 全面体现方针的要求

49. 管理评审的输入包括（ ）。
A. 审核结果 B. 顾客反馈
C. 改进的建议 D. 过程的业绩 E. 改进的决定

50. GB/T19001-2000 标准总要求中提出，质量管理体系应（ ）。
A. 符合本标准要求 B. 符合企业标准要求 C. 形成文件
D. 加以实施和保持 E. 持续改进其有效性

51. 组织对产品设计和开发进行策划时应确定的内容包括（ ）。

A. 设计和开发的阶段　　　　　　　B. 设计和开发的职责和权限
C. 功能和性能要求　　　　　　　　D. 适用的法律法规要求
E. 适合于每个设计和开发阶段的评审、验证和确认活动

52. GB/T19001-2000 标准规定质量手册的内容至少应包括（　　）。
　　A. 质量管理体系的范围
　　B. 为质量管理体系编制的形成文件的程序或对其的引用
　　C. 质量管理体系过程及其相互作用的描述
　　D. 质量职能分配表
　　E. 组织结构图

53. 质量管理体系审核准则包括（　　）。
　　A. 质量手册　　B. 相关法律法规　　C. 质量方针
　　D. 实施记录　　E. 现场观察记录

54. 审核中受审核方沟通的内容可包括（　　）。
　　A. 审核计划的修改　　　　　　　B. 审核证据显示有重大风险
　　C. 审核证据表明不能达到审核目的　D. 不合格项纠正措施的描述
　　E. 通报审核进展和问题

55. 质量检验计划是（　　）。
　　A. 对完成检验任务做出的日程安排
　　B. 向用户提供证实产品符合性的证据
　　C. 对检验涉及的活动、过程和资源及相互关系进行描述的规范文件
　　D. 对检验工作的技术管理和作业指导提供依据的文件
　　E. 质量手册的一个重要组成部分

56. 对于比较复杂的产品，企业需要编制检验流程图，以明确（　　）。
　　A. 检验的要求　　　　　　　　　B. 检验的内容
　　C. 各检验过程的衔接关系　　　　D. 检验人员的资格要求
　　E. 检验的方法

57. 产品验证中对"客观证据"有效性的确认主要是（　　）。
　　A. 对测量得到的结果进行检查确认
　　B. 对检验技术文件的有效性进行确认
　　C. 对生产设备状况的记录进行确认
　　D. 对检验记录（报告）数据完整、签章符合性的确认
　　E. 对产品质量问题是否重复发生进行确认

58. 在抽样检验中样本要具有（　　）。
　　A. 代表性　　B. 耐久性　　C. 真实性　　D. 权威性　　E. 经济性

59. 流程性材料常用的检验方法有（　　）。
　　A. 感官检验法　　　　　　　　　B. 物理检验法
　　C. 型式试验法　　D. 化学检验法　　E. 例行试验法

60. 设置检验站时，一般可选择的方式有（　　）。
　　A. 按产品分类　　B. 按作业组织分类　　C. 按管理层次分类

D. 按工艺流程分类　　　　E. 按检验人员水平分类

61. 检验站设置的基本原则包括（　　）。

　　A. 要有适宜的场地和工作环境

　　B. 要尽可能节约检验成本，提高工作效率

　　C. 要尽量与生产作业进程同步和衔接

　　D. 要固定，不要调整，以免影响检验工作

　　E. 要重点考虑设在质量控制的关键作业部位和控制点

62. 产品验证和产品检验的关系是（　　）。

　　A. 产品检验和产品验证缺一不可

　　B. 产品检验是产品验证的基础和依据

　　C. 产品检验是管理性活动，产品验证是技术性活动

　　D. 产品验证是产品检验后放行、交付必经的过程

　　E. 产品检验是产品验证的延伸

63. 计量的特点包括（　　）。

　　A. 溯源性　　B. 强制性　　C. 一致性　　D. 准确性　　E. 法制性

64. 传热系数等于面积热流量除以温度差，其单位 W/（m². K）的正确读法为（　　）。

　　A. 瓦特每二次方每开尔文　　　　B. 瓦每二次方米开

　　C. 瓦每平方米开　　　　　　　　D. 瓦特每平方米开尔文

　　E. 瓦特每平方米每开尔文

65. 测量误差等于（　　）。

　　A. 测量结果减真值　　　　　　　B. 随机误差与系统误差之和

　　C. 系统误差减随机误差　　　　　D. 测量结果减总体均值

　　E. 测量结果与修正值之和

66. 测量设备计量确认的输入包括（　　）。

　　A. 测量人员的能力　　　　　　　B. 测量的环境条件

　　C. 顾客的计量要求　　　　　　　D. 测量设备的特性

　　E. 测量设备的确认状态

67. 一标称值 50mm 的量块经校准后，确定其长度实际值 L 为 49.999 926mm，且合成标准不确定度 $U$（L）= 36.4nm，则正确的测量结果报告方式有（　　）。

　　A. l = 49.999 926mm ± 36.4mm

　　B. l = 49.999 926mm，U（l）= 73mm（k = 2）

　　C. l =（49.999 926mm ± 0.000 08）mm（k = 2）

　　D. l = 49.999 926mm，U（l）= 8×10$^{-5}$mm（k = 2）

　　E. l = 49.999 926mm，u（l）= 36.4nm

68. 扩展不确定度的表示方法有（　　）。

　　A. 标准差　　　　B. 标准差的倍数　　　　C. 合并样本标准差

　　D. 说明了置信水平的区间的半宽　　　　　E. 协方差

69. 100μs$^{-1}$ 等于（　　）。

A. $10^{-4}s^{-1}$　　　　　　　　　　B. $10^{8}s^{-1}$
C. 10mHz　　　　　　　　　　　　D. 10Hz
E. 100MHz

70. 下列选项中属于强制检定特点的有（　　）。
   A. 由政府计量行政部门统管
   B. 由法定或指定的授权技术机构具体执行
   C. 固定检定关系，定点送检
   D. 检定方法按校准规范执行
   E. 自行确定检定时间

## 三、综合分析题（共30题，每题2分。由单选和多选组成。错选，本题不得分；少选，所选的每个选项得0.5分）

### （一）

某电机厂为适应激烈的市场竞争环境，降低成本，决定推行质量成本管理。厂质量部制定了质量成本核算内容和管理方法，并研究了各项质量成本的归类。

71. 以下可列入质量成本管理控制范围的项目有（　　）。
   A. 电视机零部件采购费　　　　　B. 质量管理体系审核费
   C. 顾客满意调查费　　　　　　　D. 进货检验费

72. 以下属于预防成本的项目有（　　）。
   A. 供应商评价费　　　　　　　　B. 试验、检验装置购置费
   C. 产品售后服务及保修费　　　　D. 质量培训费

73. 以下属于鉴定成本的项目有（　　）。
   A. 顾客需求调查费　　　　　　　B. 质量审核费
   C. 产品责任费　　　　　　　　　D. 顾客满意调查费

74. 以下属于内部故障成本的项目有（　　）。
   A. 投诉处理费　　　　　　　　　B. 内审、外审纠正措施费
   C. 外部担保费　　　　　　　　　D. 过程能力研究分析费

### （二）

M公司是一家专门为医院生产和提供高精度CT设备的公司。在过去的几年里，公司重组了从供应商到顾客的CT供应链，将订货交付周期由原来的22周缩短为6周，并为每个用户提供了设备个性化改善的服务。公司采取的主要措施为：

（1）减少供应商数量，20个关键供应商提供所需物品的90%，其中一个是纯服务性的运输商。

（2）帮助关键供应商采用看板管理，使零件的交付周期不仅可以满足公司的需要，而且有利于供应商的生产安排。

（3）与供应商在协议框架下，简化订货处理流程。

（4）与关键供应商共享年度、季度、月度甚至更短时间的预测和订货信息。

（5）每月召开供应商会议，共享绩效信息，开发进一步改进的方法和措施。

（6）建立顾客关系管理系统。

75. 公司在精简供应商数量时一般应考虑的因素有（　　）。
    A. 零部件的重要性　　　　　　B. 供应商的利润
    C. 市场供应情况　　　　　　　D. 供应商的供货能力

76. 每月召开供应商会议共享绩效信息有利于对供应商进行（　　）。
    A. 控制　　　B. 动态管理　　　C. 淘汰　　　D. 绩效改进

77. 与供应商在协议框架下，简化订货处理流程的做法有利于供需双方（　　）。
    A. 提高产品质量　　　　　　　B. 消除供应商风险
    C. 降低合同成本　　　　　　　D. 提供效率

78. 该公司的顾客关系管理系统具有顾客服务、顾客管理、发票/账单管理等功能，属于（　　）型顾客关系管理。
    A. 顾客导向　　B. 运营　　C. 协作　　D. 快速反应

79. 公司与供应商之间的关系，呈现出（　　）模式的特点。
    A. 传统的竞争关系　　　　　　B. 合作伙伴关系
    C. 网络传递关系　　　　　　　D. 单纯的供需关系

（三）

某组织在按照 GB/T19001-2000 标准建立和实施质量管理体系过程中，对监视、测量、分析和改进过程进行策划。策划中，重点研究了内部审核、产品监视和测量以及预防措施，明确了监视、测量、分析和改进的目的以及内部审核的作用等。

80. 实施监视、测量、分析和改进过程是为了（　　）。
    A. 证实产品的符合性　　　　　B. 确保质量管理体系的符合性
    C. 确保过程效率的提高　　　　D. 持续改进质量管理体系的有效性

81. 按策划的时间间隔实施内部审核，是为了确定组织的质量管理体系（　　）。
    A. 符合产品实现策划的安排
    B. 符合标准所规定的质量管理体系要求
    C. 符合组织所确定的质量管理体系文件要求
    D. 运行的效率得到提高

82. 按 GB/T19001-2000 标准要求，以下对"产品的监视和测量"理解正确的是（　　）。
    A. 要明确需监视和测量的产品质量特性
    B. 要制定验收准则以验证产品要求是否得到满足
    C. 要依据产品实现过程策划和安排
    D. 任何情况下都不能放行未经检验的产品

83. 该组织制定了预防措施程序文件，其中不属于 GB/T19001-2000 标准中预防措施要求的有（　　）。
    A. 对已发生的不合格及其原因进行分析
    B. 评价确保不合格不再发生的措施的需求
    C. 消除潜在不合格的原因
    D. 记录所采取措施的结果

（四）

某组织拟按 GB/T19001-2000 标准建立质量管理体系并申请认证。在进行质量管理体系的策划时，贯标领导小组就体系覆盖的范围、文件控制、质量方针和质量目标等问题展开了讨论，对 GB/T19001-2000 标准有了正确的理解。

84. GB/T19001-2000 标准规定，删除的内容仅限于（    ）。
    A. 第四章"总要求"　　　　　　　　B. 第五章"管理职责"
    C. 第六章"资源管理"　　　　　　　　D. 第七章"产品实现"

85. 关于质量管理体系文件和文件控制，理解正确的是（    ）。
    A. 针对标准的每一条要求，都必须编制程序文件
    B. 质量方针、质量目标必须形成文件
    C. 外来文件虽然很多，也很重要，但不必纳入受控范围
    D. 内部审核是组织自己的事，质管部在认证审核前已实施，不必编制程序文件

86. 关于质量方针，理解正确的是（    ）。
    A. 应由最高管理者正式发布
    B. 应包括质量目标的各项内容
    C. 应控制在最高管理层范围内，不一定传达到所有员工
    D. 应以八项质量管理原则为基础

87. 对质量目标的正确理解是：质量目标（    ）。
    A. 应在质量方针提供的框架内制定
    B. 不一定包括满足产品要求的内容
    C. 应在组织的相关职能和层次上展开
    D. 应是可测量的

（五）

某单位为了建立有效的测量控制体系，必须保证所配备的测量仪器的特性满足客户的计量要求。为此，他们首先研究了测量仪器的分类、控制、计量特性以及选用原则等问题。

88. 按其结构和功能特点，测量仪器可分为显示式仪器、比较式仪器以及（    ）。
    A. 积分式仪器　　　　　　　　　　　B. 数字式仪器
    C. 模拟式仪器　　　　　　　　　　　D. 累积式仪器

89. 确定测量仪器的特性，并签发关于其法定地位的官方文件，称为测量仪器控制，它包括对测量仪器的（    ）。
    A. 检验　　　　B. 检定　　　　C. 检测　　　　D. 形式批准

90. 测量仪器的示值误差本质上反映了（    ）。
    A. 被测量物体的准确度　　　　　　　B. 测量仪器的准确度
    C. 测量人员的技术水平　　　　　　　D. 测量环境的状态

91. 选用测量仪器应从（    ）出发。
    A. 技术性和稳定性　　　　　　　　　B. 灵敏性和稳定性
    C. 技术性和经济性　　　　　　　　　D. 灵敏性和经济性

（六）

当用标准尺来校准 100mm 的甲尺的长度时，得到的示值误差为 0.1mm，而校准 1 000mm的乙尺的长度时，得到的示值误差为-0.1mm。

92. 甲尺的修正值为（    ）。
    A. 100.1mm    B. 99.9mm    C. 0.1mm    D. -0.1mm

93. 乙尺的修正值为（    ）。
    A. 1 000.1mm    B. 999.9mm    C. 0.1mm    D. -0.1mm

94. 甲尺实际长度为（    ）。
    A. 100.3mm    B. 100.1mm    C. 99.9mm    D. 99.7mm

95. 乙尺实际长度为（    ）。
    A. 1 000.3mm    B. 1 000.1mm    C. 999.9mm    D. 999.7mm

96. 甲、乙两尺相比较，（    ）。
    A. 甲尺比乙尺准确
    B. 乙尺比甲尺准确
    C. 甲、乙两尺同样准确
    D. 甲尺比乙尺精密度高

（七）

某公司为提高产品的竞争力，决定加强质量检验、调整检验机构、设立专业实验室，为此就确定实验室基本任务、加强实验室样品管理等一系列工作进行了研究，并已达成共识。

97. 实验室的基本任务包括（    ）。
    A. 向公司管理层报告产品质量信息
    B. 加强对购入的材料、元器件等的实物检测
    C. 向用户提供每个作业过程的质量保证
    D. 配合新产品研制过程进行验证测试工作

98. 在建立的实验室质量管理体系中，对检测质量形成过程实施控制和管理的主要环节应包括（    ）。
    A. 请设计人员或作业人员监督检测过程    B. 明确检测依据
    C. 培训能胜任工作的作业人员    D. 编制和审定检测报告

99. 为加强实验室的样品管理，应做的工作是（    ）。
    A. 实验室的负责人必须亲自接收和登记样品
    B. 对样品的接收、保管、领用、传递、处理等过程做出明确规定
    C. 检验后样品必须由提供者亲自处理
    D. 样品在实验室期间确保不发生污染、不损坏、不变质

100. 实验室出具的检测报告应做到（    ）。
    A. 有报告的编写人、审核人、批准人的签字
    B. 有产品生产者签字确认
    C. 若有更改，应再次履行审批手续
    D. 报告填写的数据与检测记录相符

# 试卷3参考答案

## 一、单项选择题

| | | | | | |
|---|---|---|---|---|---|
| 1. B | 2. D | 3. B | 4. B | 5. C | 6. A |
| 7. C | 8. A | 9. A | 10. C | 11. A | 12. C |
| 13. D | 14. B | 15. D | 16. B | 17. D | 18. D |
| 19. D | 20. C | 21. B | 22. C | 23. C | 24. B |
| 25. C | 26. D | 27. C | 28. C | 29. D | 30. B |

## 二、多项选择题

| | | | | | |
|---|---|---|---|---|---|
| 31. ABCD | 32. BCDE | 33. BDE | 34. AD | 35. ACD | 36. ABE |
| 37. BCDE | 38. ABE | 39. ABC | 40. BCD | 41. ABD | 42. ACD |
| 43. BCE | 44. ABDE | 45. ABC | 46. BCE | 47. ABD | 48. BCDE |
| 49. ABCD | 50. ACDE | 51. ABE | 52. ABC | 53. ABC | 54. ABCE |
| 55. CD | 56. ABC | 57. AD | 58. AC | 59. ABD | 60. ABD |
| 61. ABCE | 62. ABD | 63. ACDE | 64. CD | 65. AB | 66. CD |
| 67. BC | 68. BD | 69. BE | 70. ABC | | |

## 三、综合分析题

（一）
71. BCD　72. AD　73. BD　74. B

（二）
75. ACD　76. B　77. D　78. B　79. AB

（三）
80. ABD　81. ABC　82. ABC　83. CD

（四）
84. D　85. B　86. AD　87. ACD

（五）
88. AD　89. ABD　90. B　91. C

（六）
92. D　93. C　94. C　95. B　96. B

（七）
97. BD　98. B　99. BD　100. ACD

# 试卷4 2008年全国质量专业技术人员职业资格考试试卷

## 质量专业理论与实务（中级）

一、单项选择题（共30题，每题1分。每题的备选项中，只有1个最符合题意）

1. 一次电话通话时间 X 是一个随机变量（单位：分钟），X 的分布函数为：

$$F(x) = \begin{cases} 1-e^{-\frac{x}{3}} & x>0 \\ 0 & x \leq 0 \end{cases}$$

当你走进公用电话亭时，恰好有一人在你前面开始打电话，你的等待时间不超过3分钟的概率是（    ）。

    A. $e^{-1}$    B. $1-e^{-1}$    C. $3e^{-1/3}$    D. $1-e^{-1/3}$

2. 下列分布中，最适合描述光盘表面缺陷数的是（    ）。

    A. 正态分布    B. 二项分布    C. 泊松分布    D. 指数分布

3. 正态分布 $N(10, 2^2)$ 的中位数是（    ）。

    A. 2    B. 4    C. 5    D. 10

4. 设随机变量 X 的分布如下表所示：

| X | -2 | 0 | 2 |
|---|----|----|---|
| P | 0.4 | 0.3 | 0.3 |

下列有关均值的计算中正确的是（    ）。

    A. $E(X) = -0.1$    B. $E(2X) = -0.2$
    C. $E(3X+1) = 0.4$    D. $E(4X-2) = -0.1$

5. 求正态方差 $\sigma^2$ 的置信区间要用（    ）分布表的数值。

    A. 正态    B. t    C. $\chi^2$    D. F

6. 剔除一个远离回归直线的散点，$r^2$ 将（    ）。

    A. 不受影响    B. 减小    C. 增大    D. 接近于0

7. 在单因子方差分析中，因子 A 有4个水平，各水平下试验次数分别为8、6、7、9，则误差平方和的自由度 $f_e = ($    $)$。

    A. 26    B. 28    C. 24    D. 27

8. 在单因子方差分析中，因子 A 有3个水平，每个水平下各做4次试验，现已算得总平方和 $S_T = 69$，因子 A 的平方和 $S_A = 42$，则检验因子 A 是否显著的统计量 F 的值是（    ）。

    A. 1.56    B. 14    C. 3    D. 7

9. 有3个二水平因子 A、B、C 及其交互作用 A×C 需要考察，用 $L_8(2^7)$ 安排试验，表头设计与各列平方和如下表所示：

| 表头设计 | A | B |  | C | A×C |  |  |
|---|---|---|---|---|---|---|---|
| $L_8(2^7)$ 列号 | 1 | 2 | 3 | 4 | 5 | 6 | 7 |
| 列平方和 | 53.7 | 78.2 | 5.7 | 703.1 | 253.1 | 3.1 | 28.1 |

则检验交互作用 A×B 是否显著的统计量 F 的值为（　　）。

A. 9.01　　　B. 16.22　　　C. 57.52　　　D. 20.58

10. 企业从供应商处采购的一批元器件是在不同月份生产的，验收该批产品时最适宜使用的抽样方法是（　　）。

　　A. 简单随机抽样　　　　　　B. 系统抽样

　　C. 分层抽样　　　　　　　　D. 整群抽样

11. 在计数调整型抽样检验中，使用放宽检验或改用跳批检验的目的是为了（　　）。

　　A. 降低检验成本　　　　　　B. 保护使用方利益

　　C. 放松质量要求　　　　　　D. 提高生产能力

12. 选择抽样方案时，比较和分析方案的平均样本量 ASN 可以判断（　　）。

　　A. 哪个方案的判别能力更强　　B. 哪个方案对企业来说更经济

　　C. 企业的质量管理要求是否合理　D. 平均出厂质量如何

13. 顾客在长期采购过程中，提出所有接收批中符合要求的批的比例应在95%以上，这个指标与（　　）有直接关系。

　　A. AQL　　　B. LQ　　　C. $\beta$　　　D. $\alpha$

14. 对连续抽样检验方案两个参数（i, f）的正确解释是（　　）。

　　A. i 为连续不合格品数，f 为样本量

　　B. i 为连续不合格品数，f 为抽样比率

　　C. i 为连续合格品数，f 为样本量

　　D. i 为连续合格品数，f 为抽样比率

15. 统计过程控制主要包括（　　）两个方面的内容。

　　A. 应用分析用控制图和控制用控制图

　　B. 利用控制图分析过程的稳定性和评价过程质量

　　C. 评价过程性能和评价过程能力

　　D. 判断过程是否处于技术控制状态和评价过程性能

16. 设 P 控制图 $\bar{p}$ 的值很小（例如 0.01），则合适的子组大小大致在（　　）范围内。

　　A. $[1/\bar{p},\ 5/\bar{p}]$　　　　　　B. $[1/(2\bar{p}),\ 2/\bar{p}]$

　　C. $[1/\bar{p},\ 2/\bar{p}]$　　　　　　D. $[1/(2\bar{p}),\ 5/\bar{p}]$

17. 若产品质量特性的均值 $\mu$ 与公差中心 M 不重合，当 $|\mu-M|$ 增大时，（　　）。

　　A. 不合格品率增大，$C_{pk}$ 增大　　B. 不合格品率增大，$C_{pk}$ 减小

　　C. 不合格品率减小，$C_{pk}$ 增大　　D. 不合格品率减小，$C_{pk}$ 减小

18. 若以 $U_{CL}=\mu+2\sigma$，$CL=\mu$，$L_{CL}=\mu-2\sigma$ 建立控制图，记 $\alpha$ 为犯第一类错误的概率，

β 为犯第二类错误的概率,则与常规控制图相比,下列表述中正确的是(  )。

A. α 增大,β 增大　　　　　　　　B. α 增大,β 减小

C. α 减小,β 增大　　　　　　　　D. α 减小,β 减小

19. 运用泊松分布设计的控制图是(  )。

A. 单值 X 控制图　　　　　　　　B. P 控制图

C. S 控制图　　　　　　　　　　 D. C 控制图

20. 在均值图上描点,应使用(  )打点。

A. 每个产品的特性值　　　　　　B. 每个子组的均值

C. 每个子组的极差　　　　　　　D. 每个子组的移动极差

21. 设有 4 件不可修复的产品进行寿命试验,失效时间分别为 800h、1 200h、500h、700h,则产品的平均失效前时间 MTTF 为(  )。

A. 800h　　　B. 1 000h　　　C. 700h　　　D. 1 500h

22. 在产品进行 FMECA 时,严酷度一般分为(  )。

A. 二级　　　B. 三级　　　C. 四级　　　D. 五级

23. 下列选项中属于可靠性度量的是(  )。

A. 平均保养时间　　　　　　　　B. 平均维修时间

C. 平均行驶速度　　　　　　　　D. 平均故障间隔时间

24. 某产品是由 5 个单元组成的串联系统,若每个单元的可靠度均为 0.9,则产品可靠度约为(  )。

A. 0.59　　　B. 0.69　　　C. 0.49　　　D. 0.79

25. 下列关于产品质量与可靠性的表述中,正确的是(  )。

A. 可靠性是质量的重要属性　　　B. 可靠性好,质量自然就好

C. 质量是可靠性的重要内涵　　　D. 可靠性与产品质量无关

26. 设 A、B 为两随机事件,P(A) = 0.7,P(A−B) = 0.3,则 p($\overline{AB}$) = (  )。

A. 0.4　　　B. 0.5　　　C. 0.6　　　D. 0.7

27. 为防止外部空气中的粉尘落入零件导致零件灵敏度下降,企业建立了清洁车间,要求员工换洁净衣服。这些质量改进对策属于(  )。

A. 去除现象　　　　　　　　　　B. 消除引起结果的原因

C. 应急措施　　　　　　　　　　D. 隔断因果关系

28. 某过程有 4 个步骤,每个步骤的一次合格率分别是 $Y_1$、$Y_2$、$Y_3$、$Y_4$,则该过程的 RTY 是(  )。

A. Y1+Y2+Y3+Y4　　　　　　　B. $Y_1 \cdot Y_2 \cdot Y_3 \cdot Y_4$

C. $\dfrac{Y_1+Y_2+Y_3+Y_4}{4}$　　　　　 D. $\dfrac{1}{Y_1}+\dfrac{1}{Y_2}+\dfrac{1}{Y_3}+\dfrac{1}{Y_4}$

29. 网络中的关键线路是(  )。

A. 对质量影响最大的线路　　　　B. 所有线路中耗时最多的线路

C. 对交货期影响最小的线路　　　D. 由成本最高的节点组成的线路

30. 每张订单有 7 处需要填写内容,在 4 000 张订单中,有 200 张订单存在填写错

误，错误总数为 700 处，则 DPMO 值是（　　）。

　　A. 25 000　　　　B. 17 500　　　　C. 350 000　　　　D. 175 000

## 二、多项选择题（共 40 题，每题 2 分。每题的备选项中，有 2 个或 2 个以上符合题意，至少有 1 个错项。错选，本题不得分；少选，所选的每个选项得 0.5 分）

31. 设 A 与 B 为两个随机事件，则 A−B =（　　）。

　　A. A−AB　　B. B−AB　　C. A$\bar{B}$　　D. $\bar{A}$B　　E. AB

32. 设 X ~ N(3, $3^2$)，则 P($2X^2$>18) =（　　）。

　　A. 2φ(3) −1
　　B. 1−[φ(0) −φ(2)]
　　C. 0.5+φ(−2)
　　D. 1.5−φ(2)
　　E. 2φ(3)

33. 对随机变量的分布列、密度函数与分布函数，下列表述中正确的有（　　）。

　　A. 用分布列和密度函数描述离散随机变量的分布
　　B. 用分布列和分布函数描述离散随机变量的分布
　　C. 用分布列和分布函数描述连续随机变量的分布
　　D. 用密度函数和分布函数描述连续随机变量的分布
　　E. 用密度函数和分布函数描述离散随机变量的分布

34. 在大样本情况下，对比例 p 的假设检验问题：H0：P≤$P_0$，H1：P>$P_0$，拒绝域可表示为（　　）。

　　A. {u>$u_{1-\alpha}$}　　B. {u<$u_\alpha$}　　C. {u>$u_{1-\frac{\alpha}{2}}$}　　D. u>−$u_\alpha$　　E. {u>$u_{\frac{\alpha}{2}}$}

35. 两台机床相互独立工作，需要维修的概率分别是 0.3 与 0.2，下列结果中正确的有（　　）。

　　A. 两台机床都不需要维修的概率是 0.56
　　B. 至少有一台机床不需要维修的概率是 0.06
　　C. 至多有一台机床需要维修的概率是 0.94
　　D. 两台机床都需要维修的概率是 0.06
　　E. 只有一台机床需要维修的概率是 0.14

36. 在关于样本均值 $\bar{X}$ 的下列命题中，正确的有（　　）。

　　A. 样本来自 B(1, p)，$\bar{X}$ 是 p 的无偏估计
　　B. 样本来自 Exp(λ)，$\bar{X}$ 是 λ 的无偏估计
　　C. 样本来自 p(λ)，$\bar{X}$ 是 λ 的无偏估计
　　D. 样本来自 N(μ, $\sigma^2$)，$\bar{X}$ 是 σ 的无偏估计
　　E. 样本来自 B(100, p)，$\bar{X}$ 近似服从正态分布

37. 在单因子方差分析中可获得的结论有（　　）。

　　A. 因子 A 各水平下的均值是否有显著差异
　　B. 因子 A 各水平下的方差是否有显著差异
　　C. 误差方差的估计值 $\hat{\sigma}^2 = MS_A$
　　D. 误差方差的估计值 $\hat{\sigma}^2 = MS_e$

E. 因子 A 各水平下的指标是否服从正态分布

38. 考察 4 个二水平因子 A、B、C、D 及交互作用 B×C（BC）和 C×D（CD），用 $L_{27}(3^{13})$ 做表头设计如下表所示：

| 表头设计 | A | B | CD |  | C |  |  | BC | CD |  | BC |  | D |
|---|---|---|---|---|---|---|---|---|---|---|---|---|---|
| $L_{27}(3^{13})$ | 1 | 2 | 3 | 4 | 5 | 6 | 7 | 8 | 9 | 10 | 11 | 12 | 13 |

记 $S_j$ 为第 j 列的平方和，j=1，2，…，13，则下列表述中正确的有（    ）。

A. 因子 A 的平方和 $S_A = S_1$

B. 交互作用 B×C 的平方和 $S_{B×C} = B_2 + S_5 + S_8 + S_{11}$

C. 误差平方和 $S_e = B_4 + S_6 + S_7 + S_{10} + S_{12}$

D. 误差平方和的自由度 $f_e = 5$

E. 交互作用 C×D 的平方和 $S_{C×D} = B_3 + S_9$

39. 用正交表安排试验时，下列叙述中正确的有（    ）。

A. 因子（平方和）的自由度与所在列的自由度相同

B. 所有因子（平方和）的自由度之和等于正交表的总自由度

C. 交互作用的自由度等于所在列的自由度之和

D. 安排因子时不应与需考虑的交互作用相混杂

E. 误差平方和等于所有空白列平方和之和

40. 正交试验设计数据分析的结果，因子 A 与因子 B 的交互作用对某零件耐压性有显著影响，这意味着（    ）。

A. 因子 A 或因子 B 对耐压性有显著影响

B. 因子 A 和因子 B 都是影响零件耐压性的显著因素

C. 因子 A 与因子 B 的不同水平组合对耐压性有显著影响

D. 当因子 A、因子 B 均处于最优水平时，耐压性一定达到最优

E. 单独来看，因子 A 和因子 B 可能对耐压性都没有显著影响

41. 在单因子方差分析中，因子 A 有 2 个水平，每个水平下各重复试验 3 次，具体数据为：水平 $A_1$：9，7，8；水平 $A_2$：3，1，2。有关平方和或均方的正确计算结果有（    ）。

A. 因子 A 的平方和 $S_A = 54$          B. 因子 A 的均方 $MS_A = 27$

C. 误差平方和 $S_e = 4$              D. 误差的均方 $MS_e = 2$

E. 总平方和 $S_T = 54$

42. 设两变量 x 与 y 的观测值为（$x_i$, $y_i$），i=1，2，…，n，用 r 表示相关系数，y=a+bx 表示回归方程，以下结论中正确的有（    ）。

A. 若 r=1，则 b=1                B. 若 r<0，则 b<0

C. 若 r=0，则 b=0                D. 若 r>0，则 b>0

E. 若 r=1，则 a=0

43. 下列因素中，对平均检出质量有影响的有（    ）。

A. 过程不合格品率              B. 抽样方案的 OC 曲线

C. 检验费用 D. 较大的样本量（相对于批量）

E. 检验人员数量

44. 减小 AQL 值表示（　　）。

A. 降低质量水平要求 B. 提高质量水平要求

C. 降低接收概率 D. 可能加大样本量

E. 可能减少接收数

45. 下列情况中适宜使用抽样方案 GB/T 2828.2 模式 A 进行验收的有（　　）。

A. 对生产过程质量不了解的批

B. 质量不稳定情况下生产的产品批

C. 长期采购产品

D. 小批量试制

E. 从长期生产某种配件的企业临时采购的第一批产品

46. 在检验成本高的情况下，设计计数调整型抽样方案时可以考虑（　　）。

A. 使用二次抽样方案 B. 选择低检验水平

C. 使用小的 AQL 值 D. 选取检验水平 Ⅲ

E. 使用多次抽样方案

47. 下列有关接收质量限 AQL、极限质量 LQ 和平均检出质量上限 AOQL 三个量的表述中，正确的有（　　）。

A. AQL 是对单批提出的合格质量水平要求

B. LQ 是对单批提出的不可接收的质量水平要求

C. AOQL 和 AQL 是关于连续生产批进行检验和连续批验收过程中提出的质量指标

D. AOQL 是对企业保证质量提出的一种要求

E. AQL+LQ = 1

48. 在计量抽样检验中，若 $X \sim N(\mu, \sigma^2)$，$\sigma$ 已知。(1)给定 X 的上规格限 $T_U$，若 $X > T_U$，则为不合格品；(2)给定 X 的下规格限 $T_L$，若 $X < T_L$，则为不合格品。令 $\bar{X}$ 为样本均值，k 为规定的接收常数，则下列表述中正确的有（　　）。

A. $\dfrac{T_U - \bar{X}}{\sigma} \geq k$ 批接受 B. $\dfrac{T_U - \bar{X}}{\sigma} \geq k$ 批不接受

C. $\dfrac{\bar{X} - T_L}{\sigma} \geq k$ 批接受 D. $\dfrac{\bar{X} - T_L}{\sigma} \geq k$ 批不接受

E. $\dfrac{T_L - T_U}{\sigma} \geq k$ 批不接受

49. 处于统计控制状态，则（　　）。

A. 过程中只有偶然因素，没有异常因素

B. 过程中只有异常因素，没有偶然因素

C. 过程能力指数未必满足要求

D. 应继续判断过程是否达到技术控制状态

E. 控制图中的点子都集中在中心线附近的 C 区

50. 关于过程能力，以下说法中正确的有（    ）。
    A. 过程能力即过程的生产能力　　　　B. 过程能力与公差无关
    C. 过程能力通常用6倍标准差表示　　D. 过程能力数值越大越好
    E. 过程能力是指过程加工质量的波动

51. 下列状态中，过程未处于统计控制状态的有（    ）。
    A. 连续8点落在中心线一侧　　B. 连续6点递增　　C. 连续14点交替上下
    D. 连续5点中有4点落在C区以外　　E. 连续15点落在中心线附近的C区内

52. 4台设备加工同一种产品，该产品某关键尺寸的规格限为1.500±0.005mm，最近1个月该尺寸的均值与标准差如下表所示：

| 设备 | 均值（mm） | 标准差（mm） |
| --- | --- | --- |
| 1# | 1.495 | 0.000 67 |
| 2# | 1.502 | 0.001 |
| 3# | 1.500 | 0.002 |
| 4# | 1.498 | 0.001 |

以下叙述中正确的有（    ）。
    A. 1#设备的标准差最小，加工质量最好
    B. 1#设备产生的不合格品最多
    C. 3#设备的均值等于规格中心，产生的不合格品最少
    D. 2#设备的合格品率高于3#设备的合格品率
    E. 2#设备的合格品率与4#设备的合格品率相同

53. 在选择适宜的控制图进行过程监控时，下列表述中正确的有（    ）。
    A. 对产品质量稳定、均匀的过程可以选用单值图
    B. 计量控制图的检出力高于计数控制图
    C. 计量控制图与计数控制图具有相同的控制时效性
    D. 使用 $\bar{X}$-R 图时样本量（子组大小）宜取4或5
    E. 使用 p 图和 u 图时样本量（子组大小）必须为常数

54. 计量控制图质量指标的特征有（    ）。
    A. 所选择指标应是过程的关键控制指标
    B. 如果指标间有因果关系，则一般选"果"的指标
    C. 如果指标间有因果关系，则一般选"因"的指标
    D. 指标用计量值表示
    E. 指标检测结果必须用合格与不合格表示

55. 利用控制图监控过程时，关于子组的抽取，下列叙述中正确的有（    ）。
    A. 质量不稳定的过程应采用较高的抽样频率
    B. 同一子组内的样品应在短间隔内抽取，以避免异因进入
    C. 当 $C_p$<1 时，可以增大抽样间隔
    D. 对于产品质量比较稳定的过程可以减少子组抽取的频次
    E. 抽取子组的数量与过程质量水平无关

56. 某生产线对连续生产的轮轴的直径进行控制，适宜采用（　　）控制图。
    A. $\bar{X}$-R　　　B. P　　　C. $\bar{X}$-S　　　D. C　　　E. U

57. 某电子产品的寿命服从指数分布，为估计该产品的 MTBF，进行定时截尾寿命试验，即试验进行到规定的时间停止。在对产品的 MTBF 进行区间估计时，必须用到的量有（　　）。
    A. 投入试验的产品数
    B. 所有投入试验产品的试验时间总和，即累计试验时间
    C. 正态分布临界值　　　D. $\chi^2$分布临界值　　　E. 发生的故障数

58. 产品可靠性试验的目的有（　　）。
    A. 发现设计缺陷　　B. 发现工艺缺陷　　C. 发现零件缺陷
    D. 发现保养缺陷　　E. 发现修理缺陷

59. 关于可靠性试验，下列表述中正确的有（　　）。
    A. 环境应力筛选试验可以剔除早期故障
    B. 可靠性增长试验可以提高产品可靠性
    C. 加速寿命试验是在超过正常应力水平下进行的寿命试验
    D. 可靠性鉴定试验是用具有代表性的产品在规定条件下所做的验证试验
    E. 可靠性验收试验用于发现设计缺陷

60. 产品故障率浴盆曲线中，故障率随时间的变化一般可分为（　　）。
    A. 贮存故障期　　B. 早期故障期　　C. 不稳定故障期
    D. 偶然故障期　　E. 耗损故障期

61. 某产品的可靠度函数为 R(t) = $e^{-0.001t}$，(t>0，单位：h)，则产品的（　　）。
    A. 失效率为 0.001/h　　　　　　B. 失效率为 0.01/h
    C. 该产品累计故障分布函数 F(t) = 1−$e^{-0.001t}$
    D. MTBF = 1 000h　　　　　　E. MTBF = 100h

62. 质量改进没有取得预期效果，可能的原因有（　　）。
    A. 没有按计划实施　　　　　　B. 计划编制错误
    C. 没有对计划实施过程进行合理监控　　D. 没有使用控制图
    E. 没有使用 PDPC 法

63. 试验设计常用于 DMAIC 过程（　　）阶段。
    A. D 界定　　B. M 测量　　C. A 分析　　D. I 改进　　E. C 控制

64. 在选择和确定抽样检验方案时应考虑的有（　　）。
    A. 过程质量的稳定性　　B. 检验的经济性　　C. 抽样带来的风险
    D. 产品设计上的缺陷以及改进的可能性　　E. 检验人员的检验水平

65. 网络图的绘制规则包括（　　）。
    A. 节点的编号不能重复　　　　　B. 图中不能存在环
    C. 两个节点之间只能有一条线路　　D. 只允许有少量的缺口
    E. 只能有一个真实起始节点和一个终点节点

66. 在验证影响产品质量的原因时，可以使用的方法有（　　）。
    A. PDPC 法　　B. 假设检验　　C. 亲和图　　D. 方差分析　　E. 网络图

67. 网络图中关键线路的特征有（　　）。
   A. 关键线路上工序总时差为 0
   B. 关键线路是起点到终点的耗时最长线路
   C. 关键线路上工序最早开工时间等于最迟开工时间
   D. 关键线路上工序最早完工时间等于最迟完工时间
   E. 关键线路上工序作业时间为 0

68. PDPC 法可用于多种场合，其中包括（　　）。
   A. 确定解决问题的关键路线
   B. 系统设计时对整个系统的故障进行预测
   C. 编写周密过程控制方案
   D. 预测销售可能出现的问题并考虑对策
   E. 制订进度计划

69. 某质量改进小组在把握问题现状时，使用了分析用控制图，发现图中连续 15 个点都在中心线两侧的 C 区内。可能的原因有（　　）。
   A. 计算控制限时，数据分层不够　　B. 质量有了明显改进
   C. 过程波动变大了　　D. 原材料质量劣化　　E. 设备的精度下降了

70. QC 小组活动成果发表的作用包括（　　）。
   A. 评选先进，奖优罚劣
   B. 交流经验，相互启发，共同提高
   C. 鼓舞士气，满足小组成员自我实现的需要
   D. 现身说法，吸引更多职工参加 QC 小组活动
   E. 促进企业领导者、管理部门和全体员工参加 QC 小组活动

三、综合分析题（共 30 题，每题 2 分。由单选和多选组成。错选，本题不得分；少选，所选的每个选项得 0.5 分）

（一）

某电视台在体育节目中插播的广告时间有三种方案（5 秒、10 秒和 20 秒）供厂商选择。据一段时间内的统计，这三种方案被选择的比例分别是 20%、50% 和 30%。

71. 设 X 为厂商选择的广告时间长度，则 E（X）为（　　）秒。
   A. 10.5　　B. 11　　C. 11.5　　D. 12

72. X 的方差 Var（X）为（　　）。
   A. 27.25　　B. 29　　C. 31　　D. 31.25

73. Var 的单位是（　　）。
   A. 秒　　B. 秒$^2$　　C. $\sqrt{秒}$　　D. 无量纲

74. 若每次 5 秒的广告价格是 4 000 元，每次 10 秒的广告价格是 6 500 元，每次 20 秒的广告价格是 8 000 元，令 Y 表示一次广告价格，则 E（Y）为（　　）元。
   A. 6 050　　B. 6 250　　C. 6 450　　D. 6 650

（二）

在变量 X 对 Y 进行回归分析时，根据 10 对观测值（Xi, Yi），i = 1, 2, …, 10,

算得如下结果：$\sum_{i=1}^{10} X_i = 170$，$\sum_{i=1}^{10} Y_i = 111$，$L_{xx} = 336$，$L_{yy} = 131.25$，$L_{xy} = 168$。请回答下列问题：

75. X 与 Y 的样本相关系数 r 为（　　）。
    A. -0.8　　　　B. 0.8　　　　C. 0.64　　　　D. 0.5

76. X 对 Y 的回归系数 b 为（　　）。
    A. 0.5　　　　B. -0.5　　　　C. 0.582　　　　D. -0.582

77. 回归方程的常数项 a 为（　　）。
    A. -19.6　　　　B. -2.6　　　　C. 2.6　　　　D. 26

78. 当 $x_0 = 20$ 时，预测值 $\hat{y}_0$ 为（　　）。
    A. 12.6　　　　B. 9.6　　　　C. -7.4　　　　D. 29.6

（三）

设袋装面粉的净含量规格为（20±0.1）kg，某面粉厂生产出来的一批面粉的净含量 $X \sim N(19.987, 0.025^2)$。

79. $C_p$ 值为（　　）。
    A. 1.67　　　　B. 1.0　　　　C. 1.33　　　　D. 2.0

80. $C_{pk}$ 值为（　　）。
    A. 1.50　　　　B. 1.16　　　　C. 1.67　　　　D. 1.33

81. 净含量的合格品率为（　　）。
    A. φ（4.52）+φ（3.48）-1　　　　B. 2φ（4）-1
    C. 2φ（3）-1　　　　D. 2φ（3.5）-1

82. 若想进一步提高净含量的合格品率，可采取的措施有（　　）。
    A. 缩小净含量分布中心与规格中心的偏差　　　　B. 适当减小净含量的均值
    C. 适当增大净含量的标准差　　　　D. 减少净含量的波动大小

（四）

甲、乙、丙三家企业向某整机生产企业供应同一种零部件。该整机生产企业要求供货产品生产过程的不合格品率 p<1‰。三家企业在质量文件中规定对产品出厂检验的方法是：甲企业对产品进行全检；乙、丙两家企业采用 AQL=0.1（％），检验水平为 Ⅱ 的一次正常抽样方案进行抽检。经过验收发现实际情况如下：甲、乙两家企业的产品很少发生质量问题，丙企业的产品时有因产品质量问题而发生退货，年末在对供应商的评价过程中发现三家企业生产该产品的过程能力指数分别为：甲 $P_{pk} = 1.0$，乙 $P_{pk} = 1.67$，丙 $P_{pk} = 1.01$。请回答以下问题：

83. 根据三家企业的生产情况，下列分析中正确的有（　　）。
    A. 甲企业靠检验保证了出厂产品的质量
    B. 乙企业的过程能力达到了用户的要求
    C. 丙企业出厂产品的质量能满足用户的要求
    D. 甲、乙企业的生产过程加工质量都很好

84. 针对两企业的问题，可以采取的措施有（　　）。
    A. 要求其提高过程能力

B. 出厂检验采用加严检验

C. 进货检验可适当减少检验量,以降低成本

D. 丙企业应进一步加强对过程的监控和改进

85. 针对乙企业的情况,应做的调整有（    ）。

   A. 出厂检验根据转移规则采用一次放宽抽样,减少成本

   B. 提高现有的过程能力

   C. 整机厂进货检验可以适当减少检验量

   D. 整机厂可对该企业产品进行加严进货检验

86. 如果整机生产企业缩小生产规模,仅从供应商质量保证能力角度考虑,应（    ）。

   A. 优先选择甲企业　　　　B. 优先选择乙企业　　　　C. 优先选择丙企业

   D. 重新选择其他供应商,因三家企业都不能满足要求

（五）

某公司在开发一种新的电子产品时,决定开展系统的可靠性工作,以提高产品的固有可靠性。公司成立以可靠性工程师为组长的项目可靠性小组,小组经过调查研究拟订了项目可靠性工作计划。请对涉及计划的下述内容进行分析和判断,回答相应的问题。

87. 适用于该产品可靠性度量的是（    ）。

   A. F（t）　　　　B. MTBF　　　　C. MTTR　　　　D. f（t）

88. 可选用的可靠性设计分析方法有（    ）。

   A. 建立可靠性模型　　　　B. 产品功能分析

   C. 产品可靠性分配　　　　D. 可靠性鉴定试验

89. 可开展的可靠性试验包括（    ）。

   A. 产品功能试验　　　　B. 环境应力筛选试验

   C. 可靠性增长试验　　　　D. 可靠性鉴定试验

90. 可开展的可信性管理工作包括（    ）。

   A. 制定可信性管理应遵循的基本原则

   B. 开展性能测量

   C. 进行可信性评审

   D. 建立故障报告、分析和纠正措施系统

（六）

某企业生产一种规格为150±1mm的瓷砖,但该种瓷砖的尺寸合格品率一直较低,每天需要有多名检验员将尺寸不合规格的瓷砖挑出来,造成很大的浪费。为此,企业领导专门成立了一个六西格玛小组来解决该问题。

91. 在测量阶段,小组对生产的5批瓷砖进行测量,并绘制了如下直方图,从图中可以看出（    ）。

   A. 直方图属于平顶型

   B. 瓷砖尺寸近似均匀分布

   C. 瓷砖尺寸均值有缓慢变化的趋势

   D. 瓷砖尺寸的标准差有缓慢劣化的趋势

```
        T_L     M    T_U
         149   150   151
```

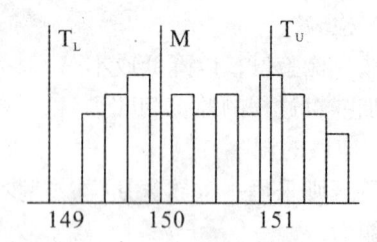

92. 在分析阶段，一名小组成员提出烧制过程中砖坯的码放位置可能会影响瓷砖的尺寸。为了验证这一观点，小组确定了五处有代表性的位置，从烧制的五批中，每个位置各抽取 15 块瓷砖，测量尺寸数据。此时适宜的分析工具是（　　）。

  A. 单总体 t 检验      B. 回归分析

  C. 方差分析       D. 排列图

93. 分析结果表明，不同位置的瓷砖平均尺寸存在显著差异，进一步分析认为窑内温度不均匀可能是主要原因。为了寻找温度对尺寸的影响关系，成对收集了温度和瓷砖尺寸的数据。此时，适宜的分析工具有（　　）。

  A. 散点图  B. 回归分析  C. 方差分析  D. 单总体 t 检验

94. 数据分析结果表明，温度不均匀确实是造成尺寸波动的主要原因。由于改变窑温均匀性成本较高，因此，小组决定改变配方来减小尺寸对温度的敏感程度。为此，准备利用试验设计来选择合适的配方，试验中考察 4 个因子，每个因子选择 3 水平，并考虑其中 2 个因子的交互作用，可选择的试验方案为（　　）。

  A. $L_9(3^4)$       B. $L_{27}(3^{13})$

  C. $L_8(2^7)$       D. $L_{16}(2^{15})$

95. 为了验证改进措施的效果，小组从采取改进措施后烧制的瓷砖中随机抽取了 50 块进行检验。下列对验证改进措施的描述中，正确的有（　　）。

  A. 利用单个正态总体的 t 检验判断瓷砖尺寸分布中心是否偏离

  B. 利用单个正态总体的 $X^2$ 检验判断瓷砖尺寸波动是否小于给定的目标值

  C. 利用过程性能分析判断 $C_{pk}$ 是否满足要求

  D. 利用均值—极差控制图判断瓷砖的尺寸特性是否稳定

（七）

某轴承厂 1~4 月份的顾客投诉和所有的现场检测记录如下：轴承滚齿不合格 40 项、外观不合格 5 项、键槽尺寸不合格 2 项、外径不合格 1 项、内径不合格 1 项、长度不合格 1 项。质量管理部门针对现有质量问题进行改进，对下列情况进行分析：

96. 根据以上数据，应作为关键改进项目的是（　　）。

  A. 降低键槽尺寸不合格    B. 降低滚齿不合格

  C. 降低外观不合格     D. 降低长度不合格

97. 针对确立的关键改进项目，应进一步（　　）。

  A. 测量过程的波动情况    B. 分析出现质量问题的原因

  C. 确定关键的责任人，予以惩罚  D. 分析生产能力

98. 在改进项目规划过程中，可以采用（　　）对实施过程进行策划、决策和缩短工期。

A. 流程图 B. 网络图
C. 过程决策程序图 D. 矩阵图

99. 通过召开各部门参与的原因分析会，初步推测了影响关键质量问题的主要原因，应（    ）。

A. 立即针对主要原因采取措施 B. 对主要原因进一步验证
C. 申请配置所需资源 D. 针对改进措施进行人员培训

100. 改进后为了保持改进成果，可以采取的措施包括（    ）。

A. 对产品抽检采用加严检验 B. 运用控制图对过程进行监控
C. 标准化、程序化 D. 对有关人员进行培训

# 试卷4参考答案

## 一、单项选择题

| 1. B | 2. C | 3. D | 4. C | 5. C | 6. C |
| --- | --- | --- | --- | --- | --- |
| 7. A | 8. D | 9. D | 10. C | 11. A | 12. B |
| 13. C | 14. D | 15. B | 16. A | 17. B | 18. B |
| 19. D | 20. B | 21. A | 22. C | 23. D | 24. A |
| 25. A | 26. C | 27. D | 28. B | 29. B | 30. A |

## 二、多项选择题

| 31. AC | 32. CD | 33. BD | 34. AD | 35. ACD | 36. ACE |
| --- | --- | --- | --- | --- | --- |
| 37. AD | 38. ACDE | 39. ACDE | 40. CE | 41. AC | 42. BCD |
| 43. AB | 44. BDE | 45. BD | 46. AB | 47. BD | 48. AC |
| 49. ACD | 50. BCE | 51. BCE | 52. ABDE | 53. AD | 54. ACD |
| 55. ABD | 56. AC | 57. DE | 58. ABC | 59. ACD | 60. BDE |
| 61. ACD | 62. AB | 63. CD | 64. ABE | 65. ABE | 66. BD |
| 67. ABD | 68. BCD | 69. AB | 70. BCD | | |

## 三、综合分析题

（一）

| 71. D | 72. C | 73. B | 74. C |
| --- | --- | --- | --- |

（二）

| 75. B | 76. A | 77. C | 78. A |
| --- | --- | --- | --- |

（三）

| 79. C | 80. B | 81. A | 82. AD |
| --- | --- | --- | --- |

（四）

| 83. AC | 84. ABD | 85. AC | 86. B |
| --- | --- | --- | --- |

（五）
87. B    88. ACD    89. BCD    90. ACD
（六）
91. ABCD    92. C    93AB    94. A    95. ABC
（七）
96. B    97. AB    98. BC    99. B    100. BCD

# 第三十章　中国质量协会注册六西格玛考试

说明：凡具有国家承认的大学专科及以上学历或质量工程师资格，在各类企业、事业单位和社会团体中从事六西格玛管理及相关工作的人员均可报名。

考试分为绿带考试和黑带考试。绿带考试和黑带考试题型均为选择题，分单选题和多选题。

绿带考试共100道题，每题1分（多选题少选或错选均不得分），总分为100分，60分为合格线；黑带考试共120道题，每题1分（多选题少选或错选均不得分），总分为120分，80分为合格线。

考试采用网上（登录中国质量网www.caq.org.cn）提交信息、邮寄或电汇考试费、邮寄报名表、学历及有效身份证件复印件等报名材料至全国六西格玛管理推进工作委员会办公室。考生登录中国质量网查阅、下载考试大纲、考试参考用书及考试后查询成绩。考试合格者可申请参加六西格玛绿带、黑带注册。

# 试卷1  2010年中国质量协会注册六西格玛黑带考试样题

## 一、单项选择题

1. 在六西格玛管理的组织结构中，下面的陈述中（   ）是正确的。
   A. 黑带应当自主决定项目选择
   B. 绿带的数量和素质是推行六西格玛获得成功的关键因素
   C. 倡导者对六西格玛活动整体负责，确定前进方向
   D. 以上都不是

2. 质量管理大师戴明先生在其著名的质量管理十四条中指出"停止依靠检验达成质量的做法"，这句话的含义是（   ）。
   A. 企业雇佣了太多的检验人员，对经营来说是不经济的
   B. 质量是设计和生产出来的，不是检验出来的
   C. 在大多数情况下，应该由操作人员自己来保证质量，而不是靠检验员保证
   D. 人工检验的效率和准确率较低，依靠检验是不能保证质量的

3. 在下列陈述中，不正确的是（   ）。
   A. 六西格玛管理仅是适合于制造过程质量改进的工具
   B. 六西格玛管理是保持企业经营业绩持续改善的系统方法
   C. 六西格玛管理是增强企业领导力和综合素质的管理模式
   D. 六西格玛管理是不断提高顾客满意程度的科学方法

4. 黑带是六西格玛管理中最为重要的角色之一，在下面的陈述中，（   ）不是六西格玛黑带应承担的任务。
   A. 在倡导者（Champion）和资深黑带（MBB）的指导下，带领团队完成六西格玛项目
   B. 运用六西格玛管理工具方法，发现问题产生的根本原因，确认改进机会
   C. 与倡导者、资深黑带以及项目相关方沟通，寻求各方的支持和理解
   D. 负责整个组织六西格玛管理的部署，为团队确定六西格玛管理推进目标，分配资源并监控进展

5. 确定项目选择及项目优先级是下列（   ）角色的责任。
   A. 黑带           B. 黑带大师           C. 绿带           D. 倡导者

6. 在分析 Xbar-R 控制图时应（   ）。
   A. 先分析 Xbar 图然后再分析 R 图    B. 先分析 R 图然后再分析 Xbar 图
   C. Xbar 图和 R 图无关，应单独分析    D. 以上答案都不对

7. 下列说法中错误的是（   ）。
   A. 界定阶段包括界定项目范围，组成团队
   B. 测量阶段主要是测量过程的绩效即 Y，在测量前要验证测量系统的有效性，找到并确认影响 Y 的关键原因
   C. 分析阶段主要是针对 Y 进行原因分析，找到并验证关键原因

D. 改进阶段主要是针对关键原因 X 寻找改进措施，并验证改进措施

8. 在以下常用的 QC 新七种工具方法中，用于确定项目工期和关键路线的工具是（　　）。

　　A. 亲和图　　　　B. 矩阵图　　　　C. PDPC 法　　　　D. 网络图

9. 平衡记分卡是由下述（　　）几个维度构成的。

　　A. 财务、顾客、内部业务流程、员工学习与成长

　　B. 评价系统、战略管理系统、内部沟通系统

　　C. 业绩考评系统、财务管理系统、内部流程

　　D. 财务系统、绩效考核系统、顾客关系管理系统

10. 在质量功能展开（QFD, Quality Function Deployment）中，首要的工作是（　　）。

　　A. 客户竞争评估　　　　　　　　B. 技术竞争评估

　　C. 决定客户需求　　　　　　　　D. 评估设计特色

11. 在某检验点，对 1 000 个某零件进行检验，每个零件上有 10 个缺陷机会，结果共发现 16 个零件不合格，合计 32 个缺陷，则 DPMO 为（　　）。

　　A. 0.003 2　　　B. 3 200　　　C. 32 000　　　D. 1 600

12. 下面列举的工具中，（　　）一般不是在项目选择时常用的工具。

　　A. 排列图（Pareto）　　　　　　B. 实验设计

　　C. QFD　　　　　　　　　　　　D. 因果矩阵

13. 六西格玛项目团队在明确项目范围时，应采用以下（　　）工具。

　　A. 因果图　　　　　　　　　　　B. SIPOC 图

　　C. PDPC 法　　　　　　　　　　D. "头脑风暴法"

14. （　　）工具可以用于解决下述问题：

一项任务可以分解为许多作业，这些作业相互依赖和相互制约，团队希望把各项作业之间的这种依赖和制约关系清晰地表示出来，并通过适当的分析，找出影响进度的关键路径，从而能进行统筹协调。

　　A. PDPC（过程决策程序图）　　　B. 箭条图（网络图）

　　C. 甘特图　　　　　　　　　　　D. 关联图

15. 下列团队行为标示着团队进入了（　　）发展阶段：团队的任务已为其成员所了解，但他们对实现目标的最佳方法存在着分歧，团队成员仍首先作为个体来思考，并往往根据自己的经历做出决定。这些分歧可能引起团队内的争论甚至矛盾。

　　A. 形成期　　　B. 震荡期　　　C. 规范期　　　D. 执行期

16. 在界定阶段结束时，下列（　　）内容应当得到确定。

（1）项目目标；（2）项目预期的财务收益；（3）项目所涉及的主要过程；（4）项目团队成员。

　　A. 1　　　　　　　　　　　　　B. 1 和 4

　　C. 2 和 3　　　　　　　　　　　D. 1、2、3 和 4

17. 在项目特许任务书（Team Charter）中，需要陈述"经营情况"（Business Case，也被称为项目背景）。该项内容是为了说明（　　）。

　　A. 为什么要做该项目　　　　　　B. 项目的目标

C. 项目要解决的问题　　　　　　　　D. 问题产生的原因

18. 一个过程由三个工作步骤构成（如下图所示），每个步骤相互独立，每个步骤的一次合格率 FTY 分别是：$FTY_1 = 99\%$；$FTY_2 = 97\%$；$FTY_3 = 96\%$。则整个过程的流通合格率为（　　）。

→ 步骤1 → 步骤2 → 步骤3 →

A. 92.2%　　　　B. 99%　　　　C. 96%　　　　D. 97.3%

19. 在谈到激励技巧时，常常会提及马斯洛（Maslow）的"人的五个基本需求"理论。马斯洛认为：人们最初的激励来自于最低层次的需求，当这个需求被满足后，激励便来自于下一个需求。那么，按照马斯洛理论，人们需求层次从低到高的顺序就是（　　）。

A. 安全需要→生存需要→尊重→归属感→成就或自我实现
B. 生存需要→安全需要→尊重→归属感→成就或自我实现
C. 生存需要→安全需要→归属感→尊重→成就或自我实现
D. 生存需要→安全需要→归属感→成就或自我实现→尊重

20. 劣质成本的构成是（　　）。

A. 内部损失成本和外部损失成本
B. 不增值的预防成本+鉴定成本+内部损失成本和外部损失成本
C. 不增值的预防成本+内部损失成本和外部损失成本
D. 鉴定成本+内部损失成本和外部损失成本

21. 某生产线上顺序有 3 道工序，其作业时间分别是 8 分钟、10 分钟、6 分钟，则生产线的节拍是（　　）。

A. 8 分钟　　　　　　　　　　　　B. 10 分钟
C. 6 分钟　　　　　　　　　　　　D. 以上都不对

22. 1903 年，英国制定了世界上第一个认证标志，即用 BS 字母组成的（　　）。

A. 质量安全标志　　　　　　　　　B. CCC 标志
C. 风筝标志　　　　　　　　　　　D. 环保标志

23. 对于离散型数据的测量系统分析，通常应提供至少 30 件产品，由 3 个测量员对每件产品重复测量 2 次，记录其合格与不合格数目。对于 30 件产品的正确选择方法应该是（　　）。

A. 依据实际生产的不良率，选择成比例的合格及不合格样品
B. 至少 10 件合格，至少 10 件不合格，这与实际生产状态无关
C. 可以随意设定比率，因为此比率与测量系统是否合格无关
D. 以上都不对

24. 美国工程师的项目报告中提到，在生产过程中，当华氏度介于（70，90）之间时，产量获得率（以百分比计算）与温度（以华氏度为单位）密切相关（相关系数为 0.9），而且得到回归方程如下：$Y = 0.9X + 32$。

黑带张先生希望把此公式中的温度由华氏度改为摄氏度。他知道摄氏度（C）与华氏度（F）间的换算关系是：$C = 5/9(F - 32)$。请问换算后的相关系数和回归系数各

是多少？（　　）

　　A. 相关系数为 0.9，回归系数为 1.62

　　B. 相关系数为 0.9，回归系数为 0.9

　　C. 相关系数为 0.9，回归系数为 0.5

　　D. 相关系数为 0.5，回归系数为 0.5

25. 检测人员对于流水线上生产的一大批二极管的输出电压进行了测定，经计算得知，它们的中位数为 2.3V。5 月 8 日上午，从该批随机抽取了 400 个二极管，对于它们的输出电压进行了测定，记 X 为输出电压比 2.3V 大的电子管数，结果发现，X = 258 只。为了检测此时的生产是否正常，先要确定 X 的分布。可以断言（　　）。

　　A. X 近似均值为 200，标准差是 20 的正态分布

　　B. X 近似均值为 200，标准差是 10 的正态分布

　　C. X 是（180，220）上的均匀分布

　　D. X 是（190，210）上的均匀分布

26. 容易看到，在一个城市中，不同收入者的住房面积相差悬殊，分布一般会呈现出严重的右偏倾向。为了调查 S 市的住房状况，随机抽取了 1 000 个住户，测量了他们的住房面积。在这种情况下，代表一般住房状况的最有代表性的指标应该是（　　）。

　　A. 样本平均值（Mean）

　　B. 去掉一个最高值，去掉一个最低值，然后求平均值

　　C. 样本众数（Mode），即样本分布中概率最高者

　　D. 样本中位数（Median）

27. 起重设备厂对于供应商提供的垫片厚度很敏感。垫片厚度的公差限要求为 12 毫米±1 毫米。供应商在他们本月生产状况报告中只提供出 $C_p = 1.33$、$C_{pk} = 1.00$ 这两个数据。这时可以对于垫片生产过程得出结论说（　　）。

　　A. 平均值偏离目标 12 毫米大约 0.25 毫米

　　B. 平均值偏离目标 12 毫米大约 0.50 毫米

　　C. 平均值偏离目标 12 毫米大约 0.75 毫米

　　D. 以上结果都不对

28. 下表是一个分组样本：

| 分组区间 | (35, 45] | (45, 55] | (55, 65] | (65, 75] |
| --- | --- | --- | --- | --- |
| 频数 | 3 | 8 | 7 | 2 |

则其样本均值 Xbar 近似为（　　）。

　　A. 50　　　　B. 54　　　　C. 62　　　　D. 64

29. 某快餐店中午营业期间，每分钟顾客到来人数为平均值是 8 的泊松（Poisson）分布。若考虑每半分钟到来的顾客分布，则此分布近似为（　　）。

　　A. 平均值是 8 的泊松分布

　　B. 平均值是 4 的泊松分布

　　C. 平均值是 2 的泊松分布

D. 分布类型将改变

30. 一批产品分一、二、三级，其中一级品是二级品的二倍，三级品是二级品的一半，若从该批产品中随机抽取一个，此产品为二级品的概率是（　　）。

　　A. 1/3　　　　　B. 1/6　　　　　C. 1/7　　　　　D. 2/7

31. 为调查呼吸阻塞症在中国的发病率，发了 5 000 份问卷。由于呼吸阻塞症与嗜睡症有密切关系，问卷都是关于是否有嗜睡倾向的。后来，问卷只回收了约 1 000 份，对回答了问卷的人进行了检测，发现呼吸阻塞症患病率为 12%。对此比率数值是否准确的判断应为（　　）。

　　A. 可以认为此数是发病率的正确估计

　　B. 由于未回收问卷较多，此值估计偏高

　　C. 由于未回收问卷较多，此值估计偏低

　　D. 1 000 份太少，上述对发病率的估计无意义

32. 对于一组共 28 个数据进行正态性检验，使用 MINITAB 软件，先后依次使用了"Anderson-Darling"，"Ryan-Joiner（Similar to Shapiro-Wilk）"及"Kolmogorov-Smirnov"3 种方法，却得到了 3 种不同的结论：

"Anderson-Darling"检验 p-value<0.005 因而判数据"非正态"，"Ryan-Joiner（Similar toShapiro-Wilk）"检验 p-value>0.10 以及"Kolmogorov-Smirnov"检验 p-value>0.15 都判数据"正态"。这时候正确的判断是（　　）。

　　A. 按少数服从多数原则，判数据"正态"

　　B. 任何时候都相信"最权威方法"，在正态分布检验中，相信 MINITAB 软件
　　　　选择的缺省方法"Anderson-Darling"是最优方法，判数据"非正态"

　　C. 检验中的原则总是"拒绝是有说服力的"，因而只要有一个结论为"拒绝"
　　　　则相信此结果，因此应判数据"非正态"

　　D. 此例数据太特殊，要另选些方法来判断，才能下结论

33. 已知化纤布每匹长 100 米，每匹布内的瑕疵点数服从均值为 10 的 Poisson 分布。缝制一套工作服需要 4 米化纤布。每套工作服上的瑕疵点数应该是（　　）。

　　A. 均值为 10 的 Poisson 分布　　　　B. 均值为 2.5 的 Poisson 分布

　　C. 均值为 0.4 的 Poisson 分布　　　　D. 分布类型已改变

34. 从平均寿命为 1 000 小时、寿命为指数分布的二极管中，抽取 100 件二极管，并求出其平均寿命，则（　　）。

　　A. 平均寿命仍为均值 1 000 小时的指数分布

　　B. 平均寿命近似均值为 1 000 小时，标准差为 1 000 小时的正态分布

　　C. 平均寿命近似均值为 1 000 小时，标准差为 100 小时的正态分布

　　D. 以上答案都不对

35. 某供应商送来一批零件，批量很大。假定该批零件的不良率为 1%，从中随机抽取 32 件，若发现 2 个或 2 个以上的不良品就退货，接受这批货的概率是（　　）。

　　A. 72.4%　　　　　　　　　　　　　B. 23.5%

　　C. 95.9%　　　　　　　　　　　　　D. 以上答案都不对

36. 某企业用台秤对某材料进行称重，该材料重量要求的公差限为 500±15 克。现

将一个 500 克的砝码，放在此台秤上去称重，测量 20 次，结果发现均值为 510 克，标准差为 1 克，这说明（    ）。

  A. 台秤有较大偏倚（Bias），需要校准

  B. 台秤有较大的重复性误差，已不能再使用，需要换用精度更高的天平

  C. 台秤存在较大的再现性误差，需要重复测量来减小再现性误差

  D. 测量系统没有问题，台秤可以使用

37. 在数字式测量系统分析中，测量人员间基本上无差异，但每次都要对初始状态进行设定，这时，再现性误差是指（    ）。

  A. 被测对象不变，测量人员不变，各次独立重复测量结果之间的差异

  B. 被测对象不变，在不同初始状态的设定下，各次测量结果之间的差异

  C. 同一测量人员，对各个被测对象各测一次，测量结果之间的差异

  D. 以上都不是

38. 车床加工轴棒，其长度的公差限为 180±3 毫米，在测量系统分析中发现重复性标准差为 0.12 毫米，再现性标准差为 0.16 毫米。从 %P/T 的角度来分析，可以得到结论（    ）。

  A. 本测量系统从 %P/T 角度来说是完全合格的

  B. 本测量系统从 %P/T 角度来说是勉强合格的

  C. 本测量系统从 %P/T 角度来说是不合格的

  D. 上述数据不能得到 %P/T 值，从而无法判断

39. 在钳工车间自动钻孔的过程中，取 30 个钻孔结果分析，其中心位置与规定中心点在水平方向的偏差值的平均值为 1 微米，标准差为 8 微米。测量系统进行分析后发现重复性（Repeatability）标准差为 3 微米，再现性（Reproducibility）标准差为 4 微米，从精确度/过程波动的角度来分析，可以得到结论（    ）。

  A. 本测量系统从精确度/过程波动比（R&R%）来说是完全合格的

  B. 本测量系统从精确度/过程波动比（R&R%）来说是勉强合格的

  C. 本测量系统从精确度/过程波动比（R&R%）来说是不合格的

  D. 上述数据不能得到精确度/过程波动比（R&R%），从而无法判断

40. 对于正态分布的过程，有关 $C_p$，$C_{pk}$ 和缺陷率的说法，正确的是（    ）。

  A. 根据 $C_p$ 不能估计缺陷率，根据 $C_{pk}$ 才能估计缺陷率

  B. 根据 $C_p$ 和 $C_{pk}$ 才能估计缺陷率

  C. 缺陷率与 $C_{pk}$ 无关

  D. 以上说法都不对

41. 对于一个稳定的分布为正态的生产过程，计算出它的工序能力指数 $C_p = 1.65$，$C_{pk} = 0.92$。这时，应该对生产过程做出（    ）判断。

  A. 生产过程的均值偏离目标太远，且过程的标准差太大

  B. 生产过程的均值偏离目标太远，过程的标准差尚可

  C. 生产过程的均值偏离目标尚可，但过程的标准差太大

  D. 对于生产过程的均值偏离目标情况及过程的标准差都不能做出判断

42. 假定轴棒生产线上，要对轴棒长度进行检测，假定轴棒长度的分布是对称的

(不一定是正态分布),分布中心与轴棒长度目标重合。对于 100 根轴棒,将超过目标长度者记为"+"号,将小于目标长度者记为"-"号,记 N+ 为出现正号个数总和,则 N+ 的分布近似为（    ）。

  A.（40,60）间的均匀分布

  B.（45,55）间的均匀分布

  C. 均值为 50,标准差为 10 的正态分布

  D. 均值为 50,标准差为 5 的正态分布

43. 某生产线有三道彼此独立的工序,三道工序的合格率分别为：95%、90%、98%。如下图所示：

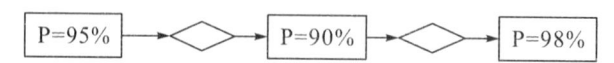

P=95% → P=90% → P=98%

每道工序后有一检测点,可检出前道工序的缺陷,缺陷不可返修,问此时整条线的初检合格率是多少?（    ）

  A. 90%  B. 98%  C. 83.79%  D. 83%

44. 一批数据的描述性统计量计算结果显示,均值和中位数都是 100,这时,在一般情况下可以得到的结论是（    ）。

  A. 此分布为对称分布  B. 此分布为正态分布

  C. 此分布为均匀分布  D. 以上各结论都不能肯定

45. 从参数 $\lambda=0.4$ 的指数分布中随机抽取容量为 25 的一个样本,则该样本均值的标准差近似为（    ）。

  A. 0.4  B. 0.5  C. 1.4  D. 1.5

46. 某药厂最近研制出一种新的降压药。为了验证新的降压药是否有效,实验可按如下方式进行：选择若干名高血压病人进行实验,并记录服药前后的血压值,然后通过统计分析来验证该药是否有效。对于该问题,应采用：P=95%、P=98%、P=90%（    ）。

  A. 双样本均值相等性检验  B. 配对均值检验

  C. F 检验  D. 方差分析

47. 为了判断 A 车间生产的垫片的变异性是否比 B 车间生产的垫片的变异性更小,各抽取 25 个垫片后,测量并记录了其厚度的数值,发现两组数据都是正态分布。下面应该进行的是（    ）。

  A. 两样本 F 检验  B. 两样本 T 检验

  C. 两样本配对差值的 T 检验  D. 两样本 Mann-Whitney 秩和检验

48. 为了降低汽油消耗量,M 研究所研制成功一种汽油添加剂。该所总工程师宣称此添加剂将使行驶里程提高 2%。X 运输公司想验证此添加剂是否有效,调集本公司各种型号汽车 30 辆,发给每辆汽车普通汽油及加注添加剂汽油各 10 升,记录了每辆车用两种汽油的行驶里程数,共计 60 个数据。检验添加剂是否有效的检验方法应该是（    ）。

  A. 双样本均值相等性 T 检验  B. 配对样本检验

  C. F 检验  D. 两样本非参数 Mann-Whitney 检验

49. 原来本车间生产的钢筋抗拉强度不够高，经六西格玛项目改进后，钢筋抗拉强度似有提高。为了检验改进后钢筋抗拉强度是否确有提高，改进前抽取 8 根钢筋，改进后抽取 10 根钢筋，分别记录了它们的抗拉强度，希望检验两种钢筋的抗拉强度平均值是否有显著差异。经检验，这两组数据都符合正态分布。在检查两样本的方差是否相等及均值是否相等时，用计算机计算得到下列结果：

strength_ After 10 531.45 9.84 3.1

strength_ Before 8 522.44 5.88 2.1

Difference = mu（strength_ After）− mu（strength_ Before）

Estimate for difference：9.012 50

95% lower bound for difference：2.104 05

T-Test of difference = 0（vs >）：T-Value = 2.28 P-Value = 0.018 DF = 16

据此可以得出的结论是（    ）。

  A. 改进后平均抗拉强度有提高，但抗拉强度的波动也增加了

  B. 改进后平均抗拉强度有提高，但抗拉强度的波动未变

  C. 改进后平均抗拉强度无提高，但抗拉强度的波动增加了

  D. 改进后平均抗拉强度无提高，抗拉强度的波动也未变

50. 在半导体生产过程中，一旦发现产品有缺陷就报废。为了分析生产过程状况是否真正达到稳定，在连续 20 天内，每天统计报废的产品个数，且由于面向订单生产，每天产量有较大波动。这时候，应该使用下列（    ）控制图。

  A. 使用 p 图或 np 图都可以。  B. 只能使用 p 图

  C. 使用 c 图与 u 图都可以  D. 只能使用 np 图

51. M 公司生产垫片，在生产线上，随机抽取 100 片垫片，发现其厚度分布均值为 2.0mm，标准差为 0.2mm。取 10 片叠起来，则这 10 片垫片叠起来后总厚度的均值和方差为（    ）。

  A. 均值 2.0mm；方差 0.2  B. 均值 20mm；方差 0.04

  C. 均值 20mm；方差 0.4  D. 均值 20mm；方差 4

52. M 车间负责测量机柜的总电阻值。由于现在使用的是自动数字式测电阻仪，不同的测量员间不再有什么差别，但在测量时要先设定初始电压值 V，这里对 V 可以有 3 种选择方法。作测量系统分析时，使用传统方法，对 10 个机柜都用 3 种不同的 V 值各测量 2 次。在术语"测量系统的重复性（Repeatability）"和"测量系统的再现性（Reproducibility）"中，术语"再现性"应这样解释（    ）。

  A. 不使用不同的测量员，就不再有"再现性"误差了

  B. 不同的设定的 V 值所引起的变异是"再现性"误差

  C. 同一个设定的 V 值，多次重复测量同样一个机柜所引起的变异是"再现性"误差

  D. 在不同时间周期内，用此测电阻仪测量同一个机柜时，测量值的波动是"再现性"误差

53. 在箱形图（Box-Plot）分析中，已知最小值 = −4；Q1 = 1；Q3 = 4；最大值 = 7；则正确的说法是（    ）。

A. 上须触线终点为：7；下须触线终点为：-3.5
B. 上须触线终点为：8.5；下须触线终点为：-3.5
C. 上须触线终点为：7；下须触线终点为：-4
D. 上须触线终点为：8.5；下须触线终点为：-4

54. 强力变压器公司的每个工人都操作自己的 15 台绕线器生产同种规格的小型变压器，原定的变压器之电压比为 2.50，但实际上的电压比总有些误差。为了分析究竟是什么原因导致电压比变异过大，让 3 个工人每人都操作自己任意选定的 10 台绕线器各生产 1 台变压器，对每台变压器都测量了 2 次电压比数值，这样就得到了共 60 个数据。为了分析电压比变异产生的原因，应该（　　）。

A. 将工人及绕线器作为两个因子，进行两种方式分组的方差分析（Two-Way ANOVA），分别计算出两个因子的显著性，并根据其显著性所显示的 P 值对变异原因做出判断

B. 将工人及绕线器作为两个因子，按两个因子交叉（Crossed）的模型，用一般线性模型（General Linear Model）计算出两个因子的方差分量及误差的方差分量，并根据这些方差分量的大小对变异原因做出判断

C. 将工人及绕线器作为两个因子，按两个因子嵌套（Nested）的模型，用全嵌套模型（Fully Nested ANOVA）计算出两个因子的方差分量及误差的方差分量，并根据这些方差分量的大小对变异原因做出判断

D. 根据传统的测量系统分析方法（GageRR Study-Crossed），直接计算出工人及绕线器两个因子方差分量及误差的方差分量，并根据这些方差分量的大小对变异原因做出判断

55. 对于两总体均值相等性检验，当验证了数据是独立的且为正态后，还要验证二者的等方差性，然后就可以使用双样本的 T 检验。对于这时是否可以使用单因子的方差分析（ANOVA）方法予以替代，人们有不同看法。正确的判断是（　　）。

A. 两总体也属于多总体的特例，因此，所有两总体均值相等性 T 检验皆可用 ANOVA 方法解决

B. 两总体虽属于多总体的特例，但两总体均值相等性 T 检验的功效（Power）比 ANOVA 方法要高，因而不能用 ANOVA 方法替代

C. 两总体虽属于多总体的特例，但两总体均值相等性 T 检验的计算比 ANOVA 方法要简单，因而不能用 ANOVA 方法替代

D. 两总体虽属于多总体的特例，但两总体均值相等性 T 检验可以处理对立假设为单侧（例如"大于"）的情形，而 ANOVA 方法则只能处理双侧（即"不等于"）的问题，因而不能用 ANOVA 方法替代

56. M 公司中的 Z 车间使用多台自动车床生产螺钉，其关键尺寸是根部的直径。为了分析究竟是什么原因导致直径变异过大，让 3 个工人随机选择 5 台机床，每人分别用这 5 台车床各生产 10 个螺钉，共生产 150 个螺钉。对每个螺钉测量其直径，得到 150 个数据。为了分析直径变异产生的原因，应该（　　）。

A. 将工人及螺钉作为两个因子，进行两种方式分组的方差分析（Two-Way ANOVA），分别计算出两个因子的显著性，并根据其显著性所显示的 P 值对

变异原因做出判断。

B. 将工人及螺钉作为两个因子，按两个因子交叉（Crossed）的模型，用一般线性模型（General Linear Model）计算出两个因子的方差分量及误差的方差分量，并根据这些方差分量的大小对变异原因做出判断

C. 将工人及螺钉作为两个因子，按两个因子嵌套（Nested）的模型，用全嵌套模型（Fully Nested ANOVA）计算出两个因子的方差分量及误差的方差分量，并根据这些方差分量的大小对变异原因做出判断

D. 根据传统的测量系统分析方法（GageRR Study-Crossed），直接计算出工人及螺钉两个因子方差分量及误差的方差分量，并根据这些方差分量的大小对变异原因做出判断

57. 在选定 Y 为响应变量后，选定了 X1、X2、X3 为自变量，并且用最小二乘法建立了多元回归方程。在 MINITAB 软件输出的 ANOVA 表中，看到 P-Value=0.0021，在统计分析的输出中，找到了对各个回归系数是否为 0 的显著性检验结果，由此可以得到的正确判断是（　　）。

A. 3 个自变量回归系数检验中，应该至少有 1 个以上的回归系数的检验结果是显著的（即至少有 1 个以上的回归系数检验的 P-Value 小于 0.05），不可能出现 3 个自变量回归系数检验的 P-Value 都大于 0.05 的情况

B. 有可能出现 3 个自变量回归系数检验的 P-Value 都大于 0.05 的情况，这说明数据本身有较多异常值，此时的结果已无意义，要对数据重新审核再来进行回归分析

C. 有可能出现 3 个自变量回归系数检验的 P-Value 都大于 0.05 的情况，这说明这 3 个自变量间可能有相关关系，这种情况很正常

D. ANOVA 表中的 P-VALUE=0.0021，说明整个回归模型效果不显著，回归根本无意义

58. 已知一组寿命（Life Time）数据不为正态分布。现在希望用 Box-Cox 变换将其转化为正态分布。在确定变换方法时得到下图：

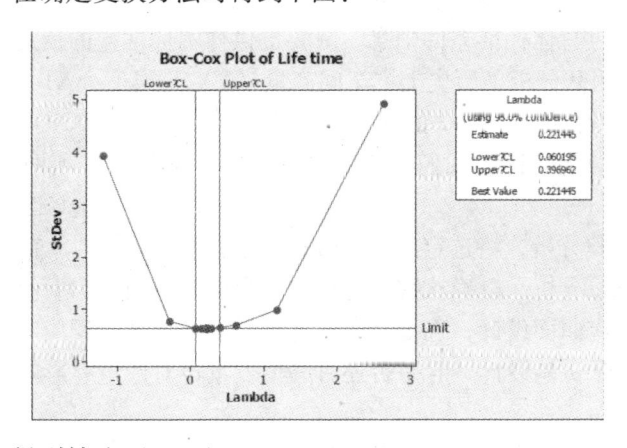

从此图中可以得到结论（　　）。

A. 将原始数据取对数后，可以化为正态分布

B. 将原始数据求其 0.2 次方后，可以化为正态分布

C. 将原始数据求平方根后，可以化为正态分布

D. 对原始数据做任何 Box-Cox 变换，都不可能化为正态分布

59. 为了研究轧钢过程中的延伸量控制问题，在经过 2 水平的 4 个因子的全因子试验后，得到了回归方程。其中，因子 A 代表轧压长度，低水平是 50cm，高水平为 70cm。响应变量 Y 为延伸量（单位为 cm），在代码化后的回归方程中，A 因子的回归系数是 4。换算为原始变量（未代码化时）的方程时，此回归系数应该是（    ）。

    A. 40        B. 4        C. 0.4        D. 0.2

60. 为了判断两个变量间是否有相关关系，抽取了 30 对观测数据，计算出它们的样本相关系数为 0.65，对于两变量间是否相关的判断应该是（    ）。

    A. 由于样本相关系数小于 0.8，所以二者不相关

    B. 由于样本相关系数大于 0.6，所以二者相关

    C. 由于检验两个变量间是否有相关关系的样本相关系数的临界值与样本量大小有关，所以要查样本相关系数表才能决定

    D. 由于相关系数并不能完全代表两个变量间是否有相关关系，本例信息量不够，不可能得出判定结果

61. 响应变量 Y 与两个自变量（原始数据）X1 及 X2 建立的回归方程为：$y = 2.2 + 30\,000X_1 + 0.000\,3X_2$。由此方程可以得到的结论是（    ）。

    A. X1 对 Y 的影响比 X2 对 Y 的影响要显著得多

    B. X1 对 Y 的影响比 X2 对 Y 的影响相同

    C. X2 对 Y 的影响比 X1 对 Y 的影响要显著得多

    D. 仅由此方程不能对 X1 及 X2 对 Y 的影响大小做出判定

62. 为了判断改革后的日产量是否比原来的 200 千克有所提高，抽取了 20 次日产量，发现日产量平均值为 201 千克。对此可以得到判断（    ）。

    A. 只提高 1 千克，产量的提高肯定是不显著的

    B. 日产量平均值为 201 千克，确实比原来 200 千克有提高

    C. 因为没有提供总体标准差的信息，因而不可能做出判断

    D. 不必提供总体标准差的信息，只要提供样本标准差的信息就可以做出判断

63. 六西格玛团队分析了历史上本车间产量（Y）与温度（X1）及反应时间（X2）的记录，建立了 Y 对于 X1 及 X2 的线性回归方程，并进行了 ANOVA 回归系数显著性检验、相关系数计算等，证明我们选择的模型是有意义的，各项回归系数也都是显著的。下面应该进行（    ）。

    A. 结束回归分析，将选定的回归方程用于预报等

    B. 进行残差分析，以确认数据与模型拟合得是否很好，看能否进一步改进模型

    C. 进行响应曲面设计，选择使产量达到最大的温度及反应时间

    D. 进行因子试验设计，看是否还有其他变量也对产量有影响，扩大因子选择的范围

64. 回归方程 $Y = 30 - X$ 中，Y 的误差的方差的估计值为 9。当 X = 1 时，Y 的 95% 的近似预测区间是（    ）。

    A. (23, 35)    B. (24, 36)    C. (20, 38)    D. (21, 39)

65. 某工序过程有六个因子 A、B、C、D、E、F，工程师希望做部分因子试验来确定主要的影响因素，准备采用 $2^{6-2}$ 设计，而且工程师根据工程经验判定 AB、BC、AE、DE 之间可能存在交互作用，但是 MINITAB 给出的生成元（Generators）为 E＝ABC，F＝BCD。为了不让可能显著的二阶交互作用相互混杂，下列生成元可行的是（　　）。

    A. E＝ABD，F＝ABC          B. E＝BCD，F＝ABC

    C. E＝ABC，F＝ABD          D. E＝ACD，F＝BCD

66. 下列中（　　）设计是适合作为改进阶段开始的筛选实验（Screening Experiment）。

    A. 8 因子的全因子实验          B. 8 因子的部分因子实验

    C. 中心复合设计（CCD）        D. Box-Behnken 设计

67. 芯片镀膜生产车间每小时抽 5 片芯片测量其镀膜的厚度，共检测了 48 小时，获得 240 个数据。经对趋势图分析发现，各小时 5 片镀膜厚度之均值大体是稳定的，数据也服从正态分布。但发现各小时内的差异较小，而各小时间的差异较大。六西格玛团队对如何进行 SPC（统计过程分析）发生了分歧。正确的意见是（　　）。

    A. 变异来源不仅包含随机误差。此时，必须等待清除组间变异变大的情况后，才能使用 SPC

    B. 其实只要将每小时芯片镀膜厚度之均值求出，对 48 个数据绘制单值—移动极差（X-MR）控制图即可

    C. 求出各小时芯片镀膜厚度之均值，对之绘制单值—移动极差控制图外，再绘制各小时的极差（R）控制图，三张控制图同时使用，即可控制过程

    D. 解决此类问题的最好方法是使用 EWMA 控制图

68. 下列中（　　）响应曲面设计肯定不具有旋转性（Rotatability）。

    A. CCD（中心复合设计，Central Composite Design）

    B. CCI（中心复合有界设计，Central Composite Inscribed Design）

    C. CCF（中心复合表面设计，Central Composite Face-Centered Design）

    D. BB（BB 设计，Box-Behnken Design）

69. 经过团队采用"头脑风暴法"确认，影响过程的因子有 A、B、C、D、E 及 F 共六个。其中除因子的主效应外，还要考虑 3 个二阶交互效应 AB、AC 及 DF，所有三阶以上交互作用可以忽略不计。由于试验成本较高，限定不可能进行全面的重复试验，但仍希望估计出随机误差以准确检验各因子显著性。在这种情况下，应该选择进行（　　）。

    A. 全因子试验     B. 部分实施的二水平正交试验，且增加若干中心点

    C. 部分实施的二水平正交试验，不增加中心点     D. Plackett-Burman 设计

70. 在部分实施的因子试验设计中，考虑了 A、B、C、D、E 及 F 共 6 个因子，准备进行 16 次试验。在计算机提供的混杂别名结构表（Alias Structure Table）中，看到有二阶交互作用效应 AB 与 CE 混杂（Confounded），除此之外还有另一些二阶交互作用效应混杂，但未看到任何主效应与某二阶交互作用效应相混杂，此时可以断定本试验设计的分辨度（Resolution）是（　　）。

    A. 3          B. 4          C. 5          D. 6

71. 六西格玛团队在研究过程改进时，大家共同确认要考虑 8 个因子。经费的限制使得试验总次数应尽可能地少，但仍希望不要使主效应与二阶交互作用混杂，除了应安排 4 个中心点外，对于还该进行多少次试验，大家意见不一致。参考有关表格，你赞成下列哪个意见？（　　）。

　　A. 32 次　　　　　　　　　　　　B. 16 次

　　C. 12 次（Plackett-Burman 设计）　　D. 8 次

72. 在进行响应曲面设计中，常常选用 CCD 方法而不用 BOX-Beknken 设计，其最主要理由是（　　）。

　　A. CCD 有旋转性，而 Box-Beknken 设计没有旋转性

　　B. CCD 有序贯性，而 Box-Beknken 设计没有序贯性

　　C. CCD 试验点比 BOX-Beknken 设计试验点少

　　D. 以上各项都对

73. 某企业希望分析其加工轴棒的直径波动情况并进行过程控制，工序要求为 Φ20±0.02 毫米。在对直径进行测量时，有两种意见，一种意见是用塞规，测量结果为通过/不通过，每分钟可测 5 根；另一种意见是采用游标卡尺测出具体直径值，每分钟只能测 1 根。经验表明，轴棒的合格率为 99% 左右。若希望进行过程控制，应采取的最佳方案是（　　）。

　　A. 用塞规，每次检测 100 根作为一个样本，用 np 控制图

　　B. 用塞规，每次检测 500 根作为一个样本，用 np 控制图

　　C. 用游标卡尺，每次连续检测 5 根，用 RX 控制图

　　D. 用游标卡尺，每次连续检测 10 根，用 RX 控制图

74. 在计算出控制图的上下控制限后，可以比较上下控制限与上下公差限的数值，这两个限制范围的关系是（　　）。

　　A. 上下控制限的范围一定与上下公差限的范围相同

　　B. 上下控制限的范围一定比上下公差限的范围宽

　　C. 上下控制限的范围一定比上下公差限的范围窄

　　D. 上下控制限的范围与上下公差限的范围一般不能比较

75. 一位工程师每天收集 100~200 件产品，每天抽样数不能保证相同，准备监控每天不合格品数。他应当使用以下哪种控制图？（　　）

　　A. u　　　　B. np　　　　C. c　　　　D. p

76. 在研究完改进措施后，决定进行试生产。试生产半月后，采集了 100 个数据，发现过程仍未受控，且标准差过大，平均值也低于目标要求。对于这三方面问题的解决顺序应该是（　　）。

　　A. 首先分析找出过程未受控的原因，即找出影响过程的异常变异原因，使过程达到受控

　　B. 首先分析找出标准差过大的原因，然后减小变异

　　C. 首先分析找出平均值太低的原因，用最短时间及最小代价调整好均值

　　D. 以上步骤顺序不能肯定，应该根据实际情况判断解决问题的途径

77. 在 "性佳" 牌手机生产车间，要检测手机的抗脉冲电压冲击性能。由于是破

坏性检验，成本较高，每小时从生产线上抽一部来做检测，共连续监测 4 昼夜，得到了 96 个数据。六西格玛团队中，王先生主张对这些数据画"单值—移动极差控制图"；梁先生主张将 3 个数据作为一组，对这 32 组数据作"Xbar-R 控制图"。你认为应使用的控制图是（    ）。

    A. 只能使用"单值—移动极差控制图"

    B. 只能使用"Xbar-R 控制图"

    C. 两者都可以使用，而以"Xbar-R 控制图"的精度较好

    D. 两者都可以使用，而以"单值—移动极差控制图"的精度较好

78. 在实施六西格玛项目时，力场分析（Force Field Analysis）方法可用于（    ）。

    A. 查找问题的根本原因

    B. 验证项目的实施效果

    C. 确定方案实施可能带来的好处和问题

    D. 定量分析变异源

79. 假设每次轮班可用时间为 7.5 小时，30 分钟调整时间，15 分钟计划停工时间，15 分钟用于设备意外，则设备的时间利用率为（    ）。

    A. 87%         B. 93%         C. 90%         D. 85%

80. 下列有关全面生产性维护（TPM）的描述中不正确的是（    ）。

    A. TPM 应是团队工作来完成

    B. TPM 强调一线员工积极参与

    C. TPM 的目的是消除因机器操作产生的故障、缺陷、浪费和损失

    D. TPM 就是缩短故障维修时间

81. 限制理论（TOC，Theory of Constraint）的主要关注领域是（    ）。

    A. 顾客需求                    B. 价值流

    C. 准时交付                    D. 消除流程中的"瓶颈"

82. 在质量功能展开（QFD）中，质量屋的屋顶三角形表示（    ）。

    A. 工程特征之间的相关性        B. 顾客需求之间的相关性

    C. 工程特性的设计目标         D. 工程特征与顾客需求的相关性

83. 要求指"明示的、通常隐含的或必须履行的需求或期望"。下列说法中不正确的是（    ）。

    A. "明示的"可以理解为是规定的要求

    B. "通常隐含的"是指组织、顾客和其他相关的惯例或一般做法，所考虑的需求或期望是不言而喻的

    C. "必须履行的"是指顾客或相关方要求的或有强制性标准要求的

    D. 要求由顾客方提出

84. 以下对八项质量管理原则理解不正确的是（    ）。

    A. 组织应当理解顾客当前和未来的需求，满足顾客要求，并力争超越顾客期望

    B. 顾客对产品的喜爱度确立组织统一的宗旨及方向

    C. 各级人员都是组织之本，只有他们充分参与，才能使他们的才干为组织带来收益

D. 将活动和相关的资源作为过程进行管理，可以更高效地得到期望的结果

## 二、多项选择题

85. 在六西格玛推进过程中，高层管理委员会的主要工作有（    ）。
   A. 确定企业战略　　　　　　　　　B. 参与六西格玛项目选择
   C. 计算六西格玛项目收益　　　　　D. 制定企业整体的六西格玛实施计划

86. 六西格玛项目控制阶段的主要工作内容有（    ）。
   A. 改进方案试运行　　　　　　　　B. 建立过程控制系统
   C. 将改进方案纳入标准　　　　　　D. 确定下一个改进机会

87. 六西格玛管理方法（    ）。
   A. 起源于摩托罗拉，发展于通用电气等跨国公司
   B. 其 DMAIC 改进模式与 PDCA 循环完全不同
   C. 是对全面质量管理特别是质量改进理论的继承性新发展
   D. 可以和质量管理小组（QCC）等改进方法、ISO9001、卓越绩效模式等管理系统整合推进

88. 推行六西格玛管理的目的就是要（    ）。
   A. 将每百万出错机会缺陷数降低到 3.4　　B. 提升企业核心竞争力
   C. 追求零缺陷，降低劣质成本　　　　　　D. 变革企业文化

89. 顾客需求包括（    ）。
   A. 顾客及潜在顾客的需求（VOC）　　　　B. 法规及安全标准需求
   C. 竞争对手的顾客需求　　　　　　　　　D. 供货商的需求

90. 界定阶段（Define）是六西格玛 DMAIC 项目过程的第一步，在这个阶段，我们应该做的工作包括（    ）。
   A. 确认顾客要求和确定过程　　　　B. 更新和完善项目特许任务书
   C. 确定项目度量指标　　　　　　　D. 明确问题的主要原因

91. 亲和图（Affinity Diagram）可应用于（    ）场合。
   A. 选择最优方案　　　　　　　　　B. 用于归纳思想，提出新的构思
   C. 整理顾客需求　　　　　　　　　D. 评价最优方案

92. （    ）是一个好的项目问题陈述所共有的组成部分。
   A. 问题对象描述具体　　　　　　　B. 有清楚的时间描述
   C. 结果可测量　　　　　　　　　　D. 含有解决方案

93. 高端过程图（SIPOC）能令员工了解企业的宏观业务流程是由于（    ）。
   A. 它描述了每个详细流程　　　　　B. 它确认过程之顾客
   C. 它确认过程之供方　　　　　　　D. 它阐明过程的结果

94. M 车间生产螺钉。为了估计螺钉的长度，从当日成品库中随机抽取 25 个螺钉，测量了它们的长度，样本均值为 22.7mm，并且求出其长度总体均值的 95% 置信区间为（22.5，22.9）。下列（    ）判断是不正确的。
   A. 当日生产的螺钉中，有 95% 的螺钉之长度落入（22.5，22.9）之内
   B. 当日任取一个螺钉，其长度以 95% 的概率落入（22.5，22.9）之内

C. 区间（22.5，22.9）覆盖总体均值的概率为95%

D. 若再次抽取25个螺钉，样本均值以95%的概率落入（22.5，22.9）之内

95. 在测量系统分析计算重复性和再现性（R&R）时，相对于极差法（Range Method）而言，采用方差分析和方差估计法的优点是（　　）。

　　A. 计算简便　　　　　　　　　　B. 可以估计交互作用的影响

　　C. 可以进行深层次的统计分析　　D. 精确算法，计算结果没有误差

96. 对部分实施因子试验的理解，下面说法中正确的是（　　）。

　　A. 混杂现象的出现是完全可以避免的

　　B. 混杂现象的结果是可以选择的

　　C. 任何主效应与二阶交互效应的混杂都必须避免

　　D. 存在某些二阶交互作用的混杂通常是可以允许的

97. 在下列（　　）情况中可以使用方差分析方法。

　　A. 比较多个正态总体的均值是否相等

　　B. 比较多个正态总体的方差是否相等

　　C. 比较多个总体的分布类型是否相同

　　D. 分解数据的总变异（Variation）为若干有意义的分量

98. 在试验设计中，我们常常要将原来对于因子设定的各水平值实行"代码化"（Coding）。例如在2水平时，把"高""低"二水平分别记为"+1"及"-1"。这样做的好处是（　　）。

　　A. 比未代码化时提高了计算的精度

　　B. 代码化后，可以通过直接比较各因子或因子间的交互作用的回归系数之绝对值以确定效应的大小，即回归系数之绝对值越大者该效应越显著；而未代码化时不能这样判断

　　C. 代码化后，删除回归方程中某些不显著项时，其他各项回归系数不变；未代码化时，在删除某些不显著项时其他各项回归系数可能有变化

　　D. 由于代码化后，各因子或因子间的交互作用的回归系数之估计量间相互无关，如果在对系数进行系数显著性检验时，某系数P值较大（例如大于0.2），证明它们效应不显著，可以直接将其删除；而未代码化时，各项回归系数间可能有关，因而即使某系数在进行系数显著性检验时的P值较大，也不能贸然删除

99. 在改进阶段，安排了试验的设计与分析。仅对新建立的模型进行一般的统计分析是不够的，还必须进行残差的诊断。这样做的目的是（　　）。

　　A. 判断模型与数据的拟合是否有问题

　　B. 判断各主效应与交互效应是否显著

　　C. 协助寻找出因子的最佳设置，以使响应变量达到最优化

　　D. 判断试验过程中试验误差是否有不正常的变化

100. 下列选项中对于响应曲面方法的正确叙述是（　　）。

　　A. 响应曲面方法是试验设计方法中的一种

　　B. 响应曲面方法是在最优区域内建立响应变量与各自变量的二次回归方程

C. 响应曲面方法可以找寻到响应变量最优区域

D. 响应曲面方法可以判明各因子显著或不显著

101. 在两水平因子试验时，增加若干个中心点的优点是（　　）。

　　A. 可以得到纯误差项　　　　　　B. 检验模型的弯曲性

　　C. 使模型系数的估计更准确　　　D. 不破坏正交性和平衡性

102. 在 2 水平全因子试验中，通过统计分析发现因子 C 及交互作用 A×B 是显著的，而 A、B、D 均不显著，则在选取最佳方案时，应考虑（　　）。

　　A. 找出因子 A 的最好水平

　　B. 找出因子 B 的最好水平

　　C. 找出因子 A 和因子 B 的最好水平搭配

　　D. 找出因子 D 的最好水平

103. 在因子设计阶段，对 3 个因子 A、B 及 C 进行二水平全因子共 11 次试验后，可以确认 3 者皆显著，但发现了显著的弯曲，决定增做一些试验点，形成响应曲面设计。一个团队成员建议在新设计中使用 CCF（中心复合表面设计，Central Composite Face-Centered Design）。他这样建议的好处是（　　）。

　　A. 原有的 11 次试验结果仍然可以利用

　　B. 新设计仍保持有旋转性（Rotatability）

　　C. 新设计对每个因子仍只需安排 3 个水平

　　D. 新设计对每个因子的代码水平仍保持在（-1，1）范围内

104. 稳健参数设计（田口方法）中的误差因素，指的是（　　）。

　　A. 元器件参数所取数值的误差

　　B. 用户使用环境条件变化形成的误差

　　C. 重复试验中的随机误差

　　D. 产品制造过程中工艺条件变化形成的误差

105. Xbar-R 控制图比 X-MR（单值—移动极差）控制图应用更为普遍的原因在于（　　）。

　　A. Xbar-R 图可适用于非正态的过程

　　B. Xbar-R 有更高的检出力

　　C. Xbar-R 图作图更为简便

　　D. Xbar-R 图需要更少的样本含量

106. 在芯片生产车间，每天抽 8 块芯片检查其瑕疵点个数。为了监测瑕疵点数，对于控制图的选用，正确的是（　　）。

　　A. 使用 C 控制图最方便

　　B. 也可以使用 U 控制图，效果和 C 控制图相同，但不如 C 控制图方便

　　C. 也可以使用 p 控制图，效果和 C 控制图相同，但不如 C 控制图方便

　　D. 使用 np 控制图，效果和 C 控制图相同

107. 在控制图的应用中，可灵敏地检测过程均值发生小偏移的控制图有（　　）。

　　A. 平均值和极差控制图

　　B. 累积和（CUSUM）控制图

C. 指数加权滑动平均（EWMA）控制图

D. 单值—移动极差控制图

108. 在下列项目中，属于防错设计（Poka-Yoke）的是（　　）。

　　A. 汽车停车后车门未关好，报警器报警

　　B. 文件编辑后忘记保存，退出时询问是否保存文件

　　C. 计算机的串口和相应插口被设计为梯形

　　D. 电梯门未关闭时不运行

109. 对于 PFMEA 的描述正确的是（　　）。

　　A. 一个过程只有一个失效模式

　　B. 增加检测手段一般可以降低故障检测难度

　　C. 降低风险发生的频度需要清除造成故障的原因

　　D. 过程控制方法决定了失效的严重度

110. 关于 QFD 的正确表述是（　　）。

　　A. 质量屋的屋顶三角形表示工程措施之间的相关性

　　B. 如果没有数据，可以不做市场竞争能力的评估

　　C. 各级质量屋是各自独立的，互相之间没有关系

　　D. 质量功能展开的四个阶段可根据产品的规模和复杂程度等实际情况增加或减少

111. 在六西格玛管理中，对于失效模式及影响分析（FMEA），下列（　　）项的描述是正确的。

　　A. FMEA 用于评估失效模式的严重度，发生概率以及检测失效的能力，进而计算其 RPN

　　B. 通过 FMEA 分析，可以将 RPN 较低的失效模式筛选掉，以减少 X 的数量

　　C. 失效模式越是容易探测，则探测度分数越高

　　D. 在决定失效模式效应的严重度时，只有在危害安全及违反法规时，才给予最高的评分 10 或 9

112. 某精益六西格玛团队决定减少某企业吸塑工序的吸塑模换模时间，可以采用以下（　　）方法进行原因分析和减少换模时间。

　　A. 内换模和外换模作业分析

　　B. 动作时间研究，并尽量将内换模作业转换为外换模作业

　　C. 标准化作业，减少时间波动

　　D. 将外换模作业转换为内换模作业

113. 绘制价值流图的作用包括（　　）。

　　A. 分析流程中的非增值过程，使过程精益化

　　B. 显示物流和信息流的联系

　　C. 了解整体过程流

　　D. 为精益概念提供蓝图

114. 以下（　　）属于生产中的"七种浪费"。

　　A. 过量生产　　B. 运输　　C. 等待加工　　D. 等待检验

115. 在下列项目中，属于防错设计（Poka-Yoke）的是（    ）。
    A. 带有防盗器的汽车停车后，车主锁车前，防盗器发出警报声
    B. Word 文件编辑后退出 Word 时询问是否保存文件
    C. 打印机卡纸后不工作
    D. 微波炉在门打开时不工作

116. 应用面向六西格玛的设计（DFSS，Design for Six Sigma）是因为（    ）。
    A. 过程质量和产品质量受设计的影响，而六西格玛改进（DMAIC）的作用是有限的
    B. 质量首先是设计出来的
    C. DFSS 的方法可以替代 DMAIC
    D. DFSS 是从源头抓起，及早消除质量隐患，从根本上解决问题

117. 进行 FMEA 分析时对于风险度大的故障模式必须（    ）。
    A. 提供备件以便在出现该故障模式时更换
    B. 规定在出现该故障模式时安排抢修
    C. 采取设计和工艺的改进措施，消除该故障模式或降低其风险度
    D. 采取措施降低该故障模式的严重度、发生频率和检测难度

118. 关于四个阶段质量屋的正确表述是（    ）。
    A. 四个阶段的质量屋应当于产品研发进行到各自阶段的时候分别建立
    B. 质量功能展开的四个阶段可根据产品的规模和复杂程度等实际情况增加或减少
    C. 四个阶段的质量屋各自独立，互相之间没有关系
    D. 四个阶段的质量屋在产品规划阶段就应同步建立，以后不断进行迭代和完善

119. 关于面向制造和装配的设计（DFMA）的表述，正确的是（    ）。
    A. 产品设计必须考虑企业现行的工艺及其设施
    B. 简化设计、三化设计、互换性设计、防错设计、虚拟设计和虚拟制造等方法都是 DFMA 的方法
    C. 产品设计早期就应考虑与制造、装配有关的约束和可能存在的问题，提高产品的可制造性和可装配性
    D. DFMA 应贯彻并行工程的原则和采用团队工作的方法

120. 某企业对手机外观进行检验时，根据样本中包含的不合格件数和不合格缺陷数判断产品是否合格的方式属于（    ）检验。
    A. 计点          B. 计量          C. 计数          D. 计件

## 试卷 1 参考答案

### 一、单项选择题

| 1. C | 2. B | 3. A | 4. D | 5. D | 6. D |
| 7. B | 8. D | 9. A | 10. C | 11. B | 12. B |

| | | | | | |
|---|---|---|---|---|---|
| 13. B | 14. B | 15. B | 16. D | 17. A | 18. A |
| 19. C | 20. B | 21. B | 22. C | 23. B | 24. A |
| 25. B | 26. D | 27. A | 28. B | 29. B | 30. D |
| 31. B | 32. C | 33. C | 34. C | 35. C | 36. A |
| 37. B | 38. B | 39. C | 40. B | 41. B | 42. D |
| 43. C | 44. A | 45. B | 46. B | 47. A | 48. B |
| 49. B | 50. C | 51. C | 52. B | 53. A | 54. C |
| 55. D | 56. C | 57. C | 58. B | 59. C | 60. C |
| 61. D | 62. D | 63. B | 64. A | 65. D | 66. B |
| 67. D | 68. C | 69. B | 70. B | 71. B | 72. B |
| 73. A | 74. D | 75. D | 76. A | 77. A | 78. C |
| 79. C | 80. D | 81. D | 82. A | 83. D | 84. B |

## 二、多项选择题

| | | | | | |
|---|---|---|---|---|---|
| 85. ABD | 86. BC | 87. ACD | 88. BCD | 89. ABC | 90. ABC |
| 91. BC | 92. ABC | 93. BCD | 94. ABD | 95. BC | 96. BD |
| 97. AD | 98. BCD | 99. AD | 100. ABD | 101. ABD | 102. BC |
| 103. ACD | 104. ABD | 105. AB | 106. AB | 107. BC | 108. ABCD |
| 109. BC | 110. AD | 111. ABD | 112. ABC | 113. ABCD | 114. ABCD |
| 115. ABD | 116. ABD | 117. CD | 118. BD | 119. BCD | 120. ACD |

# 试卷 2　中国质量协会注册六西格玛绿带考试样题

说明：此样题共 40 题，分单项选择（25 题）和多项选择（15 题），主要目的是让读者了解六西格玛题目的难度和类型。实际考题数量参见中国质量协会各年度注册六西格玛绿带考试通知。

## 一、单项选择题

1. 在下列陈述中，不正确的是（　　）。
   A. 六西格玛管理只是一种解决质量问题的工具
   B. 六西格玛管理是企业获取竞争优势的战略
   C. 六西格玛管理是企业整体业务改进的管理模式
   D. 六西格玛管理是不断提高顾客满意度的科学方法

2. 关于六西格玛绿带的描述，（　　）是不正确的。
   A. 绿带可以作为成员参与六西格玛黑带项目
   B. 绿带可以作为项目组长负责六西格玛绿带项目
   C. 绿带可以作为项目组长负责六西格玛黑带项目
   D. 绿带可以作为组员参与六西格玛绿带项目

3. 朱兰的质量管理三部曲是指（　　）。
   A. 质量策划—质量控制—质量改进
   B. 质量目标—质量策划—质量改进
   C. 质量战略—质量目标—质量控制
   D. 质量分析—质量策划—质量改进

4. 有关田口的质量损失函数和六西格玛减少波动的理念，下列说法中正确的是（　　）。
   A. 对于同一产品质量特性，只有超出规格范围外的波动才会导致质量损失
   B. 对于同一产品质量特性，只要在规格范围内，减少波动与减少质量损失没有关系
   C. 对于同一产品质量特性，减少波动同时可以减少质量损失
   D. 对于同一产品质量特性，减少波动会增加质量损失

5. 精益生产的核心理念是（　　）。
   A. 实现拉动生产　　　　　　　　B. 减少一切不必要的浪费
   C. 实现质量水平零缺陷　　　　　D. 看板管理

6. 按照平衡记分卡的理论，企业培训的六西格玛倡导人、绿带、黑带和资深黑带，可以作为（　　）维度的指标纳入企业的绩效评价体系。
   A. 财务　　　　　　　　　　　　B. 顾客
   C. 内部流程　　　　　　　　　　D. 学习与成长

7. 在六西格玛项目的界定（Define）阶段进行问题陈述时，（　　）描述是错

误的。

A. 应阐明问题对企业战略目标或顾客的影响

B. 要将造成问题的原因和改进方案一起描述

C. 应阐明问题发生的条件（时间、地点等）和频率

D. 应阐明问题导致的损失

8. SMT（Surface Mount Technology，表面封装技术）生产主要由锡浆印刷、插件和回流焊三道工序组成。某企业统计发现，该 SMT 生产线的 DPU = 0.04，产品在该生产线上的缺陷机会数为 200，则该 SMT 生产过程的 DPMO 为（　　）。

A. 8　　　　　　B. 200　　　　　　C. 5 000　　　　　　D. 500

9. 根据 KANO 模型分析顾客对手机的需求，有人提出手机电池要安全（不能爆炸），这一需求应属于（　　）。

A. 期望型需求（满意度与满足要求的程度成正比）

B. 兴奋需求　　　C. 基本需求　　　D. 以上都不对

10. 有关 SIPOC 图的描述中不正确的是（　　）。

A. SIPOC 图描述了项目所涉及的范围

B. SIPOC 图描述项目的主要过程

C. SIPOC 图描述了过程的输入和输出

D. SIPOC 图描述了过程的增值活动和非增值活动

11. 某六西格玛项目的主要任务是分析一个复杂的施工过程，并试图缩短工期，通过作业分解已经掌握了各项活动的时间和前后关系。为了分析计算工期和优化资源，该项目组应该采用（　　）。

A. PDPC 法　　　B. 因果分析　　　C. 网络图　　　D. 排列图

12. 以下是某企业的六西格玛绿带项目的选题，你认为哪一个选题不太妥当？（　　）

A. 减少 C 车间油料损耗量　　　　B. 提高 D 企业产品的竞争力

C. 缩短 A 生产线换模时间　　　　D. 降低 B 车间产品库存量

13. 某六西格玛团队通过抽样估计某生产过程生产的某零件的关键尺寸的均值，假定过程是稳定的且抽样是随机的。第一次抽取 100 件产品，得到一组均值，若进一步增加样本含量，置信水平不变，则均值的点估计和区间估计的变化趋势为（　　）。

A. 均值的点估计基本不变，区间估计变小

B. 均值的点估计变小，区间估计不变

C. 均值的点估计基本不变，区间估计变大

D. 均值的点估计变大，区间估计不变

14. A 和 B 两个供应商都提供 SMT 生产所需锡浆。SMT 生产厂想比较他们提供的锡浆的黏度是否相同，随机抽取 A 和 B 供应商各 10 个批次的锡浆，以下（　　）做法是正确的。

A. 先检查数据的独立性和正态性，再检查方差是否相等，最后进行双样本 t 检验

B. 先检查方差是否相等，再检查数据的独立性和正态性，最后进行双样本 t

检验

 C. 只需先检查独立性，直接进行配对 t 检验

 D. 先检查数据的独立性和正态性，再进行双样本 t 检验，最后检查方差是否相等

15. 假定某晶片生产过程检测发现晶片的 DPU＝1，缺陷的出现是完全随机的且服从泊松分布，则随机抽取一片晶片，该晶片没有缺陷的概率近似为（　　）。

 A. 50%    B. 0    C. 37%    D. 10%

16. 确定项目选择及项目优先级是下列（　　）角色的责任。

 A. 黑带   B. 黑带大师   C. 绿带   D. 倡导者

17. 关于多变异分析（MVA）的说法，正确的是（　　）。

 A. MVA 的目的是确定主要的变异源

 B. MVA 的目的是对过程变异进行控制

 C. MVA 的目的是分析过程变异与规格的关系

 D. MVA 的目的是通过改变影响因素的变化观察过程的变异

18. 有关价值流图分析的说法，错误的是（　　）。

 A. 价值流图分析的目的是为了发现各主要过程中的非增值环节和因素，并识别改进机会

 B. 价值流图分析的主要目的是为了确定产品的生产价值或成本

 C. 现状价值流图表示当前生产流程的现状，主要是揭示问题

 D. 未来价值流图表示未来生产过程应该努力改进的方向

19. 某六西格玛团队在项目测量阶段对某关键测量设备进行重复性和再现性分析。他们随机选取了 3 名测量工来检验 20 个零件。结果发现，R&R%＝50%，且主要原因是再现性很差。你认为导致再现性差的最可能的原因是哪一个？（　　）

 A. 3 名测量工人的测量方法有差异

 B. 20 个零件之间有显著差异

 C. 测量设备的精度太差

 D. 选择的测量工人人数太少

20. 某药厂最近研制出一种新的降压药。为了验证新的降压药是否有效，实验可按如下方式进行：选择若干名高血压病人进行实验，并记录服药前后的血压值，然后通过统计分析来验证该药是否有效。对于该问题，应采用（　　）。

 A. 双样本均值相等性检验    B. 方差分析

 C. F 检验         D. 配对均值检验

21. 某空调企业的六西格玛团队想研究焊接缺陷出现的频数与铜管的生产厂家和焊环的类型是否相关，为此收集了大量生产过程记录的不同厂家的铜管和不同焊环类型下的缺陷点数。为了得到研究结论，你认为该团队应该采用哪一种统计分析方法？（　　）

 A. 回归分析  B. 列联表  C. t 检验  D. F 检验

22. 某绿带需要在项目改进阶段使用试验设计，他认为有 3 个连续变量的影响因素，准备进行全因子试验，在角点重复 2 次，并在中心点做 3 次试验，则总的试验次数为（　　）。

A. 11 次　　　　B. 19 次　　　　C. 9 次　　　　D. 18 次

23. 在实施精益生产时，流程程序分析是非常重要的发现过程浪费的技术。有关流程程序分析的说法，不正确的是（　　）。

　　A. 流程程序分析可以发现生产过程搬运、等待、贮藏等隐蔽成本的浪费

　　B. 流程程序分析可以揭示生产过程物料搬运距离

　　C. 流程程序分析可以揭示生产过程中的检验环节

　　D. 流程程序分析的所有操作环节是增值的，而运输、检验、存储等都是不增值的

24. 某六西格玛团队拟采用均值—极差控制图控制某注塑机注塑的零件关键尺寸。当团队采用 DOE 优化了注塑模温和压力后，在均值控制图上发现连续 15 个点均在中心线 1σ 内（即 C 区），此现象表明（　　）。

　　A. 按照控制图判异准则，过程失控，参数优化失败

　　B. 过程均值发生了显著变化

　　C. 过程方差显著增大，需要重新计算控制限

　　D. 过程方差显著减少，需要重新计算控制限

25. 关于基于并行质量工程的 DFSS 设计的表述，不正确的是（　　）。

　　A. 基于并行质量工程的 DFSS 设计需要采用跨职能的组织方式

　　B. 在产品设计早期阶段就要考虑与制造有关的约束

　　C. 基于并行质量工程的 DFSS 设计不需要供应商参与

　　D. 基于并行质量工程的 DFSS 设计要求并行开发产品和工艺

## 二、多项选择题

26. 六西格玛管理所体现的企业文化包括（　　）。

　　A. 顾客驱动　　　　　　　　　　B. 基于事实和数据的管理

　　C. 跨职能团队合作解决问题　　　D. 构建学习型组织

27. 下列（　　）工具可以应用于分析影响一个结果的可能原因。

　　A. 因果图（鱼骨图）　　　　　　B. 关联图

　　C. 网络图　　　　　　　　　　　D. 因果矩阵

28. 在实施六西格玛管理的过程中，应用水平对比（Benchmarking）的主要目的是（　　）。

　　A. 通过水平对比确定本企业的改进机会

　　B. 通过水平对比确定项目的目标

　　C. 通过水平对比寻找改进方案

　　D. 通过水平对比证明比竞争对手更强

29. 某企业在购买新的生产设备时，有两台不同厂家的设备可以选择，生产同样的产品。对 A 厂家的设备进行过程能力分析，发现 $C_p=1.4$, $C_{pk}=1.0$，而 B 厂家的结果是 $C_p=1.0$, $C_{pk}=1.0$。假定两台设备的价格和厂家提供的服务均相同，你认为从质量角度应该选择哪一家的设备？（　　）

　　A. 选择 A 厂家，因为 A 厂家设备的加工精度更高

　　B. 选择 B 厂家，因为 B 厂家设备的 $C_{pk}=C_p$，表明过程没有漂移

C. 选择 B 厂家，因为 A 厂家设备的 $C_{pk}<C_p$，表明过程有漂移

D. 选择 A 厂家，因为 A 厂家的潜在能力更高

30. 以下（　　）内容属于质量成本中的内部故障成本。

A. 工厂内部缺陷产品的返修成本

B. 售后保修期内的缺陷产品在厂内的返修成本

C. 工厂内部缺陷产品的报废成本

D. 机器设备出现故障后的修理成本

31. 某六西格玛团队在对某关键测量设备进行重复性和再现性分析时发现，R&R%＝40%，P/T%＝50%。假定被测样本的选取是随机的，样本波动能代表实际生产过程的波动。据此可以推断（　　）。

A. 测量系统能力不足

B. 测量系统能力充分

C. 过程能力不足，估计过程能力指数 $C_p$ 小于 1.0

D. 过程能力充分，估计过程能力指数 $C_p$ 大于 1.0

32. 在精益改进工具中，根据流程程序图，采用 ECRS 原则进行改进是常用的方法。这里"ECRS"的含义包括（　　）。

A. 删除　　　　B. 合并　　　　C. 重排　　　　D. 简化

33. 快速换模技术（SMED），也称快速换型，是一项重要的精益技术。请问下列关于 SMED 的陈述中，哪项是正确的？（　　）

A. 快速换模也称单分钟换模，要争取换模时间小于 10 分钟

B. 换模时间是指生产线上生产的前一种产品的最后一件合格品到生产出下一种产品的首个合格品之间的间隔时间

C. 将换模时间分为内部换模时间和外部换模时间，并实现外部换模向内部换模的转化即可缩短整个换模时间

D. 将换模时间分为内部换模时间和外部换模时间，并实现内部换模向外部换模的转化即可缩短整个换模时间

34. 有关全因子试验设计的应用条件，下列表述中正确的是（　　）。

A. 因子的个数较少（在 5 个以内）

B. 因子个数较多，一般在 5 个以上

C. 因子和响应输出之间是线性关系

D. 因子间可能存在交互作用

35. 为了评估六西格玛项目改进方案，需要考虑方案造成的影响，下列哪些方法可以进行改进方案的评估？（　　）。

A. 排列图　　　　　　　　　　　B. 鱼骨图的变形（反向鱼骨图）

B. 力场分析　　　　　　　　　　D. 关联图

36. 某电子企业六西格玛团队拟对生产的晶体坯的频率采用控制图进行控制，有人建议采用均值—极差控制图或均值—标准差控制图，也有人建议用单值—移动极差控制图。团队需要根据抽样的成本、样本含量、检测时间和过程的稳定性等确定采用哪一种控制图。对于同一过程，有关三种不同控制图的选择，哪些是正确的？（　　）

A. 如果每次抽取 2~7 个晶体坯，最好用均值—极差控制图

B. 如果每次抽取 7 个以上的晶体坯，最好用均值—极差控制图

C. 如果每次抽取 7 个以上的晶体坯，最好用均值—标准差控制图

D. 如果抽样间隔期不变，采用单值—移动极差控制图的检出力（功效）最低

37. 下列中属于信号型 Poka-Yoke 的是（　　）。

A. 微波炉只有关门后才开始工作

B. 电脑视频输出口设计为梯形

C. 汽车车门没有关闭，报警器报警

D. 关闭 WORD 文件时，系统提示是否保存

38. 某六西格玛团队采用 TPM 方法计算某关键设备的设备综合效率（OEE），以下哪些指标会影响 OEE？（　　）

A. 设备时间利用率　　　　　　　B. 设备当前节拍和理论节拍

C. 设备生产的产品的合格率　　　D. 设备的换型时间

39. 有关 QFD 的表述，正确的是（　　）。

A. QFD 实质是用一种系统工程的观点将顾客的需求转化为工程特性

B. QFD 体现了以市场为导向，以顾客要求为产品开发唯一依据的指导思想

C. QFD 只是适用于产品设计的一种方法

D. QFD 是通过质量屋将顾客需求层层展开的

40. 在进行 PFMEA 时，要分析每道工序中每个操作的风险优先数（Risk Priority Number，RPN），RPN 主要取决于（　　）方面。

A. 失效（或故障）产生的后果的严重性

B. 失效（或故障）发生的概率

C. 失效（或故障）发生的检测难易程度

D. 失效（或故障）发生的条件

## 试卷 2 参考答案

一、单选题

| 1. A | 2. C | 3. A | 4. C | 5. B | 6. D |
| 7. B | 8. B | 9. C | 10. D | 11. C | 12. B |
| 13. A | 14. A | 15. C | 16. D | 17. A | 18. B |
| 19. A | 20. D | 21. B | 22. B | 23. D | 24. D |
| 25. C |

二、多选题

| 26. ABCD | 27. ABD | 28. ABC | 29. AD | 30. AC | 31. AC |
| 32. ABCD | 33. ABD | 34. ACD | 35. BC | 36. ACD | 37. CD |
| 38. ABCD | 39. ABD | 40. ABC |

# 附录　质量管理有关参考文件名目

为节省篇幅,现将质量管理有关文件名目列示于后,请读者自行上网搜索下载、学习研究。质量管理主要文件名目有:

1. 《中国名牌产品申报程序》
2. 《ISO9000认证程序简介》
3. 《ISO14000认证程序简介》
4. 《国家强制性产品认证目录》
5. 《全国质量奖介绍》
6. 《全国质量奖管理办法》
7. 《全国质量奖申报表》
8. 《卓越绩效评价准则(GB/T19580-2012)》
9. 《全国实施卓越绩效模式先进企业推荐、表彰办法》
10. 《2013年度中国质量协会六西格玛绿带注册程序》
11. 《注册六西格玛绿带申请表(表一)》
12. 《注册六西格玛绿带申请表(表二)》
13. 《注册六西格玛绿带项目评价表》
14. 《中国质量协会六西格玛绿带注册管理办法》